LERNFELDER 1–4

BÜSCH | KOST | PIEK

AUTOMOBIL KAUFLEUTE 1

MIT ENGLISCHEN LERNSITUATIONEN

Arbeitsbuch mit Lernsituationen, Arbeitsblättern sowie Wiederholungs-, Übungs-, Vertiefungs- und Erkundungsaufgaben

IN ZUSAMMENARBEIT
MIT DER VERLAGSREDAKTION

Cornelsen

AUTOMOBIL KAUFLEUTE

Dieses Buch wurde erstellt unter Verwendung von Materialien von:
Hans-Peter von den Bergen, Wolfgang R. Diemer, Oliver Dillmann, Wolfgang Duschek, Christian Fritz, Bettina Glania, Ariane Hoffmann, Franz-Josef Kaiser, Claudia Lang, Susanne Lange, Antje Licht, Wolfgang Metzen, Ute Morgenstern, Klaus Otte, Roswitha Pütz, Heike Scholz, Dieter Schütte, Gudrun Vogel-Kammerer, Insa Wenke, Ralf Wimmers.

Wir weisen darauf hin, dass die im Lehrwerk genannten Unternehmen und Geschäftsvorgänge frei erfunden sind. Ähnlichkeiten mit real existierenden Unternehmen lassen keine Rückschlüsse auf diese zu. Dies gilt auch für die im Lehrwerk genannten Kreditinstitute, IBAN- und BIC-Angaben sowie Buchungsvorgänge. Ausschließlich zum Zwecke der Authentizität wurden insoweit existierende Kreditinstitute verwendet.

Bildquellenverzeichnis:
S. 4/1: Shutterstock / wavebreakmedia; **S. 4/2:** Shutterstock / Rawpixel.com; **S. 4/3:** Shutterstock / Rawpixel.com; **S. 4/4:** Shutterstock / Rawpixel.com; **S. 4/5:** Shutterstock / Rawpixel.com; **S. 4/6:** Fotolia / Vladimir Kramin; **S. 4/7:** Shutterstock / Rawpixel.com; **S. 4/8:** Shutterstock / Rawpixel.com; **S. 5/1:** Shutterstock / mangostock; **S. 5/2:** Fotolia / industrieblick; **S. 5/3:** Shutterstock / wavebreakmedia; **S. 5/4:** Fotolia / WavebreakmediaMicro; **S. 5/5:** Shutterstock / ASDF_MEDIA; **S. 5/6:** Shutterstock / mimagephotography; **S. 5/7:** Fotolia / Phase4Photography; **S. 5/8:** Fotolia / gzorgz; **S. 5/9–10:** Fotolia / contrastwerkstatt; **S. 5/11:** Fotolia / contrastwerkstatt; **S. 7:** Fotolia / industrieblick; **S. 11/1:** Fotolia / industrieblick; **S. 11/2:** Fotolia / industrieblick; **S. 11/3:** picture-alliance / dpa-Infografik; **S. 12:** Fotolia / kartoxjm; S. 13: Fotolia / Rawpixel.com; **S. 19:** Shutterstock / Sentavio-Sentavio; **S. 49:** IHK Industrie- und Handelskammer Bonn/Rhein-Sieg; **S. 53:** Fotolia / Monkey Business; **S. 54:** Shutterstock / CandyBox Images; **S. 57:** Hans Böckler Stiftung (www.boeckler.de); S. 59: Fotolia / 1001color; **S. 61:** Fotolia / thostr; **S. 128:** Shutterstock / Manfred Steinbach; **S. 139:** Fotolia / Oliver Hoffmann; **S. 148:** Global Blue Deutschland GmbH; **S. 195:** Fotolia / Phase-4Photography; **S. 210:** Fotolia / hans engbers; **S. 211:** Fotolia / lev dolgachov; **S. 226:** Fotolia / Oliver Hoffmann; **S. 231:** Fotolia / Oliver Hoffmann; **S. 250:** Mauritius images / imageBROKER/ Martin Moxter; **S. 262:** Anette Schamuhn; **S. 264/1:** Fotolia / jemastock; **S. 264/2:** Anette Schamuhn; **S. 265:** Anette Schamuhn; **S. 266:** Anette Schamuhn; **S. 268:** Anette Schamuhn; **S. 271:** Shutterstock / Zilu8; **S. 284:** Shutterstock / Diana Rich; **S. 287:** Shutterstock / goodluz; **S. 293:** Fotolia / Mixage; **S. 296:** Shutterstock / RealVector; **S. 300:** Fotolia / pdesign; **S. 302:** Shutterstock / Stocksnapper; **S. 305:** Fotolia / industrieblick; **S. 308:** Fotolia / industrieblick; **S. 311:** Shutterstock / Alexey Stiop; **S. 314:** Fotolia / Karin & Uwe Annas; **S. 326:** Anette Schamuhn

Verlagsredaktion:	Sascha Heinrich
Bildredaktion:	Gertha Maly, Christina Scheuerer, Joscha Belling
Layout und technische Umsetzung:	SOFAROBOTNIK GbR, Augsburg und München; Oxana Rödel, Absatz DTP-Service, Teltow
Covergestaltung:	Sergio Vitale, vitaledesign, Berlin

www.cornelsen.de/cbb

1. Auflage, 4. Druck 2021

Alle Drucke dieser Auflage sind inhaltlich unverändert und können im Unterricht nebeneinander verwendet werden.

Druck: mediaprint solutions GmbH, Paderborn

ISBN 978-3-06-451284-9

Inhalt gedruckt auf säurefreiem Papier aus nachhaltiger Forstwirtschaft.

Inhaltsverzeichnis

Firmenporträt: Autoland Murschall GmbH

Wir bewegen Menschen

AUTOLAND GMBH MURSCHALL

- *Seit 1974 sind wir Ihr starker Partner für Mobilität im Großraum Bonn.*
- *Als größter Vertragshändler der STARCAR AG in der Region bieten wir Ihnen eine breite Palette an Neufahrzeugen.*
- *Darüber hinaus können Sie bei uns Gebrauchtfahrzeuge fast aller Marken erwerben.*
- *Service steht bei uns an erster Stelle. Und das nicht nur beim Verkauf! Unser Werkstattteam steht an sechs Tagen in der Woche für Sie zur Verfügung. Und in Notfällen sind wir rund um die Uhr an allen sieben Tagen der Woche für Sie da.*

Unsere leistungsstarke Modellpalette:

STARCAR SUNNY
der verbrauchsarme Stadtflitzer

Motoren mit 36* und 49 kW
*Kraftstoffverbrauch kombiniert: 3,9 l
CO_2-Emission kombiniert: 101 g/km (EU5)
Verbrauch innerorts: 5,1 l
Verbrauch außerorts: 3,2 l

STARCAR SHINING
der große Kompakte

Motoren mit 66* und 84 kW
*Kraftstoffverbrauch kombiniert: 4,6 l
CO_2-Emission kombiniert: 119 g/km (EU5)
Verbrauch innerorts: 5,8 l
Verbrauch außerorts: 3,8 l

STARCAR COMFORT
der besonders vielseitige Mittelklassewagen

Motoren mit 75* und 105 kW
*Kraftstoffverbrauch kombiniert: 5,7 l
CO_2-Emission kombiniert: 147 g/km (EU5)
Verbrauch innerorts: 6,9 l
Verbrauch außerorts: 4,9 l

STARCAR ESTATE
der dynamische Kombi

Motoren mit 66* und 95 kW
*Kraftstoffverbrauch kombiniert: 5,2 l
CO_2-Emission kombiniert: 136 g/km (EU5)
Verbrauch innerorts: 6,5 l
Verbrauch außerorts: 4,4 l

STARCAR RANGER
der Familien-SUV für alle Situationen mit Hybridmotor

Motoren mit 115* und 150 kW
*Kraftstoffverbrauch kombiniert: 7,5 l
CO_2-Emission kombiniert: 101 g/km (EU5)
Verbrauch innerorts: 6,5 l
Verbrauch außerorts: 8,5 l

STARCAR OPEN
das komfortable Cabrio

Motoren mit 75* und 105 kW
*Kraftstoffverbrauch kombiniert: 5,8 l
CO_2-Emission kombiniert: 101 g/km (EU5)
Verbrauch innerorts: 7,0 l
Verbrauch außerorts: 4,9 l

STARCAR RACER
der sportliche Zweisitzer

Motoren mit 125* und 175 kW
*Kraftstoffverbrauch kombiniert: 8,6 l
CO_2-Emission kombiniert: 168 g/km (EU5)
Verbrauch innerorts: 9,7 l
Verbrauch außerorts: 7,4 l

*Die angegebenen Werte wurden nach dem vorgeschriebenen Messverfahren (Richtlinie 80/1268/EWG in der gegenwärtig geltenden Fassung) ermittelt. Die Angaben beziehen sich nicht auf ein einzelnes Fahrzeug und sind nicht Bestandteil des Angebots, sondern dienen allein Vergleichszwecken zwischen den verschiedenen Fahrzeugtypen.

- *2400 m² Ausstellungsfläche*
- *Wir verfügen im Durchschnitt über ca. 100 Gebrauchtwagen unterschiedlicher Marken und Klassen.*
- *Damit Sie auch ganz sicher sind, bieten wir Ihnen umfassende Garantien, die über die gesetzliche Gewährleistung hinausgehen.*
- *Zudem können Sie zu den Gebrauchtwagen auch Servicepakete hinzukaufen, die Inspektionsleistungen zu einem Pauschalpreis enthalten.*

- *In unserer Werkstatt bieten wir Ihnen nicht nur Service-Leistungen für STARCAR-Automobile, sondern auch für sämtliche Pkws anderer Marken.*
- *Ersatzteile beschaffen wir in der Regel binnen 24 Stunden.*
- *Gerne bieten wir Ihnen für die Zeit, in der Ihr Fahrzeug bei uns ist, ein Ersatzfahrzeug an.*
- *Natürlich können Sie bei uns auch den Hol- und Bring-Service nutzen.*

Unser Team:

Herr Murschall

GESCHÄFTSFÜHRER

„Als Mitbegründer der Autoland Murschall GmbH liegt mir das Unternehmen sehr am Herzen. Das Erfolgsrezept des Unternehmens liegt nicht nur in dem Verkauf hochwertiger Produkte und Dienstleistungen. Vor allem sind die Mitarbeiter für unseren Erfolg verantwortlich. Beste Qualifikationen und Teamgeist zeichnen die Kollegen aus. Der Kunde steht bei ihnen stets im Mittelpunkt."

Herr Nolte

ASSISTENZ DER GESCHÄFTSLEITUNG, MARKETINGVERANTWORTLICHER

„Den Menschen in der Region haben wir viel zu verdanken. Daher möchten wir die Region an unserem Unternehmenserfolg teilhaben lassen. So unterstützt die Autoland Murschall GmbH Jugend-, Sport- und Kulturvereine bei Veranstaltungen. Zudem bieten wir seit 2004 in jedem Jahr 15 Schülern, die sich bereit erklären, Fahrradkurse für Kinder tatkräftig zu unterstützen, die Möglichkeit, an einem zweitägigen Fahrsicherheitstraining teilzunehmen."

Herr Fleck

LEITER NEUWAGENVERKAUF

Frau Pagel

LEITERIN GEBRAUCHTWAGENVERKAUF

Herr Özkaya

LEITER LAGER

Frau Gentsch

PERSONALVERANTWORTLICHE

„Die Ausbildung junger Menschen wird bei uns großgeschrieben. Ich selbst habe vor zehn Jahren meine kaufmännische Ausbildung bei der Autoland Murschall GmbH absolviert. Es ist uns wichtig, dass der Berufsausbildung ein ganzheitliches Konzept zugrunde liegt. So stehen wir in engem Kontakt zu den Berufsschulen, bieten den Auszubildenden Foren zum Gedankenaustausch etc. Derzeit sind bei uns vier Jugendliche als Auszubildende angestellt."

Herr Schmitz

LEITER WERKSTATT

Frau Rotter

LEITERIN VERWALTUNG

Herr Pietsch

LEITER TEILEVERKAUF, VORSITZENDER DES BETRIEBSRATES

Wir bewegen Menschen

AUTOLAND GMBH MURSCHALL

Das Organigramm der Autoland Murschall GmbH:

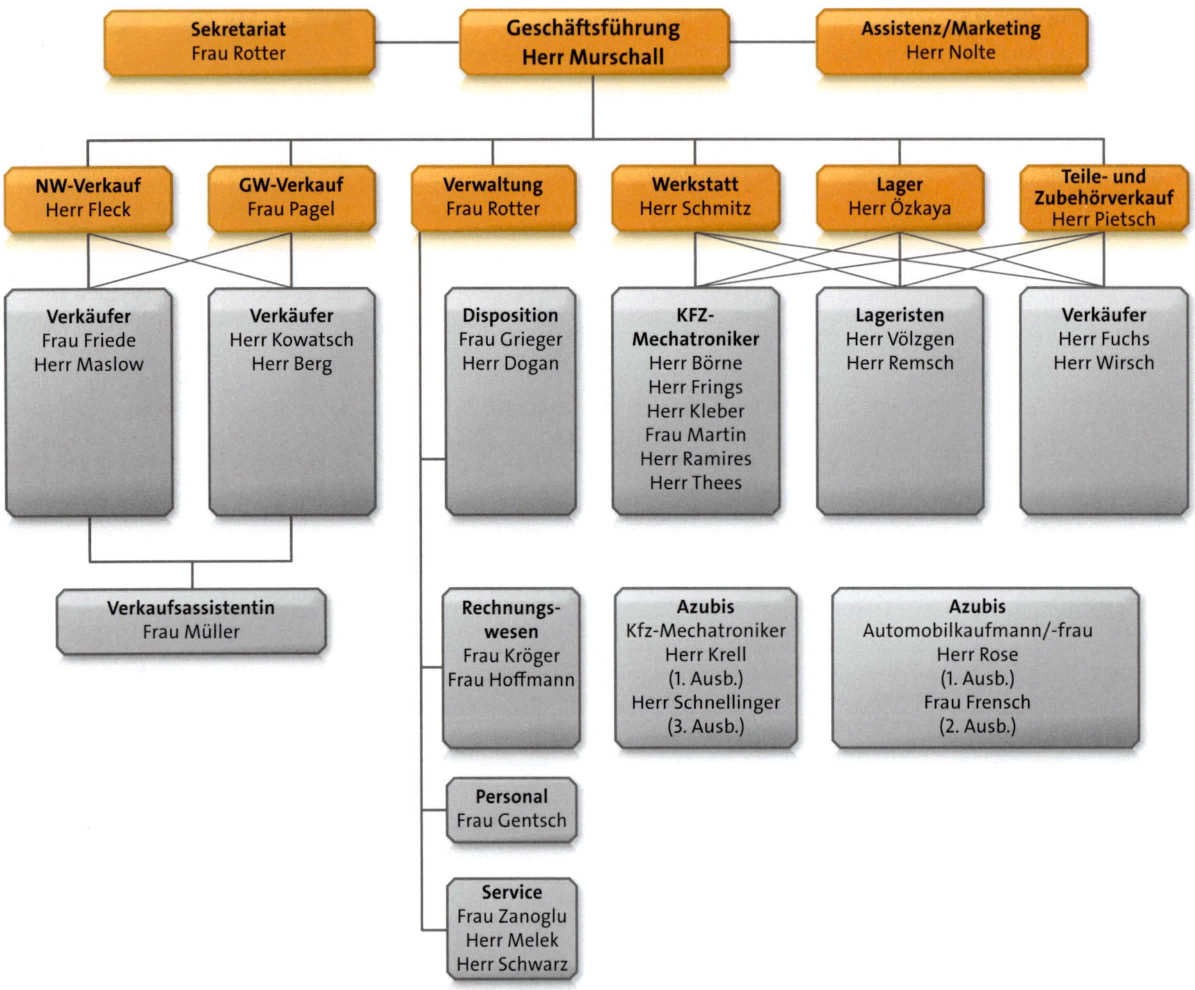

So können Sie uns erreichen:

Autoland Murschall GmbH
Plittersdorfer Str. 48
53173 Bonn
Tel.: 0228/90035379-0
Fax: 0228/90035379-1
Internet: www.autoland-murschall.de
Mail: info@autoland-murschall.de

Rechtsform
Gesellschaft mit beschränkter Haftung (GmbH)
Sitz: Bonn

Handelsregister
Amtsgericht Bonn
HRB 40085/315

Gesellschafter
Otto Murschall
Bruno Osterwelle
Hanna Roskamp
Peter Trittauf

Geschäftsführer
Otto Murschall

Bankverbindungen
Sparkasse KölnBonn
KTO 120 777 701
BLZ 370 501 98
IBAN: DE33 3705 0198 0120 7777 01
SWIFT-BIC: COLS DE33
Postbank
KTO 1500 75-575
BLZ 360 100 43
IBAN: DE18 3601 0043 0150 0755 75
SWIFT-BIC: PBNK DEFF

Finanzamt
Bonn-Außenstadt
Bachstr. 36 | 53115 Bonn

Steuernummer
154/0575/675

Betriebsnummer für die Sozialversicherung
75 105 505

Umsatzsteuer-ID Nr.
DE 74500 7485

Kleine Chronik der Autoland Murschall GmbH

Otto Murschall gründete drei Jahre nach seiner abgeschlossenen Ausbildung als Kfz-Mechaniker, im Jahre 1974, eine kleine Autowerkstatt in Bonn: **Otto Murschalls Autoschmiede**.

Anfangs arbeitete er dort mit einem Meister und einem weiteren Gesellen. Nach einigen Jahren wurde klar, dass er auf Dauer so nicht weitermachen konnte: Um genügend Aufträge zu erhalten, müsste er die Werkstatt erweitern, da sich sonst die Investition in Maschinen und Diagnosegeräte nicht lohnen würde. Da er aber seine Unabhängigkeit nicht aufgeben wollte, suchte er innerhalb seiner Familie nach jemandem, der sich zwar mit zusätzlichem Kapital beteiligen, nicht aber im alltäglichen Geschäft einmischen würde. Sein Vater war schließlich bereit, mit 25.000 DM als Gesellschafter einzusteigen, was im Jahre 1983 zur Umfirmierung in **Murschall KG** führte.

Im Zuge der Erweiterung stellte Otto Murschall noch zwei Gesellen und zwei Auszubildende ein. Doch jetzt zeigten sich Probleme anderer Art: Otto Murschall sah sich mit der kaufmännischen Leitung seines nun mehr als doppelt so großen Betriebes überfordert. Sein Bruder Stefan, der eine Ausbildung als Groß- und Außenhandelskaufmann absolviert und gerade seinen Zivildienst abgeleistet hatte, zeigte Interesse, wollte aber gleichberechtigter Partner in dem Betrieb sein. Nach Abwägung der Vor- und Nachteile willigte Otto schließlich ein, und so wurde 1985 die **Otto und Stefan Murschall OHG** gegründet.

Der ehrgeizige Stefan war mit der täglichen Büroarbeit jedoch nicht ausgelastet und studierte nebenbei noch BWL. Mit dem Fall der Mauer 1989 und dem darauf folgenden Autoboom in den neuen Bundesländern sah er eine große Chance gekommen: Er überzeugte seinen Bruder, in das Gebrauchtwagengeschäft einzusteigen. Bisher hatte er nur ab und an einen Gebrauchten, der zur Verschrottung vorgesehen war, an Bekannte veräußert. So kauften sie zielgerichtet Unfallfahrzeuge auf, setzten diese instand und machten sich so überregional einen guten Namen.

Da dieses Geschäft viel kapitalintensiver war, beide aber ihre mittlerweile gegründeten eigenen Familien nicht einem zu großen Risiko aussetzen wollten, suchten sie nach rechtlichen Möglichkeiten, dieses Risiko zu minimieren. So kam es 1994 zur Gründung der **Autoland Murschall GmbH**. Während Stefan aus dem Unternehmen ausschied, wurde Otto Murschall zum Geschäftsführer bestellt. Gesellschafter des Unternehmens sind neben Otto Murschall Bruno Osterwelle, Hanna Roskamp und Peter Trittauf. 1998 wurde die Autoland Murschall GmbH schließlich Vertragshändler der STARCAR AG.

Wir bewegen Menschen

AUTOLAND GMBH
MURSCHALL

Gesellschaftsvertrag

§ 1 Firma und Sitz der Gesellschaft

(1) Die Firma der Gesellschaft lautet:
Autoland Murschall – Großhandelsgesellschaft mit beschränkter Haftung

(2) Sitz der Gesellschaft ist Bonn.

§ 2 Gegenstand des Unternehmens

Gegenstand des Unternehmens ist der Handel mit Neuwagen, Gebrauchtwagen und Ersatzteilen sowie die Instandhaltung und Reparatur von Fahrzeugen. Die Gesellschaft darf andere Unternehmen gleicher oder ähnlicher Art übernehmen, vertreten und sich an solchen beteiligen; sie darf auch Zweigniederlassungen errichten.

§ 3 Stammkapital

(1) Das Stammkapital der Gesellschaft beträgt 400.000 DM (in Worten: vierhunderttausend Deutsche Mark). Davon übernehmen:

a) Herr Otto Murschall, Bonn, eine Stammeinlage von 100.000 DM,
b) Herr Bruno Osterwelle, Bonn, eine Stammeinlage von 150.000 DM,
c) Herr Peter Trittauf, Bonn, eine Stammeinlage von 50.000 DM,
d) Frau Hanna Roskamp, Koblenz, eine Stammeinlage von 100.000 DM.

(2) Herr Murschall erbringt seine Einlage durch Grundstück und Gebäude Plittersdorfer Str. 48. Die Gesellschafter Osterwelle, Roskamp und Trittauf leisten ihre Einlagen in Geld.
Je 50 % der Stammeinlage sind sofort zur freien Verfügung der Gesellschaft einzuzahlen, die Restbeträge sind nach Aufforderung der Geschäftsführung zu leisten.

§ 4 Dauer der Gesellschaft, Geschäftsjahr, Kündigung

(1) Die Gesellschaft wird auf unbestimmte Zeit errichtet.
(2) Geschäftsjahr ist das Kalenderjahr.
(3) Jedem Gesellschafter steht ein Kündigungsrecht mit einjähriger Frist zum Jahresende zu.

§ 5 Organe der Gesellschaft

Die Organe der Gesellschaft sind
a) der Geschäftsführer
b) die Gesellschafterversammlung

§ 6 Geschäftsführer

(1) Die Gesellschaft hat einen oder mehrere Geschäftsführer. Sind mehrere Geschäftsführer bestellt, so wird die Gesellschaft durch je zwei Geschäftsführer gemeinschaftlich vertreten.

(2) Zum Geschäftsführer wird bestellt:
Herr Otto Murschall. Er ist von den Beschränkungen des § 181 BGB befreit.

§ 7 Gesellschafterversammlung und Stimmrecht

(1) Alljährlich findet innerhalb von 6 Monaten nach Schluss des vorangegangenen Rechnungsjahres eine ordentliche Gesellschafterversammlung statt. Diese beschließt über die:
- Feststellung des Jahresabschlusses für das vorangegangene Geschäftsjahr,
- Verwendung des Ergebnisses der Unternehmung,
- Entlastung der Geschäftsführer,
- Wahl eines eventuell zu bestellenden Abschlussprüfers.

(2) Je 1.000 DM eines Geschäftsanteils gewähren eine Stimme.

§ 8 Jahresabschluss

Innerhalb der ersten drei Monate nach Abschluss eines Geschäftsjahres hat die Geschäftsführung den Jahresabschluss und den Lagebericht aufzustellen und diese zusammen mit einem Vorschlag zur Ergebnisverwendung der ordentlichen Gesellschafterversammlung vorzulegen. Der Jahresabschluss ist nach den gesetzlichen Vorschriften und Gliederungen zu erstellen.

§ 9 Bekanntmachungen

Bekanntmachungen der Gesellschaft werden im Bundesanzeiger veröffentlicht.

Bonn, den 15. 10. 1994
Otto Murschall, Bruno Osterwelle, Hanna Roskamp, Peter Trittauf

Der Gesellschaftsvertrag wurde von Rechtsanwalt und Notar
Dr. Georg Grauer, Bonn, notariell beglaubigt.

Otto Murschall

Bruno Osterwelle

Hanna Roskamp

Peter Trittauf

Wir bewegen Menschen

AUTOLAND GMBH
MURSCHALL

Personalliste

Pers. Nr.	Name	Vorname	Alter	Abteilung	Funktion	Status	Krankenkasse	Berufliche Qualifikation
100	Berg	Klaus	33	Verkauf GW	Verkäufer	ANG	AOK	Automobilkaufmann
201	Börne	Achim	31	Werkstatt	Mechatroniker	AR	BKK	Kfz-Elektriker
102	Dogan	Cem	23	Allg. Verw.	Disponent	ANG	BKK	Automobilkaufmann
301	Fleck	Stefan	51	Verkauf NW	Abteilungsleiter	ANG	DAK	Industriekaufmann
104	Frensch	Anna	19	–	Auszubildende	–	BKK	2. Ausbildungsjahr
105	Friede	Heike	29	Verkauf NW	Verkäuferin	ANG	DAK	Einzelhandelskaufrau
202	Frings	Hermann	34	Werkstatt	Mechatroniker	AR	DAK	Kfz-Mechaniker
107	Fuchs	Fabian	36	Ersatzteile	Sachbearbeiter	ANG	AOK	Einzelhandelskaufmann
127	Gentsch	Judith	38	Allg. Verw.	Sachbearbeiterin Personal	ANG	AOK	Europasekretärin
108	Grieger	Roswitha	41	Allg. Verw.	Disponentin	ANG	AOK	Großhandelskaufrau
109	Hoffmann	Petra	27	Allg. Verw.	Buchhaltung	ANG	DAK	Automobilkauffrau
204	Kleber	Julius	24	Werkstatt	Mechatroniker	AR	BKK	Kfz-Mechaniker
111	Kowatsch	Alex	29	Verkauf GW	Verkäufer, stellv. Betriebsratsvorsitzender	ANG	AOK	Werbekaufmann
112	Krell	Daniel	18	Werkstatt	Auszubildender	–	BKK	1. Ausbildungsjahr
113	Kröger	Claudia	39	Allg. Verw.	Buchhalterin	ANG	AOK	Großhandelskauffrau
206	Martin	Cornelia	35	Werkstatt	Mechatronikerin	AR	BKK	Kfz-Mechatronikerin
115	Maslow	Iwan	37	Verkauf NW	Verkäufer	ANG	DAK	Betriebswirt (BA)
117	Melek	Amir	41	Service	zertifizierter Verkäufer	ANG	DAK	Bürokaufmann
118	Müller	Marion	28	Verkauf NW und GW	Verkaufsassistentin	ANG	BKK	Einzelhandelskauffrau
302	Murschall	Otto	62	Geschäftsleitung	Geschäftsführer	LA	HUK	Kfz-Mechaniker
120	Nolte	Niklas	32	Assistenz der GL	Assistent der GL	LA	AOK	Kfz-Betriebswirt (BFC)
303	Özkaya	Attila	54	Lager	Abteilungsleiter	ANG	DAK	Lagerfacharbeiter
304	Pagel	Nadine	45	Verkauf GW	Abteilungsleiterin	ANG	DAK	Kfz-Betriebswirtin (BFC)
305	Pietsch	Clemens	48	TuZ	Abteilungsleiter, Betriebsratsvorsitzender	ANG	DAK	Einzelhandelskaufmann
207	Ramires	Ignacio	22	Werkstatt	Mechatroniker	AR	BKK	Kfz-Mechatroniker
208	Remsch	Holger	20	Lager	Lagerarbeiter	AR	BKK	Lagerfacharbeiter
125	Rose	David	17	–	Auszubildender	–	mhplus	1. Ausbildungsjahr
306	Rotter	Thea	52	Allg. Verw.	Abteilungsleiterin	ANG	AOK	Kauffrau für Bürokommunikation
307	Schmitz	Theo	49	Werkstatt	Abteilungsleiter	ANG	AOK	Kfz-Meister
126	Schnellinger	Jörg	27	Werkstatt	Auszubildender	–	AOK	3. Ausbildungsjahr
209	Schwarz	Christian	34	Service	Serviceberater	AR	DAK	Kfz-Mechatroniker
210	Thees	Willi	38	Werkstatt	Mechatroniker, Betriebsratsmitglied	AR	BKK	Kfz-Elektroniker
211	Völzgen	Achim	37	Lager	Lagerarbeiter	AR	BKK	Einzelhandelskaufmann
129	Wirsch	Hubert	28	Ersatzteile	Verkäufer	ANG	AOK	Automobilkaufmann
213	Zanoglu	Nilüfer	33	Service	Serviceberaterin	ANG	AOK	Automobilkauffrau

Wir bewegen Menschen

AUTOLAND GMBH
MURSCHALL

Sortimentliste

Modell	Segment	Leistung in kW	Verbrauch kombiniert in l	Preis in Euro
STARCAR SUNNY	Kleinwagen	36 / 49	3,9	7.490,00
STARCAR SHINING	Kompaktklasse	66 / 84	4,6	9.790,00
STARCAR COMFORT	Mittelklasse	75 / 105	5,7	12.990,00
STARCAR ESTATE	Mittelklasse	66 / 95	5,2	22.790,00
STARCAR RANGER	SUV	115 / 150	7,5	29.350,00
STARCAR OPEN	Cabrio	75 / 105	5,8	23.990,00
STARCAR RACER	Sportwagen	125 / 175	8,6	32.890,00

Auszug aus der Debitorenliste

Anschrift	Telefon	Bankverbindung	Ansprechpartner
Böhme Motoreninstandsetzung GmbH Karl-Schiller-Str. 148 53119 Bonn	Tel. 0228 497 85 Fax 0228 497 90	Sparkasse KölnBonn IBAN DE50 3705 0198 0525 4282 42 BIC COLSDE33XXX	Karl Böhme
...			
Herbert Schmitz KG Im Wolfsgraben 34 53721 Siegburg	Tel. 02241 96 57 20 Fax 02241 96 58 00	Kreissparkasse Köln IBAN DE59 3705 0299 0140 2654 25 BIC COKSDE33XXX	Vera Braunfeld
Theo Speth OHG Am Zollweg 7 53225 Bonn	Tel. 0228 56 11 80 Fax 0228 56 11 81	Commerzbank Bonn IBAN DE17 3804 0007 0319 2222 00 BIC COBADEFFXXX	Dietmar Zumwinkel
Hermann Waltermann e. K. Ringstr. 105 53639 Königswinter	Tel. 02244 30 70 Fax 02244 30 88	Volksbank Bonn Rhein-Sieg IBAN DE26 3806 0186 0045 3801 24 BIC GENODED1BRS	Klara Waltermann

Auszug aus der Lieferantendatei

Firma	Adresse	Ansprechpartner	Lieferprogramm
Afra Autoteile GmbH & Co. KG	Brenzstr. 24 | 89542 Herbrechlingen Tel.: 0281 9897-0 | Fax:0281 9897-32	Herr Frieder	Pkw/Lkw-Ersatz- und -Verschleißteile, Autochemie (Öle, Fette, Bremsflüssigkeit), Felgen
ASI Autoteile GmbH & Co. KG	Breitestr. 42 89542 Gundershausen Tel.: 0981 98 97-0 | Fax:0981 98 97-32	Herr Kaller	Pkw/Lkw-Ersatz- und -Verschleißteile, Autochemie (Öle, Fette, Bremsflüssigkeit), Zubehör, Reifen, Felgen
ATF Autoteile Fachmarkt GmbH	Neulehenstr. 8 33790 Halle Tel. 02773 1002 | Fax: 02773 5003	Frau Bauer	Ersatz-/Verschleißteile, Autoelektrik, Zubehör, Reifen, Felgen, Werkzeuge und Werkstattausrüstungen
AUBROS Autoteile GmbH	Dieselstr. 54 | 06130 Halle a. d. Saale Tel.: 0345 482 77 05 Fax: 0345 482 77 19	Herr Dahmen	Ersatz-/Verschleißteile, Autoelektrik, Zubehör, Reifen, Felgen, Werkzeuge, Telekommunikation
Auto Teile Bunger KG	Feldstr. 4 | 44867 Bochum Tel.: 0228 30 6-0 | Fax: 0228 306-605	Herr Mertens	Pkw-Ersatz- und -Verschleißteile, Autoelektrik, Zubehör, Reifen, Felgen, Werkzeuge
STARCAR Deutschland GmbH	Soester Str. 147 | 44268 Dortmund Tel.: 0231 9508-0 | Fax: 0231 9508-25	Herr Baumschulte	Neuwagen sowie Originalersatz- und Zubehörteile für alle Starcar-Modelle

Die Automobilindustrie in Deutschland – ein kurzer Überblick

ZAHLEN & FAKTEN

Das Auto ist des Deutschen liebstes Kind. Auch wenn dieser Satz häufig mit einem Schmunzeln kommentiert wird, so steckt doch eine Menge Wahrheit dahinter. Die Wichtigkeit des Autos schlägt sich sichtbar in der Automobilindustrie nieder. Allein gemessen am Umsatz im Jahr 2015 war die Automobilindustrie mit rund 407 Mrd. Euro die mit Abstand umsatzstärkste Industriebranche in Deutschland. Dabei wurden rund 35 % der Erlöse im Inland umgesetzt, 65 % im Ausland (vorwiegend in den Ländern der Europäischen Union). Zum Vergleich: Hinter der Automobilindustrie landete der Maschinenbau auf Platz zwei der umsatzstärksten Industriebranchen mit einem Umsatz von gut 236 Mrd. Euro.

Einen wichtigen Stellenwert nimmt dabei auch der Automobilhandel ein. 2015 lag der Umsatz, der auf dem deutschen Neuwagenmarkt erwirtschaftet wurde, bei knapp 92 Mrd. Euro, der Umsatz des Gebrauchtwagenmarktes belief sich auf ca. 78 Mrd. Euro. Insgesamt produziert wurden gut 6 Mio. Neufahrzeuge in Deutschland, wobei fast 4,5 Mio. Fahrzeuge exportiert wurden. Diese starke Exportorientierung ist dabei ein wesentliches Kennzeichen der deutschen Automobilindustrie.

Auch die Automobilzuliefererindustrie nimmt einen Spitzenplatz ein. Lag das Gesamtvolumen des weltweiten Automobilzuliefermarktes im Jahr 2015 bei 1.087 Mrd. Euro, so entfiel davon ein Umsatz von 75,8 Mrd. Euro auf die deutsche Automobilzuliefererindustrie.

Um entsprechende Umsätze zu erwirtschaften, wird selbstverständlich auch qualifiziertes Personal benötigt. Insgesamt beschäftigte die Branche 2015 über 790 000 Personen, wobei jeder Achte damit beschäftigt war, an automobilen Innovationen zu arbeiten. Insgesamt betrugen die internen Aufwendungen für den Bereich „Forschung und Entwicklung“ 20,6 Mrd. Euro. Damit lag die Automobilindustrie auch bei der Forschung innerhalb Deutschlands ganz vorne. Auch international eine Spitzenposition.

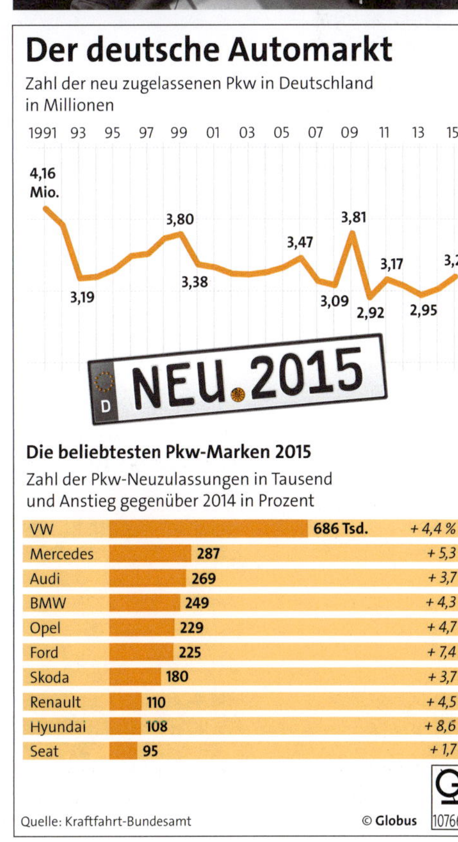

Doch welcher Automarke vertrauen die Deutschen? Unangefochtene Nummer eins auf dem hiesigen Automarkt bei den Pkw-Neuzulassungen ist VW. Mit einem großen Abstand folgen deutsche Traditionsmarken wie Mercedes und Audi. In diesen Zahlen spiegeln sich sicherlich auch die hohen Qualitätsstandards wider, für die deutsche Fahrzeuge weltweit bekannt sind.

Bei den Neuzulassungen gab es in den letzten Jahren ein spürbares Auf und Ab, wobei 2015 3,21 Mio. Pkw neu zugelassen wurden.

WICHTIGE PRODUKTIONSSTÄTTEN IN DEUTSCHLAND

In Deutschland produzieren viele namenhafte Automobilmarken. Welche Produktionsstätten welcher Marken sind Ihnen bekannt? Vermerken Sie Marke und Standort in der Deutschlandkarte. Die vorgegebenen Städte dienen dabei zur Orientierung.

HABEN SIE ES GEWUSST?

Ein Auto kann heute aus mehr als 10 000 einzelnen Teilen bestehen (abhängig von Größe und Ausstattung).

Im Jahr 2015 wurden gut 4 500 neue Ausbildungsverträge zum Automobilkaufmann/zur Automobilkauffrau abgeschlossen.

Anfang 2016 belief sich der Fahrzeugbestand in Deutschland auf 61,5 Mio. zugelassene Fahrzeuge (davon 45,1 Mio. Pkw, 2,8 Mio. Lkw und 4,2 Mio. Motorräder).

In Paris wurde 2016 ein Ferrari 355 S Spider Scaglietti von 1957 versteigert – für 32,1 Mio. Euro.

Das Durchschnittsalter der Anfang 2016 zugelassenen Pkws lag bei 9,2 Jahren, wobei 1,2 % der Pkws schon älter als 30 Jahre waren.

Anfang 2016 lag die Fahrzeugdichte bei 672 Fahrzeugen je 1000 Einwohner.

Das durchschnittliche Alter eines Neuwagenkäufers liegt bei 53 Jahren.

Die durchschnittliche PS-Zahl eines verkauften Neuwagens liegt bei 140.

Im Jahr 2015 gab es in Deutschland ca. 7 400 selbstständige Autohändler.

28,6 % der 2015 zugelassenen Neuwagen in Deutschland waren Silber oder Grau. Es folgen Schwarz (27,3 %) und Weiß (19,5 %).

2015 wurden 27,1 Mio. Fahrzeuge der Hauptuntersuchung (HU) vorgeführt. Bei 12,3 Mio. davon wurden keine Mängel festgestellt. Am häufigsten lagen Fehler bei der Beleuchtung und der Elektrik vor.

Die häufigste Ordnungswidrigkeit bei deutschen Autofahrern und -fahrerinnen ist die Geschwindigkeitsüberschreitung.

EIN KURZES QUIZ

1. Wofür interessieren sich sowohl Autokäufer als auch Restaurantgäste?
a wie viel Benzin **b** wie viel von 0 auf 100 **c** wie viele Türen **d** wie viele Gänge

2. Welche dieser Schreibweisen ist korrekt?
a Acht-Zylinder-Motor **b** Achtzylinder-Motor **c** 8-Zilinder Motor **d** Achtzilynder-Motor

3. Welches Accessoire muss in jedem Auto gemäß DIN 13164 mitgeführt werden?
a Löffel **b** Messer **c** Gabel **d** Schere

4. Wo nehmen – zumindest buchstäblich – auch immer Schriftsteller teil?
a Motorradtour **b** Autorennen **c** Pilgerfahrt **d** Segeltörn

5. Welches Verkehrszeichen besteht nur aus den Farben Blau und Weiß?
a Andreaskreuz **b** Vorfahrt gewähren **c** Fußgängerüberweg **d** verkehrsberuhigte Zone

6. In welcher Sportart geht es um Chips, Pitches und Putts?
a Frisbee **b** Golf **c** Baseball **d** Pokern

7. Welche Städte, die zu den Kfz-Kennzeichen gehören, liegen im selben Bundesland?
a M, A, N **b** D, R, K **c** B, I, P **d** H, S, V

8. So wie Porsche zu Stuttgart, BMW zu München, VW zu Wolfsburg gehört(e) Borgward zu ...
a Berlin **b** Düsseldorf **c** Bremen **d** Hamburg

9. Mit welcher Marke wurde Giuseppe Farina 1950 erster Formel-1-Weltmeister?
a Alfa Romeo **b** Ferrari **c** Lancia **d** Maserati

10. Welche Marke wurde nicht nach ihrem Gründer benannt?
a Suzuki **b** Honda **c** Mazda **d** Toyota

11. In welchem dieser Länder herrscht Rechtsverkehr?
a Australien **b** Japan **c** Indien **d** Kanada

12. Von welchem Modell wurden bisher die meisten Fahrzeuge verkauft?
a VW Golf **b** Toyota Corolla **c** Ford Escort **d** Honda Civic

Lernsituation 1: Modellunternehmen und Ausbildungsbetrieb

☞ SB ▸ LF1 | 1

SITUATION

David Rose, Auszubildender im ersten Ausbildungsjahr bei der Autoland Murschall GmbH, hat erst vor wenigen Tagen seine Ausbildung zum Automobilkaufmann begonnen. Frau Gentsch, seine Ausbilderin, händigte ihm als Erstes das Organigramm (siehe Seite 6) aus. Dann ging es schon los: „Sie müssen möglichst schnell die Mitarbeiter und deren Aufgaben kennen lernen, damit Sie unser Autohaus als komplexes System mit seinen vielfältigen innerbetrieblichen und außerbetrieblichen Beziehungen und Prozessen verstehen können“, sagte sie. Dann ging Frau Gentsch mit ihrem neuen Auszubildenden durch die Abteilungen und stellte ihm die Mitarbeiter vor, die von ihrer Arbeit und der Autoland Murschall GmbH erzählten. Viel haben sie erzählt – sehr viel. David hofft, dass er sich das Wichtigste richtig gemerkt und aufgeschrieben hat. Zuerst lernte er Herrn Murschall, den Geschäftsführer, kennen.

Gesprächsnotiz — AUTOLAND GMBH MURSCHALL

☒ **persönlich** ☐ **telefonisch** **Telefon-Nr.**

Gespräch am: 04.09. um 10 Uhr **mit** Herrn Murschall

Thema: Informationen über die Autoland Murschall GmbH

- Das Unternehmen gibt es schon seit 1974. Herr Otto Murschall hat es damals als kleine Autowerkstatt gegründet.
- Das Unternehmen ist heute eine Gesellschaft mit beschränkter Haftung.
- Herr Murschall ist Geschäftsführer der Autoland Murschall GmbH, er ist leitender Angestellter und der alleinige Chef. Frau Rotter ist seine Sekretärin.
- Sein Vertreter ist Herr Nolte, er ist Prokurist der Autoland Murschall GmbH und zugleich verantwortlich für das Marketing.
- Das Unternehmen gehört heute den Gesellschaftern Otto Murschall, Bruno Osterwelle, Peter Trittauf und Hanna Roskamp – alle aus einer Familie; ein Familienunternehmen also.
- Es gibt nur einen Standort. Verwaltung, Werkstatt, Neu- und Gebrauchtwagenverkauf sowie das Lager befinden sich in Bonn.
- Herr Murschall trifft sich regelmäßig mit den Gesellschaftern. Wichtige Entscheidungen und neue Ziele werden regelmäßig „im kleinen Kreis“ abgesprochen.

ARBEITSAUFTRAG *Erkundung des Ausbildungsbetriebes: Gründung und Unternehmensleitung*

1. Wann wurde Ihr eigenes Ausbildungsunternehmen gegründet und von wem?
2. Wie heißt Ihr Unternehmen (Firma oder Name)?
3. Welche Person(en) leitet (leiten) das Unternehmen?
4. Gibt es eine bestimmte Unternehmensphilosophie oder ein Leitbild, das alle Mitarbeiter berücksichtigen sollen?
5. Wer arbeitet im Sekretariat der Unternehmensleitung?
6. Wer vertritt die Unternehmensleitung, z. B. bei Abwesenheit?
7. Wem gehört das Unternehmen (Inhaber, Gesellschafter, Hauptaktionäre)?
8. Welche(n) Standort(e) hat Ihr Unternehmen?
9. Wie ist ggf. die Zusammenarbeit zwischen Unternehmensleitung und den Inhabern organisiert?

Gesprächsnotiz AUTOLAND GMBH MURSCHALL

☒ persönlich ☐ telefonisch Telefon-Nr.

Gespräch am: *04.09. um 11 Uhr* mit *Herrn Fleck*

Thema: *Informationen zur Abteilung Verkauf*

- *Herr Fleck ist Abteilungsleiter der Abteilung „Neuwagen-Verkauf".*
- *Die Autoland Murschall GmbH verkauft Neuwagen des Herstellers STARCAR AG, der 7 Modelle vertreibt und damit in den wichtigsten Segmenten des deutschen Automarktes vertreten ist. In der Abteilung arbeiten zwei Verkäufer und eine Verkäuferin.*
- *Die Abteilung „Gebrauchtwagen-Verkauf" wird von Frau Pagel geleitet. Hier sind zwei Verkäufer beschäftigt.*

ARBEITSAUFTRAG *Erkundung des Ausbildungsbetriebes: Sortiment und Verkauf*

1. Wie ist das Sortiment Ihres Ausbildungsbetriebes zusammengesetzt (Waren-/Produktgruppen)?
2. Gibt es zurzeit oder gelegentlich Saison- oder Aktionsartikel neben dem Stammsortiment?
3. Welche Stammkundengruppen können unterschieden werden?
4. Wie kann das Absatzgebiet im Inland umschrieben werden?
5. Werden Auslandsmärkte beliefert?
6. Wie ist die Verkaufsabteilung organisiert (nach Kunden, Warengruppen, Regionen etc.)?
7. Wie viele Mitarbeiter sind im Absatzbereich beschäftigt?

Gesprächsnotiz AUTOLAND GMBH MURSCHALL

☒ persönlich ☐ telefonisch Telefon-Nr.

Gespräch am: *04.09. um 13 Uhr* mit *Frau Rotter*

Thema: *Informationen zur Abteilung Allgemeine Verwaltung*

- *Frau Rotter leitet die Allgemeine Verwaltung mit der Disposition, dem Rechnungswesen, dem Service und dem Personal.*
- *Hier wird „alles" aufgeschrieben und für Berichterstattungen aller Art aufbereitet. Hier bekommt z. B. auch Herr Murschall seine Informationen, die er für die Gespräche mit den Gesellschaftern, mit Vertretern der Banken, dem Steuerberater, Kunden und Lieferanten und natürlich mit den Mitarbeitern braucht.*
- *Die Buchführung wird von der Autoland Murschall GmbH selbst im Haus gemacht. Der Jahresabschluss wird allerdings zusammen mit einem Steuerberater erstellt.*
- *Mit Löhnen und Gehältern und deren monatlicher Abrechnung kennt sich Frau Gentsch bestens aus. Sie kennt alle Tarifverträge und Betriebsvereinbarungen, z. B. über die neuen Arbeitszeiten, in der Autoland Murschall GmbH „auswendig".*

ARBEITSAUFTRAG *Erkundung des Ausbildungsbetriebes: Allgemeine Verwaltung*

1. Wer erstellt für Ihr Ausbildungsunternehmen die Buchführung?
2. Gibt es für das Unternehmen eine Betriebsvereinbarung über Arbeitszeiten?
3. Gibt es in Ihrem Unternehmen einen Betriebsrat und/oder JAV? Wie viele Personen gehören diesen jeweils an?

Gesprächsnotiz

AUTOLAND GMBH MURSCHALL

☒ persönlich ☐ telefonisch Telefon-Nr.

Gespräch am: 04.09. um 14 Uhr **mit** Frau Grieger

Thema: Informationen zur Abteilung Disposition

- Frau Grieger bildet mit ihrem Kollegen Herrn Dogan das „Dispoteam" der Autoland Murschall GmbH: Sie bestellen die Neufahrzeuge in der gewünschten Ausstattung beim Hersteller. Nach der Anlieferung kümmern sie sich in Absprache mit den Verkäufern darum, dass die Fahrzeuge termingerecht vorbereitet und angemeldet sind, sodass der Übergabe an den Käufer nichts im Wege steht.

ARBEITSAUFTRAG *Erkundung des Ausbildungsbetriebes: Disposition*

1. Wie ist die Disposition in Ihrem Ausbildungsbetrieb organisiert?
2. Wo bestellt Ihr Unternehmen seine Neufahrzeuge?

Gesprächsnotiz

AUTOLAND GMBH MURSCHALL

☒ persönlich ☐ telefonisch Telefon-Nr.

Gespräch am: 04.09. um 15:30 Uhr **mit** Herrn Özkaya

Thema: Informationen zur Abteilung Lager

- Herr Özkaya ist der Abteilungsleiter „Lager". Mit zwei Lagerarbeitern sorgt er dafür, dass immer die notwendigen Teile für Inspektionen, Reparaturen und Einbauten für die Mechatroniker bereitstehen.
- Trotz steigender Absatzmengen ist die Lagerhaltung (Mengen und Werte) rückläufig, denn Lagerhaltung ist teuer. Lieferengpässe darf es trotzdem nicht geben.
- Optimierung der Lagerhaltung durch EDV-Einsatz, Auswahl zuverlässiger Lieferanten und ein hoher Qualitätsanspruch sind die Erfolgsfaktoren.
- Bei der Lagerhaltung sind insbesondere die Bedürfnisse der Werkstatt zu berücksichtigen. Deshalb ist Herr Özkaya gleichzeitig zuständig für die rechtzeitige Meldung des Bedarfs an die Disposition, in der Frau Grieger und Herr Dogan seine Ansprechpartner sind.

ARBEITSAUFTRAG *Erkundung des Ausbildungsbetriebes: Lager*

1. Wie werden in Ihrem Ausbildungsbetrieb die Artikel gelagert?
2. Sind besondere Anforderungen an die Lagerhaltung für diese Artikel notwendig?
3. Gibt es verschiedene Lagerorte oder Lagerarten?
4. Wie ist die An- und Auslieferung von Waren organisiert?
5. Wie viele Mitarbeiter sind im Lager beschäftigt?

Aufgaben

ÜBUNGSAUFGABEN

1. Erstellen Sie ein persönliches Brainstorming über Ihre eigenen Erfahrungen mit Lerntechniken, z. B.: Wie haben Sie sich bisher auf Klassenarbeiten oder Tests vorbereitet? Wie haben Sie sich bisher auf Prüfungen vorbereitet? Wie lesen Sie Texte? Woher erhalten Sie Informationen?

2. a) Erstellen Sie eine Mindmap über Ihre Wünsche, Ziele, Befürchtungen und Ängste bezüglich Ihrer Ausbildung. Sie haben dafür 15 Minuten Zeit!
b) Setzen Sie sich in einer von Ihnen zusammengestellten Gruppe von 4 bis 5 Personen zusammen und stellen Sie Ihren Gruppenmitgliedern Ihre persönliche Mindmap vor. Sie haben dafür 10 Minuten Zeit!
c) Erstellen Sie zusammen mit den Mitgliedern Ihrer Gruppe eine gemeinsame Mindmap bezüglich der Wünsche, Ziele, Befürchtungen und Ängste der Gruppe. Fertigen Sie diese Mindmap in Plakatgröße an und hängen Sie sie auf. Sie haben dafür 15 Minuten Zeit!

3. Betrachten Sie das Organigramm der Autoland Murschall GmbH auf Seite 6. Welche Mitarbeiterin oder welcher Mitarbeiter könnte Ihnen sofort folgende Informationen liefern?
1. Mitarbeiter(innen) der Autoland Murschall GmbH, die auch dort ihre Ausbildung absolviert haben.
2. Die Firmennamen der Kunden, mit denen die Autoland Murschall GmbH die höchsten Umsätze erzielt.
3. Den Firmennamen eines Lieferers, bei dem die Autoland Murschall GmbH im letzten Jahr wertmäßig am meisten eingekauft hat.
4. Das derzeitige Anfangsgehalt eines Auszubildenden, der seine Abschlussprüfung bestanden hat und von der Autoland Murschall GmbH übernommen wird.
5. Zeiten, zu denen die Geschäftsleitung absehbar nicht „im Hause“ ist.
6. Den aktuellen Lagerbestand der Autoland Murschall GmbH.

4. Beantworten Sie die Fragen der Übungsaufgabe 3 für Ihr Ausbildungsunternehmen.
Alternative 1: Erstellen Sie vorab ein Organigramm für Ihr Ausbildungsunternehmen.
Alternative 2: Bringen Sie ein Organigramm Ihres Ausbildungsunternehmens mit in den Unterricht.

5. Fassen Sie die Informationen, die Sie über Ihr Ausbildungsunternehmen recherchiert haben, auf einem Plakat zusammen. Sie haben dafür 45 Minuten Zeit! Präsentieren Sie anschließend Ihr Ausbildungsunternehmen der Klasse.

6. Betrachten Sie das Organigramm der Autoland Murschall GmbH auf Seite 6. Ermitteln Sie die Anzahl der Mitarbeiter nach ihren Funktionen und in Prozent der gesamten Mitarbeiterzahl für die Autoland Murschall GmbH. Bearbeiten Sie diese Problemstellung im Anschluss für Ihr eigenes Ausbildungsunternehmen.

Funktionen der Mitarbeiter	Autoland Murschall GmbH		Ihr Ausbildungsunternehmen	
	Anzahl	in Prozent	Anzahl	in Prozent
Geschäftsleitung				
Sekretariat				
Abteilungsleiter				
Sachbearbeiter				
Lagerarbeiter				
Kfz-Mechatroniker				
Verkäufer				
Auszubildende				
Weitere Funktionen				
Summen:		100 %		100 %

Lernsituation 2: Grundlagen des Wirtschaftens

☞ SB ▸ LF1 | 1

SITUATION

http://www.travelandwork.com/forum.html

travel & work

Mitglieder-Forum

travel&work | Infos | Meine Reise | Buchen | Kontakt

Kosta-Supasta:
Hi Steffi! Was hast du am Wochenende so gemacht – außer lange zu schlafen?

Steffi19:
Erstmal samstags vormittags arbeiten im Jeansshop – da hab ich die Stelle als Verkaufsaushilfe seit ein paar Wochen. Das macht Spaß, in dem Laden zu arbeiten – da sind ganz nette Kunden und ich verdiene ein bisschen dazu, sodass ich schon mal für mein travel&work in Kanada sparen kann.

Stell dir vor – beim Friseur hab ich gedacht: Die kenn ich doch, die Friseurin – klar, sie hat mich auch wiedererkannt, weil sie am Tag vorher bei uns im Jeansladen noch eine Hose gekauft hatte. Wir haben ganz nett gequatscht und sie sagte: Bis bald – dann wieder bei dir im Jeansladen!

Ich war Sonntag noch auf dem Rheinauen-Trödel und hab nach langer Verhandlung endlich eine coole 80er-Jahre-Handtasche bekommen – den Verkäufer hab ich von 50 Euro auf 30 runtergehandelt, ich denke, weil es kurz vor Schluss war und er die Tasche auch nicht mehr wieder mit nach Hause nehmen wollte.

Furchtbar sind die Busverbindungen am Wochenende bei uns ....

Gefühlte Stunden stand ich gestern an der Bushaltestelle vor einem dieser Wahlplakate, wo groß draufsteht „Wirtschaft geht uns alle an!“, und dachte nur – bin ich froh, dass ich nichts mit Wirtschaft zu tun habe!!

Kosta-Supasta:
Hab ich auch letztens gedacht – die Wirtschaft muss erstmal ohne mich auskommen, will ich auch nichts mit zu tun haben, da sollen sich mal besser die Manager drum kümmern.

Ach ja, du bist ja noch „Busfahrerin“ – wann hast noch mal Führerscheinprüfung?
Ich hab mich jedenfalls mal wieder gewundert, beim Tanken, wusstest du, warum Benzin so teuer ist? Ich hab an der Zapfsäule so eine Grafik gesehen: Bei einem Benzinpreis von 1,50 Euro pro Liter zahle ich 89,4 Cent ans Finanzamt – ganz schön heftig.

Zum Friseur sollte ich auch mal wieder- ich sehe irgendwie zugewachsen aus ... ;-)

Ich hab übrigens auch mittlerweile einen Job – als Auslieferungsfahrer für meinen Onkel, der ein Erdbeerfeld in der Voreifel hat – da fahre ich samstags ganz früh morgens mit Onkels Lieferwagen die Ware zu den Einzelhändlern – so kann ich auch schon mal etwas verdienen für mein travel&work.

Weißt du schon, wie viel Geld du brauchst für Kanada?

Steffi19:
Nein, weiß ich noch nicht so genau – ich versuche mit 1.500 Euro so lange wie möglich dort zu bleiben.

Kosta-Supasta:
Ich rechne anders – ich überleg mir, wie viel Geld ich brauche, um genau ein halbes Jahr zu bleiben.

ARBEITSAUFTRAG

Untersuchen Sie die Beiträge von Kosta und Steffi mithilfe folgender Fragestellungen:

1. Steffi und Kosta planen einen Auslandsaufenthalt. Dazu sparen sie Geld, das sie sich mit Jobs nebenbei verdienen. In welcher Art und Weise „wirtschaften" Steffi und Kosta? Begründen Sie Ihre Antwort.
2. Ordnen Sie die Aussagen von Steffi und Kosta den Wirtschaftseinheiten zu:
   a) private Haushalte
   b) Unternehmen
   c) Staat
   d) Ausland
3. Kosta plant einen Friseurbesuch.
   a) Welches Bedürfnis steckt dahinter?
   b) Welchen Bedarf hat er?
   c) Was wird er schließlich nachfragen?
4. Steffi verkauft als Aushilfe Jeanshosen – Kosta liefert mit einem Lkw als Fahrer Obst aus – die Friseurin bietet Haarschnitte an. Ordnen Sie diese Leistungen und Güter in folgende Übersicht ein.

5. Welche Produktionsfaktoren erkennen Sie in den Berichten von Steffi und Kosta?
6. Welche Arbeiten werden geteilt (Arbeitsteilung) auf dem Weg der auszuliefernden Erdbeeren von der Ernte bis zum Verkauf?
7. Ordnen Sie die folgenden Aussagen den entsprechenden Wirtschaftsstufen zu:
   a) Kostas Onkel betreibt ein Erdbeerfeld in der Voreifel.
   b) Steffi verkauft Jeans.
   c) Die Jeans werden in einem Werk in Indonesien hergestellt.
   d) Kosta hat einen Job als Auslieferungsfahrer.
   e) Die Friseurin beherrscht unterschiedlichste Haarschnitte.
8. Nach welchen Prinzipien planen Steffi und Kosta ihren Auslandsaufenthalt?
9. Erklären Sie den einfachen Wirtschaftskreislauf anhand Steffis Friseurbesuchs bzw. des Jeanskaufs der Friseurin.
10. „Angebot und Nachfrage bestimmen den Preis." Erklären Sie die Aussage kurz anhand Steffis Handtaschenkaufs auf dem Trödelmarkt.
11. Sind Sie auch der Auffassung, dass Steffi und Kosta nichts mit Wirtschaft zu tun haben? Wenn nicht, dann schreiben Sie doch einfach einen Antwortbeitrag im Forum.

Arbeitsblatt 2.1 Vom Bedürfnis zur Nachfrage

	Bedürfnisse	Bedarf	Nachfrage
Erklärung			
Beispiele 1.	Durst	ein kühles Getränk	einen Eistee kaufen
2.			
3.			
4.			
5.			

Arbeitsblatt 2.2 Ökonomisches Prinzip

Ökonomisches Prinzip mit zwei Ausprägungen

______________ prinzip	______________ prinzip
Beispiele: 1. Mit einem Einkaufszettel im Supermarkt so günstig einkaufen wie möglich.	Beispiele: 1. Mit einem festen Betrag so viel einkaufen wie möglich.
2.	2.
3.	3.
4.	4.

Arbeitsblatt 2.3 Wirtschaftskreislauf

Entscheiden Sie, ob die folgenden Aussagen auf den
a) einfachen Wirtschaftskreislauf,
b) erweiterten Wirtschaftskreislauf mit drei Sektoren (einschließlich Staat) oder
c) auf keinen der beiden Wirtschaftskreisläufe
zutreffen. Kreuzen Sie zutreffende Aussagen an.

Aussagen	einfacher Wirtschaftskreislauf	erweiterter Wirtschaftskreislauf	keiner der beiden Wirtschaftskreisläufe
In diesem Wirtschaftskreislauf werden die Beziehungen zwischen Unternehmen und Haushalten dargestellt.			
Die Unternehmen zahlen Steuern.			
Die privaten Haushalte geben ihr gesamtes Einkommen für den Konsum aus.			
Die Banken geben Kredite an die Unternehmen.			
Der Staat zahlt Löhne und Gehälter an die privaten Haushalte.			
Dieser Wirtschaftskreislauf besteht aus den privaten Haushalten, den Unternehmen und dem Staat.			
Die privaten Haushalte erhalten Transferzahlungen.			
Die Unternehmen erhalten nur Konsumausgaben.			
Die privaten Haushalte stellen den Unternehmen Arbeit, Boden und Kapital zur Verfügung.			
Das Ausland erhält von den Unternehmen Waren und Dienstleistungen.			
Die privaten Haushalte erhalten vom Staat Subventionen.			

Aufgaben

ÜBUNGSAUFGABEN

1. Unterscheiden Sie die Begriffe Bedürfnisse, Bedarf und Nachfrage.

2. Erklären Sie das ökonomische Prinzip in seinen beiden Ausprägungen an einem eigenen Beispiel.

3. Der unten stehende, unvollständig abgebildete einfache Wirtschaftskreislauf stellt die Güter- und Geldströme zwischen den einzelnen Wirtschaftseinheiten dar.

a) Ordnen Sie folgende Begriffe richtig zu und tragen Sie diese in die Felder der Skizze ein:
Unternehmen – Boden, Arbeit, Kapital – private Haushalte – Konsumausgaben

b) Vier der folgenden sechs Situationen beschreiben die wirtschaftlichen Beziehungen zwischen Unternehmen und den privaten Haushalten. Welche sind das? Tragen Sie die entsprechende Ziffer in die unten stehende Skizze ein.

1. Die Autoland Murschall GmbH überweist einem Mitarbeiter 500,00 € Umsatzprämie.
2. Der Geschäftsführer der Autoland Murschall GmbH bringt seinen Geschäftswagen zur Inspektion in die Autowerkstatt.
3. Der Geschäftsführer überweist die Kfz-Steuer für die Geschäftsfahrzeuge an das Finanzamt.
4. Ein Kunde kauft bei der Autoland Murschall GmbH einen Fahrradträger für sein Auto.
5. Der Kunde bezahlt mit Kreditkarte.
6. Für Inventurarbeiten werden drei zusätzliche Aushilfskräfte beschäftigt.

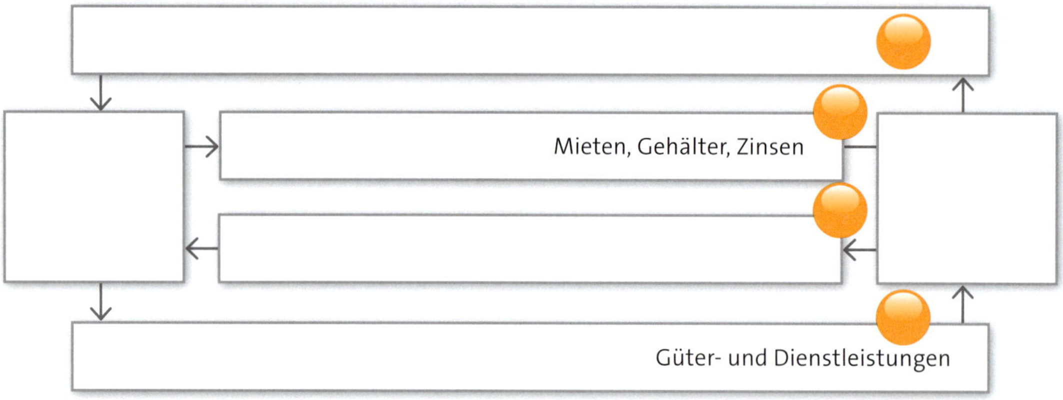

4. Im einfachen Wirtschaftskreislauf werden die privaten Haushalte und die Unternehmen abgebildet. Welche der unten aufgeführten Tätigkeiten treffen auf den privaten Haushalt zu?

Die privaten Haushalte

a) fragen am Markt Konsumgüter nach.
b) stellen für den Markt Konsumgüter her.
c) bieten auf dem Markt Produktionsfaktoren an.
d) fragen am Markt Produktionsfaktoren nach.
e) fragen am Markt Investitionsgüter nach.

5. Die Unternehmen haben im einfachen Wirtschaftskreislauf bestimmte Aufgaben. Welche sind das?

Die Unternehmen haben die Aufgabe,

a) Konsumgüter aus Produktionsfaktoren herzustellen.
b) bei der Produktion Produktionsfaktoren einzusetzen.
c) an die Haushalte Produktionsfaktoren zu verteilen.
d) den Haushalten Produktionsfaktoren zur Verfügung zu stellen.
e) Produktionsgüter durch Produktionsfaktoren zu ersetzen.

6. Welche zwei Aussagen betreffen den einfachen Wirtschaftskreislauf?

a) Die Wertschöpfung fließt in vollem Umfang den privaten Haushalten zu.
b) Die gesamtwirtschaftliche Nachfrage beschränkt sich auf den Konsum der privaten Haushalte.
c) Faktoreinkommen umfassen ausschließlich Entgelte für die Faktorleistung Arbeit.
d) Private Haushalte erhalten im Falle der Bedürftigkeit Transfereinkommen.
e) Staatliche Güterproduktion trägt zur Wertschöpfung bei.
f) Exporte erhöhen die inländische Wertschöpfung.

7. Tragen Sie folgende Begriffe in die leeren Felder der nachfolgenden Übersicht ein.
Bergbaubetriebe – Industriebetriebe – primärer Sektor – Betriebe der Weiterverarbeitung – Einzelhandel – Forstbetriebe – Handel – Handwerksbetriebe – Banken – Betriebe der Rohstoffgewinnung – tertiärer Sektor – Betriebe der Gas- und Ölgewinnung – Fischereibetriebe – Schreinerei – andere Dienstleistungsbetriebe – Transportunternehmen

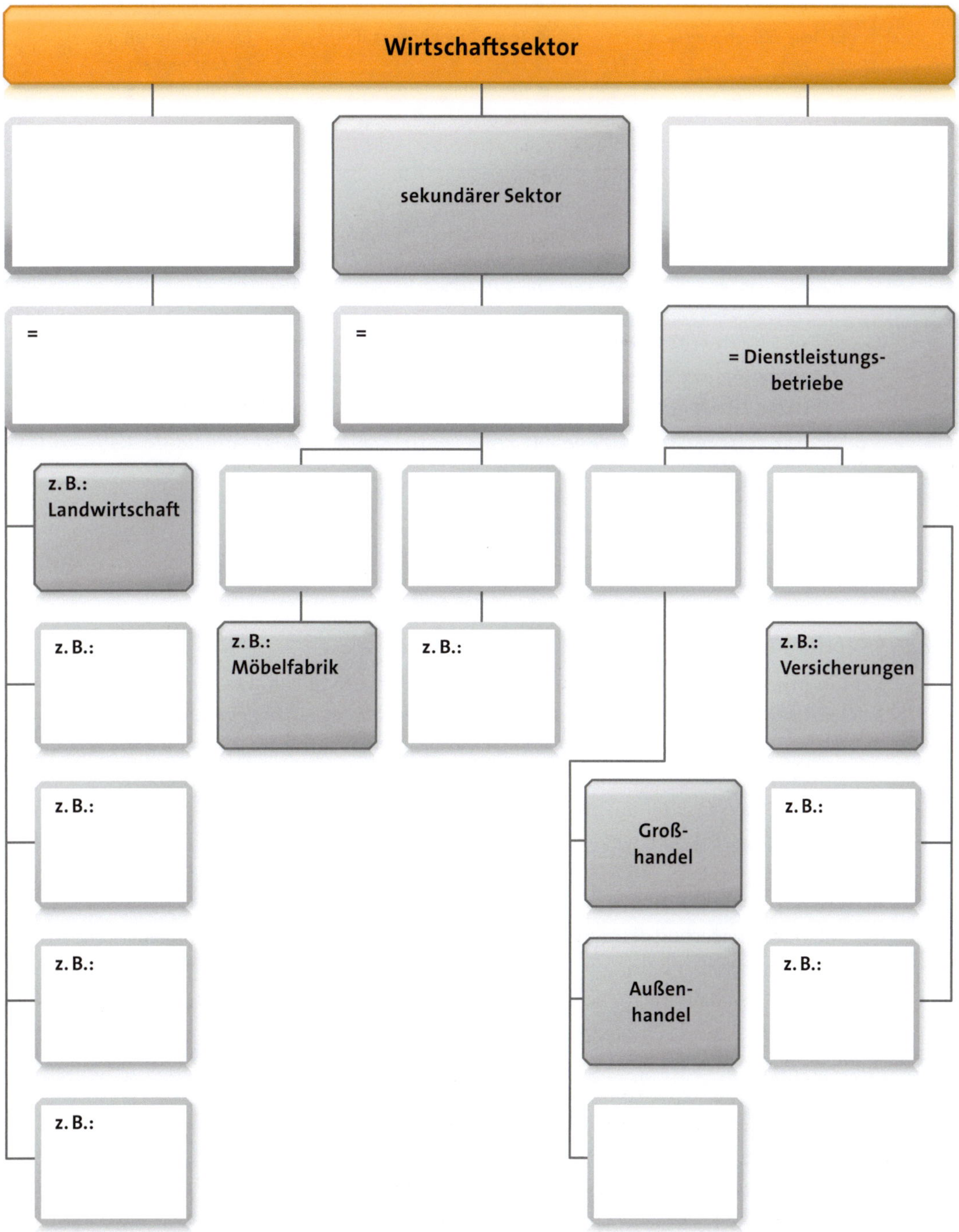

SB ▸ LF1 | 2

Lernsituation 3: Rechtsformen von Unternehmen

Hausmitteilung

AUTOLAND GMBH MURSCHALL

Datum: *16.10.20XX*

Absender	**Empfänger**	**Weiterverwendung**
☒ Geschäftsleitung	☐ Geschäftsleitung	☐ zur Kenntnisnahme
☐ NW-Verkauf	☒ NW-Verkauf	☒ zur Erledigung
☐ GW-Verkauf	☒ GW-Verkauf	☐ zur Stellungnahme
☐ Werkstatt	☐ Werkstatt	☐ zur Rücksprache
☐ Teile-/Zubehörverkauf	☒ Teile-/Zubehörverkauf	☐ zur Weiterleitung
☐ Lager	☐ Lager	☐ zum Verbleib
☐ Verwaltung	☒ Verwaltung	☐ zur Rückgabe
☐ Frau/Herr	☐ Frau/Herr	☐

Liebe Mitarbeiter,

unsere Werbung für den neuen Thunder Pickup ist ein voller Erfolg gewesen. Danke auf diesem Weg noch einmal an die Marketingabteilung!

Neben vielen Einzelkäufern haben wir auch einige Unternehmen gewinnen können, die ihren gesamten Fuhrpark umstellen wollen. Für den Abschluss dieser Leasing-Verträge benötigt die Leasinggesellschaft aber noch weitere Informationen. Die Handelsregisterauszüge hat Frau Rotter schon einmal beigelegt.

Gruß
Murschall

ARBEITSAUFTRAG

1. Warum lässt sich die Leasinggesellschaft die Handelsregistereinträge der Unternehmen besorgen?
2. Welche Informationen können aus den Handelsregistereinträgen gewonnen werden?
3. Welche Gründe können bei den einzelnen Unternehmen zur Wahl der jeweiligen Rechtsform geführt haben?
4. Bewerten Sie die Risiken für die Leasinggesellschaft, wenn mit den potenziellen Geschäftspartnern Verträge abgeschlossen werden.

Hinweis:
Bei einem Leasingvertrag verkauft das Autohaus das Fahrzeug an den Leasinggeber und erhält von diesem den Kaufpreis. Der Leasinggeber erhält von dem Leasingnehmer monatliche Leasingraten.

CompExpress GmbH

Eine Auskunft der Bank ist wegen der Neugründung noch nicht möglich.

Handelsregisterauszug						
Abteilung B					**Nummer der Firma: HR B 2487**	
Nr. der Eintragung	a) Firma b) Sitz c) Gegenstand	Grund- oder Stamm-kapital	Geschäfts-führer	Prokura	Rechts-verhältnisse	Tag der Eintragung, Unterschrift
1	a) CompExpress Computerhandels-gesellschaft mbH b) Bonn c) Herstellung und Vertrieb von EDV-Produkten	25.000 €	Rutger von Rosta in Bonn	Detlef Dollokowski in Bonn und Ramon Sanchez in Bonn ist Prokura in der Weise erteilt, dass sie gemeinsam vertre-tungsberechtigt sind.	Gesellschaft mit beschränkter Haftung	15. Septem-ber 2010

Flotte Fahrt OHG

Eine erste Auskunft der Bank über die momentane Liquiditätslage war positiv.

Handelsregisterauszug						
Abteilung A					**Nummer der Firma: HR A 4814**	
Nr. der Eintragung	a) Firma b) Sitz c) Gegenstand	Grund- oder Stamm-kapital	Geschäfts-führer	Prokura	Rechts-verhältnisse	Tag der Eintragung, Unterschrift
1	a) Flotte Fahrt Offene Handels-gesellschaft b) Bonn c) Kurierdienst; Kleintransporte; Entrümpelungen		Tim Hauser in Bonn Franziska Mantek in Bonn		Offene Handels-gesellschaft	04. Januar 1999

Klarblick KG

Eine erste Auskunft der Bank über die momentane Liquiditätslage war positiv.

Handelsregisterauszug						
Abteilung A					**Nummer der Firma: HR A 1633**	
Nr. der Eintragung	a) Firma b) Sitz c) Gegenstand	Grund- oder Stamm-kapital	Geschäfts-führer	Prokura	Rechts-verhältnisse	Tag der Eintragung, Unterschrift
1	a) Klarblick Kommandit-gesellschaft b) Bonn c) Gebäude- und Fensterreinigung		Bernd Schnitzler in Bonn		Kommandit-gesellschaft	27. Mai 2002

Ahrwein AG

Eine erste Auskunft der Bank über die momentane Liquiditätslage war positiv.

Handelsregisterauszug						
Abteilung B						**Nummer der Firma: HR B 1002**
Nr. der Eintragung	a) Firma b) Sitz c) Gegenstand	Grund- oder Stamm-kapital	Geschäftsführer	Prokura	Rechts-verhältnisse	Tag der Eintragung, Unterschrift
1	a) Ahrwein Aktien-gesellschaft b) Ahrweiler c) Anbau, Produk-tion und Vertrieb von Weinen	50.000 €	Knut Bestkamp in Ahrweiler Willi Schober in Ahrweiler		Aktien-gesellschaft	20. Mai 2005

Schöne Gärten Bonn
Florian Blum e. K.

Eine erste Auskunft der Bank über die momentane Liquiditätslage war positiv.

Handelsregisterauszug						
Abteilung A						**Nummer der Firma: HR A 5108**
Nr. der Eintragung	a) Firma b) Sitz c) Gegenstand	Grund- oder Stamm-kapital	Geschäfts-führer	Prokura	Rechts-verhältnisse	Tag der Eintragung, Unterschrift
1	a) Schöne Gärten Bonn, Florian Blum b) Bonn c) Erstellung, Gestaltung und Pflege von Garten-anlagen, -wegen, -teichen		Florian Blum in Bonn		Eingetra-gener Kaufmann	05. Oktober 2010

Clean Wash GmbH & Co. KG

Eine erste Auskunft der Bank über die momentane Liquiditätslage war positiv.

Handelsregisterauszug						
Abteilung A						**Nummer der Firma: HR A 3148**
Nr. der Eintragung	a) Firma b) Sitz c) Gegenstand	Grund- oder Stamm-kapital	Geschäfts-führer	Prokura	Rechts-verhältnisse	Tag der Eintragung, Unterschrift
1	a) Clean Wash b) Bonn c) Wäscherei und Reinigung für Hotel, Gastro-nomie, Handel, Industrie und Privathaushalte		Zoltan Boklaido in Bonn	Ogdan Mültio-glu in Bonn	Gesellschaft mit beschränkter Haftung & Compagnie Kommandit-gesellschaft	14. März 2000

Arbeitsblatt 3.1 Wahl der Rechtsform

Mögliche Rechtsformen für ein neues Unternehmen			
Rechtsform	Einzelunternehmung	Kommanditgesellschaft (KG)	Offene Handelsgesellschaft (OHG)
Wen oder was benötigt man zur Gründung? (Personenanzahl, HR, Vertrag)			
Wer trifft innerbetriebliche Entscheidungen?			
Wer vertritt das Unternehmen nach außen?			
Wie werden Gewinn bzw. Verlust verteilt?			

Hinweis:
Auf die Darstellung der GbR wird verzichtet, da diese Rechtsform für ein Autohaus nicht infrage kommt.

Arbeitsblatt 3.2 Wahl der Rechtsform (Fortsetzung)

Mögliche Rechtsformen für ein neues Unternehmen			
Rechtsform	GmbH	GmbH & Co. KG	Aktiengesellschaft (AG)
Wen oder was benötigt man zur Gründung? (Personenanzahl, HR, Vertrag)			
Wer trifft innerbetriebliche Entscheidungen?			
Wer vertritt das Unternehmen nach außen?			
Wie werden Gewinn bzw. Verlust verteilt?			

Arbeitsblatt 3.3 Grundlagen des HGB

Kaufmannsbegriffe nach HGB

____________	Kannkaufmann	____________
		Handelsgesellschaft kraft ihrer Rechtsform, z. B. OHG, KG, GmbH, AG
Beispiel: ____________ ____________	Beispiel: ____________ ____________	Beispiel: Autoland Murschall GmbH ____________

Handelsregister

____

____

Zweck

____

____

Wirkung der Eintragung

____________ (rechtsbezeugende Wirkung)	(konstitutive Wirkung) (____________)
= ____________	= ____________
____________	____________
____________	____________
Beispiel: ____________	Beispiel: ____________

Arbeitsblatt 3.4 Firma

Firma
= ______________________________
____
____

Arten der Firma			
Personenfirma	____________	____________	____________
	abgeleitet vom Gegenstand des Unternehmens		
Beispiel:	Beispiel:	Beispiel:	Beispiel:
____________	____________	Coca Cola	____________
____________	____________	____________	____________
____________	____________	____________	____________

Firmengrundsätze	
	Die Firma darf nicht irreführend sein, sie muss den tatsächlichen Rechtsverhältnissen entsprechen.
Firmenklarheit	
Firmenbeständigkeit	
	Die Firma muss ins Handelsregister eingetragen werden.

Aufgaben

WIEDERHOLUNGSAUFGABEN

1. a) Welche Bestimmungen in Bezug auf den Namen eines Unternehmens existieren bei den verschiedenen Unternehmensformen?

b) ExpressKOM, ein Kunde der Autoland Murschall GmbH, firmiert um. Herr Nolte verfasst daraufhin die unten stehende Hausmitteilung. Begründen Sie Herrn Noltes Anweisung.

Hausmitteilung AUTOLAND GMBH MURSCHALL

Datum: *21.10.20XX*

Absender	**Empfänger**	**Weiterverwendung**
☒ Geschäftsleitung	☐ Geschäftsleitung	☒ zur Kenntnisnahme
☐ NW-Verkauf	☒ NW-Verkauf	☐ zur Erledigung
☐ GW-Verkauf	☒ GW-Verkauf	☐ zur Stellungnahme
☐ Werkstatt	☐ Werkstatt	☐ zur Rücksprache
☐ Teile-/Zubehörverkauf	☒ Teile-/Zubehörverkauf	☐ zur Weiterleitung
☐ Lager	☐ Lager	☐ zum Verbleib
☐ Verwaltung	☒ Verwaltung	☐ zur Rückgabe
☐ Frau/Herr	☐ Frau/Herr	☐

Unser Kunde ExpressKOM firmiert um. Bitte achten Sie darauf, ab sofort nur noch bar zu kassieren.

Gruß
Nolte

2. a) Erläutern Sie den Sinn des Handelsregisters.

b) Wo kann das HR eingesehen werden?

c) Wer darf das HR einsehen?

d) Wie werden Eintragungen und Änderungen im HR bekannt gegeben?

3. Wer haftet in welchem Umfang bei der

a) Einzelunternehmung

b) Offenen Handelsgesellschaft,

c) Kommanditgesellschaft?

4. a) Erklären Sie den Begriff „Firma".

b) Erläutern Sie den Sinn der fünf Firmengrundsätze.

c) Welche Bestandteile muss jede Firma enthalten?

ÜBUNGSAUFGABEN

5. a) Erstellen Sie eine Liste der Anforderungen, die Jakob Pabst und Artur Lewandowski (vgl. Seite 24 ff. in der Fachkunde) an ihr Unternehmen haben. Prüfen Sie, welche der beiden Rechtsformen für sie geeigneter ist.

b) Erläutern Sie, was Herr Pabst und Herr Lewandowski tun müssen, um die von ihnen als geeignet ausgewählte Unternehmung zu gründen.

6. a) Aus welchen Gründen wählen die meisten Existenzgründer für ihr Unternehmen die Rechtsform einer Einzelunternehmung?
b) Erstellen Sie eine Liste mit Vor- und Nachteilen der OHG und der KG.

7. a) Erläutern Sie die Voraussetzungen zur Gründung der GmbH und AG.
b) Damit die AG handeln kann, benötigt sie sogenannte „Organe“. Nennen Sie die Organe und erläutern Sie deren Zusammensetzung und Aufgaben.

8. Der Gewinn eines Unternehmens in Höhe von 105.000,00 € wird an die drei Gesellschafter A, B und C im Verhältnis ihrer Anteile verteilt. A ist mit 240.000 €, B mit 90.000 € und C mit 180.000 € am Unternehmen beteiligt. Wie hoch sind die Gewinne jedes einzelnen Gesellschafters?

9. Der Gewinn eines Unternehmens in Höhe von 210.000,00 € wird an die drei Gesellschafter A, B und C im Verhältnis 5 : 4 : 2 verteilt. A erhält vorab 25.000,00 € für seine Tätigkeit als Geschäftsführer. Mit dem Anteil von B werden 35.000,00 € verrechnet, die er als Darlehen von der Gesellschaft erhalten hatte. Wie hoch sind die Gewinne jedes einzelnen Gesellschafters?

10. Seit mehreren Jahren betreiben Frau Albrecht, Herr Becker und Herr Claassen eine freie Kfz-Werkstatt in der Rechtsform einer OHG. Frau Albrecht ist mit 25.000 € beteiligt, Herr Becker mit 30.000 € und Herr Claassen mit 42.500 €. Im abgelaufenen Geschäftsjahr hat die OHG einen Gewinn von 99.900 € erwirtschaftet. Frau Albrecht erhält vorab 12.000 €, weil sie das Betriebsgrundstück zur Verfügung stellt. Der Rest wird entsprechend der gesetzlichen Regelung verteilt (4 % vom Kapital, der Rest nach Köpfen). Wie viel erhält jeder von dem erzielten Jahresgewinn?

11. Mit der Neuordnung der GVO haben die drei Gesellschafter der OHG die Chance gesehen, zusätzlich zu ihrer Werkstatt in den Autohandel einzusteigen. Zu Beginn dieses Geschäftsjahres haben sie deshalb ihr Unternehmen in eine KG umgewandelt. Frau Albrecht, Herr Becker und Herr Claassen sind Komplementäre, dazugekommen ist Herr Danner als Kommanditist mit einer Einlage von 80.000 €. Laut Gesellschaftsvertrag erhält jeder vom Jahresgewinn 4 % auf die Einlage, Frau Albrecht 12.000 € für das Betriebsgrundstück und der Rest wird im Verhältnis 4 : 5 : 8 : 1 verteilt.
a) Welche Gründe haben zu der Umwandlung der OHG in eine KG geführt?
b) Wie teilt sich ein Jahresgewinn von 149.600 € auf?
c) Zu wie viel Prozent hat sich die Einlage von Herrn Danner verzinst?

12. Prüfen Sie, welche Kaufmannsart in den folgenden Fällen jeweils vorliegt.
a) BETA KG, Autoteilevertrieb
b) Steuerberater Adam
c) Herr Goldreich, Betreiber eines mobilen Crêpestandes in der Innenstadt
d) Bonner Auto-Handel GmbH, ein Gesellschafter, keine Mitarbeiter
e) Landwirt Erwin Bauer, 70 Kühe
f) BMW AG
g) Arztpraxis Dr. Weh, Dr. Schmerz, Dr. Ach

VERTIEFUNGSAUFGABEN

13. Josef Kranz, Andreas Fiedler und Volker Müller aus Chemnitz vereinbaren als alleinige Gesellschafter die Gründung eines Fachgeschäftes für Autoersatzteile und Zubehör. Jeder Gesellschafter leistet eine Kapitaleinlage in Höhe von 80.000,00 €. Josef Kranz übernimmt den Einkauf und Andreas Fiedler den Verkauf. Für die kaufmännische Verwaltung (Finanzierung, Rechnungswesen) ist Volker Müller zuständig. Alle erklären sich bereit, unbeschränkt – auch mit ihrem Privatvermögen – zu haften. Im Gesellschaftsvertrag wird vereinbart, dass für die Geschäftsführungs- und Vertretungsbefugnisse die gesetzlichen Regelungen gelten.

a) Stellen Sie fest, welche Firmierung den Vorstellungen der Gesellschafter und den handelsrechtlichen Vorschriften entspricht.
   1. Kranz & Fiedler KG
   2. Kranz, Fiedler & Müller OHG
   3. Autoteile Kranz
   4. Kranz, Fiedler & Müller GmbH
   5. Kranz & Co.

b) Andreas Fiedler hat für das Unternehmen einen Darlehensvertrag abgeschlossen, ohne die beiden Mitgesellschafter zu fragen. Als diese Kenntnis davon erlangen, stellen sie fest, dass die Konditionen sehr ungünstig sind. Sie sind mit dem Vertrag nicht einverstanden. Stellen Sie fest, ob der Darlehensvertrag rechtswirksam ist.
   1. Der Darlehensvertrag ist unwirksam, da Fiedler nur gemeinsam mit den anderen Gesellschaftern gewöhnliche und außergewöhnliche Geschäfte tätigen kann.
   2. Der Darlehensvertrag ist unwirksam, da Fiedler seine Geschäftsführungsbefugnis überschritten und damit gegen seine Gesellschafterpflichten verstoßen hat.
   3. Der Darlehensvertrag ist wirksam. Er kann aber angefochten werden, da Fiedler zur Vertretung des Unternehmens nur gemeinschaftlich mit den beiden anderen Gesellschaftern berechtigt ist.
   4. Der Darlehensvertrag ist wirksam, da jeder Gesellschafter einzeln zur Vertretung der Gesellschaft ermächtigt ist.
   5. Der Darlehensvertrag ist wirksam. Allerdings wird nur Fiedler aus dem Darlehensvertrag verpflichtet, da die beiden anderen Gesellschafter nichts von dem Rechtsgeschäft wussten.

14. Zwei ehemalige Mitarbeiter der Autoland Murschall GmbH, Herr Preis und Frau Gut, wollen sich selbstständig machen und planen die Gründung eines Autoteilevertriebs. Sie schwanken noch zwischen der Firma „GutPreis GmbH" und „Auto-Teile Bonn GmbH".

a) Wo finden Sie die Information, ob es diese Namen für ein Bonner Unternehmen bereits gibt?
b) Angenommen, es gibt bereits ein Unternehmen mit dem Namen „GutPreis". Was müssten Sie tun, wenn Sie die Namensidee im Wesentlichen retten wollen?
c) Müssen sich Frau Gut und Herr Preis in das HR eintragen lassen?
d) Welche Voraussetzungen müssen die beiden erfüllen, bevor sie sich in das HR eintragen?
e) Ab welchem Zeitpunkt kann die Auto-Teile Bonn GmbH rechtswirksame Geschäfte unter ihrem Namen abschließen?
f) Das neue Unternehmen kommt nicht so richtig zum Laufen und nach wenigen Monaten wollen Herr Preis und Frau Gut den Unternehmensgegenstand ändern und zukünftig mit Gebrauchtwagen handeln. Begründen Sie, ob die Firma beibehalten werden darf.

SB ▸ LF1 | 3

Lernsituation 4: Vollmachten in einem Unternehmen

SITUATION

Die STARCAR AG hat aufgrund der erwarteten Expansion die Erweiterung ihres Großlagers in Dortmund abgeschlossen und dazu fünf neue Mitarbeiter eingestellt.

Name	Abteilung	Regelmäßige Tätigkeiten
Wilfried Heinsberg	Warenannahme und Lager	Warenannahme an der Laderampe, Prüfung der Lieferscheine, Sichtprüfung der gelieferten Ware
Michael Hagedorn	Lagerist	Einlagern der Ware ins Hochregallager, Kommissionierung von größeren Kundenaufträgen, Hilfe bei der Beladung der Kundenfahrzeuge
Dorothee Schnitzler	Sachbearbeiterin	Erfassung der Lieferscheine, Rechnungsverfolgung
Reiner Dieckmann	studentische Aushilfe	arbeitet stundenweise in unterschiedlichen Bereichen des Lagers
Gülsüm Altintop	–	Geschäftsführerin des Lagers
Gleichzeitig soll die Vollmacht für die zwei neuen Geschäftsführer der STARCAR Deutschland Import GmbH geklärt werden:		
Josef Walenciak, Margarete Weiland	vertreten die STARCAR AG in Deutschland und sind verantwortlich für die Betreuung der Vertragshändler	

ARBEITSAUFTRAG

Für die neuen Angestellten des Großlagers in Dortmund soll jeweils eine sinnvolle Vollmacht festgelegt werden. Nutzen Sie für Ihre Entscheidung folgenden Auszug aus dem HGB und das anschließende Formular.

HANDELSGESETZBUCH *– Fünfter Abschnitt: Prokura und Handlungsvollmacht*

§ 48 HGB

(1) Die Prokura kann nur von dem Inhaber des Handelsgeschäfts oder seinem gesetzlichen Vertreter und nur mittels ausdrücklicher Erklärung erteilt werden.

(2) Die Erteilung kann an mehrere Personen gemeinschaftlich erfolgen (Gesamtprokura).

§ 49 HGB

(1) Die Prokura ermächtigt zu allen Arten von gerichtlichen und außergerichtlichen Geschäften und Rechtshandlungen, die der Betrieb eines Handelsgewerbes mit sich bringt.

(2) Zur Veräußerung und Belastung von Grundstücken ist der Prokurist nur ermächtigt, wenn ihm diese Befugnis besonders erteilt ist.

§ 50 HGB

(1) Eine Beschränkung des Umfangs der Prokura ist Dritten gegenüber unwirksam.

(2) Dies gilt insbesondere von der Beschränkung, dass die Prokura nur für gewisse Geschäfte oder gewisse Arten von Geschäften oder nur unter gewissen Umständen oder für eine gewisse Zeit oder an einzelnen Orten ausgeübt werden soll.

(3) Eine Beschränkung der Prokura auf den Betrieb einer von mehreren Niederlassungen des Geschäftsinhabers ist Dritten gegenüber nur wirksam, wenn die Niederlassungen unter verschiedenen Firmen betrieben werden. Eine Verschiedenheit der Firmen im Sinne dieser Vorschrift wird auch dadurch begründet, dass für eine Zweigniederlassung der Firma ein Zusatz beigefügt wird, der sie als Firma der Zweigniederlassung bezeichnet.

§ 51 HGB
Der Prokurist hat in der Weise zu zeichnen, dass er der Firma seinen Namen mit einem die Prokura andeutenden Zusatz beifügt.

§ 52 HGB
(1) Die Prokura ist ohne Rücksicht auf das der Erteilung zugrunde liegende Rechtsverhältnis jederzeit widerruflich, unbeschadet des Anspruchs auf die vertragsmäßige Vergütung.
(2) Die Prokura ist nicht übertragbar.
(3) Die Prokura erlischt nicht durch den Tod des Inhabers des Handelsgeschäfts.

§ 53 HGB
(1) Die Erteilung der Prokura ist von dem Inhaber des Handelsgeschäfts zur Eintragung in das Handelsregister anzumelden. Ist die Prokura als Gesamtprokura erteilt, so muss auch dies zur Eintragung angemeldet werden.
(2) Das Erlöschen der Prokura ist in gleicher Weise wie die Erteilung zur Eintragung anzumelden.

§ 54 HGB
(1) Ist jemand ohne Erteilung der Prokura zum Betrieb eines Handelsgewerbes oder zur Vornahme einer bestimmten zu einem Handelsgewerbe gehörigen Art von Geschäften oder zur Vornahme einzelner zu einem Handelsgewerbe gehöriger Geschäfte ermächtigt, so erstreckt sich die Vollmacht (Handlungsvollmacht) auf alle Geschäfte und Rechtshandlungen, die der Betrieb eines derartigen Handelsgewerbes oder die Vornahme derartiger Geschäfte gewöhnlich mit sich bringt.
(2) Zur Veräußerung oder Belastung von Grundstücken, zur Eingehung von Wechselverbindlichkeiten, zur Aufnahme von Darlehen und zur Prozessführung ist der Handlungsbevollmächtigte nur ermächtigt, wenn ihm eine solche Befugnis besonders erteilt ist.
(3) Sonstige Beschränkungen der Handlungsvollmacht braucht ein Dritter nur dann gegen sich gelten zu lassen, wenn er sie kannte oder kennen musste.

§ 55 HGB
(1) Die Vorschriften des § 54 finden auch Anwendung auf Handlungsbevollmächtigte, die Handelsvertreter sind oder die als Handlungsgehilfen damit betraut sind, außerhalb des Betriebs des Prinzipals Geschäfte in dessen Namen abzuschließen.
(2) Die ihnen erteilte Vollmacht zum Abschluss von Geschäften bevollmächtigt sie nicht, abgeschlossene Verträge zu ändern, insbesondere Zahlungsfristen zu gewähren.
(3) Zur Annahme von Zahlungen sind sie nur berechtigt, wenn sie dazu bevollmächtigt sind.
(4) Sie gelten als ermächtigt, die Anzeige von Mängeln einer Ware, die Erklärung, dass eine Ware zur Verfügung gestellt werde, sowie ähnliche Erklärungen, durch die ein Dritter seine Rechte aus mangelhafter Leistung geltend macht oder sie vorbehält, entgegenzunehmen; sie können die dem Unternehmer (Prinzipal) zustehenden Rechte auf Sicherung des Beweises geltend machen.

§ 56 HGB
Wer in einem Laden oder in einem offenen Warenlager angestellt ist, gilt als ermächtigt zu Verkäufen und Empfangnahmen, die in einem derartigen Laden oder Warenlager gewöhnlich geschehen.

§ 57 HGB
Der Handlungsbevollmächtigte hat sich bei der Zeichnung jedes eine Prokura andeutenden Zusatzes zu enthalten; er hat mit einem das Vollmachtsverhältnis ausdrückenden Zusatz zu zeichnen.

§ 58 HGB
Der Handlungsbevollmächtigte kann ohne Zustimmung des Inhabers des Handelsgeschäfts seine Handlungsvollmacht auf einen anderen nicht übertragen.

Arbeitsblatt 4.1 Übersicht über die Vollmachten

Mitarbeiter/Vorgänge	Vollmacht	Unterschrift	Befugnisse	Begründung
Wilfried Heinsberg Warenannahme und Lager				
Michael Hagedorn Lagerist				
Dorothee Schnitzler Sachbearbeiterin				
Reiner Dieckmann studentische Aushilfe; wird gebeten, einmalig Postwertzeichen für den Betrieb zu kaufen				
Gülsüm Altintop Geschäftsführerin des neuen Großlagers				
Josef Walenciak/ Margarete Weiland Vertretung der STARCAR AG in Deutschland und Betreuung der Vertragshändler				

Aufgaben

WIEDERHOLUNGSAUFGABEN

1. Die Prokura in einem Autohaus unterliegt wie in jedem Handelsgewerbe gesetzlichen Beschränkungen. Sie kann durch den Inhaber oder Geschäftsführer des Autohauses zusätzlich eingeschränkt und jederzeit widerrufen werden.

a) Wie werden die Handlungsvollmacht und die Prokura erteilt?
b) Wer ist zur Erteilung von Handlungsvollmacht und Prokura ermächtigt?
c) Welche Rechtshandlungen darf ein Handlungsbevollmächtigter nicht ausführen?
d) Welche Beschränkungen der Prokura sind im Innen- und Außenverhältnis zulässig?
e) Zu welchem Zeitpunkt wird das Erlöschen der Prokura Dritten gegenüber wirksam?
f) Nennen Sie vier Gründe für die Beendigung einer Prokura.

ÜBUNGSAUFGABEN

2. Dieter Bullmann ist Inhaber des Autohauses Bullmann e. Kfm. Zu seiner Entlastung bevollmächtigt er seinen langjährigen Angestellten, Alfred Mayr, alle Geschäfte abzuschließen, die das Autohaus gewöhnlich mit sich bringt. Prüfen Sie, ob Alfred Mayr für das Autohaus Bullmann folgende Rechtsgeschäfte bindend abschließen kann!

	bevollmächtigt	nicht bevollmächtigt
a) Verkauf von Zubehör		
b) Einkauf von Ersatzteilen		
c) Aufnahme eines Darlehens bei der Sparkasse		
d) Entlassung eines Angestellten		
e) Kauf einer angrenzenden Wiese zur Erweiterung der Ausstellungsfläche für die Gebrauchtwagen		
f) Begleichung einer Verbindlichkeit aus dem Einkauf von Ersatzteilen durch eine Überweisung vom Geschäftskonto		
g) Einstellung eines weiteren Mechatronikers		
h) Belastung des Geschäftshauses mit einer Hypothek		

3. Entscheiden Sie für die folgenden Rechtshandlungen, ob diese von einem Handlungsbevollmächtigten oder einem Prokuristen ausgeführt werden können:

	Handlungsbevollmächtigter	Prokurist
a) Bilanz unterschreiben		
b) Eingehen von Wechselverbindlichkeiten		
c) Grundstücke belasten		
d) Entlassung eines Arbeitnehmers		
e) Handlungsvollmacht erteilen		
f) Aufnahme eines Kredits in Höhe von 50.000,00 €		
g) Verkauf eines Unternehmens		
h) Aufnahme eines Gesellschafters		

☞ SB ▸ LF1 | 4

Lernsituation 5: Unternehmensorganisation

SITUATION

In der Autoland Murschall GmbH steht ein Generationswechsel in der Geschäftsführung bevor. Der Hauptgesellschafter und Geschäftsführer, Herr Otto Murschall, möchte altersbedingt aufhören und die Geschäftsführung an seinen Schwiegersohn Niklas Nolte übergeben, der derzeit seinem Schwiegervater beratend zur Seite steht. Gleichzeitig soll dieser Generationswechsel zum Anlass genommen werden, den Betrieb umzustrukturieren, um effektiver und erfolgreicher zu arbeiten. Die bisherige Aufbauorganisation der Autoland Murschall GmbH weist diverse Schwächen auf, gleichzeitig scheinen besondere Stärken von Mitarbeitern nicht zum Tragen zu kommen.

Für die innerbetriebliche Umstrukturierung zieht Herr Murschall den Unternehmensberater Herrn Marold von der Unternehmensberatung Marold & Partner zurate.

Marold & Partner
UNTERNEHMENSBERATUNG

GESPRÄCHSPROTOKOLL

Gesprächspartner

Herr Murschall, Geschäftsführer der Autoland Murschall GmbH, und Herr Marold

Gesprächsinhalt:

Übergabe der Geschäftsführung vom Inhaber der Autoland Murschall GmbH, Herrn Murschall, an seinen Schwiegersohn, Herrn Nolte, und Umstellung der innerbetrieblichen Organisationsstruktur

Zu den verschiedenen Instanzen werden personell und sachlich folgende Angaben gemacht:

GESCHÄFTSLEITUNG: Herr Murschall ist alleiniger Geschäftsführer. Er vertritt die Firma nach außen – wobei sein Verhandlungsgeschick hervorzuheben ist – und kümmert sich „väterlich" um seine Mitarbeiter.

BERATER DER GESCHÄFTSLEITUNG: Herr Nolte hat vor einem Jahr sein Studium der Betriebswirtschaft erfolgreich abgeschlossen. Er bringt insbesondere für den Absatzbereich neue Ideen mit in den Betrieb, allerdings wird er von den Mitarbeitern bisher noch nicht besonders akzeptiert. In ihren Augen ist er noch immer der „Schwiegersohn". Es kam auch schon zu unschönen Szenen mit Frau Rotter, die die rechte Hand von Herrn Murschall ist. Herr Nolte wollte ihr einen Schreibauftrag erteilen, so wie es Herr Murschall auch tut, diesen hat sie aber nicht ausgeführt.

VERWALTUNG: Frau Rotter führt die Abteilung Verwaltung, die die Aufgabenbereiche Disposition, Rechnungswesen und Personal bearbeitet. Zusätzlich ist sie noch die rechte Hand vom Chef und erledigt für ihn das Tagesgeschäft. Frau Rotter ist sehr erfahren in ihrem Bereich, lediglich in personalwirtschaftlichen Dingen kann sie Frau Gentsch fachlich nicht „das Wasser reichen". Frau Gentsch ist eine junge Mitarbeiterin, die eine Ausbildung zur Europasekretärin absolviert hat. ...

LAGER/TEILEVERKAUF/WERKSTATT: Diese Abteilungen werden vom „Skatklub" Schmitz, Özkaya und Pietsch geführt. Bisher haben die drei Herren ihre Abteilungen so geführt, dass es keine Klagen gab. Seit dem letzten Betriebsausflug scheint es aber ein Kommunikationsproblem zwischen den dreien zu geben. Die Mitarbeiter klagen über fehlende Teile, sodass eilige Aufträge nicht bearbeitet werden konnten, es kommt immer wieder zu Lieferengpässen.

Um zukünftige Verzögerungen zu vermeiden, nutzt Herr Schmitz als Leiter der Abteilung Werkstatt sein Weisungsrecht gegenüber den Lagerarbeitern und fordert die benötigten Teile direkt aus dem Lager an, um wenigstens sein „Tagessoll" zu erfüllen – die verärgerten Kunden interessieren ihn dabei sehr wenig. Herr Özkaya als Leiter des Lagers klagt wiederum darüber, dass sein Lager z. T. überfüllt ist und langsam aus dem Ruder läuft. Angestrebte Lagerkennzahlen können nicht mehr erreicht werden, weil Herr Schmitz dazwischenfunkt. Des Weiteren klagt Herr Özkaya, dass Herr Pietsch als verantwortlicher Leiter im Teileverkauf Sonderaktionen fährt, die im Lager zu Engpässen führen, worunter auch wieder die Werkstatt zu leiden hat.

FAHRZEUGVERKAUF: Herr Fleck und Frau Pagel leiten eigentlich gemeinsam die Abteilungen Neuwagen- und Gebrauchtwagenverkauf. Fragen, z. B. zur maximalen Rabatthöhe, können sowohl Frau Pagel als auch Herrn Fleck gestellt werden. Für beide ist eine enge Abstimmung dieser beiden Abteilungen eine Selbstverständlichkeit.

Frau Pagel hat ein interessantes Angebot von einem bekannten Zulieferer der Automobilindustrie erhalten, das sie annehmen wird. Zum nächsten Ersten wird sie das Unternehmen verlassen.

gez. Marold
21. Oktober 20XX

ARBEITSAUFTRAG

1. Erarbeiten Sie mithilfe der angegebenen Informationen und Merkmale die derzeitige Organisationsstruktur der Autoland Murschall GmbH.
2. Welches Leitungssystem liegt der Autoland Murschall GmbH derzeit zugrunde? Erarbeiten Sie mithilfe der vorbereiteten Tabelle (Seite 42) die Merkmale dieses Leitungssystems sowie die daraus entstehenden Vor- und Nachteile für die Autoland Murschall GmbH.
3. Überlegen Sie vor dem Hintergrund der anstehenden Veränderungen, welches Leitungssystem und welche Organisationsform Sie für die Autoland Murschall GmbH empfehlen würden.
   a) Erarbeiten Sie hierfür vorab eine Übersicht über die Stärken und Schwächen der Mitarbeiter.
   b) Entwickeln Sie eine neue Organisationsstruktur für die Autoland Murschall GmbH und empfehlen Sie ein Leitungssystem. Stellen Sie Ihre Überlegungen in Form eines Organigramms dar.
   c) Stellen Sie für das ausgewählte Leitungssystem die Merkmale und die Vor- und Nachteile in der Tabelle (Seite 42) zusammen.
4. Stellen Sie Ihre Entscheidungen der Klasse vor.

Arbeitsblatt 5.1 Merkmale der Unternehmensorganisation

Derzeitiges Leitungssystem	Vorteile für die Autoland Murschall GmbH	Nachteile für die Autoland Murschall GmbH
Empfohlenes Leitungssystem	Vorteile für die Autoland Murschall GmbH	Nachteile für die Autoland Murschall GmbH

Arbeitsblatt 5.2 Leitungssysteme

Einliniensystem			
	Je nach Funktion oder Aufgabe kann der Mitarbeiter verschiedene Vorgesetzte haben. Der Mitarbeiter erhält Weisungen von demjenigen Vorgesetzten, der über das entsprechende Fachwissen verfügt.		
Skizze	**Skizze**	**Skizze**	**Skizze** 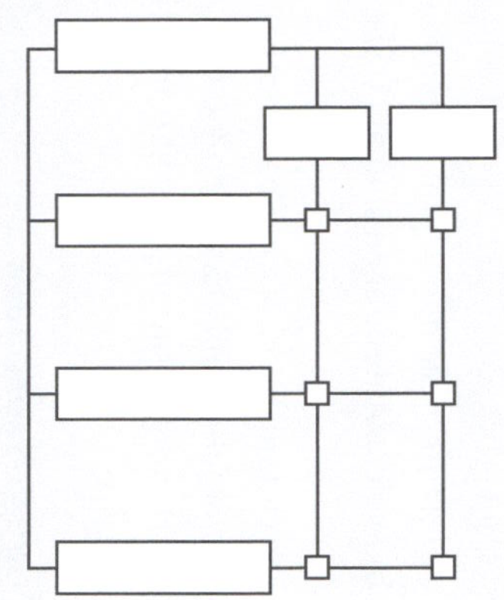

Aufgaben

WIEDERHOLUNGSAUFGABEN

1. a) Unterscheiden Sie Einliniensystem und Mehrliniensystem.
b) Welche Vor- bzw. Nachteile sprechen für oder gegen das jeweilige System?

2. a) Erläutern Sie den Begriff Stablinienorganisation.
b) Welche Abteilungen sind als Stäbe besonders geeignet? Begründen Sie Ihre Antwort.

3. Die Organisationsform „Spartenorganisation“ ist insbesondere für Großunternehmen geeignet. Begründen Sie dies und überlegen Sie sich, welche Voraussetzungen noch gegeben sein müssen, damit die Spartenorganisation sinnvoll zum Tragen kommt.

ÜBUNGSAUFGABEN

4. Die Braunschweiger Reifengroßhandlung Maier GmbH beschäftigt 2 Geschäftsführer, eine Sekretärin, 5 Abteilungsleiter, 13 Sachbearbeiter, 2 Reisende und 6 Arbeiter. Gehandelt werden 4 verschiedene Warengruppen (WG):

- WG 1: Sommerreifen
- WG 2: Winterreifen
- WG 3: Ganzjahresreifen
- WG 4: Spezialreifen

Den Geschäftsführern Michael Stellter und Bernd Krause, die zusammen die Geschäftsleitung der GmbH bilden, wird das Geschäftsführersekretariat mit Frau Müller zugeordnet. Die Abteilung Einkauf, die von Frau Seiters geleitet wird, beschäftigt 2 Sachbearbeiter: Herrn Willer, der den Einkauf von Sommerreifen und Winterreifen abwickelt, und Frau Kresser, die Ganzjahresreifen und Spezialreifen beschafft.
Die Abteilung Verkauf, geleitet von Herrn Schlichtig, ist nach Regionen organisiert. 4 Sachbearbeiter sind jeweils für alle Kunden ihres Verkaufsbezirkes zuständig:

- Region Nord: Frau Kränzel
- Region West: Frau Lichert
- Region Ost: Herr Kraus
- Region Süd: Herr Krabbe

Ebenfalls dem Verkaufsleiter, Herrn Schlichtig, direkt unterstellt sind die Reisenden Herr Schreier (Bezirke Nord und West) sowie Herr Käufers (Bezirke Ost und Süd).

In der Abteilung Lager, die von Herrn Jacobs geleitet wird, werden drei Lagerarbeiter (die Herren Esser, Weidner und Schumacher) und drei Kraftfahrer (die Herren Meisner, Woller und Abel) beschäftigt.
Im Rechnungswesen, Leiter Herr Krommes, sind die Aufgabengebiete wie folgt verteilt: Finanzbuchhaltung und Jahresabschluss (Frau Maler), Debitoren- und Kreditorenbuchhaltung einschließlich Mahnwesen (Frau Allers), Kosten- und Leistungsrechnung (Herr Reiners).

In der Abteilung Allgemeine Verwaltung/Personal, geleitet von Frau Miro, befindet sich die Poststelle, die von Frau Flechters besetzt ist. Herr Probst ist für die Datenverarbeitung in allen Unternehmensbereichen zuständig. Frau Klose erstellt die Lohn- und Gehaltsabrechnungen für alle Mitarbeiter und Herr Richmann erledigt die allgemeine Personalverwaltung.
a) Erstellen Sie für die Reifengroßhandlung Maier GmbH ein Organigramm.
b) Welche Mitarbeiter sind Angestellte und welche Mitarbeiter sind Arbeiter?
c) Wie viele Hierarchiestufen werden in dieser GmbH unterschieden?

VERTIEFUNGSAUFGABEN

5. Bei der Autoland Murschall GmbH findet der „Tag des Mitarbeiters“ statt. Nehmen Sie vor diesem Hintergrund Stellung zum Führungsstil bei der Autoland Murschall GmbH. Haben Sie Verbesserungsvorschläge?

Hausmitteilung

AUTOLAND GMBH
MURSCHALL

Datum: 20.11.20XX

Absender	**Empfänger**	**Weiterverwendung**
☒ Geschäftsleitung	☒ Geschäftsleitung	☒ zur Kenntnisnahme
☐ NW-Verkauf	☒ NW-Verkauf	☐ zur Erledigung
☐ GW-Verkauf	☒ GW-Verkauf	☐ zur Stellungnahme
☐ Werkstatt	☒ Werkstatt	☐ zur Rücksprache
☐ Teile-/Zubehörverkauf	☒ Teile-/Zubehörverkauf	☐ zur Weiterleitung
☐ Lager	☒ Lager	☐ zum Verbleib
☐ Verwaltung	☒ Verwaltung	☐ zur Rückgabe
☐ Frau/Herr	☐ Frau/Herr	☐

„Tag des Mitarbeiters“! Beginn: 21.11.20XX, 9:00 Uhr

Morgen bleiben unsere Geschäftsräume für den Publikumsverkehr geschlossen. Angesichts der derzeitigen betrieblichen Situation muss es eine Kurskorrektur geben.

Doch ehrlich gesagt bin ich ratlos, denn ich habe meines Erachtens mein Bestes gegeben. Nach eingehender Beratung mit meinem Schwiegervater möchte ich Ihnen nun im Rahmen des Mitarbeiter-Tages die Gelegenheit geben, gemeinsam mit mir das Ruder herumzureißen. Nehmen Sie meine Einladung bitte konstruktiv an!

Gruß
Nolte

Wer war das?
Am Freitag hat jemand meine Festplatte gelöscht. Außerdem wurde mein Telefon mit Kaugummi verklebt!!!!

Ihr Feiglinge macht mich nicht fertig!!!!

Anfrage an den Betriebsrat:
Darf Herr Nolte, wie angekündigt, unsere Weihnachtspräsente, die wir jedes Jahr vom Senior-Chef erhalten haben, ersatzlos streichen?

Auch will er wohl nicht mehr die Kosten der Weihnachtsfeier übernehmen.
Darf er das?

Die Belegschaft

Mitteilung an alle Verkäufer

Die aktuellen Verkaufszahlen sind im Vergleich zum Vorjahr dramatisch rückläufig. Das kann nicht allein an der schlechten Konjunktur liegen. Unsere Konkurrenz verkauft schließlich auch Autos. Strengt euch gefälligst an!

Herr Nolte zeigte sich übrigens gestern nicht verhandlungsbereit bezüglich der Provisionsschmälerung bei NW- und GW-Verkauf.

gez. Verkaufsleiter Fleck

Anordnung

Am letzten Montag ist es zwischen dem Lagerleiter und dem Werkstattmeister zu Handgreiflichkeiten vor Kunden gekommen. Klärt so was zukünftig nach Feierabend.

Ich wünsche, dass so etwas nicht mehr vorkommt!!!
gez. Nolte

Nachricht aus der Personalabteilung:

Der Krankenstand ist im Vergleich zum Vorjahr um 26% gestiegen.

gez. Gentsch

AUTOLAND GMBH
MURSCHALL Wir bewegen Menschen

Liebe Kunden der Autoland Murschall GmbH!

Aufgrund einer wichtigen betrieblichen Veranstaltung bleiben unsere Geschäftsräume und die Werkstatt heute am 21.11.20XX geschlossen.

Bitte haben Sie Verständnis.

Wir freuen uns darauf, Ihnen morgen wieder kompetent mit Rat und Tat zur Seite zu stehen.

Mit freundlichen Grüßen
Ihre Autoland Murschall GmbH

Hausmitteilung

AUTOLAND GMBH
MURSCHALL

Datum: 21.11.20XX

Absender	Empfänger	Weiterverwendung
☒ Geschäftsleitung	☒ Geschäftsleitung	☒ zur Kenntnisnahme
☐ NW-Verkauf	☒ NW-Verkauf	☐ zur Erledigung
☐ GW-Verkauf	☒ GW-Verkauf	☐ zur Stellungnahme
☐ Werkstatt	☒ Werkstatt	☐ zur Rücksprache
☐ Teile-/Zubehörverkauf	☒ Teile-/Zubehörverkauf	☐ zur Weiterleitung
☐ Lager	☒ Lager	☐ zum Verbleib
☐ Verwaltung	☒ Verwaltung	☐ zur Rückgabe
☐ Frau/Herr	☐ Frau/Herr	☐

Liebe Mitarbeiter der Autoland Murschall GmbH!

„Der Tag des Mitarbeiters" beginnt heute um 9:00 Uhr im großen Sitzungszimmer.

Nolte

6. Entscheiden Sie, welcher Führungsstil vorliegt:

a) Der Abteilungsleiter des Zubehör-Shops berät mit seinen Mitarbeitern, welche Artikel für die kommende Saison bestellt werden sollen.

b) Der Abteilungsleiter ruft seine Mitarbeiter zusammen, um ihnen mitzuteilen, wie die Ware im Schaufenster zu präsentieren ist. Auf eine Anregung eines Mitarbeiters reagiert er mit den Worten: „Ihre Meinung ist mir egal, hier wird gemacht, was ich sage."

c) „Es genügt wohl nicht, dass ich mich um das Wohl meiner Mitarbeiter kümmere, jetzt soll ich mir auch noch Vorschriften machen lassen."

d) „Halten Sie sich da raus, davon verstehen Sie nichts."

e) „Machen Sie sich doch bitte Gedanken, wie man das Problem lösen kann."

f) „Sie werden das schon irgendwie hinbekommen."

7. a) Welcher Bedürfnisgruppe nach Maslow entspricht der kooperative Führungsstil? Begründen Sie Ihre Antwort.

b) Ordnen Sie die vier Führungsstile den Entscheidungsspielräumen zu und tragen Sie die Führungsstile in die Tabelle ein.

Entscheidungsspielraum des Vorgesetzten			Entscheidungsspielraum der Mitarbeiter

8. Nennen Sie Einflussfaktoren, die zur Steigerung der Mitarbeitermotivation führen. Erweitern Sie gegebenenfalls die vorbereitete Mindmap.

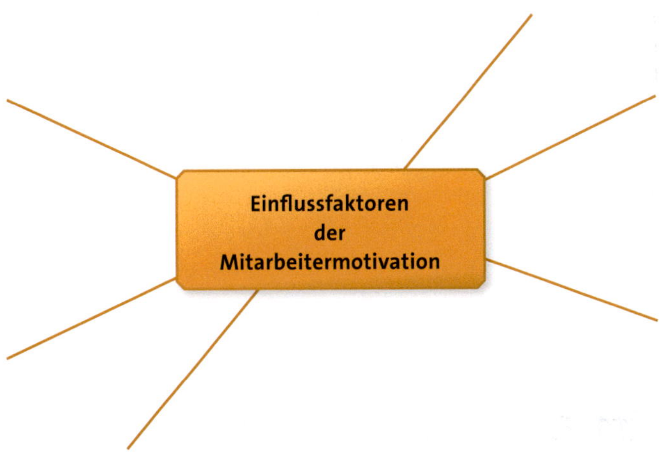

ERKUNDUNGSAUFGABEN

9. Fragen Sie in Ihrem Ausbildungsunternehmen nach einem Organigramm. Stellen Sie anhand dessen fest,

a) nach welchem Weisungssystem Ihr Ausbildungsbetrieb organisiert ist,

b) in welchen Abteilungen Sie voraussichtlich ausgebildet werden und wer (dann) jeweils Ihr Vorgesetzter ist.

☞ SB ▸ LF 1 | 5

Lernsituation 6: Berufsausbildung und Karriereplanung

Hausmitteilung AUTOLAND GMBH MURSCHALL

Datum: 21.10.20XX

Absender	**Empfänger**	**Weiterverwendung**
☒ Geschäftsleitung	☐ Geschäftsleitung	☐ zur Kenntnisnahme
☐ NW-Verkauf	☐ NW-Verkauf	☐ zur Erledigung
☐ GW-Verkauf	☐ GW-Verkauf	☒ zur Stellungnahme
☐ Werkstatt	☐ Werkstatt	☐ zur Rücksprache
☐ Teile-/Zubehörverkauf	☐ Teile-/Zubehörverkauf	☐ zur Weiterleitung
☐ Lager	☐ Lager	☐ zum Verbleib
☐ Verwaltung	☒ Verwaltung	☐ zur Rückgabe
☐ Frau/Herr	☐ Frau/Herr	☐

Der Ausbildungsvertrag, den wir mit unserem Auszubildenden David Rose geschlossen haben, wurde von der IHK wegen Verstoßes gegen das Berufsbildungsgesetz und das Jugendarbeitsschutzgesetz nicht akzeptiert und an uns zurückgeschickt. David Rose wird am 01.04. kommenden Jahres 18 Jahre alt. Meines Wissens gelten die besagten Gesetze dann doch nicht mehr, oder?

Nolte

ARBEITSAUFTRAG

Überprüfen Sie den Ausbildungsvertrag hinsichtlich der geltenden Bestimmungen des Berufsbildungsgesetzes (BBiG) und des Jugendarbeitsschutzgesetzes (JArbSchG).

Verstoß/Fehler	Gesetz	Verbesserung

IHK Industrie- und Handelskammer Bonn/Rhein-Sieg

Berufsausbildungsvertrag
(§§ 10, 11 Berufsbildungsgesetz - BBiG)

Zwischen dem/der Ausbildenden (Ausbildungsbetrieb) **und** ☒ **dem Auszubildenden** ☐ **der Auszubildenden**

Firmen-Ident-Nr.

Telefon-Nr. 0228 90 03 53 79-0

email

Anschrift des/der Ausbildenden

Autoland Murschall GmbH
Plittersdorfer Straße 48
53173 Bonn

UNGÜLTIG

Name, Vorname: Rose, David

Straße, Haus-Nr.: Hornweg 14

PLZ, Ort: 53177 Bonn

Geburtsdatum: 01. 04. 20XG Geburtsort: Bonn

Staatsangehörigkeit: deutsch Gesetzl. Vertreter: Eltern

Namen, Vornamen der gesetzlichen Vertreter: Rose, Hanna und Axel

Straße, Haus-Nr.: Hornweg 14

PLZ: 53177 Ort: Bonn Erstuntersuchung/Nachuntersuchung ☒

wird nachstehender Vertrag zur Ausbildung im Ausbildungsberuf 2)

Automobilkaufmann

Einsatzgebiete/Sortimente oder weitere Spezialisierung

Änderungen des wesentlichen Vertragsinhaltes sind vom Ausbildenden unverzüglich zur Eintragung in das Verzeichnis der Berufsausbildungsverhältnisse bei der Industrie- und Handelskammer anzuzeigen.

Die beigefügten Angaben zur sachlichen und zeitlichen Gliederung des Ausbildungsablaufs (Ausbildungsplan) sind Bestandteile dieses Vertrages.

A Die Ausbildungszeit beträgt nach der Ausbildungsordnung 48 Monate.

Die vorausgegangene Berufsbildung/Vorbildung:

Fachoberschulreife

wird mit Monaten angerechnet, bzw. es wird eine entsprechende Verkürzung beantragt.

Das Berufsausbildungsverhältnis beginnt am 01. 09. XX und endet am 31. 08. YB

B Die Probezeit (§ 1 Nr. 2) beträgt 6 Monate

C Die Ausbildung findet vorbehaltlich der Regelung nach **D** (§ 3 Nr. 12) in

Bonn

und den mit dem Betriebssitz für die Ausbildung üblicherweise zusammenhängenden Bau-, Montage- und sonstigen Arbeitsstellen statt.

D Ausbildungsmaßnahmen außerhalb der Ausbildungsstätte (§ 3 Nr.12) (mit Zeitraumangabe)

insgesamt 4 Wochen Seminar Verkaufskunde und Verhandlungsführung

E Der/Die Ausbildende zahlt der/dem Auszubildenden eine angemessene Vergütung (§ 5); diese beträgt zur Zeit monatlich brutto:

in €

1. Ausbildungsjahr	2. Ausbildungsjahr	3. Ausbildungsjahr	4. Ausbildungsjahr
515,00	590,00	590,00	889,00

F Die tägliche Ausbildungszeit (§ 6 Nr. 1) beträgt 8,5 Stunden

G Der/Die Ausbildende gewährt dem/der Auszubildenden Urlaub nach den geltenden Bestimmungen. Es besteht ein Urlaubsanspruch auf

im Jahr	20XX	20XY	20XZ	20YA	20YB
Werktage	10	24	24	24	14
Arbeitstage					

H Hinweise auf anzuwendende Tarifverträge und Betriebsvereinbarungen; sonstige Vereinbarungen

Wenn Herr Rose das Ausbildungsverhältnis vorzeitig kündigt, verpflichtet er sich zur Zahlung eines Schadenersatzes in Höhe von 500,00 Euro.

J Die beigefügten Vertragsbedingungen werden anerkannt und sind Gegenstand dieses Vertrages.

Der/Die Ausbildende (Stempel, Unterschrift)

AUTOLAND GMBH MURSCHALL
Plittersdorfer Straße 48 | 53173 Bonn
www.autolandgmbh-bonn.de
info@autoland.bonn.de

Judith Geutsch

Der/Die Auszubildende (Unterschrift)

David Rose

Die gesetzlichen Vertreter des/der Auszubildenden (Unterschrift)

Arbeitsblatt 6.1 Berufsausbildung

Rechtliche Grundlagen der Berufsausbildung			
Die Ausbildungsordnung enthält Informationen über – Ausbildungsdauer – Ausbildungsrahmenplan – Ausbildungsberufsbild – Prüfungsordnung – Ausbildungsnachweis	Der Rahmenplan ~~Das Berufsbildungsgesetz (BBiG)~~ legt die Inhalte für die Berufsschule fest und verteilt sie auf die drei Ausbildungsjahre.	Das Jugendarbeitsschutzgesetz gilt für alle Auszubildenden und Jugendlichen im Alter von 15 – 18 Jahren Schutzbereiche sind: Beschäftigungsverbote Beispiel: – 22:00 – 06:00 Uhr Arbeitszeit Beispiel: – 40h / Woche – 5-Tage-Woche Berufsschule Beispiel: – Berufsschule wird angerechnet Urlaub Beispiel: sechzehn Jahre: 27 Tage Prüfungen Beispiel: – Freistellung am Tag + 1 Tag davor	Durch den Ausbildungsvertrag nach dem ____ erhalten die Vertragsparteien Rechte und Pflichten Rechte des Auszubildenden: – Vergütung – Urlaub – Pause – Arbeitsmaterialien Stellung – Vermittlung Handlungsfähigkeiten Pflichten des Auszubildenden: – Pünktlich – Berufsschule gehen – Lernpflicht – Führen Berichtsheft – Wahrung Betriebsgeheimnisses

Aufgaben

WIEDERHOLUNGSAUFGABEN

1. a) Welche Rechtsgrundlagen sind für das Berufsausbildungsverhältnis maßgebend?
b) Welche weiteren Regelungen gelten in dem Bundesland, in dem Sie ausgebildet werden?
c) Nennen Sie Vorschriften des Jugendarbeitsschutzgesetzes, die für Sie persönlich von Bedeutung sind.

2. a) Nennen Sie die inhaltlichen Punkte, die ein Ausbildungsvertrag enthalten sollte.
b) Nennen Sie die gesetzlichen Grundlagen eines Ausbildungsvertrages.
c) Nennen und erläutern Sie jeweils 4 Rechte und 4 Pflichten eines Auszubildenden.

3. a) Die Ausbildung von Jan Reimers dauert laut Ausbildungsvertrag vom 01.08.20XW bis zum 31.07.XZ. Nachdem Jan bereits die schriftliche Abschlussprüfung erfolgreich gemeistert hat, besteht er auch am 15. Juni 20XZ die praktische (mündliche) Abschlussprüfung. Wann endet für Jan die Ausbildung zum Automobilkaufmann offiziell?
b) Jan Reimers arbeitet in den folgenden Tagen nach seiner mündlichen Abschlussprüfung in seinem Ausbildungsbetrieb weiter, ohne dass die Geschäftsleitung mit ihm gesprochen hat. Am 24. Juni teilt der Geschäftsführer Jan mit, dass er zum Monatsende ausscheiden soll, da eine Weiterbeschäftigung nach Abschluss seiner Ausbildung nicht möglich sei. Ist am 30. Juni sein letzter Arbeitstag? Beurteilen Sie die Rechtslage.

4. Grenzen Sie die Begriffe Ausbildungsordnung, Ausbildungsrahmenplan und Ausbildungsberufsbild voneinander ab, indem Sie erläutern, was die jeweilige Verordnung regelt.

Die Ausbildungsordnung regelt	Der Ausbildungsrahmenplan regelt	Das Ausbildungsberufsbild regelt

ÜBUNGSAUFGABEN

5. Nurcan ist 17 Jahre, Erika ist 18 Jahre und Franz ist 19 Jahre alt. Alle sind Auszubildende im 2. Ausbildungsjahr als Automobilkauffrau/Automobilkaufmann. Beurteilen Sie, ob die folgenden Aussagen hinsichtlich des Jugendarbeitsschutzgesetzes richtig sind.

a) Nurcan muss 25 Arbeitstage Urlaub erhalten.
b) Erika unterliegt nicht mehr den Bestimmungen des Jugendarbeitsschutzgesetzes.
c) Franz hat dienstags 6 Stunden Berufsschulunterricht. Er ist an diesem Tag von der Arbeit freizustellen.
d) Erika darf auch samstags beschäftigt werden, wenn der gültige Tarifvertrag dies zulässt.
e) Nurcan soll heute bis 21 Uhr arbeiten.
f) Für Erika beginnt die Berufsschule um 9:30 Uhr. Der Ausbildende kann verlangen, dass sie bis 9:10 Uhr im Betrieb arbeitet, da der Weg bis zur Berufsschule nur 15 Minuten beträgt.
g) Die einzige Pause im Betrieb für alle drei Auszubildenden ist die Mittagspause von 45 Minuten Dauer.
h) Die Auszubildenden haben an einem Montag ihre schriftliche Abschlussprüfung. Sie sind am vorausgehenden Freitag von der Arbeit freizustellen.

6. Im Autohaus Bonn GmbH wurden neue Auszubildende zur/zum Automobilkauffrau/Automobilkaufmann eingestellt. Beurteilen Sie bei den folgenden Alltagssituationen, ob die beteiligten Personen im Rahmen des gültigen Rechts handeln. Begründen Sie Ihre Ansicht und versuchen Sie, wenn möglich, entsprechende Rechte und Pflichten aus dem Ausbildungsverhältnis zuzuordnen.

a) Petra, 17 Jahre, soll den Betrieb kennen lernen und wird dabei für 14 Tage am Empfang eingesetzt. Sie beschwert sich bei ihrem Ausbilder, dass diese Tätigkeit nichts mit ihrer Ausbildung zur Automobilkauffrau zu tun habe.
b) Juliane, 20 Jahre, muss täglich helfen, die Büroräume zu putzen, da die Kosten für das bisher eingesetzte Reinigungsunternehmen eingespart werden sollen.
c) Stefan, 18 Jahre, und Hassan, 17 Jahre, besuchen beide die gleiche Berufsschulklasse und haben am Montag 5 Stunden und am Donnerstag 7 Stunden Unterricht. Der Ausbilder verlangt von seinen Auszubildenden, dass sie nach der Berufsschule in den Betrieb kommen.
d) Petra erzählt in der Berufsschule, wie hoch die durchschnittliche Gewinnspanne bei Zubehörteilen ist. Die Klassenkameraden stellen die Höhe in Zweifel. Zum nächsten Berufsschultag beweist Petra die Behauptung, indem sie eine Kopie einer Einkaufsrechnung mitbringt.
e) Stefan nimmt im April 4 Tage an einer überbetrieblichen Ausbildungsmaßnahme teil. Der Ausbilder verlangt von ihm, dass er diese Zeit an 4 Samstagen im Betrieb nachholen soll, damit der betriebliche Teil der Ausbildung nicht zu kurz kommt.
f) Im zweiten Monat der Ausbildungszeit kündigt der Ausbildende dem Auszubildenden Wolfgang fristlos ohne Angabe von Gründen.
g) Irene ist mit ihrer Ausbildung zur Automobilkauffrau aufgrund der langen Wege zum Betrieb nicht besonders glücklich. Nach der Probezeit wird ihr eine Ausbildungsstelle im Reisebüro angeboten. Kann sie die Ausbildung beim Automobilhändler abbrechen?
h) Durch eigene Faulheit ist Bernd beim ersten Mal durch die Abschlussprüfung gefallen. Kann er bis zur nächsten Wiederholungsprüfung das Ausbildungsverhältnis fortsetzen?

VERTIEFUNGSAUFGABEN

7. Sie absolvieren zurzeit eine Berufsausbildung im dualen System.

a) Was bedeutet der Begriff „duales System" konkret für Ihre Ausbildung?
b) Welche Vorteile versprechen Sie sich davon, dass Sie im dualen System ausgebildet werden?

8. Während einer Unterrichtsstunde fragt der Lehrer nach den Gründen für die Wahl des Ausbildungsberufs und des Ausbildungsbetriebs. Dabei werden sehr unterschiedliche Beweggründe und auch Zukunftspläne sichtbar. David merkt, dass sich einige Mitschüler auch schon sehr konkrete Gedanken über ihren weiteren Berufsweg gemacht haben (siehe Aussagen auf der nächsten Seite).

1. Überlegen Sie, welche Beweggründe es für die Wahl des Ausbildungsberufs „Automobilkauffrau/Automobilkaufmann" gibt.

2. Sie sind jetzt schon einige Wochen in Ihrem Ausbildungsbetrieb und haben sicherlich vielschichtige Erfahrungen damit gemacht, wie man Ihnen als Auszubildenden bzw. als Mitarbeiterin/Mitarbeiter begegnet.
   a) Stellen Sie Ihre Erfahrungen im Umgang mit Ihnen zusammen.
   b) Überlegen Sie, ob Sie als Auszubildende/r bestimmten Rollenanforderungen gerecht werden müssen.
3. Im Idealfall haben Sie von Ihrem Ausbilder einen Ausbildungsplan erhalten, dem zu entnehmen ist, welche Abteilungen Sie durchlaufen bzw. welche unterschiedlichen Tätigkeiten Sie ausführen werden.
   a) Worauf freuen Sie sich besonders/Was interessiert Sie am meisten?
   b) Wie sinnvoll wäre es für Sie, eine der zahlreichen Weiterbildungsmöglichkeiten, die die Branche anbietet, wahrzunehmen?
4. Der Bereich Mobilität durchläuft gerade eine Phase starker Veränderungen. Eine Frage dabei wird sein, ob es das Automobil in seiner jetzigen Form in Zukunft noch geben wird.
   a) Stellen Sie Argumente zusammen, die für bzw. gegen das „Überleben" des Autos und des Straßenverkehrs in seiner heutigen Form sprechen.
   b) Denken Sie in dem Zusammenhang auch darüber nach, wie zukunftssicher Ihr Arbeitsplatz in einem Autohaus sein wird.

Aussagen und Beweggründe der Mitschüler von David Rose zur Wahl des Ausbildungsberufs und des Ausbildungsbetriebs:

„Ich war froh, überhaupt etwas gefunden zu haben. Ich habe so viele Absagen bekommen, nachher war mir ganz egal, wo ich gelandet bin. Ich denke, ich möchte auch gar nicht in dem Betrieb bleiben, da wirst du doch für immer Azubi bleiben – und Aufstiegschancen hast du erst nach allen anderen."

„Mich interessiert einfach alles rund ums Auto. Ich will auf jeden Fall in den Verkauf. Mein Chef hat auch schon gesagt, dass ich da während der Ausbildung hinkomme und auch wirklich verkaufen soll. Nach der Ausbildung mache ich jedenfalls die Zertifizierung und dann werde ich auch ordentlich verdienen. Das wird woanders auch nicht schneller gehen als hier. Und nach uns kommen doch auch neue Auszubildende. Es liegt doch an einem selbst, ob man sich weiter wie einen Azubi behandeln lässt."

„Ich weiß nicht, was ihr immer mit Autos habt. Ich habe noch nicht mal einen Führerschein und mal ehrlich, ich lebe hier in der Stadt, da wäre ein Auto nur hinderlich. Ich glaube nicht, dass ich den noch machen werde. Und wozu auch, wenn die Autos irgendwann sowieso von alleine fahren."

„Das versteh' ich nicht. Es gibt doch nichts Schöneres als mit seinem Auto durch die Gegend zu cruisen und dann auch mal ordentlich Gas zu geben, wenn es die Verkehrssituation erlaubt. Und ab und an mal eine Runde auf dem Ring* zu drehen ist richtig geil. Ich bin froh, dass ich den ganzen Tag mit Autos zu tun habe, auch wenn ich es gerade jetzt bei uns in der Dispo doch eher nicht so toll finde. Als Nächstes komme ich in die Werkstatt, da freue ich mich schon drauf. Ich weiß nicht, ob Verkauf das Richtige für mich ist, mein Ding wäre eher Serviceberatung, denke ich. So ein reiner Schreibtischjob wäre jedenfalls nichts für mich."

* Mit dem „Ring" ist der Nürburgring in der Eifel gemeint.

„Mich haben Autos auch schon immer fasziniert, ich konnte schon als kleiner Junge auf einen Blick sagen, was für ein Modell das war. Die Veränderungen im Design und die technischen Entwicklungen zu verfolgen finde ich spannend. Ich mein', schaut doch mal, wie sich die Autos in den letzten 10, 20 Jahren verändert haben. Und die Entwicklung geht ja immer noch weiter, wenn man nur an alternative Antriebe und diese ganzen Selbstfahrkonzepte denkt. Da hautnah dabei zu sein und vielleicht mit zu gestalten, das finde ich toll. Ich werde auf jeden Fall nach der Ausbildung versuchen beim Hersteller unterzukommen, um noch näher dran zu sein."

„Ich will nach der Ausbildung unbedingt noch studieren. Nur mit Studium kommt man auch noch an die richtig guten Jobs. Aber in der Auto-Branche würde ich schon gerne bleiben, da tut sich ja in den nächsten Jahren noch richtig viel. Deshalb überlege ich mir auch genau, wo ich studieren werde; einfach so BWL oder Business Administration kommt für mich jedenfalls nicht infrage."

SB ▸ LF1 | 6

Lernsituation 7: Betriebliche Mitbestimmung

SITUATION

Während der Pause in der Berufsschule sitzt David Rose mit mehreren Mitschülern zusammen. Anne scheint vor Stolz zu platzen: „Stellt euch vor, ich bin gefragt worden, ob ich mich für die Jaff aufstellen lasse." Bevor David sein Unwissen kundtun kann, fragt Max: „Für was sollst du dich aufstellen lassen, Jaff? Was ist das denn?"

Marie, die mit Anne in einem Betrieb ist, antwortet an ihrer Stelle: „Bei uns wird die Jugend- und Auszubildendenvertretung so genannt, du weißt schon, J A V, oder? Und da stehen ja jetzt in allen Betrieben die Wahlen an. Ich werde auf jeden Fall Anne wählen. Du hast auch schon ganz tolle Ideen, nicht, Anne?" „Oh ja, als Erstes werde ich dafür sorgen, dass wir vor unserer eigentlichen Pause noch eine Frühstückspause bekommen. Unsere Pause ist nämlich erst um 13:15 Uhr, und so lange halte ich das kaum aus. Ich bin jedes Mal froh, wenn wir Berufsschule haben, da kann man nach 90 Minuten wenigstens mal raus und hat ein bisschen Abwechslung, Bewegung und frische Luft. Und dann sollte unser Betrieb auch den Pausenraum aufpeppen. Stellt euch vor, da hat man noch nicht mal Internetempfang. Und mit unseren Überstunden muss auch was passieren, so kann das nicht weitergehen, und dann …" Während Anne weitere Visionen von sich gibt, driften Davids Gedanken ab. Geht das wirklich so einfach? Kann die JAV so etwas bestimmen? Komisch, bei sich im Unternehmen hatte er noch nie von einer JAV gehört. Ob die überhaupt eine haben? Und wenn nicht, was müsste man tun, um sie zu gründen? Doch bevor er die anderen fragen kann, schellte es aber schon zur nächsten Stunde.

ARBEITSAUFTRAG

1. Grenzen Sie den Betriebsrat und die Jugend- und Auszubildendenvertretung (JAV) voneinander ab. Nutzen Sie dazu das Arbeitsblatt 7.1.
2. Beantworten Sie Davids selbstgestellte Fragen. Nutzen Sie für die systematische Darstellung das Arbeitsblatt 7.2.

Arbeitsblatt 7.1 Betriebsrat

Der Betriebsrat

Jugend- und Auszubildendenvertretung

Wählen dürfen alle, Jugendliche und Auszubildende.

Gewählt werden dürfen alle, ____

Amtszeit: 2 Jahre

Wahl

Zulässig ab 55 wahlberechtigten Arbeitnehmer, davon 3 wählbare Arbeitnehmer

Wählen dürfen alle Arbeitnehmer, die min 18 Jahre

Gewählt werden dürfen alle, min 18 Jahre alt und 6 Monate im Unternehmen beschäftigt

Amtszeit: 4 Jahre

Rechte

Mitbestimmungsrechte

- in sozialen Angelegenheiten (Urlaubsplan, Unfallverhütung)

Mitwirkungsrechte

- Informationsrecht
- Vorschlagsrecht
- Aktionsrechte: Kündigung

Unterrichtungsrecht

Arbeitgeber muss Betriebsrat unterrichten sich mit

Arbeitsblatt 7.2 Jugend- und Auszubildendenvertretung (JAV)

Welche Voraussetzung muss erfüllt sein, damit sich in einem Betrieb eine JAV bilden kann?	
Wer darf die Gründung einer JAV beantragen?	
Wer darf bei der Wahl zur JAV selbst wählen?	
Wer kann gewählt werden?	
Wie lange dauert eine Amtsperiode in der JAV?	
Welche Rechte hat eine JAV im Hinblick auf die betrieblichen Abläufe und Entscheidungen?	
Welche Besonderheit gilt für die Mitglieder der JAV nach ihrem Ausscheiden aus diesem Mitwirkungsgremium?	

Aufgaben

WIEDERHOLUNGSAUFGABEN

1. Unterscheiden Sie aktives und passives Wahlrecht.

2. Kann eine JAV gebildet werden, ohne dass in dem Unternehmen ein Betriebsrat existiert?

ÜBUNGSAUFGABEN

3. a) Erklären Sie mit eigenen Worten die Grafik zur betrieblichen Mitbestimmung.
b) Woran liegt es Ihrer Meinung nach, dass es bei kleineren Betrieben so wenige Betriebsräte gibt?

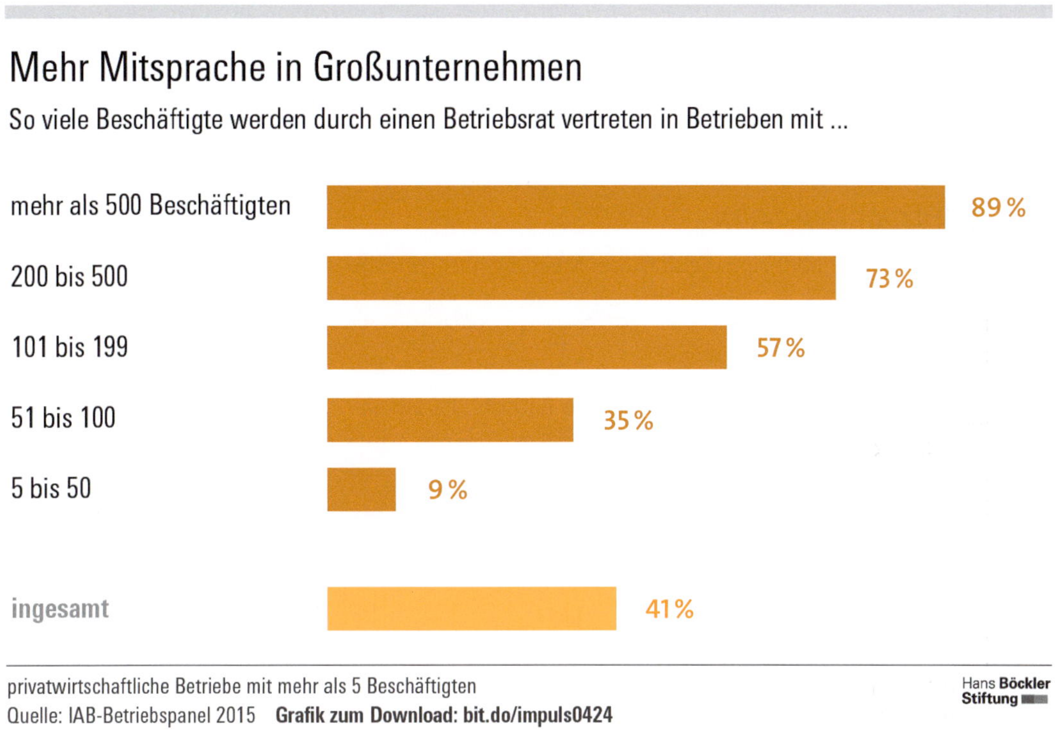

4. In der Autohaus Erlebniswelt GmbH sind Mitarbeiter mit folgender Altersstruktur beschäftigt:
- 5 Mitarbeiter im Alter von 16 bis unter 18 Jahren, davon 4 Auszubildende
- 10 Mitarbeiter im Alter von 18 bis unter 25 Jahren, davon 3 Auszubildende
- 30 Mitarbeiter im Alter von 25 bis unter 40 Jahren
- 11 Mitarbeiter im Alter von 40 bis unter 50 Jahren
- 5 Mitarbeiter im Alter von 50 bis unter 65 Jahren

a) Ermitteln Sie, wie viele Mitarbeiter bei der anstehenden Wahl zum Betriebsrat wahlberechtigt sind.
b) Ermitteln Sie, wie viele Mitarbeiter bei der anstehenden Wahl der Jugend- und Auszubildendenvertretung wahlberechtigt sind.

5. Was ist eine Betriebsversammlung und was ist eine Betriebsvereinbarung? Erläutern Sie diese Begriffe und grenzen Sie die Begriffe voneinander ab.

6. Welche innerbetrieblichen Regelungen würden Sie als JAV-Vertreter/-in in Ihrem Betrieb durchsetzen wollen? Begründen Sie.

7. Können Mitarbeiter gegen den Willen der Geschäftsleitung einen Betriebsrat gründen? Argumentieren Sie.

8. Beurteilen Sie die unten aufgeführten Fälle. Welche werden erst durch Zustimmung des Betriebsrates wirksam? Begründen Sie Ihre Entscheidung.

a) Die Geschäftsführung der Motorwelt OHG beschließt, die Entgeltfortzahlung im Krankheitsfall von 100 % auf 85 % zu senken.

b) Im nächsten Monat werden aufgrund gestiegener Kosten die Preise in der Personalkantine um 1,00 € erhöht.

c) Zwei Mitarbeiter der Motorwelt OHG haben eine Kündigung erhalten. Grund: Sie haben unerlaubterweise Personalrabatte an Freunde weitergegeben.

9. Die Geschäftsleitung entschließt sich in Absprache mit den Abteilungsleitern, die Öffnungszeiten für die Autohaus Erlebniswelt GmbH zu ändern. Im Rahmen der für die Autohaus Erlebniswelt GmbH geltenden gesetzlich vorgeschriebenen Ladenschlusszeiten beabsichtigt sie, die Öffnungszeiten an vier Wochenenden zu verlängern. Das Geschäft soll jeweils von Freitag 6:00 Uhr bis Samstag 24:00 Uhr durchgehend geöffnet bleiben. Diese Entscheidung wird in einem Rundschreiben den Beschäftigten mitgeteilt. Welchen Einfluss haben die Arbeitnehmer, wenn

a) ein Betriebsrat vorhanden ist?

b) kein Betriebsrat vorhanden ist?

VERTIEFUNGSAUFGABEN

10. Erarbeiten Sie Punkte, um die sich Ihrer Meinung nach eine JAV vordergründig kümmern sollte.

ERKUNDUNGSAUFGABEN

11. Welche Vereinbarungen gelten in Ihrem Betrieb, die auf der Grundlage einer Betriebsvereinbarung geschlossen wurden?

Lernsituation 8: Arbeitssicherheit, Umweltschutz und Gesundheitsvorsorge

SB ▸ LF1 | 7

SITUATION

Mittlerweile hat sich David Rose schon gut eingelebt. Die einzelnen Bereiche der Autoland Murschall GmbH hat er bereits kurz kennen gelernt. Allerdings ist ihm schon an seinem ersten Tag etwas aufgefallen. Im Übergang zwischen dem Teile- und Zubehörverkauf und der Werkstatt hängt eine Tafel. Irgendwie ist er noch nicht dazu gekommen, seinen Ausbilder nach diesem Aushang zu fragen.

ARBEITSAUFTRAG

1. Aus welchem Grund hängt diese Tafel am Eingang zur Werkstatt?
2. Erläutern Sie Maßnahmen, durch die Arbeitsunfälle in einem Autohaus bzw. einer Werkstatt vermieden werden sollen.
3. Beschreiben Sie weitere wichtige Vorschriften, die zum Schutz der Arbeitnehmer erlassen wurden. Nutzen Sie dazu das folgende Arbeitsblatt.

Arbeitsblatt 8.1 Gesetzliche Regelungen zu Arbeitsschutz und -sicherheit

Gesetz/Verordnung	Erläuterung/Beispiel
Arbeitsschutzgesetz (ArbSchG)	
Arbeitsstättenverordnung (ArbStättV)	
Arbeitssicherheitsgesetz (ASiG)	
Betriebssicherheits-verordnung (BetrSichV)	
Bildschirmarbeitsverordnung (BildscharbV)	

Aufgaben

WIEDERHOLUNGSAUFGABEN

1. Neben den ausdrücklichen Verordnungen zur Arbeitssicherheit enthalten auch einige andere Gesetze und Verordnungen Maßnahmen zum Schutz der Arbeitnehmer.
- a) Nennen Sie Vorschriften des Arbeitszeitgesetzes, die sich auf den Schutz der Arbeitnehmer beziehen.
- b) Welche Regelungen des Mutterschutzgesetztes betreffen den Schutz der werdenden Mutter (und des ungeborenen Kindes)?
- c) Wie muss ein Bildschirmarbeitsplatz gestaltet sein, so dass er den Erfordernissen der BildschArbV entspricht?

2. Welche Aufgaben nimmt die Berufsgenossenschaft im Rahmen des betrieblichen Arbeitsschutzes wahr?

3. Was verstehen Sie unter Work-Life-Balance?

ÜBUNGSAUFGABEN

4. Bei welchen der untenstehenden Sicherheitskennzeichen handelt es sich um
- a) Verbotszeichen?
- b) Warnzeichen?
- c) Gebotszeichen?
- d) Rettungszeichen?

5. Rufen Sie sich Ihre eigene Work-Life-Balance ins Bewusstsein: Wie viel Zeit (in Stunden und %) in einer Woche widmen Sie: Arbeit und Leistung, Familie und Freunden, Sinn und Kultur, Körper und Gesundheit?

VERTIEFUNGSAUFGABEN

6. In einem Autohaus sind sicherlich das Lager und die Werkstatt besonders gefährdete Bereiche.
- a) Beschreiben Sie Vorschriften, Maßnahmen und Hilfsmittel, durch die die Arbeit im Lager einfacher und somit auch sicherer gestaltet wird.
- b) Welche Maßnahmen dienen zur Sicherheit der Mechatroniker?

7. Welche Maßnahmen ergreifen Sie selbst gegen Stress am Arbeitsplatz?

8. Recherchieren Sie im Internet die Umstände aktueller Mobbingfälle und überlegen Sie, wie so etwas in Zukunft vermieden werden könnte.

SB ▸ LF 1 | 8.2

Lernsituation 9: Vertriebsstrukturen im Automobilhandel

SITUATION

Die Meteor Fahrzeugwerke AG will die Autoland Murschall GmbH als Vertragshändler für den Raum Bonn gewinnen. Prüfen Sie die Möglichkeit einer Zusammenarbeit. Wägen Sie Chancen und Risiken ab.

METEOR FAHRZEUGWERKE
DER STERN AM FAHRZEUGMARKT

Autoland Murschall GmbH
Herrn Niklas Nolte
Plittersdorfer Str. 48
53173 Bonn

Sehr geehrter Herr Nolte,

in den wenigen Jahren seit ihrer Gründung hat die Marke Meteor einen steten Anstieg bei Bekanntheitsgrad und Fahrzeugabsatz zu verzeichnen. Um dem wachsenden Interesse an unseren Fahrzeugen besser gerecht zu werden, möchten wir mit Ihrem bekannten und erfolgreichen Autohaus zusammenarbeiten.

Wir bieten:
- hochwertige und innovative Fahrzeuge in allen Segmenten
- Unterstützung bei Werbemaßnahmen
- erlebnisreiche Produktschulungen für die Verkäufer
- gezielte Einarbeitung der Werkstatt- und Servicemitarbeiter

Wir erwarten:
- mindestens 400 m² Ausstellungsfläche
- separaten Showroom für die Neuwagen
- Ausstellung der gesamten Produktpalette
- Vorhaltung aller Fahrzeugtypen als Vorführwagen
- ein Jahresziel von 250 verkauften Fahrzeugen
- After-Sale-Betreuung der Kunden

Wir sind sicher, Ihnen neben einer attraktiven Produktpalette auch ein innovatives Vermarktungskonzept anbieten zu können, und erwarten Ihre positive Antwort auf unsere Anfrage.

Mit freundlichen Grüßen

Hartmut Blum

GESCHÄFTSFÜHRER METEOR FAHRZEUGWERKE

Arbeitsblatt 9.1 Vertriebsstrukturen

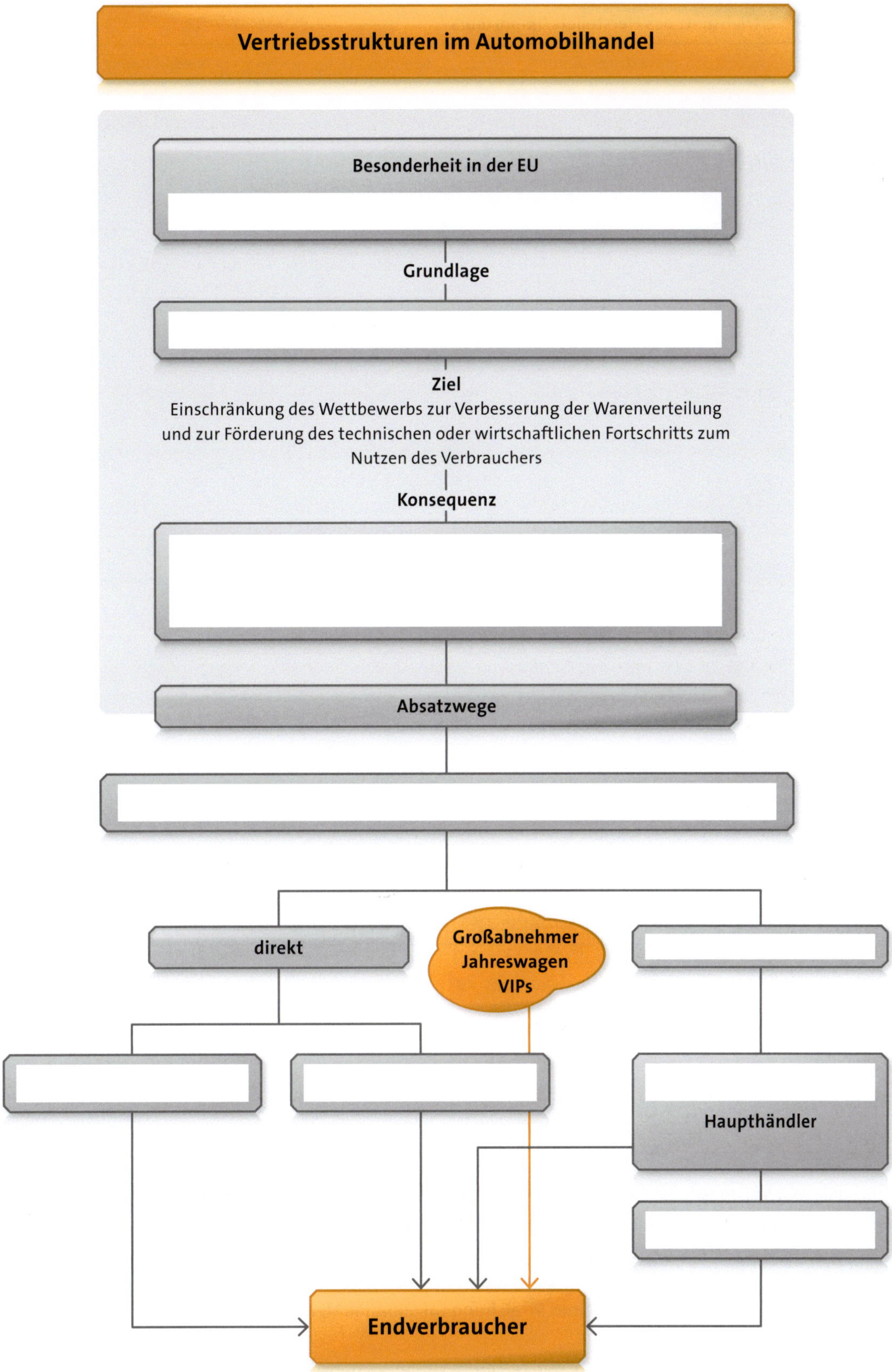

Arbeitsblatt 9.2 Partner im Vertriebsnetz

Partner im Vertriebsnetz des Herstellers/Importeurs			
	Vertragshändler	Agentur	Niederlassung
Merkmale			
Beispiele			
Vorteile			
Nachteile			

Aufgaben

ÜBUNGSAUFGABEN

1. Beschreiben Sie mit eigenen Worten das selektive Vertriebssystem.
2. Im selektiven Vertriebssystem ist es den Vertragshändlern nicht gestattet, die Fahrzeuge an Wiederverkäufer zu veräußern. Begründen Sie dieses Verbot.
3. Seit Längerem wird in der EU über die komplette Streichung der GVO für die Automobilbranche beratschlagt. Diskutieren Sie die Folgen einer Streichung für Händler, Hersteller und Endverbraucher.
4. Erläutern Sie die Gründe für die Kritik der Vertragshändler an den Margen, die der Hersteller/Importeur Großabnehmern und Werksangehörigen einräumt.
5. Nennen Sie die Vorteile des seit 2002 erlaubten Mehrmarkenhandels für das Autohaus.

Lernsituation 10: Getting to know your company

SITUATION

You are a trainee at Autoland Murschall GmbH.
When you heard about the possibility of taking part in an exchange programme for trainees (see following information), you were very interested. Mrs Gentsch, head of HR, supported your plans and now you have just started your four weeks' practical training at a British car shop.
You are still new and pretty unfamiliar with the company and would like to know who does which job and where it is done.
You also lack the technical language required!

International exchanges in vocational education and training

How about going abroad during your training? Bilateral exchange programmes of the BMBF support apprentices in crossing borders and acquiring international qualifications. Future-oriented vocational training increasingly requires the integration of European and international aspects. The BMBF is therefore supporting cross-border cooperation in education and training, promotes the transparency of degrees and qualifications and fosters mobility in vocational education and training. Apprentices can acquire international qualifications by staying in companies abroad for a period of at least three weeks as part of their training. Skilled staff can enhance their qualifications.

taken from: Federal Ministry of Education and Research (Bundesministerium für Bildung und Forschung, BMBF), http://www.bmbf.de/en/894.php.

Now all you need to do is to get to know your new job and the new vocabulary.
Can you guess the German meaning of the words on the next page?

Arbeitsblatt 10.1 Departments and jobs

English	Deutsch	Who? What? Where?
accounting / accounts (department)	Buchhaltung	handles the financial aspect of the company
EDP team (electronic data processing)	IT	maintains the software, the computer programms
purchasing (department)	Einkauf	purchase raw materials
management	Management	manages the company, CEO
customer service	Kundenservice	handles the customer problems
spare parts store, warehouse (AE)	Ersatzteilshop	getting the spare parts for the repair shop
HR (human resources) / personnel (department)	Personalabteilung	care ~~provide~~ about the employees ~~problems~~ recruit new employees
sales (department)	Verkauf	sell cars, insurances, ... to the customers
workshop (BE), garage (AE), repair shop	Werkstatt	repair a broken car
invoicing (department)	Dispo	~~writ~~ writes invoices for sold cars, etc..
reception	Rezeption	are the first shelter for the customers

Aufgaben

ÜBUNGSAUFGABEN

1. Hi, I'm Pete. I'm a trainee at the British car shop. I've just started my training at this stunning car dealer. Let me show you around the different departments of the company!

"Well, I started my training in after-sales service. Ted is the after-sales service manager. Right now I'm working with Jack, who is in charge of the bodywork. Next week I will be working with Jim from electricity or Tom from painting. Dunno yet.
After the after-sales service department, I want to check out the spare parts store or the repair shop. My friend Don is training to be a motor mechanic in the repair shop. His boss is the foreman.
I won't be working in the sales department until next year. That's where the sales manager and the car dealers for new cars, used cars and company cars work. I think it will be lots of fun working there! But I don't think I will like the admin department very much because it's so boring! I think the invoicing department does lots of paperwork. Accounting is all about numbers! And the ring back office is for people who like to phone a lot. So I guess I couldn't be more excited about those departments. Just kidding!
Have I forgotten anything? Oh yes, there's the purchasing department where you order the new cars. The company's big boss, Mr Bing, is the general manager. He has the best job in the company. He's in charge of everything! He is even higher up than Mr Klever who is the company's authorized signatory."

1. Look at the text and find out how you say these terms in English.

Verkaufsleiter sales manager	Karosserie bodywork	Kfz-Mechatroniker motor mechanic
Kundendienst (-leiter) after sales service manager	Großkunden / Firmenwagen company cars work	Elektrik electricity
Telefonreport ring back office	Lackiererei Painting	Verwaltung Accounting
Meister foreman	Prokurist authorized signatory	Dispo invoicing
Geschäftsführer General Manager	Neuwagen new cars	Gebrauchtwagen used cars

2. Create an organigram for Pete's subsidiary.
Here is some useful vocabulary you can use to describe organigrams, company structures and responsibilities:

to carry out – to negotiate – to be in charge of – to be the head of – to delegate – to be responsible for sth. ...

Your turn
Think of more phrases to describe organigrams, company structures and responsibilities.
Now describe the following two companies to your classmates:
- Autoland Murschall GmbH
- the company where you are doing your training

2. Finding your way around a new company is rather difficult. Take turns and give each other directions using the plan of a company.

EXAMPLE

You are standing on the ground floor, in front of the lift.
*"Excuse me, could you please tell me where I can find the ladies?"**
"No problem! Just take the lift to the first floor. Turn left and you'll find the ladies on the left."
"Thank you very much!"

Here is some useful vocabulary you can use to give directions:

Keep going straight on / ahead. Go straight on / ahead. Go across the corridor.
Pass the ... on your right. Turn left / right. Take the lift / stairs to the ... floor.
Leave the ... behind you. It's next to ... . You'll find the ... opposite the ... .
The ... is in front of / behind ... . It's between ... and ... . It's on the right / left.
It's to your right / left. You can't miss it! You'll be there in a minute.
It's easy to find / not far from here.

*Additional vocabulary

Deutsch	British English	American English
Toilette	ladies; gents	bathroom / restroom
Aufzug	lift	elevator
Erdgeschoss	ground floor	first floor
erster Stock	first floor	second floor
Direktannahme	reception, check-in area	

Your turn
Draw a plan of your company and tell your classmates who works where.

Lernsituation 11: Wertermittlung bei der Inventur

SB ▸ LF 2 | 1.1

SITUATION

Der Auszubildende David Rose hat im Rahmen der Inventur die Aufgabe bekommen, den Bestand an Scheibenwischblättern „körperlich" zu überprüfen. Er hat sie getrennt nach Artikelnummern gezählt und die Inventurmengen in die Inventurliste eingetragen. Dabei fielen ihm Abweichungen von den Mengen der Lagerbuchführung auf. Einen Wasserschaden hat er auch auf der Inventurliste vermerkt. Jetzt sitzt er wieder im Büro und hat eine Liste mit Einstandspreisen der Einkaufsabteilung vor sich. Er soll einen Gesamtwert für alle Scheibenwischblätter ermitteln und kommt damit nicht so richtig klar.

Inventurliste

AUTOLAND GMBH
MURSCHALL

Warengruppe 2: Front-Scheibenwischblätter **Aufnahmedatum:** 02. 01. 20XY

Stück: Packung mit 2 Wischblättern Jahr 20XY, Seite 1

		Lagermenge gemäß Lagerbuchhaltung	Inventurmenge	Einstandspreise der Bestände	Einkaufswert der Inventurmenge brutto	Wertminderung	Gesamtinventurwert	
Artikel Nr.	**Bezeichnung**	**Sollwert/ Stück**	**Istwert/ Stück**	**€/Stück**	**in €**	**in €**	**in €**	
20211	WWF Visoflex 119725	122	120	17,05	2046,-	0	2046	Höchstwert
20221	Posch Aerotwim 925S	146	135	13,48	1819,80	0	1819,80	Höchstwert
20222	Posch Aerotwim 9369	59	60	17,05	1023,-	204,60	818,40	Niedrigstwert
20231	Posch Aerotwim A2651S	212	211	27,-	5697,-	0	5697,-	Höchstwert
20241	Posch Aerotwim A311S	22	22	17,43	383,46	87,15	296,31	Niedrigstwert
Gesamtinventurwert Warengruppe 2							10 677,51	

Wertminderungen (noch nicht berücksichtigt bei der Inventur):
Wasserschaden Artikel 20241, 5 Packungen durchnässt und verschmutzt, Ware unverkäuflich

Daten der Einkaufsabteilung am 31. 12. XX (Inventurstichtag): Einstandspreise der Wischblätter

Art. Nr.	Bezeichnung	Einstandspreise der Wischblätter	Einstandspreise gem. aktuellen Preislisten
20211	WWF Visoflex 119725	17,05 €	17,30 €
20221	Posch Aerotwim 925S	13,48 €	13,48 €
20222	Posch Aerotwim 9369	17,05 € -3,41€	13,64 €
20231	Posch Aerotwim A2651S	27,00 €	27,00 €
20241	Posch Aerotwim A311S	17,43 €	17,59 €

ARBEITSAUFTRAG

1. Helfen Sie David Rose. Ermitteln Sie den Gesamtwert der einwandfreien Wischblätter unter Berücksichtigung der aktuellen Einstandspreise.
2. Begründen Sie Ihre Bewertungsentscheidungen.
3. Berechnen Sie die Inventurdifferenzen. Geben Sie mögliche Ursachen der Differenzen an.

Arbeitsblatt 11.1 Inventur

Inventur ist	

Unterscheidung der Inventur hinsichtlich der Art ihrer Durchführung

	Inventurart	Inventurtätigkeit	Beispiele
körperliche Gegenstände →			
→	Buchinventur		

Unterscheidung der Inventur hinsichtlich des Zeitpunktes

Stichtagsinventur	______ Inventur	______ Inventur
Aufnahmezeiten:	Aufnahmezeiten:	Aufnahmezeiten:
Voraussetzungen:	Voraussetzungen:	Voraussetzungen:

Nachteile der Stichtagsinventur:	
Ziel der Inventur am Geschäftsjahresende:	

Aufgaben

WIEDERHOLUNGSAUFGABEN

1. Beantworten Sie schriftlich die nachfolgenden Fragen zur Inventur.

a) Nennen Sie die Anlässe, bei denen eine Inventur erfolgen muss.

b) Nennen Sie drei Gründe, warum die Bestandsfortschreibung per EDV (Stückzahl) für einen Artikel von der Inventurmenge der körperlichen Inventur abweichen könnte.

c) Welche Vermögenswerte können im Rahmen der Buchinventur erfasst und bewertet werden?

d) Was versteht man unter Inventurdifferenzen?

e) Warum kann nicht immer der bezahlte Einstandspreis der alleinige Bewertungsmaßstab sein?

f) Was versteht man unter Saldenbestätigungen und wer kann Saldenbestätigungen ausstellen?

g) Was besagt das Niederstwertprinzip und wem dient es?

h) Nennen Sie die Voraussetzungen und die Vor- und Nachteile der permanenten Inventur.

ÜBUNGSAUFGABEN

2. Bei einem Autohändler wurden folgende Inventurwerte für Dachfahrradträger aufgenommen. Ermitteln Sie den Gesamtinventurwert der Dachfahrradträger.

Inventurliste		Jahr: 20XX		Seite: 1	Aufnahmetag: 30.12.20XX	
Artikel Nr.	**Bezeichnung**	**Menge**	**Einstandspreis in €**	**Wert in €**	**Wertminderung**	**Gesamtwert in €**
60100	Modell Spring	6	60,00	360,-	keine	360,-
60200	Modell Mini	1	70,00	70	keine	70,-
60300	Modell Max	20	80,00	1600,-	5 % 1)	1520,-
60400	Modell Kids	14	110,00	1540,-	keine	1540,-
60500	Modell Sven	2	130,00	260,-	50 % 2)	130,-
Gesamtinventurwert Dachfahrradträger						3720,-
Wertminderungen: 1) gesunkener Marktpreis 2) Beschädigungen						
Aufgenommen: *Völzgen*						Geprüft: *Fuchs*

3. Bei der Inventur am 31.12. wird im Lager einer Kfz-Teile-Großhandlung ein Bestand von 44 Kartons Ölfilter mit je 10 Filtern aufgenommen. Folgende Lieferungen sind im Geschäftsjahr eingegangen:

Datum	Anzahl Kartons	Einstandspreis
02.02.	15	50,00 €
15.04.	20	56,00 €
02.06.	12	52,50 €

Datum	Anzahl Kartons	Einstandspreis
12.08.	10	55,00 €
14.10.	13	56,00 €
04.12.	5	58,00 €

Berechnen Sie den Wert des Inventurbestandes (gewogener Durchschnitt).

4. Nach der Inventur eines Autohändlers wird folgender Soll-Ist-Vergleich des Warenbestandes erstellt:

Nr.	Warengruppe	Soll in €	Ist in €	Umsatz in €
1	Zubehörteile	1.365.689,00	1.301.558,00	2.986.554,00
2	Boutique	789.356,00	791.336,00	1.278.112,00
3	Ersatzteile	1.003.659,00	990.745,00	2.345.213,00

a) Berechnen Sie für die Abteilungen die Inventurdifferenz in Euro und in Prozent vom Umsatz.

b) Nennen Sie eine mögliche Ursache für den Fall, dass der Istbestand größer als der Sollbestand ist.

SB ▸ LF 2 | 1.2

Lernsituation 12: Inventar erstellen und vergleichen

SITUATION

In der Autoland Murschall GmbH sind die Inventurarbeiten schon abgeschlossen. Das Inventar für das Geschäftsjahr soll nun erstellt werden. Dabei sollen in einem Arbeitsgang die aktuellen Werte denen des Vorjahres gegenübergestellt werden. Herr Nolte wartet gespannt auf die Daten. Welche Werte haben sich geändert? Welche Gründe gab es für wichtige Änderungen? Ist das Eigenkapital gestiegen?

Inventarposten	Vorjahr in €	Berichtsjahr in €
Grundstück Plittersdorfer Straße 48	135.000,00	135.000,00
Bankguthaben Sparkasse	44.600,00	43.400,00
Darlehen bei der Deutschen Bank	2.622.000,00	2.900.000,00
Vorführfahrzeuge:		
Modell STARCAR SUNNY	15.600,00	17.800,00
Modell STARCAR COMFORT	39.800,00	41.260,00
Forderungen:		
– H. Schwer	64.560,00	14.560,00
– Fa. Holsten OHG	28.760,00	8.760,00
Gebäude Plittersdorfer Straße 48	746.000,00	1.260.000,00
Zubehörteile (lt. Anlage X)	135.800,00	140.800,00
Büroausstattung (lt. Anlage X)	75.800,00	68.600,00
Ausstattung der Verkaufsräume (lt. Anlage X)	16.450,00	36.450,00
Ersatzteile (lt. Anlage X)	542.030,00	536.000,00
Kassenbestand	1.450,00	1.500,00
Bankguthaben Postbank	11.900,00	10.000,00
Verbindlichkeiten a. L. L.:		
– Fa. Meyer KG	49.900,00	24.700,00
– Fa. Peters GmbH	122.000,00	60.500,00
Gebrauchtfahrzeuge (lt. Anlage X)	148.350,00	167.000,00
Maschinen (lt. Anlage X)	269.000,00	250.000,00
Neufahrzeuge (lt. Anlage X)	762.450,00	680.000,00
Werkzeug (lt. Anlage X)	42.000,00	40.000,00
Service-Fahrzeug	16.890,00	11.823,00
technische Anlagen (lt. Anlage X)	65.489,00	60.560,00

ARBEITSAUFTRAG

Beantworten Sie die Fragen von Herrn Nolte.

1. Erstellen Sie für beide Geschäftsjahre ein Inventar. Nutzen Sie den Vordruck auf der nächste Seite.
2. Ermitteln Sie für beide Geschäftsjahre das Eigenkapital.
3. Nennen Sie für die Inventarposten
   - Grundstücke und Gebäude,
   - Technische Anlagen und Maschinen,
   - Fuhrpark,
   - Waren und
   - Verbindlichkeiten gegenüber Kreditinstituten

   mögliche Gründe für die Werteveränderungen.

	Vorjahr		Berichtsjahr	
Vermögens- und Schuldenarten, Ermittlung des Eigenkapitals	**Einzelwerte in €**	**Gesamtwerte in €**	**Einzelwerte in €**	**Gesamtwerte in €**
A. Vermögen				
I. Anlagevermögen				
1. Grundstück und Gebäude		881 000,-		1395 000,-
GS Plittersdorfer Str. 48	135 000,-		135 000,-	
Gebäude –"–	746 000,-		1,26 mio,	
2. Techn. Anlagen und Maschinen				350 560,-
Maschinen (lt. Anlage +)	269 000,-		250 000,-	
Werkzeug (lt. Anlage +)	42 000,-		40 000,-	
techn. Anlagen (lt. Anlage +)	65 489,-		60 560,-	
3. Betriebs- und Geschäftsausstattung				
Büroausstattung	75 800,-		68 600,-	
Ausstattung Verkaufsräume	16 450,-		36 450,-	
4. Fuhrpark				
Vorführwagen	55 400,-		59 060,-	
~~Gebrauchtwagen~~	~~148 350,-~~		~~167 000,-~~	
~~Neuwagen~~	~~762 450,-~~		~~680 000,-~~	
Servicewagen	16 890,-		11 823,-	
II. Umlaufvermögen				
1. Warenbestände				
Zubehörteile	135 800,-		140 800,-	
Ersatzteile	542 030,-		536 000,-	
GW	148 350,-		167 000,-	
NW	762 450,-		680 000,-	
2. Forderungen				
H. Schuer	64 560,-		14 560,-	
Fa. Holsten OHG	28 760,-		8 360,-	
3. Kassenbestand				
4. Guthaben bei Kreditinstituten				
Bankguthaben Sparkasse	44 000,-		43 400,-	
Bankguthaben Postbank	11 900,-		10 000,-	
Summe des Vermögens				
B. Schulden				
I.		1450,-		1500,-
1. ~~Kassenbestand~~	1450,-		1500,-	
II.				
1.				
Summe Schulden				
C. Reinvermögen				
Darlehen DB	2,622 mio		2,4 mio	
Verbindlichkeiten a. LL.	121 900,-		85 200,-	

Arbeitsblatt 12.1 Aufbau und Gliederung des Inventars

Gliederung eines Inventars	Erklärung	Beispiele	Ordnung in sich
A. Vermögen			
I. Anlagevermögen			
II. Umlaufvermögen			
B. Schulden			
1. langfristige Verbindlichkeiten 2. kurzfristige Verbindlichkeiten			
C. Errechnung des Reinvermögens			
Vermögen – Schulden = Reinvermögen			

Das Inventar muss ____________________ Jahre aufgehoben werden.

Arbeitsblatt 12.2 Inventar

Das Inventar ist ein ______________________	Einzelwerte in €	Gesamtwerte in €
Überschrift		
A. Vermögen		
I. Anlagevermögen (Beispiele siehe unten)		
1.		
	240.000,00	
	420.000,00	
2.		80.000,00
3.		230.000,00
4.		48.000,00
II.		
1. Waren		
	72.000,00	
	112.000,00	
	46.600,00	
	52.000,00	
2.		34.000,00
3.		7.250,00
4.		80.400,00
Summe des		
B.		
I.		
1.		
	600.000,00	
	180.000,00	
II.		
1.		64.600,00
2.		23.900,00
Summe der		
C.		
Summe des		
– Summe der		
=		

Beispiele in alphabetischer Reihenfolge:

- Bankdarlehen
- Betriebs- und Geschäftsausstattung (BGA)
- Forderungen aus Lieferungen und Leistungen (a. L. L.)
- Fuhrpark
- Gebäude
- Grundstück
- Grundstücke und Bauten
- Guthaben bei Kreditinstituten
- Hypothekendarlehen
- Kassenbestand
- Sonstige Verbindlichkeiten
- Technische Anlagen (TA) und Maschinen
- Verbindlichkeiten aus Lieferungen u. Leistungen (a. L. L.)
- Verbindlichkeiten gegenüber Kreditinstituten
- Warengruppen I–IV

Aufgaben

ÜBUNGSAUFGABEN

1. Eine Unternehmung ermittelt folgende Werte für ihre Inventarposten (ungeordnete Reihenfolge).

a) Ordnen Sie die Inventarposten den Ziffern 1 bis 4 der nachfolgenden Übersicht zu.

b) Ermitteln Sie für jede Ziffer (1–4) den Gesamtwert.

c) Ermitteln Sie das Gesamtvermögen, die Gesamtschulden und das Eigenkapital in Euro.

Inventarposten in €		A. Vermögen		B. Schulden	
		I. Anlagevermögen	II. Umlaufvermögen	I. Langfristige Schulden	II. Kurzfristige Schulden
		1	2	3	4
Guthaben bei Kreditinstituten	14.600,00				
Kassenbestand	2.000,00				
Darlehen (Restlaufzeit 8 Jahre)	180.000,00				
Forderungen aus Lieferungen und Leistungen	40.000,00				
Fuhrpark	40.000,00				
Gebäude	360.000,00				
Betriebs- und Geschäftsausstattung	110.000,00				
Grundstücke	200.000,00				
Hypothekendarlehen (Restlaufzeit 16 Jahre)	280.000,00				
Maschinen	96.500,00				
Verbindlichkeiten aus Lieferungen und Leistungen	32.000,00				
Waren	62.000,00				
Wertpapiere als kurzfristige Geldanlage	24.500,00				
Summe					

2. Ordnen Sie die folgenden Vermögensgegenstände bzw. Schulden den in der Aufgabe 1 genannten Inventarposten einer Kfz-Teile-Großhandlung zu.

a) Lastkraftwagen

b) Teile und Zubehör

c) Bargeld

d) Schreibtische

e) Lagerhalle

f) Verpackungsmaschine

g) unbezahlte Lieferrechnung

h) unbezahlte Rechnung an einen Kunden

i) Gutschrift auf dem Bankkonto

j) Aktien der Müller AG

Lernsituation 13: Bilanz erstellen und vergleichen

☞ SB ▸ LF 2 | 1.3

Hausmitteilung — AUTOLAND GMBH MURSCHALL

Datum: 21.01.20XY

Absender	Empfänger	Weiterverwendung
☒ Geschäftsleitung	☐ Geschäftsleitung	☐ zur Kenntnisnahme
☐ NW-Verkauf	☐ NW-Verkauf	☒ zur Erledigung
☐ GW-Verkauf	☐ GW-Verkauf	☐ zur Stellungnahme
☐ Werkstatt	☐ Werkstatt	☐ zur Rücksprache
☐ Teile-/Zubehörverkauf	☐ Teile-/Zubehörverkauf	☐ zur Weiterleitung
☐ Lager	☐ Lager	☐ zum Verbleib
☐ Verwaltung	☒ Verwaltung	☐ zur Rückgabe
☐ Frau/Herr	☐ Frau/Herr	☐

Wir haben kommende Woche ein wichtiges Gespräch mit dem Berater unserer Hausbank. Es geht u. a. um die Verlängerung des langfristigen Darlehens der Autoland Murschall GmbH. Zur Vorbereitung auf das anstehende Gespräch braucht unsere Hausbank noch dringend die entsprechenden Geschäftsunterlagen. Es wird u. a. die Bilanz mit folgenden aufbereiteten Bilanzkennzahlen benötigt: Eigenkapitalquote und Anlagendeckung.

Gruß
Nolte

ARBEITSAUFTRAG

Helfen Sie mit, die Unterlagen für das wichtige Bankgespräch vorzubereiten.

1. Erstellen Sie die Bilanz für die Autoland Murschall GmbH, sowohl für das Berichtsjahr als auch das Vorjahr. Nutzen Sie dazu die Angaben aus Lernsituation 12.
2. Ermitteln Sie die Veränderungen zwischen den beiden Geschäftsjahren in Euro für
   a) das Anlagevermögen,
   b) das Umlaufvermögen,
   c) die lang- und kurzfristigen Schulden sowie
   d) das Eigenkapital.
3. Berechnen Sie die folgenden Bilanzkennziffern für die beiden Geschäftsjahre:
   a) Eigenkapitalquote
   b) Anlagendeckung I und II
4. Bewerten Sie die Bilanzkennzahlen
   a) im Jahresvergleich sowie
   b) im Vergleich zu den Branchenkennzahlen.
5. Stellen Sie Vermutungen darüber an, warum sich die Bilanzkennzahlen Eigenkapitalquote und Anlagendeckung entsprechend entwickelt haben.

Durchschnittl. Branchenkennzahlen:
- Eigenkapitalquote = 17,1 %
- Anlagendeckung I = 47,2 %
- Anlagendeckung II = 105,9 %

Auszug aus dem letzten Geschäftsbericht:
- Der Umbau der Geschäftsstelle ist abgeschlossen. Den qualitativen Standards des Herstellers bzgl. der NW-Präsentation musste lt. Händlervertrag entsprochen werden.
- Unser Forderungsmanagement wurde radikal umgestellt. Unsere Kunden zahlen jetzt pünktlich die offenen Rechnungen.
- Unsere Werkstatt ist ausgelastet.

Arbeitsblatt 13.1 Zusammenhang: Inventur – Inventar – Bilanz

Inventur

(zählen, ______________, ______________, ______________)

↓

Inventar
(Grobgliederung)

Anlagevermögen
+ ______________________
– ______________________
= ______________________

↓

Bilanz

Aktiva	**Passiva**
______________	______________
Umlaufvermögen	______________
Summe	**Summe**

Inventur

mengen- und wertmäßige ______________ aller Vermögens- und Schuldenwerte zu einem bestimmten Zeitpunkt

↓

Inventar

____

____

↓

Bilanz

____

____

Arbeitsblatt 13.2 Bilanz

Die Bilanz ist eine Auflistung aller Vermögens-/Kapitalwerte.

Die Bilanzwerte werden durch eine Inventur ermittelt.

zeigt:

= Vermögen

=

Aktiva		Bilanz	Passiva
A. Anlagevermögen (Beispiele s. u.)		A. Eigenkapital	553 750,-
1. Grundstücke/Bauten	660.000,00	B. Fremdkapital	
2. TA M ①		1. Verbindlichkeiten Bank	
	80.000,00		780.000,00
3. BGA ②		2. Verbindlichkeiten a.L.L.	64.600,00
	230.000,00	3. sonstige Verbindlichkeiten	
4. Fuhrpark	48.000,00		23.900,00
B. Umlaufvermögen			
1. Waren	282.600,00		
2. Forderungen	34.000,00		
3. Kasse	7.250,00		
4. Guthaben Bank			
	80.400,00		
	1422 250,- €		1.422.250,00
Summe des Vermögens		= Summe des Kapitals	

zeigt:

= Kapital

=

Anlagevermögen + Umlaufvermögen = Vermögen (Summe)

Vermögen – Schulden = Eigenkapital

Eigenkapital + Schulden = Vermögen (Summe)

Gesamtkapital – Umlaufvermögen =

Beispiele in alphabetischer Reihenfolge:

Betriebs- und Geschäftsausstattung (BGA) ②	Grundstücke und Bauten	Technische Anlagen (TA) und Maschinen ①
Eigenkapital	Guthaben bei Kreditinstituten	Verbindlichkeiten a.L.L.
Forderungen a.L.L.	Kasse	Verbindlichkeiten gegenüber Kreditinstituten
Fuhrpark	Sonstige Verbindlichkeiten	Waren

Aufgaben

WIEDERHOLUNGSAUFGABEN

1. Stellen Sie fest, ob nachfolgende Aussagen für die Inventur und/oder das Inventar und/oder die Bilanz eines Unternehmens zutreffend sind.

	Inventur		Inventar		Bilanz	
	zutreffend	nicht zutreffend	zutreffend	nicht zutreffend	zutreffend	nicht zutreffend
a) Aufnahme aller Vermögenswerte und Schulden, z. B. durch Messen, Zählen, Wiegen, Schätzen mit anschließender Bewertung	☐	☐	☐	☐	☐	☐
b) Muss zehn Jahre aufbewahrt werden.	☐	☐	☐	☐	☐	☐
c) Das Eigenkapital des Unternehmens wird ausgewiesen.	☐	☐	☐	☐	☐	☐
d) Darstellung in Kontoform	☐	☐	☐	☐	☐	☐
e) Gliederung der Vermögenswerte in Anlage- und Umlaufvermögen	☐	☐	☐	☐	☐	☐
f) Jeder Vermögenswert wird nach Art, Menge und Wert beschrieben.	☐	☐	☐	☐	☐	☐
g) Die Staffelform wird zur Wertedarstellung genutzt.	☐	☐	☐	☐	☐	☐
h) Auch ohne Unterschrift(en) des/der Inhaber(s) gültig.	☐	☐	☐	☐	☐	☐
i) Die Werte sind für einen bestimmten Tag (Datum) anzugeben.	☐	☐	☐	☐	☐	☐
j) Ist bei einer GmbH von allen Geschäftsführern zu unterschreiben.	☐	☐	☐	☐	☐	☐

Tragen Sie die fehlenden Begriffe ein.

a) Die Seiten der Bilanz heißen ______________________ und ______________________.

b) Die Vermögenswerte stehen auf der ______________________ der Bilanz.

c) Die Passiva-Seite beginnt mit der Position ______________________.

d) Die Mittelherkunft zeigt die ______________________ der Bilanz.

e) Die Aktiva-Seite der Bilanz zeigt die ______________________.

f) Summe des Vermögens – Summe der Schulden = ______________________.

g) Anlagevermögen + Umlaufvermögen – Eigenkapital = ______________________.

h) Eigenkapital + Fremdkapital – Anlagevermögen = ______________________.

i) Immaterielle Wirtschaftsgüter + Sachanlagen + Finanzanlagen = ______________________.

j) Vorräte + Forderungen + Wertpapiere + flüssige Mittel = ______________________.

k) Andere Begriffe für Schulden: ______________________ oder ______________________.

ÜBUNGSAUFGABEN

2. Die Autoland Murschall GmbH richtet mit ihren Auszubildenden einen Lernbetrieb ein: ein Auto-Teile- und -Zubehör-Geschäft in unmittelbarer Nähe der Autoland Murschall GmbH. Dafür müssen noch Waren-Regale für sechs Meter Stellfläche, zwei Vitrinen, ein Schreibtisch, ein Schreibtischstuhl und ein Kassenterminal angeschafft werden.

Folgende Vorgaben sind zu berücksichtigen:
- Zur Verfügung stehende finanzielle Mittel:
  Darlehen von Banken 15.000,00 €
  eigene Mittel 16.500,00 €
- Bestellung und Lieferung eines ersten Warenbestandes für insgesamt 18.300,00 € sind bereits erfolgt, davon sind Waren für 2.900,00 € noch nicht bezahlt worden.
- Der Bargeldbestand soll bei Geschäftseröffnung 500,00 € betragen.
- Für die Tätigung erster Geschäftsvorgänge müssen ausreichend liquide Mittel in Form von Bankguthaben zur Verfügung stehen.

a) Treffen Sie eine Auswahl für die Beschaffung verschiedener Vermögensgegenstände anhand beiliegender Angebote.
b) Stellen Sie eine verkürzte Eröffnungsbilanz auf und tragen Sie die Anfangsbestände ein.
c) Präsentieren Sie die Bilanz der Geschäftsleitung. Erklären Sie,
   1) wie die Bilanz aufgebaut ist.
   2) wie viele finanzielle Mittel insgesamt zur Verfügung stehen.
   3) wie anhand der Bilanz die Herkunft der finanziellen Mittel erkennbar ist.
   4) wie Sie die finanziellen Mittel angelegt haben.
   5) wie anhand der Bilanz die Verwendung der finanziellen Mittel erkennbar ist.
   6) wie die Eigenkapitalquote und die Anlagendeckung des Lernbetriebes zu bewerten sind.

www.flb-regale.de

Nr.	Artikel	Preis ↕
3345	**Universalregal Rackie** 4 Grundfelder, Einzelfeld B: 1200 mm T: 300 mm	**€ 485,00**
2598	**Universalregal Rackie** 4 Grundfelder, Einzelfeld B: 1200 mm T: 450 mm	**€ 504,00**
6497	**Universalregal Rackie** 2 Grundfelder, Einzelfeld B: 1500 mm T: 300 mm	**€ 306,00**
9135	**Universalregal Rackie** 2 Grundfelder, Einzelfeld B: 1500 mm T: 450 mm	**€ 381,00**
7653	**Lochwandregal Perforato** B: 1500 mm	**€ 407,00**
2468	**Lochwandregal Perforato** B: 1800 mm	**€ 399,00**

POS AVANTI GmbH

Kassensystem *Stift* SG 5000

→ 899,00 €

www.more&cash.de

Kassenterminal XXL

.... **1.290,00 €**

Shop-Systeme GmbH

Präsentationsregale,
nur als Grundregal lieferbar

H 1600 × B 1000 × T 300

Stück: 525,00 €

www.K-O.de

Schreibtischstuhl ERGO PLUS
elektromotorisch verstellbar,
Bezug: lichtgrau

€ 689,00

WWW.CHEFSACHE.DE

Kompletter
Management
Arbeitsplatz

- Schreibtisch
- Rollcontainer
- Bürodrehstuhl

EURO 970,00

GLASVITRINEN ANKO KG

Standglasvitrine S 007 **€ 479,00**
130 × 40 × 197

Tischvitrine T 030 **€ 399,00**
1000 × 600 × 920

Sechseckvitrine VI 100 **€ 719,00**
mit Drehböden

www.BOSSL.de

Winkelkombination mit Rollcontainer
399,00 EUR

Lernsituation 14: Die ersten Geschäftsfälle der Autoland Murschall GmbH

SB ▸ LF 2 | 2.1

SITUATION

In dieser Lernaufgabe werden Sie erste Geschäftsfälle der Autoland Murschall GmbH kennen lernen und feststellen, welche Auswirkungen sie auf einzelne Bilanzposten (Stichwort: „Werteveränderungen von Bilanzposten“) haben.

Bilanzposten (vor Werteveränderung)

Aktiva		Passiva	
Betriebs- und Geschäftsausstattung (BGA)	70.000,00	Eigenkapital	108.000,00
Waren	40.000,00	Darlehen	17.000,00
Forderungen a.L.L.	5.000,00	Verbindlichkeiten a.L.L.	15.000,00
Bank	25.000,00		
	140.000,00		**140.000,00**

1. Geschäftsfall der Autoland Murschall GmbH
Die Autoland Murschall GmbH kauft für 5.000,00 € Teile und Zubehör ein und bezahlt die Lieferung sofort bei Anlieferung mit der Girocard des Geschäftskontos.

ARBEITSAUFTRAG

1. Wie verändert sich die Bilanz durch diesen Geschäftsfall? Tragen Sie Ihr Ergebnis in die nachfolgende Bilanz ein.

Bilanzposten (nach 1. Geschäftsfall)

Aktiva		Passiva	
BGA	______	Eigenkapital	______
Waren	______	Darlehen	______
Forderungen a.L.L.	______	Verbindlichkeiten a.L.L.	______
Bank	______		______
	______		______

2. Überlegen Sie, wie Sie einem Freund, der keine Ahnung von Buchführung hat, erklären könnten, wie Sie auf diese Lösung gekommen sind. Formulieren Sie Ihren Lösungsweg Schritt für Schritt.

Lösungsweg:
Zuerst muss ich mir anschauen, welche ______________________ der Bilanz durch den Geschäftsfall betroffen sind.
Dann überlege ich mir, welche ______________________ der Bilanz durch den Geschäftsfall berührt werden.
Wenn ich das geklärt habe, schaue ich mir den Geschäftsfall nochmals an und überlege, wie sich der Wert der einzelnen Posten der Bilanz ändert. Er wird entweder ______________________ oder ______________________ .

***Begriffe:** größer, Seiten, kleiner, Posten*

Das, was Sie gerade richtig erklärt haben, kann Ihnen helfen, alle Auswirkungen von Geschäftsfällen der Autoland Murschall GmbH auf ihre Bilanzposten darzustellen. Um die Sache einfacher zu machen, formulieren Sie nun drei Leitfragen, die Ihnen bei allen Aufgaben zu diesem Thema helfen werden.

Leitfragen:

1. ______________________________

2. ______________________________

3. ______________________________

2. Geschäftsfall der Autoland Murschall GmbH
Die Autoland Murschall GmbH kann eine offene Eingangsrechnung ihres Lieferanten in Höhe von 10.000,00 € nicht innerhalb des Zahlungsziels von 30 Tagen bezahlen (kurzfristige Verbindlichkeit), da sie aktuell kein Geld auf dem Bankkonto hat. Der Lieferant kommt der Autoland Murschall GmbH entgegen und verlängert das Zahlungsziel auf ein halbes Jahr. Damit wird die kurzfristige Verbindlichkeit in ein Darlehen umgewandelt.

3. Beantworten Sie zunächst die aufgestellten Leitfragen und tragen Sie erst dann die Veränderungen der einzelnen Posten in die Bilanz ein, die Sie nach dem ersten Geschäftsfall aufgestellt haben.

Antwort 1. Leitfrage: ______________________________

Antwort 2. Leitfrage: ______________________________

Antwort 3. Leitfrage: ______________________________

Bilanzposten (nach 2. Geschäftsfall)

Aktiva		Passiva	
BGA	______	Eigenkapital	______
Waren	______	Darlehen	______
Forderungen a.L.L.	______	Verbindlichkeiten a.L.L.	______
Bank	______	______	______
______	______	______	______

Weitere Geschäftsfälle der Autoland Murschall GmbH

3. Die Autoland Murschall GmbH kauft einen Schreibtisch für 2.000,00 € und zahlt mit der Girocard.

4. Ein Kunde bezahlt eine offene Ausgangsrechnung der Autoland Murschall GmbH in Höhe von 1.500,00 € per Banküberweisung.

5. Die Autoland Murschall GmbH bezahlt eine offene Eingangsrechnung ihres Lieferanten in Höhe von 4.000,00 € per Banküberweisung.

4. Beantworten Sie für sich erneut die obigen Leitfragen und erstellen Sie die Bilanz nach allen **fünf** Geschäftsfällen.

Bilanzposten (nach 5 Geschäftsfällen)

Aktiva		Passiva	
BGA	______	Eigenkapital	______
Waren	______	Darlehen	______
Forderungen a.L.L.	______	Verbindlichkeiten a.L.L.	______
Bank	______	______	______
______	______	______	______

Arbeitsblatt 14.1 Die vier Werteveränderungen der Bilanz

Ausgangssituationen

Geschäftsfall

Kauf von Bürostühlen gegen Barzahlung 900,00 €

Aktiva	**Bilanz**	Passiva

→ =

Geschäftsfall

Umwandlung einer kurzfristigen Verbindlichkeit in ein langfristiges Darlehen 50.000,00 €

Aktiva	**Bilanz**	Passiva

→ =

Geschäftsfall

Ausgleich einer Lieferantenrechnung durch Banküberweisung 9.500,00 €

Aktiva	**Bilanz**	Passiva

→ =

Geschäftsfall

Kauf eines Lieferwagens auf Ziel 48.000,00 €

Aktiva	**Bilanz**	Passiva

→ =

Arbeitsblatt 14.2 Buchen auf Bestandskonten

Buchungsregeln für Bestandskonten	
Anfangsbestand:	wird aus der Eröffnungsbilanz übernommen und steht auf der Seite, auf der er auch in der Eröffnungsbilanz erscheint
Mehrungen:	erhöhen den Wert des Bestandskontos und stehen auf der Seite des Anfangsbestandes
Minderungen:	verringern den Wert des Bestandskontos und stehen auf der Gegenseite zum Anfangsbestand
Schlussbestand:	wird in die Schlussbilanz übernommen, wenn er den Inventurwerten entspricht, und steht auf der Gegenseite zum Anfangsbestand

Soll	**Aktivkonto**	Haben
Anfangsbestand		

Soll	**Passivkonto**	Haben
Schlussbestand		

Geschäftsfall: Die Autoland Murschall GmbH kauft Teile und Zubehör auf Ziel für 5.000,00 € ein.

Um einen Geschäftsfall richtig zu buchen, helfen folgende vier Vorüberlegungen:

1. *Welche Bilanzposten sind angesprochen?*
2.
3.
4.

Grundbuch

Nr.	Soll	€	an	Haben	€
1			an		

Hauptbuch

Soll	**Verbindlichkeiten a.L.L.**		Haben
		AB	14.200,00

Soll	**Pkw Teile und Zubehör**		Haben
AB	42.000,00		

Arbeitsblatt 14.3 Auflösung der Bilanz in Konten und Abschluss der Konten

Geschäftsfall	Welche Konten werden berührt?	Aktiv- (A) oder Passivkonto (P)?	Mehrung (Me) oder Minderung (Mi)?	Auf welcher Kontoseite ist zu buchen?
1. Barkauf eines neuen Schreibtisches, 900,00 €				
2. Umwandlung einer kurzfristigen Verbindlichkeit in ein langfristiges Darlehen, 2.000,00 €				
3. Kauf von Teilen und Zubehör (TuZ) auf Ziel, 3.000,00 €				
4. Rückzahlung eines Darlehens durch Barzahlung, 1.000,00 €				

Soll	Haben

Soll	Haben

Kasse

Soll	Haben

Eröffnungsbilanz

Aktiva		Passiva	
BGA	12.000,00	Eigenkapital	9.000,00
TuZ	8.000,00	Darlehen	10.000,00
Kasse	4.000,00	Verbindl. a.L.L.	5.000,00
	24.000,00		**24.000,00**

Schlussbilanz

Aktiva		Passiva	
BGA		Eigenkapital	
TuZ		Darlehen	
Kasse		Verbindl. a.L.L.	

Eigenkapital

Soll	Haben

Soll	Haben

Soll	Haben

Arbeitsblatt 14.4 Der Buchungssatz

Der Buchungssatz ist	

Wie wird ein Buchungssatz gebildet?

Sollbuchung	€-Betrag	an	Habenbuchung	€-Betrag
1. Nennung des Kontos der Sollbuchung	2. Nennung des Betrags der Sollbuchung	3. Nennung des Wortes „an“ vor der Habenbuchung	4. Nennung des Kontos der Habenbuchung	5. Nennung des Betrags der Habenbuchung

Beispiel: Die Autoland Murschall GmbH kauft einen neuen Schreibtisch für 2.000,00 € auf Ziel.

Vorüberlegungen:

Welche Bestandskonten werden angesprochen?	Welche Kontenart ist hierbei betroffen?	Welche Werteveränderung liegt vor?	Auf welcher Kontoseite ist zu buchen?

↓

Sollbuchung	€-Betrag	an	Habenbuchung	€-Betrag
		an		

Merke

Für alle Buchungssätze gilt: Die Summe der ______________________ *= Summe der* ______________________.

Aufgaben

WIEDERHOLUNGSAUFGABEN

1. Ergänzen Sie die folgenden Merksätze zur Auflösung der Eröffnungsbilanz in Bestandskonten.

1. Für die Buchung der Geschäftsfälle des laufenden Geschäftsjahres wird für jeden

__________________ der Eröffnungsbilanz ein __________________ eingerichtet.

2. Die Konten für die Aktivposten der Bilanz bezeichnen wir als __________________

(Vermögenskonten), die für die Passivposten als __________________ (Kapitalkonten).

3. Die Aktiv- und Passivkonten bilden die Gruppe der __________________.

(Sie erfassen Bestände und deren Veränderungen.)

4. In die Bestandskonten werden zunächst die Anfangsbestände (AB) aus der __________________

__________________ übertragen.

5. Die AB stehen bei den Aktivkonten im __________________, bei den Passivkonten

im __________________.

6. Zugänge stehen immer auf der Seite des Anfangsbestandes, Abgänge stets auf der

__________________. (Ausnahme: Bankkonto, wenn es überzogen wurde.)

7. Der Schlussbestand steht immer auf der wertmäßig kleineren Seite (gegenüber vom AB).

8. Der SB ergibt sich aus der Rechnung:

Anfangsbestand

\+ __________________

– __________________

= Schlussbestand

9. Jede Buchung hat eine wertmäßig gleiche Gegenbuchung auf der Konto-Gegenseite zur Folge =

__________________: Sollbuchung = Habenbuchung.

10. Die Gegenbuchung zum Buchen des Schlussbestandes im jeweiligen Bestandskonto erfolgt

auf dem __________________ (SBK).

11. Das SBK muss nach Abschluss aller __________________ genau

aufgehen, d. h. Sollsumme = Habensumme.

ÜBUNGSAUFGABEN

2.

Aktiva	Eröffnungsbilanz		Passiva
Grundstücke und Bauten	600.000,00	Eigenkapital	
TA und Maschinen	50.000,00	Darlehen	500.000,00
Betriebs- und Geschäftsausstattung	150.000,00	Verbindlichkeiten a.L.L.	216.000,00
Pkw Teile und Zubehör	420.000,00		
Forderungen a.L.L.	120.000,00		
Kasse	12.000,00		
Bank	64.000,00		

Geschäftsfälle	€
1. Verkauf eines ungenutzten Grundstückes gegen Banküberweisung	40.000,00
2. Umwandlung einer kurzfristigen Verbindlichkeit in ein langfristiges Darlehen	66.000,00
3. Zahlung einer offenen Eingangsrechnung eines TuZ-Lieferanten per Banküberweisung	16.000,00
4. Kauf eines Diagnosestands auf Ziel	25.000,00
5. Darlehensaufnahme per Bankgutschrift	100.000,00
6. Kauf einer Lagerhalle auf Ziel	100.000,00
7. Banküberweisung an den Verkäufer der Lagerhalle	100.000,00
8. Verkauf einer gebrauchten Maschine auf Ziel	10.000,00

Nr.	Bilanzposten	Aktiva (A) oder Passiva (P)	Mehrung (+) oder Minderung (–)	Werteveränderung in der Bilanz
1	Grundstücke und Bauten	A	(–)	Aktivtausch
	Bank	A	(+)	
2				
3				
4				
5				
6				
7				
8				

a) Berechnen Sie für die Bilanz die Bilanzsumme und das Eigenkapital.

b) Stellen Sie fest, welche Auswirkungen die Geschäftsfälle auf die oben genannten Bilanzposten haben. Nutzen Sie dazu auch das Arbeitsblatt 14.1.

c) Erstellen Sie einen vollständigen Geschäftsgang mit Eröffnungs- und Schlussbilanz, indem Sie für jeden Geschäftsfall einen Buchungssatz formulieren und anschließend auf den T-Konten buchen. Erstellen Sie abschließend die Schlussbilanz.

3. Buchen Sie die folgenden Geschäftsfälle auf den Bestandskonten und schließen Sie die Konten ab.

Anfangsbestände der Bestandskonten in €			
BGA	45.000,00	Eigenkapital	?
Fuhrpark	30.000,00	Darlehen	25.000,00
Pkw Teile und Zubehör	34.000,00	Verbindlichkeiten a.L.L.	19.000,00
Forderungen a.L.L.	22.000,00		
Bank	26.000,00		
Kasse	8.500,00		

Geschäftsfälle	€
1. Barkauf neuer Büroschränke	8.200,00
2. Teile- und Zubehöreinkauf auf Ziel	72.000,00
3. Umwandlung einer kurzfristigen Verbindlichkeit in ein langfristiges Darlehen	12.000,00
4. Kunde begleicht eine offene Ausgangsrechnung der Autoland Murschall GmbH per Banküberweisung	11.500,00
5. Zahlung einer offenen Eingangsrechnung durch die Autoland Murschall GmbH an Lieferer per Banküberweisung	8.500,00
6. Barabhebung vom Bankkonto	1.200,00
7. Verkauf eines gebrauchten Servicefahrzeugs gegen Banküberweisung	4.500,00
8. Kauf eines neuen Servicefahrzeugs gegen Banküberweisung	28.000,00

4. Erstellen Sie einen Geschäftsgang, indem Sie die Buchungssätze zu den Geschäftsfällen formulieren und anschließend die Buchungen in den T-Konten vornehmen.

Anfangsbestände der Bestandskonten in €			
Grundstücke und Bauten	400.000,00	Eigenkapital	?
TA und Maschinen	150.000,00	Darlehen	500.000,00
BGA	900.000,00	Verbindlichkeiten a.L.L.	252.000,00
Fuhrpark	30.000,00		
Pkw Teile und Zubehör	80.000,00		
Forderungen a.L.L.	35.000,00		
Bank	52.000,00		
Kasse	5.000,00		

Geschäftsfälle	€
1. Grundbuchauszug, Kontoauszug: Bankgutschrift für den Verkauf eines ungenutzten Grundstückes	50.000,00
2. Kontoauszug: Bankgutschriften für Kundenüberweisungen	25.000,00
3. Eingangsrechnung: Kauf eines Servicefahrzeugs für die Werkstatt auf Ziel	60.000,00
4. Eingangsrechnung: Zielkauf von Teilen und Zubehör	35.000,00
5. Ausgangsrechnung: Verkauf einer gebrauchten Hebebühne auf Ziel	22.000,00
6. Kontoauszug: Banklastschrift für die Überweisung einer Darlehentilgungsrate	20.000,00
7. Eingangsrechnung: Zielkauf einer neuen Büroeinrichtung für den Geschäftsführer	32.000,00
8. Kontoauszug: Banklastschriften für Überweisungen an Lieferanten	45.000,00
9. Quittung: Kauf eines Mobiltelefons gegen Barzahlung	900,00
10. Quittung: Verkauf eines gebrauchten Büroschreibtisches gegen Barzahlung	700,00

5. Werden durch einen Geschäftsfall mehr als zwei Konten angesprochen, so nennt man das

- ☐ einen objektiven Buchungssatz.
- ☐ einen zusammengesetzten Buchungssatz.
- ☐ einen mehrdimensionalen Buchungssatz.
- ☐ einen komplizierten Buchungssatz.
- ☐ einen einfachen Buchungssatz.
- ☐ einen effektiven Buchungssatz.

Kreuzen Sie die richtige Lösung an.

6. Bilden Sie die Buchungssätze zu den folgenden Geschäftsfällen.

1	ER: Ankauf eines Gebrauchtwagens	bar auf Ziel	500,00€ 13.500,00€
2	ER: Kauf eines Baugrundstückes	gegen Bankscheck bar	50.000,00€ 5.000,00€
3	Kontoauszug: Kunde begleicht eine offene Rechnung	bar per Banküberweisung	350,00€ 400,00€
4	Kontoauszug: Tilgung eines Darlehens	per Banküberweisung per Postbanküberweisung	20.000,00€ 15.000,00€
5	ER: Kauf eines neuen Schreibtisches	bar auf Ziel	100,00€ 600,00€
6	Verkauf einer gebrauchten Hebebühne	bar auf Ziel	700,00€ 1.300,00€

7. Welche Geschäftsfälle liegen folgenden Buchungssätzen zugrunde?

Nr.	Soll	€	an	Haben	€
1	Kasse Bank	200,00 300,00	an	BGA	500,00
2	Pkw Teile und Zubehör	6.000,00	an an	Kasse Verb. a.L.L.	300,00 5.700,00
3	Verb. a.L.L.	15.000,00	an	Darlehen	15.000,00
4	Bank Kasse	3.000,00 250,00	an	Forderung	3.250,00
5	Technische Anlagen und Maschinen	7.800,00	an an	Kasse Postbank	500,00 7.300,00
6	Verb. a.L.L.	18.000,00	an an	Postbank Bank	8.000,00 10.000,00

8. Bilden Sie die zusammengesetzten Buchungssätze.

Geschäftsfälle	**€**
1. Kauf eines Abschleppwagens, Kaufpreis	30.000,00
Barzahlung bei Übernahme	2.500,00
Restbetrag zahlbar innerhalb von 30 Tagen	27.500,00
2. Darlehenstilgung	20.000,00
durch Banküberweisung	14.000,00
und durch Postbanküberweisung	6.000,00
3. Rechnungsausgleich durch Kundenzahlungen	11.600,00
durch Barzahlung	1.600,00
per Bankgutschrift	10.000,00
4. Ankauf eines Gebrauchtwagens	2.380,00
Baranzahlung	200,00
per Banküberweisung	2.180,00

Lernsituation 15: Keine Buchung ohne Beleg

☞ SB ▸ LF 2 | 2.6

SITUATION

Nach einem anstrengenden und interessanten Berufsschultag, an dem David Rose, Azubi der Autoland Murschall GmbH, viel Neues zur Finanzbuchhaltung gelernt hat, kommt er zurück an seinen momentanen Arbeitsplatz in der Buchhaltung. Auf seinem Schreibtisch liegen Belege, die er für die Autoland Murschall GmbH buchen soll. „Belege buchen?", fragt er Frau Gentsch. „Na klar, Belege sind die Grundlage jeder Buchung. Im Betrieb gibt es keine vorformulierten Geschäftsfälle wie in der Schule. Die Geschäftsfälle müssen Sie selbst aus den Belegen ableiten!", antwortet die Ausbilderin.

ARBEITSAUFTRAG

1. Kontrollieren Sie zunächst jeden Beleg auf seine rechnerische Richtigkeit.
2. Ordnen Sie die Belege chronologisch und versehen Sie jeden Beleg mit einer chronologischen Beleg-Nummer.
3. Schauen Sie sich die Belege genau an. Welche Art von Beleg erkennen Sie? Welche Geschäftsfälle der Autoland Murschall GmbH können Sie aus dem Beleg ableiten? Notieren Sie die Belegart und die dazugehörigen Geschäftsfälle an den dafür vorgesehenen Stellen.
4. Kontieren Sie den Beleg vor, indem Sie den Kontierungsstempel auf dem Beleg ausfüllen!
5. Tragen Sie die notwendigen Buchungen in das Grundbuch ein.

Erweitertes Grundbuch

Chronol. Beleg-Nr.	Belegart	Buchungssatz			
		Soll	€	Haben	€

Stadtsparkasse KölnBonn

Kontoauszug **EUR-Konto**

IBAN DE33 3705 0198 0120 7777 01 | erstellt am 13.02.XY | Auszug 6 | Blatt 1

Vorgang	Buchungstag	Wert	Umsätze	Soll
S-Geldautomat	12.02.XY	12-02		200,00 –
Tilgungsrate für Darlehen Nr. 863377	12.02.XY	13-02		1.000,00 –
Autoteile Langer GmbH Re.-Nr. 124 vom 30.01.20XY	12.02.XY	13-02		4.640,00 –
Firma / Herr / Frau Autoland Murschall GmbH Plittersdorfer Straße 48 53173 Bonn			*Alter Saldo*	12.200,00
			Gesamtumsätze Soll	5.840,00
			Gesamtumsätze Haben	0,00
			Neuer Saldo	6.360,00

Konto	Soll	Haben

Gebucht:

Beleg-Nr. ____________
Belegart: ____________
____

Geschäftsfall: ______________________________

Quittung

Nr. **123**	*EUR* **600**	**00**
EUR in Worten	——— **sechshundert** ———	*Cent wie oben*
von	Autoland Murschall GmbH	
	Plittersdorfer Str. 48, 53173 Bonn	
für	Schreibtischstuhl Modell Senato	
		dankend erhalten
Ort / Datum	24.02.XY, Köln	

Stempel / Unterschrift des Empfängers

H. Hunger

MÖBEL HUNGER
Mauritiussteinweg 43
50677 Köln

Konto	Soll	Haben

Gebucht:

Beleg-Nr. ____________
Belegart: ____________
____

Geschäftsfall: ______________________________

Autoteile GmbH & Co. KG · Brückstraße 4 · 53229 Bonn

Autoland Murschall GmbH
Plittersdorfer Str. 48
53173 Bonn

RECHNUNGSPRÜFUNG
Sachlich richtig *Datum: 04.02.20XY* *Nz Seidlitz*
Rechnerisch richtig *Datum: 04.02.20XY* *Nz Seidlitz*

Rechnungs-Nr.: 12
Rechnungs-Datum: 01.02.20XY
Bankverbindung: Postbank Essen
IBAN DE14 3601 0010 3709 7899 10

Artikel-Nr.:	Menge	Artikelbezeichnung	Einzelpreis / €	Gesamtpreis / €
1256	10	PC-Office-Tische, grau	750,00	7.500,00
1259	10	Erweiterung für PC-Office-Tische für Drucker, grau	60,00	600,00
		Rechnungsbetrag		**8.100,00**

Zahlungsbedingungen: Zahlung sofort ohne Abzug.
Die Lieferung und Aufstellung erfolgt durch die Spedition Herget gegen gesonderte Rechnung.

Konto	Soll	Haben

Gebucht:

Beleg-Nr. ____________
Belegart: ____________
____

Geschäftsfall: ______________________________

ASI Autoteile GmbH & Co. KG

Breitestr. 42 69046 Gundershausen Tel. 0981/9897-0 Fax: 0981/ 9897-32

ASI Autoteile GmbH & Co.KG Breitestr. 42 69046 Gundershausen

Autoland Murschall GmbH
Plittersdorfer Str. 48
53173 Bonn

Ihre Zeichen	Ihre Nachricht vom	Unsere Zeichen	unsere Nachricht vom	Telefon, Name	Datum
MP	05.01.20XY	FR	07.01.20XY	0981/9897-24 Hr. Frieder	01.02.20XY

Rechnung Nr. 1408-64

Artikel Nr.	Artikelbezeichnung	Menge in Stück	€ pro Stück	Rabatt in %	Gesamtpreis in €
1298-01	Radzierblenden	60	9,90	0	594,00
Warenwert	Versandkosten				Rechnungsbetrag
594,00 €	**0,00 €**				**594,00 €**

Die Lieferung erfolgt unverzüglich ab Lager. Die Zahlung erfolgt innerhalb von 30 Tagen ohne Abzug nach Rechnungseingang. Erfüllungsort und Gerichtsstand ist für beide Teile Gundershausen.

Konto	Soll	Haben
Gebucht:		

ASI Autoteile GmbH & Co. KG
Breitestr. 42
89542 Gundershausen
E-Mail: info@asi-autoteile.de
Tel.: 0981/9897-24
Fax: 0981/9897-50

Bankverbindung
Sparkasse Gundershausen
IBAN
DE48 8010 0826 0084 1523 70
BIC
HELADEF1XXX

Rechtsform
Gesellschaft mit beschränkter Haftung & Compagnie Kommanditgesellschaft
Sitz: Gundershausen

Handelsregister
Amtsgericht Günhburg
HRA 74009

Geschäftsführer
Jürgen Hoppe

Beleg-Nr. ________ Geschäftsfall: ______________________________

Belegart: ________________

Bonner Metallbaugesellschaft Rau GmbH & Co. KG

Justus-von-Liebig-Str. 48–50 | 53121 Bonn | E-Mail: info@bmr.de | Tel.: 0228/72214-0 | Fax: 0228/72214-10

Bonner Metallbaugesellschaft Rau GmbH & Co. KG

Autoland Murschall GmbH
Plittersdorfer Str. 48
53173 Bonn

Ihre Zeichen,	Ihre Nachricht vom	Unsere Zeichen	unsere Nachricht vom	Telefon, Name	Datum
	09.02.20XY	gr-sl		0228/81 18 18 -13 Grantl	13.02.20XY

Ihre Bitte um Zahlungsaufschub

Sehr geehrte Damen und Herren,

Ihrem Wunsch entsprechend erklären wir uns hiermit bereit, den Betrag der Rechnung Nr. 23521 vom 15.12.20XX über 120.000,00 €, fällig am 28.02.XY, in eine Darlehensschuld umzuwandeln. Wir räumen Ihnen eine Zahlungsfrist bis zum 31.12.XY gegen 9 % Zinsen ein.

Wir hoffen, Ihnen hiermit in Ihrer momentan finanziell schwierigen Situation geholfen zu haben.

Mit freundlichen Grüßen

Bonner Metallbaugesellschaft
Rau GmbH & Co. KG

Grantl

Konto	Soll	Haben
Gebucht:		

Bonner Metallbaugesellschaft Rau GmbH & Co. KG
Justus-von-Liebig-Str. 48–50
53121 Bonn
E-Mail: info@bmr.de
Tel.: 0228/72214-0
Fax: 0228/72214-10

Bankverbindung
Deutsche Bank Bonn
IBAN
DE35 4507 0060 0002 3497 54
BIC
DEUTDEDK450

Rechtsform
Gesellschaft mit beschränkter Haftung & Kommanditgesellschaft
Sitz: Bonn

Handelsregister
Amtsgericht Bonn
HRA 72005

Geschäftsführer
Manfred Rau
Paul Rau

Beleg-Nr. ___________ Geschäftsfall: ______________________________

Belegart: ______________________

Märcher GmbH
kfz-ausstattung

Märcher GmbH Rosen Str. 44 · 53144 Siegburg

Autoland Murschall GmbH
Plittersdorfer Str. 48
53173 Bonn

Rosen Str. 44 · 53144 Siegburg
Tel.: (0243) 244 82-55
Fax: (0243) 244 82-59
E-Mail: info@maercher-gmbh.de

Kunden-Nr.	Lieferschein-Nr.	Lieferdatum	Ihre Bestell-Nr.:	Bestelldatum:	Versandart:	Datum:
2121	07	15.02.20XY	001	02.01.20XY	per LKW	15.02.20XY

Rechnung 0023

Pos.	Artikel-Nr.	Artikelbezeichnung	Einheit	Preis
1	100301	Autowaschanlage Märcher, Typ: C3 50 D21, Premiummodell Exquisite	1	66.500,00
		Rechnungsbetrag		**66.500,00**

Zahlung 30 Tage netto Kasse, bei Zahlungseingang innerhalb von 4 Wochen gewähren wir 3 % Skonto.

Konto	Soll	Haben
Gebucht:		

Märcher GmbH	Bankverbindung	Rechtsform	Handelsregister	Geschäftsführerin
Rosen Str. 44 39124 Siegburg info@maercher-gmbh.de Tel.: 0243/244 82-55 Fax: 0243/244 82-59	Sparkasse Siegburg IBAN DE16 7489 5441 0045 0444 02 BIC COKSDE33XXX	Gesellschaft mit beschränkter Haftung Sitz: Siegburg	Amtsgericht Bonn HRA 467-0301	Gisela Märcher

Beleg-Nr. __________ Geschäftsfall: ______________________________

Belegart: ____________________

Aufgaben

ÜBUNGSAUFGABEN

1. Bilden Sie die Buchungssätze für die folgenden Geschäftsfälle:

Belegart	Geschäftsfall	€
1) Eingangsrechnung	Teile- und Zubehöreinkauf auf Ziel	2.000,00
2) Ausgangsrechnung	Verkauf eines gebrauchten Handys (Barzahlung)	50,00
3) Kontoauszug	Bankgutschrift: Kundenüberweisung	2.700,00
4) Eingangsrechnung	Kauf einer Telefonanlage auf Ziel	3.400,00
5) Quittung	Barkauf eines Funktelefons	900,00
6) Kontoauszug	Banklastschrift: Überweisung an einen Lieferer	2.700,00
7) Kassenbeleg	Barkauf eines gebrauchten Abschleppwagens	48.000,00
8) Vertrag, Kontoauszug	Aufnahme eines Darlehens bei einer Bank mit Gutschrift auf dem Bankkonto	60.000,00
9) Eingangsrechnung	Kauf einer Hebebühne auf Ziel	14.500,00

2. Beschreiben Sie die Geschäftsfälle, die den nachfolgenden Buchungen zugrunde liegen, und nennen Sie jeweils den dazu passenden Beleg.

Nr.	Soll	€	an	Haben	€
1	Bank	20.000,00	an	Kasse	20.000,00
2	Fuhrpark	44.000,00	an	Kreditinstitute	44.000,00
3	Postbank	12.000,00	an	TA und Maschinen	12.000,00
4	Pkw Teile und Zubehör	3.000,00	an	Verbindlichkeiten a.L.L.	3.000,00
5	Kreditinstitute	64.000,00	an	Darlehen	64.000,00
6	Verbindlichkeiten a.L.L.	8.000,00	an	Darlehen	8.000,00
7	TA und Maschinen	4.000,00	an an	Bank Kasse	3.000,00 1.000,00
8	Neuwagen	84.000,00	an an an	Bank Kasse Verbindlichkeiten a.L.L.	20.000,00 4.000,00 60.000,00

Lernsituation 16: Bilanzen und Bilanzkonten

☞ SB ▸ LF 2 | 2.7

SITUATION

Herr Nolte, Geschäftsführer der Autoland Murschall GmbH in Bonn, hat für das Geschäftsjahresende 20XX die nachfolgende Bilanz aufgestellt. Für den Beginn des Geschäftsjahres 20XY müssen die Anfangsbestände auf die Bestandskonten übertragen werden und das Eröffnungsbilanzkonto muss erstellt werden.

Aktiva — **Bilanz der Autoland Murschall GmbH zum 31. 12. 20XX** — Passiva

Aktiva		Passiva	
A. Anlagevermögen		**A. Eigenkapital**	861.550,00
1. Grundstücke und Bauten	520.000,00	**B. Verbindlichkeiten**	
2. TA und Maschinen	125.000,00	1. Verbindlichkeiten gegenüber	
3. Betriebs- und Geschäftsausstattung	275.000,00	Kreditinstituten	1.144.600,00
4. Fuhrpark	62.000,00	2. Verbindlichkeiten a.L.L.	863.300,00
5. Vorführwagen	110.300,00		
B. Umlaufvermögen			
1. Neuwagen	795.000,00		
2. Gebrauchtwagen	87.000,00		
3. Pkw Teile und Zubehör	683.000,00		
4. Forderungen a.L.L.	124.000,00		
5. Kasse	5.260,00		
6. Bank	82.890,00		
	2.869.450,00		**2.869.450,00**
		Bonn, 04. 03. 20XY	Nolte

Grundbuch: Eröffnungsbuchungen

Nr.	Soll	€	an	Haben	€
1			an		
2			an		
3			an		
4			an		
5			an		
6			an		
7			an		
8			an		
9			an		
10			an		
11			an		
12			an		
13			an		
14			an		

ARBEITSAUFTRAG

Führen Sie die Eröffnungsbuchungen durch und erstellen Sie das Eröffnungsbilanzkonto (EBK).

Arbeitsblatt 16.1 Bilanzen und Bilanzkonten

Ende des vorigen Geschäftsjahres:

Inventur

↓

Inventar

↓

______	Schlussbilanz	______
______ Bestandskonten		______ Bestandskonten

↓

Beginn des Berichtsjahres:

______	Eröffnungsbilanz	______
______ Bestandskonten		______ Bestandskonten

↓

______	Eröffnungsbilanzkonto (EBK)	______
______ Bestandskonten		______ Bestandskonten

Grundbuch: Eröffnungsbuchungen

______ Bestandskonten	an	EBK
EBK	an	______ Bestandskonten

Grundbuch: alle Geschäftsfälle des Berichtsjahres

Grundbuch: Abschlussbuchungen

SBK	an	______ Bestandskonten
______ Bestandskonten	an	SBK

Ende des Berichtsjahres:

Vorläufiger Abschluss im Hauptbuch; Abgleich der Sollwerte (Buchhaltung) mit den Istwerten (Inventur); ggf. Korrekturbuchungen im Grund- und Hauptbuch

______	Schlussbilanzkonto (SBK)	______
______ Bestandskonten		______ Bestandskonten

↓

Inventur

↓

Inventar

↓

______	Schlussbilanz	______
______ Bestandskonten		______ Bestandskonten

Aufgaben

WIEDERHOLUNGSAUFGABEN

1. Vervollständigen Sie die nachfolgenden Aussagen durch Zuordnung der richtigen Begriffe.

a) Sollbuchungen bewirken eine Mehrung des Wertes auf ______________________.

b) Die Eröffnungsbuchungen lauten immer EBK an ______________________.

c) Schlussbilanzwerte werden immer durch eine ______________________ ermittelt.

d) Das Eröffnungsbilanzkonto enthält dieselben Posten und Werte wie die ______________________.

e) Minderungen auf einem passiven Bestandskonto werden als ______________________ erfasst.

f) Verluste bewirken in der Bilanz eine ______________________.

g) Der Endbestand des Kontos Eigenkapital steht im SBK im ______________________.

h) Der Anfangsbestand des Kontos Forderungen steht im ______________________.

i) Die Aktiva einer Eröffnungsbilanz stehen im EBK im ______________________.

j) Die Passiva einer Schlussbilanz stehen im SBK im ______________________.

k) Die erste Angabe in einem Buchungssatz ist die ______________________.

l) Aktiva und Passiva sind Bezeichnungen für eine ______________________.

m) Inventurwerte des letzten Geschäftsjahres finden wir in der ______________________.

Begriffe: *Eigenkapitalminderung, Sollbuchung, Eröffnungsbilanz, Soll, Haben, Inventur, passive Bestandskonten, aktive Bestandskonten (Mehrfachnennungen sind möglich!)*

ÜBUNGSAUFGABEN

2. Beschreiben Sie die Geschäftsfälle, die zu folgenden Buchungen auf dem Konto Kasse geführt haben.

S		**1000 Kasse**	H
9000 EBK	4.560,00	2) 1600 Verbindlichkeiten a.L.L.	2.300,00
1) 1200 Bank	24.500,00	3) 0200 TA und Maschinen	5.000,00
5) 0400 Fuhrpark	3.000,00	4) 3300 WE Pkw Teile und Zubehör	7.200,00
6) 0300 BGA	1.200,00	7) 1100 Postbank	2.000,00
8) 1400 Forderungen a.L.L.	5.000,00	9010 SBK	21.760,00
	38.260,00		**38.260,00**

3. Bilden Sie die Buchungssätze:

a) Eröffnung Konto Kasse mit einem Anfangsbestand von 6.000,00 €
b) Eröffnung Konto Darlehen mit einem Anfangsbestand von 200.000,00 €
c) Abschluss Konto Verbindlichkeiten a.L.L. mit Endbestand von 64.000,00 €
d) Abschluss Konto Fuhrpark mit einem Endbestand von 34.000,00 €
e) Einkauf eines neuen Abschleppwagens auf Ziel 75.000,00 €
f) Verkauf eines gebrauchten Abschleppwagens auf Ziel 12.000,00 €

Beachten Sie für die Aufgaben 4 bis 7 folgende Arbeitsschritte:

1. Stellen Sie die Eröffnungsbilanz auf und ermitteln Sie den Wert des Eigenkapitals.
2. Erstellen Sie das Grundbuch mit allen Eröffnungsbuchungen.
3. Eröffnen Sie die Bestandskonten im Hauptbuch und stellen Sie das EBK auf.
4. Buchen Sie die Geschäftsfälle im Grund- und Hauptbuch.
5. Schließen Sie alle Konten im Grund- und Hauptbuch formgerecht ab. Die Schlussbestände des Hauptbuches stimmen mit den Inventurwerten überein. Korrekturbuchungen sind deshalb nicht notwendig.

4.

Anfangsbestände der Bestandskonten in €			
0300 BGA	72.000,00	0630 Darlehen	54.000,00
0800 Eigenkapital	?	1400 Forderungen a.L.L.	23.560,00
0400 Fuhrpark	45.700,00	1000 Kasse	5.700,00
1200 Bank	40.300,00	1100 Postbank	13.590,00
1600 Verbindlichkeiten a.L.L.	39.700,00	3300 WE Pkw Teile und Zubehör	90.500,00

Geschäftsfälle	**€**
1. Kauf eines Service-Fahrzeuges gegen Banküberweisung	20.000,00
2. Banküberweisungen von Kunden	13.500,00
3. Einkauf von Teilen und Zubehör auf Ziel	27.200,00
4. Banküberweisungen an Lieferer	10.250,00
5. Einkauf eines Bürostuhles gegen Barzahlung	1.100,00
6. Barabhebung vom Bankkonto	2.000,00
7. Aufnahme eines Darlehens mit Banküberweisung	20.000,00

5. Folgende Bilanzposten mit Werten sind vorgegeben:

Bilanzposten der Aktiva	€	Bilanzposten der Passiva	€
0300 BGA	36.000,00	1600 Verbindlichkeiten a.L.L.	24.000,00
1000 Kasse	6.200,00	0800 Eigenkapital	?
1200 Bank	22.300,00	0630 Darlehen	100.000,00
3300 WE Pkw Teile und Zubehör	65.000,00		
0100 Grundstücke und Bauten	120.000,00		
1100 Postbank	12.700,00		
1400 Forderungen a.L.L.	12.600,00		
0200 TA und Maschinen	12.500,00		

Geschäftsfälle	**€**
1. Auszahlung einer weiteren Hypothek auf das Bankkonto	20.000,00
2. Barkauf eines Analysegerätes	3.000,00
3. Verkauf einer gebrauchten Maschine auf Kredit (Ziel für 30 Tage)	8.500,00
4. Bareinzahlung von der Kasse auf das Bankkonto	2.000,00
5. Banküberweisung an einen Lieferer zum Ausgleich einer Verbindlichkeit	1.200,00
6. Einkauf von Teilen und Zubehör auf Kredit (Ziel für 45 Tage)	7.000,00

6. Folgende Bestände des Automobilhändlers Spranger GmbH in Gelsenkirchen sind in der Inventur zum 31.12.20XX ermittelt worden. Beginnen Sie mit der Erstellung der Eröffnungsbilanz zum 01.01.20XY.

Aktive Bestandskonten	€	Passive Bestandskonten	€
1400 Forderungen a.L.L.	101.800,00	0630 Darlehen	611.000,00
1000 Kasse	28.500,00	1600 Verbindlichkeiten a.L.L.	150.300,00
0300 BGA	110.000,00	0800 Eigenkapital	274.200,00
3300 WE Pkw Teile und Zubehör	270.500,00		
0100 Grundstücke und Bauten	460.000,00		
1200 Bank	64.700,00		

Hinweis: Das Konto Fuhrpark muss zusätzlich eingerichtet werden.

Geschäftsfälle (in €)	a)	b)
1. Bankgutschrift für Grundstücksverkauf	64.500,00	62.100,00
2. Banküberweisung einer Tilgungsrate für die Darlehensschulden	24.000,00	26.000,00
3. Verkauf gebrauchter Büromöbel gegen Banküberweisung	20.000,00	25.000,00
4. Banküberweisung von Kunden	33.800,00	28.200,00
5. Einkauf von Ersatzteilen auf Ziel	46.500,00	32.700,00
6. Banküberweisung an Lieferer	28.700,00	25.200,00
7. Einkauf neuer Büromöbel auf Ziel	74.900,00	72.400,00
8. Umwandlung einer Verbindlichkeit in ein Darlehen (Tilgung in 2 Jahren)	30.000,00	35.000,00
9. Kauf eines Abschleppwagens auf Ziel	116.000,00	114.500,00

7.

Anfangsbestände der Bestandskonten in €			
0300 BGA	144.000,00	0630 Darlehen	108.000,00
0800 Eigenkapital	?	1400 Forderungen a.L.L.	47.120,00
0400 Fuhrpark	91.400,00	1000 Kasse	11.400,00
1200 Bank	80.600,00	1100 Postbank	27.180,00
1600 Verbindlichkeiten a.L.L.	79.400,00	3040 WE Pkw gebraucht	181.000,00

Geschäftsfälle	€
1. Einkauf von Büromöbeln auf Ziel	11.800,00
2. Bareinzahlung auf das Bankkonto	8.000,00
3. Aufnahme eines Darlehens mit Bankgutschrift	20.000,00
4. Verkauf eines gebrauchten Servicewagens gegen Postbanküberweisung	20.000,00
5. Banküberweisungen von Kunden, AR 587	23.500,00
6. Einkauf eines Gebrauchtwagens auf Ziel	22.200,00
7. Banküberweisungen an Lieferer, ER 798	18.250,00

SB ▸ LF 2 | 3

Lernsituation 17: Erfolge ermitteln

SITUATION

Die technischen und kaufmännischen Auszubildenden der Autoland Murschall GmbH haben eine gemeinsame Geschäftsidee entwickelt: Beim nächsten 24-Stunden-Rennen auf dem Nürburgring möchten sie einen Teile-und-Zubehör-Stand im Namen der Autoland Murschall GmbH aufbauen und betreuen. Insbesondere aktuelle Tuning-Teile möchten sie anbieten und verkaufen. Sie stellen diese Geschäftsidee dem Geschäftsführer Herrn Nolte vor und wider Erwarten ist er ganz begeistert. Nach intensiven Planungsgesprächen mit ihm erhalten die Auszubildenden den Auftrag, ihre Geschäftsidee umzusetzen. Allerdings erhalten sie eine Auflage: Über ihre Geschäftstätigkeit ist ganz genau Buch zu führen! Herr Nolte stellt ihnen für diese Sonderaktion ein Budget in Höhe von 10.000,00 € zur Verfügung.

Die Auszubildenden stellen ihr Tuning-Sortiment sorgfältig zusammen und bestellen Zubehörteile in Höhe von 5.000,00 €, die erst in 30 Tagen bezahlt werden müssen. Für den Verkaufsstand kaufen sie noch zwei Warenträger und eine Vitrine für 1.500,00 €. Eine Kasse und ein Standzelt stellt ihnen Herr Nolte aus dem Bestand der Autoland Murschall GmbH zur Verfügung. Als Wechselgeld wollen die Azubis 1.500,00 € in bar mit auf den Nürburgring nehmen. Außerdem können sie per Bankkonto über 2.000,00 € verfügen. Für die Anlieferung der Zubehörteile dürfen die Azubis einen Transporter der Autoland Murschall GmbH nutzen.

Nach den ersten Vorbereitungen stellen die Azubis eine Bilanz auf, um über die Verwendung des zur Verfügung gestellten Eigenkapitals Auskunft zu geben.

Aktiva — **Bilanz I für die Sonderaktion „Tuning am Nürburgring" der Autoland Murschall GmbH** — Passiva

A. Anlagevermögen		**A. Eigenkapital**	5.000,00
Betriebs- u. Geschäftsausstattung	1.500,00	**B. Fremdkapital**	
B. Umlaufvermögen		Verbindlichkeiten a.L.L.	5.000,00
Zubehörteile	5.000,00		
Kasse	1.500,00		
Bank	2.000,00		
	10.000,00		**10.000,00**

Für die weitere Vorbereitung der Sonderaktion „Tuning am Nürburgring" fallen kurz vor Standeröffnung noch weitere Ausgaben an. Auch diese sollen mit in die Bilanz aufgenommen werden, um Herrn Nolte gegenüber Rechenschaft ablegen zu können.

ARBEITSAUFTRAG

1. Welcher Bilanzposten verändert sich neben der Kasse jeweils durch die folgenden drei Belege? Führen Sie das Konto für diesen Bilanzposten.
2. Stellen Sie eine neue „Bilanz für die Sonderaktion" auf unter Berücksichtigung der folgenden drei Belege.

Nürburgring
Volles Programm

Nürburgring GmbH | 53520 Nürburg | Tel. 02691-302-0 | Fax 02691-302-155 | info@nuerburgring.de

Autoland Murschall GmbH
Plittersdorfer Str. 48
53173 Bonn

Rechnung

Rechnungs-Nr. 451-02 Kunden-Nr. 9876 01.03.XY

Pos.	Artikel-Nr.	Artikelbezeichnung	Menge	Einzelpreis	Gesamtpreis
1	25	Standmiete, 24-h-Rennen	25 m²		1.000,00 €
					Rechnungsbetrag: 1.000,00 €

Zahlbar: sofort, Rechnungsbetrag bar erhalten.

Mit freundlichen Grüßen

Fritz Schneider

Registergericht: Amtsgericht Köln HRA 753 | USt.-Ident.-Nr.: DE 122 788 551

A&O Werbedesign KG
Überlinger Str. 46
56987 Bonn

A&O Werbedesign KG, Überlinger Str. 46, 56987 Bonn
Autoland Murschall GmbH
Plittersdorfer Straße 48
5317 Bonn

Rechnung Nr. 126474
Datum: 01.03.XY

Menge	Artikel-Nr.	Artikel-Nr	Einzelpreis	Gesamtpreis
1 000	Werbe-Flyer	5681	0,15	150,00
				Rechnungsbetrag: 150,00 €

Zahlbar: sofort, Rechnungsbetrag bar erhalten.

Joseph Deller, Bonn 01.03.20XY

Quittung

Tankstelle Süd, Marktstraße 35
53173 Bonn, Tel. 0228/48 92 36

Betrag	EUR *83,20*	☒ Barzahlung OBN 9332
Betrag in Worten	— *dreiundachtzig, zwanzig* —	
von	*Autoland Murschall GmbH*	
für	*Diesel, 80 Liter*	Tankstelle Süd Marktsraße 35, 53173 Bonn
Ort/Datum		
K. Lange	Stempel/Unterschrift des Empfängers	

Soll	Bestandskonto:	Haben

Aktiva **Bilanz II für die Sonderaktion „Tuning am Nürburgring" der Autoland Murschall GmbH** **Passiva**

Aktiva		Passiva	
A. Anlagevermögen		**A. Eigenkapital**	
Betriebs- u. Geschäftsausstattung		**B. Fremdkapital**	
B. Umlaufvermögen		Verbindlichkeiten a.L.L.	
Zubehörteile			
Kasse			
Bank			
			8.766,80

Fortsetzung:

Herr Nolte lässt sich kurz vor Beginn der Aktion die „kleine Bilanz" und das Eigenkapitalkonto zur Sonderaktion vorlegen.

Er runzelt die Stirn und sagt: „Bis jetzt wart ihr ja noch nicht so erfolgreich. Das Eigenkapital ist um 1.233,20 € gesunken. Wo ist denn das Geld geblieben? Also, so kann ich das nicht erkennen!"

ARBEITSAUFTRAG

1. Welche Nachteile sind mit der direkten Buchung erfolgswirksamer Geschäftsfälle auf dem Eigenkapitalkonto verbunden?
2. Welche Lösung kann die oben beschriebenen Nachteile vermeiden?
3. Setzen Sie Ihren Lösungsvorschlag um und buchen Sie die Erfolgsvorgänge neu im Grund- und Hauptbuch.

Grundbuch:

Nr.	Soll	€	an	Haben	€
1			an		
2			an		
3			an		

Hauptbuch:

S		H

S		H

S		H

S	1000 Kasse	H
EBK	1.500,00	

Arbeitsblatt 17.1 Die Erfolgskonten als Unterkonten des Eigenkapitalkontos

Da die unmittelbare Buchung einzelner Aufwendungen und Erträge auf dem Eigenkapitalkonto Nachteile hat, werden die Aufwendungen und Erträge auf Unterkonten des Eigenkapitalkontos gebucht – den sogenannten Aufwands- und Ertragskonten.

Soll	Eigenkapital Haben
Minderungen Schlussbestand	Anfangsbestand Mehrungen

↓ ↓

Soll	Aufwandskonto Haben

Soll	Ertragskonto Haben

Buchungsregel:

____

____

____

____

____

Buchungsregel:

____

____

____

____

____

Merke:

- ______________________________

  ____

  ____

  ____

- ______________________________

  ____

  ____

  ____

- ______________________________

  ____

  ____

  ____

Arbeitsblatt 17.2 Bilanz- und Erfolgskonten

Bilanz

Aktiva	Passiva
Anlagevermögen Umlaufvermögen	Eigenkapital Fremdkapital
= Gesamtvermögen	= Gesamtkapital

Das Eigenkapital wird durch ____________ Geschäftsvorgänge verändert, die als Aufwand und Ertrag bezeichnet werden.

Das Vermögen wird durch Geschäftsvorgänge verändert, die den

____________ an Anlagevermögen und Umlaufvermögen verändern.

Das Fremdkapital wird durch Geschäftsvorgänge verändert, die mit Fremdkapital

____________ werden oder durch Geschäftsvorgänge, mit denen Fremdkapital

____________.

Aufwand

=

____________ Aufwendungen verbrauchen

____________, die im Leistungsprozess eines Handelsbetriebes eingesetzt und verbraucht werden.

Beispiele:

-
-
-
-

____

=

Eigenkapitalmehrung

Erträge entstehen durch den Verkauf von Gütern und Dienstleistungen, die durch den Leistungsprozess des Handelsbetriebes entstanden sind.

Beispiele:

-
-
-

Summe der Aufwendungen > Summe der Erträge = ____________

Summe der Aufwendungen < Summe der Erträge = ____________

Arbeitsblatt 17.3 Buchung auf Erfolgskonten

ARBEITSAUFTRAG

Entscheiden Sie zunächst, welche Auswirkung der Geschäftsfall auf das Eigenkapital hat:

a) Mehrt oder mindert sich das Eigenkapital?

b) Liegt ein Aufwand oder Ertrag vor?

Buchen Sie folgende Geschäftsfälle sowohl im Grundbuch als auch im Hauptbuch.

1. Geschäftsfall: Die Autoland Murschall GmbH zahlt die Ausbildungsvergütung für David Rose in Höhe von 450,00 € durch Banküberweisung.

Auswirkung: Dieser Geschäftsfall mindert/mehrt das Eigenkapital = ____________________

S	H	S	H

Soll	€	an	Haben	€
		an		

2. Geschäftsfall: Die Autoland Murschall GmbH kauft Bürobedarf für 180,00 € gegen Barzahlung.

Auswirkung: Dieser Geschäftsfall mindert/mehrt das Eigenkapital = ____________________

S	H	S	H

Soll	€	an	Haben	€
		an		

3. Geschäftsfall: Für eine Werbeaktion im „Bonner Generalanzeiger" erhält die Autoland Murschall GmbH eine Rechnung über 1.250,00 €.

Auswirkung: Dieser Geschäftsfall mindert/mehrt das Eigenkapital = ____________________

S	H	S	H

Soll	€	an	Haben	€
		an		

4. Geschäftsfall: Die Autoland Murschall GmbH zahlt die Kfz-Steuer für ihren Abschleppwagen in Höhe von 1.200,00 € durch Banküberweisung.

Auswirkung: Dieser Geschäftsfall mindert/mehrt das Eigenkapital = ____________________

S	H

S	H

Soll	€	an	Haben	€
		an		

5. Geschäftsfall: Herr Schröder bezahlt die Miete in Höhe von 450,00 € für den von ihm genutzten Lagerraum bar bei der Autoland Murschall GmbH.

Auswirkung: Dieser Geschäftsfall mindert/mehrt das Eigenkapital = ____________________

S	H

S	H

Soll	€	an	Haben	€
		an		

6. Geschäftsfall: Die Autoland Murschall GmbH überweist die Grundsteuer für ein nicht betrieblich genutztes Grundstück in Höhe von 320,00 € durch Banküberweisung.

Auswirkung: Dieser Geschäftsfall mindert/mehrt das Eigenkapital = ____________________

S	H

S	H

Soll	€	an	Haben	€
		an		

FORTSETZUNG DER SITUATION

AUBROS Autoteile GmbH

Dieselstr. 54 | 06130 Halle a. d. Saale | Tel. 0345.4827705 | Fax 0345.4827719

AUBROS Autoteile GmbH | Dieselstr. 54 | 06130 Halle a. d. Saale

Autoland Murschall GmbH
Plittersdorfer Str. 48
53173 Bonn

Ihr Zeichen	Ihre Nachricht vom	Unsere Zeichen	Unsere Nachricht vom	Telefon, Name	Datum
	05.03.20XY	Ki-jo		0345.4827705 Dahmen	15.03.20XY

Rechnung Nr. 45-78

Artikel-Nr.	Artikelbezeichnung	Menge in Stück	€ pro Stück	Rabatt in %	Gesamtpreis in €
1256-01	Auspuffendrohr, Typ 57; Durchmesser 135 × 80 mm, flach-oval, eingerollt	60	45	0	2.700,00
					Rechnungsbetrag
					2.700,00 €

Die Ware bleibt bis zur vollständigen Bezahlung unser Eigentum.

Die Rechnung ist 30 Tage nach Ausstellungsdatum rein netto fällig;
Erfüllungsort und Gerichtsstand ist für beide Teile Halle.

Konto	Soll	Haben
„TuZ Auspuff"	2.700,00	
VB		2.700,00
Gebucht: 17.03.20XY		

AUBROS Autoteile GmbH
Geschäftsführer: Jürgen Hoppe
Dieselstr. 54
06130 Halle a. d. Saale

Tel. 0345.4827705
Fax 0345.4827719
www.aubros.de
info@aubros.de

Quittung

AUTOLAND GMBH MURSCHALL

	EUR	62	00
Nr. 1			
EUR in Worten	— zweiundsechzig —		Cent wie oben
von	Andreas Huckhagel		
für	Sportendrohr Typ 57 Durchmesser 135 x 80 mm flachoval, eingerollt		dankend erhalten
Ort/Datum	01.06.XY, Köln		

Stempel/Unterschrift des Empfängers

D. Rose

AUTOLAND GMBH MURSCHALL
Plittersdorfer Straße 48 | 53173 Bonn
Tel. 0228.90 03 53 79-0
www.autoland-gmbh-bonn.de
info@autoland.bonn.de

Autoland Murschall GmbH · Plittersdorfer Str. 48 · 53173 Bonn · Tel.: 0228.90035379-0
Fax: 0228.90035379-1 · Mail: info@autoland.bonn.de · www.autoland-gmbh-bonn.de

ARBEITSAUFTRAG

a) Buchen Sie den Verkauf des Auspuffs im Grund- und Hauptbuch.

b) Ermitteln Sie den Bruttoertrag (Rohgewinn) dieses Geschäftes.

a) Grundbuch

Nr.	Soll	€	an	Haben	€
			an		
			an		

Hauptbuch

S	H

S	H

S	H

S	H

b) Umsatzerlös:

– VAK:

= Bruttoertrag:

Arbeitsblatt 17.4 Buchung von Auto- und Teileverkäufen im Autohaus

ARBEITSAUFTRAG

Buchen Sie für folgende Geschäftsfälle die Einkaufs- und Verkaufsbuchungen sowohl im Grundbuch als auch im Hauptbuch.

1. Die Autoland Murschall GmbH kauft einen Neuwagen für 30.000,00 € und zahlt per Banküberweisung. Eine Woche später verkauft die Autoland Murschall GmbH diesen Neuwagen an Familie Müller. Familie Müller zahlt den Verkaufspreis in Höhe von 35.600,00 € per Bank-Scheck.

Soll	€	an	Haben	€
		an		
		an		
		an		

S	3000 WE Pkw neu	H

S	1200 Bank	H

S	7000 VAK Pkw neu	H

S	8000 Erlöse Pkw neu	H

2. Die Autoland Murschall GmbH kauft ein Autoradio für 250,00 €, zahlt per Banküberweisung und legt das Radio auf Lager. Der Kunde Maier kauft 2 Wochen später dieses Radio zum Selbsteinbau für 400,00 €. Herr Maier zahlt mit seiner Bank-Card.

Soll	€	an	Haben	€
		an		
		an		
		an		

S	3300 WE Pkw Teile und Zubehör	H

S	1200 Bank	H

S	7300 VAK Pkw Teile und Zubehör	H

S	8300 Erlöse Pkw Teile und Zubehör	H

3. Die Autoland Murschall GmbH kauft Frau Klein ihr gebrauchtes Auto ab. Sie erhält einen Scheck über 9.000,00 € von der Autoland Murschall GmbH. Am nächsten Tag interessiert sich der Auszubildende Stefan Schmitz für diesen Gebrauchtwagen. Er ersteht ihn für 12.300,00 € und bezahlt per Banküberweisung.

Soll	€	an	Haben	€
		an		
		an		
		an		

S	3040 WE Pkw gebraucht	H

S	1200 Bank	H

S	7040 VAK Pkw gebraucht	H

S	8040 Erlöse Pkw gebraucht	H

4. Die Autoland Murschall GmbH kauft für das Weihnachtsgeschäft 150 Schlüsselanhänger mit dem Emblem des Niko-Rostal-Rennstalls auf Ziel ein. Im Einkauf kostet ein Anhänger 5,00 €. Am 6.12.XX kauft der Kestener Fanklub 50 Schlüsselanhänger zu einem Verkaufspreis von 9,50 € pro Stück. Der Fanklub zahlt per Scheck.

Soll	€	an	Haben	€
		an		
		an		
		an		

S	3300 WE Pkw Teile und Zubehör	H

S	1600 Verb. a.L.L.	H

S	7300 VAK Pkw Teile und Zubehör	H

S	1200 Bank	H

S	8300 Erlöse Pkw Teile und Zubehör	H

5. Die Autoland Murschall GmbH kauft 30 Autobatterien zu einem Einkaufspreis von je 35,00 € auf Ziel ein und legt diese auf Lager. Der Geschäftsmann Herr Rating, der letzte Nacht das Licht an seinem Auto hat brennen lassen, kauft eine Autobatterie und zahlt 70,00 € bar.

Soll	€	an	Haben	€
		an		
		an		
		an		

S	3300 WE Pkw Teile und Zubehör	H

S	1600 Verb. a.L.L.	H

S	7300 VAK Pkw Teile und Zubehör	H

S	1000 Kasse	H

S	8300 Erlöse Pkw Teile und Zubehör	H

Arbeitsblatt 17.5 Abschluss der Erfolgskonten über die Konten Betriebsergebnis und neutrales Ergebnis

S — 4200 Gehaltsaufwand — H

S	H
1) 2.500,00	
2) 3.500,00	
3) 850,00	

S — 2750 Grundsteueraufwand für vermietete Lagerhalle — H

S	H
4) 750,00	

S — 8040 Umsatzerlöse Gw — H

S	H
	5) 35.500,00
	6) 10.000,00
	7) 5.500,00

S — 2700 Mieterträge — H

S	H
	8) 4.200,00

Welche Aufwendungen und Erträge werden über das **neutrale Ergebnis** abgeschlossen?

Aufwendungen und Erträge, die:

S — 9040 Neutrales Ergebnis — H

S	H

S — 9030 Betriebsergebnis — H

S	H

S — 9020 Gewinn und Verlust — H

S	H

S — 0800 Eigenkapital — H

S	H
	AB 100.000,00

Welche Aufwendungen und Erträge werden über das **Betriebsergebnis** abgeschlossen?

Aufwendungen und Erträge, die:

Aufgaben

WIEDERHOLUNGSAUFGABEN

1. Füllen Sie den folgenden Lückentext aus.

Abschluss der Erfolgskonten

Für den Abschluss der Erfolgskonten werden die folgenden Arbeitsschritte erledigt:

1. Ermittlung der Kontensalden aller Aufwands- und Ertragskonten.
2. Die Aufwands- und Ertragskonten werden abgeschlossen über die Konten ______________________ und ______________________.
3. Auf das neutrale Ergebnis-Konto werden die Aufwendungen und Erträge gebucht, die mit dem eigentlichen Betriebszweck, nämlich dem ______________________, nichts zu tun haben oder die nicht regelmäßig oder nicht in dem abzuschließenden Geschäftsjahr (nicht periodengerecht) angefallen sind.
4. Auf das Betriebsergebnis-Konto werden die Aufwendungen und Erträge gebucht, die aufgrund der eigentlichen betrieblichen Tätigkeit und darüber hinaus ______________________ und ______________________ angefallen sind.
5. Die Konten „Betriebsergebnis" und „Neutrales Ergebnis" werden anschließend über das Konto ______________ abgeschlossen.
6. Auf dem GuV-Konto wird letztendlich ermittelt, ob das Unternehmen insgesamt einen ______________ oder einen ______________ erwirtschaftet hat.

   Es wird abgeschlossen über das ______________________-Konto.

   Bei einem Gewinn liegt eine ______________________ vor, die auf der ______________-Seite des EK-Kontos gebucht wird.

   Bei einem Verlust liegt eine ______________________ vor, die auf der ______________-Seite des EK-Kontos gebucht wird.

ÜBUNGSAUFGABEN

2. Bilden Sie zu den folgenden erfolgswirksamen und erfolgsneutralen Geschäftsfällen die Buchungssätze. Überlegen Sie vorab, welche Auswirkungen die Geschäftsfälle auf das Eigenkapital haben.

	Geschäftsfall	EK-Änderung?	Buchungssatz
1	Die Autoland Murschall GmbH zahlt 4.000,00 € Miete für die Geschäftsräume durch Banküberweisung.		
2	Die Bank schreibt der Autoland Murschall GmbH 210,00 € Zinsen gut.		

3	Die Autoland Murschall GmbH kauft einen Büroschrank und bezahlt 300,00 € bar sowie 400,00 € mittels Scheck.		
4	Für einen Kredit der Autoland Murschall GmbH werden vom Bankkonto 651,00 € für Darlehenszinsen abgebucht.		
5	Wir erhalten von „Seventh" unsere Vermittlungsprovision in Höhe von 1.400,00 € auf dem Bankkonto gutgeschrieben.		
6	Lastschrift der Bank in Höhe von 745,00 € zum Ausgleich der Geschäftsstromrechnung.		
7	Ein Kunde zahlt eine Rechnung, indem er 450,00 € bar und 800,00 € durch Banküberweisung begleicht.		
8	Wir bringen einen Geldbetrag in Höhe von 500,00 € zur Bank.		
9	Wir bezahlen die Paketgebühren in Höhe von 20,40 € bar.		
10	Wir zahlen eine Lieferantenrechnung über 350,00 € durch Banküberweisung.		
11	Banküberweisung der Kfz-Steuer für die Betriebsfahrzeuge in Höhe von 630,00 €.		
12	Wir kaufen Büromöbel für 1.500,00 € und zahlen bar.		
13	Wir bezahlen das Heizöl für eine Lagerhalle durch Banküberweisung in Höhe von 5.300,00 €.		
14	Wir wandeln eine kurzfristige Verbindlichkeit in Höhe von 5.000,00 € in ein Darlehen um.		
15	Wir erhalten 780,00 € Miete für den Lagerraum in der Rheinallee durch Bankgutschrift.		
16	Wir kaufen ein Grundstück für 300.000,00 € per Scheck.		
17	Wir zahlen die Ausbildungsvergütung in Höhe von 600,00 € per Bank.		

3. a) Erstellen Sie aus folgenden Angaben die Eröffnungsbilanz:

Bank	29.000,00 €	Betriebsfahrzeuge	12.000,00 €
Forderungen	28.000,00 €	Maschinen und Anlagen	456.000,00 €
Verbindlichkeiten	165.000,00 €	Neufahrzeuge	980.000,00 €
Grundstücke und Gebäude	1.300.000,00 €	Teile und Zubehör	240.000,00 €
Darlehen	750.000,00 €		

b) Lösen Sie die Bilanz in Konten auf und nehmen Sie alle erforderlichen Eintragungen im Hauptbuch vor.

c) Buchen Sie folgende Geschäftsfälle in Grund- und Hauptbuch:

1. Kunde begleicht eine offene Ausgangsrechnung per Bank: 7.000,00 €
2. Abbuchung der Gehälter von der Bank: 15.000,00 €

3. Eingang einer Rechnung für Zeitungsanzeigen: 3.000,00 €
4. Banküberweisung der Darlehenszinsen: 8.000,00 €
5. Kauf von Rechnungsformularen per Bank-Scheck: 1.000,00 €
6. Überweisung des Versicherungsbeitrags für die Feuerversicherung der vermieteten Lagerhalle in Höhe von 2.000,00 €

d) Nehmen Sie alle notwendigen Buchungen zum Abschluss der Konten vor.

4. Buchen Sie die kompletten Geschäftsfälle auf Erfolgs- und Bestandskonten.

Aktiva	Eröffnungsbilanz		Passiva
0300 BGA	100.000	0800 Eigenkapital	365.000
3000 WE Pkw neu	400.000	0630 Darlehen	220.000
3300 WE Pkw Teile und Zubehör	80.000	1600 Verbindlichkeiten a.L.L.	85.000
1400 Forderungen a.L.L.	70.000		
1200 Bank	20.000		
	670.000		**670.000**

a) Eröffnen Sie zum Geschäftsjahresbeginn die Bestandskonten über das EBK.
b) Buchen Sie die folgenden Geschäftsfälle.
c) Schließen Sie die Erfolgskonten gemäß den Buchungsregeln im Autohaus ab.
d) Schließen Sie die Bestandskonten über das SBK ab.

Geschäftsfälle

1. Kauf eines Aktenschranks auf Ziel für 1.200,00 €
2. Kunde begleicht eine Ausgangsrechnung und zahlt per Banküberweisung 25.000,00 €
3. Wir kaufen Zubehörteile ein und zahlen 500,00 € per Scheck und 7.000,00 € auf Ziel.
4. Wir verkaufen einen Neuwagen (Einkaufspreis 21.000,00 €) für 23.000,00 €. Der Kunde erhält den Wagen auf Rechnung.
5. Wir überweisen die Löhne und Gehälter für diesen Monat: 15.000,00 €.
6. Wir erhalten die Miete für einen Lagerraum an der Kölnstraße, den wir selbst nicht betrieblich nutzen können: 800,00 € per Überweisung.
7. Wir verkaufen Felgen (Zubehörteile), die uns im Einkauf 250,00 € gekostet haben, für 600,00 €. Der Kunde zahlt mit EC-Card.
8. Wir zahlen unsere Stromrechnung in Höhe von 300,00 € per Überweisung.

5. a) Ergänzen Sie das Schema auf der nächsten Seite mit den folgenden Begriffen:

- Gewinn
- Eigenkapitalmehrung
- Passivkonto
- Neutrales Ergebnis
- Ertragskonto
- Aktivkonto
- Verlust
- Unterkonten des Eigenkapitalkontos
- Schlussbilanzkonto (SBK)
- >
- Aufwandskonto
- Eigenkapitalminderung
- <
- Betriebsergebnis

b) Ergänzen Sie die Buchungssätze für den Abschluss des GuV-Kontos sowohl für Fall a) als auch für Fall b).

c) Erklären Sie einem Mitschüler aus Ihrer Klasse das vorliegende Schema mit Ihren eigenen Worten. Anschließend lassen Sie sich das Schema von einem anderen Mitschüler erklären (Kugellager Methode).

Welcher Zusammenhang besteht zwischen Bestands- und Erfolgskonten?

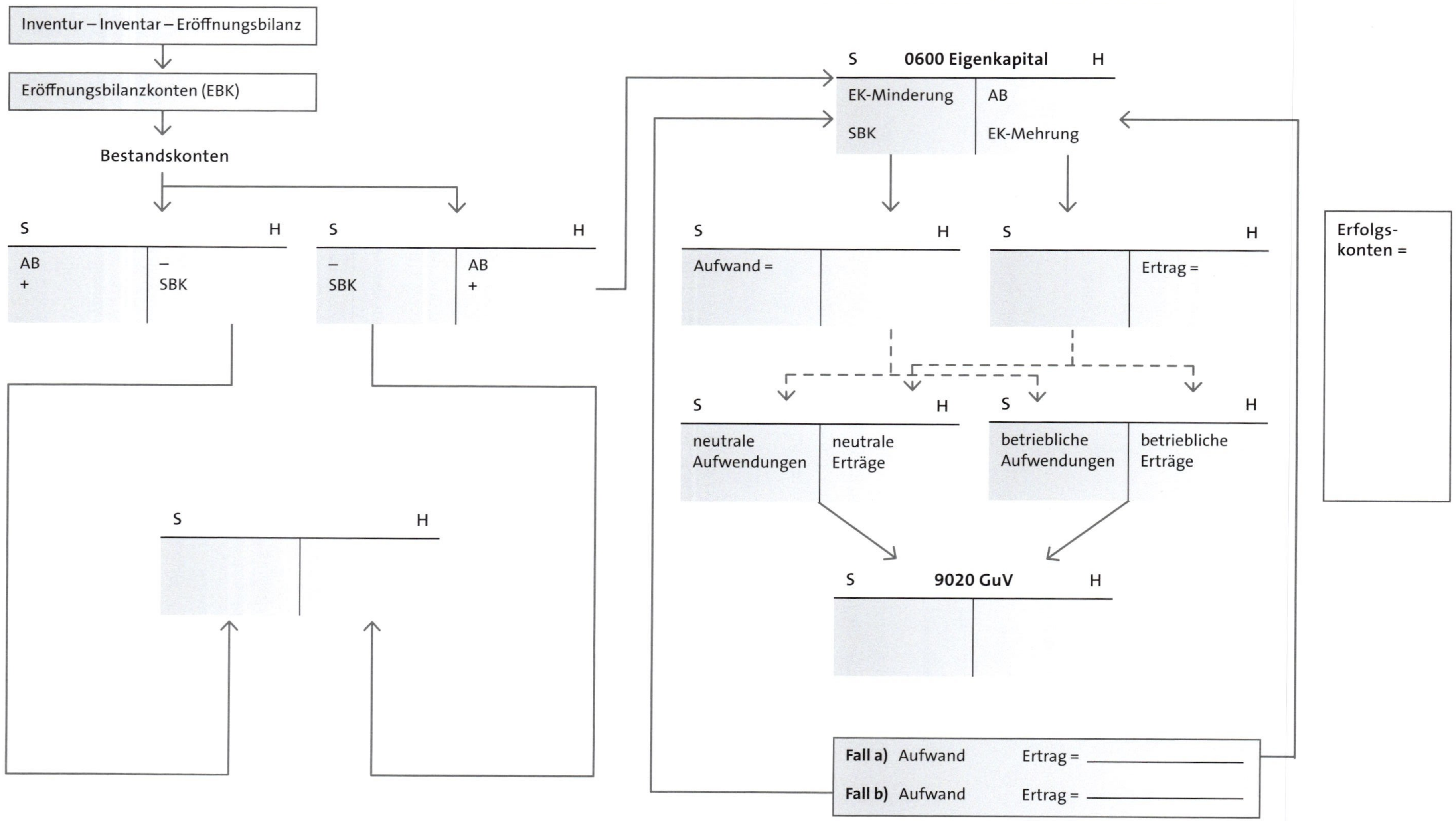

VERTIEFUNGSAUFGABEN

6. Welchen Vorteil bietet die Einführung des Neutralen Ergebniskontos und des Betriebsergebniskontos beim Abschluss der Erfolgskonten für den Automobilhändler?

7. Analysieren Sie folgende Abschlusskonten:

a) Wie hat sich der Erfolg von der Periode '00 zu '01 verändert?

S — GuV '01 — H

S		H	
Betriebsergebnis	6.950,00	neutrales Ergebnis	800,00
		EK	6.150,00
	6.950,00		**6.950,00**

S — Neutrales Ergebnis '00 — H

S		H	
GuV	1.300,00	Mieterträge	1.300,00
	1.300,00		**1.300,00**

S — Betriebsergebnis '00 — H

S		H	
VAK	30.000,00	Umsatzerlöse	60.000,00
Löhne	10.000,00		
Strom	250,00		
Werbung	9.000,00		
GuV	10.750,00		
	60.000,00		**60.000,00**

S — Neutrales Ergebnis '01 — H

S		H	
GuV	800,00	Mieterträge	800,00
	800,00		**800,00**

S — Betriebsergebnis '01 — H

S		H	
VAK	15.250,00	Umsatzerlöse	23.600,00
Löhne	15.000,00	GuV	6.950,00
Strom	300,00		
	30.550,00		**30.550,00**

b) Welche Ursachen sehen Sie für die derzeitige Situation?

____

____

c) Welche Maßnahmen ergreifen Sie, damit die Situation sich wieder verbessert?

____

____

SB ▸ LF 2 | 2.5.2, 2.5.3, 2.6.3, 4

Lernsituation 18: Rechtliche Grundlagen und Organisation der Buchführung

SITUATION

Werner Freitag, ein ehemaliger Auszubildender der Autoland Murschall GmbH, hat sich selbstständig gemacht. Durch gute Kontakte zu verschiedenen Automobilzulieferern ist es ihm gelungen, preisgünstig an Ersatz- und Zubehörteile zu gelangen. Diese Überproduktionen übernimmt er in großen Mengen und mit einem kräftigen Preisnachlass zum Weiterverkauf. Zuerst hat er diese Waren auf GW-Märkten nebenberuflich an Wochenenden angeboten. Als weiterer Absatzweg ist das Internet hinzugekommen. Ebay-Powerseller mit fast ausschließlich sehr guten Bewertungen, das lohnt sich – macht aber auch viel Arbeit. Seinen Hauptjob hat er deshalb aufgeben müssen. Für den ganzen Bürokram hat er eine Mitarbeiterin eingestellt. Sein Steuerberater hat ihm erfreut mitgeteilt, dass er in diesem Jahr 550.000,00 € Umsatz erzielt hat und der Gewinn 28.000,00 € nach Steuern betrug.

Stellen Sie fest, ob Herr Freitag nach den folgenden Gesetzen buchführungspflichtig ist.

Handelsgesetzbuch

§ 1 HGB

(1) Kaufmann im Sinne dieses Gesetzbuchs ist, wer ein Handelsgewerbe betreibt.

(2) Handelsgewerbe ist jeder Gewerbebetrieb, es sei denn, dass das Unternehmen nach Art oder Umfang einen in kaufmännischer Weise eingerichteten Geschäftsbetrieb nicht erfordert.

§ 238 HGB Buchführungspflicht

(1) Jeder Kaufmann ist verpflichtet, Bücher zu führen [...]

§ 241a HGB Befreiung von der Pflicht zur Buchführung und Erstellung eines Inventars

Einzelkaufleute, die an den Abschlussstichtagen von zwei aufeinander folgenden Geschäftsjahren nicht mehr als jeweils 600.000,00 Euro Umsatzerlöse und jeweils 60.000,00 Euro Jahresüberschuss aufweisen, brauchen die §§ 238 bis 241 nicht anzuwenden. Im Fall der Neugründung treten die Rechtsfolgen schon ein, wenn die Werte des Satzes 1 am ersten Abschlussstichtag nach der Neugründung nicht überschritten werden.

Abgabenordnung

§ 140 AO Buchführungs- und Aufzeichnungspflichten nach anderen Gesetzen

Wer nach anderen Gesetzen als den Steuergesetzen Bücher und Aufzeichnungen zu führen hat, die für die Besteuerung von Bedeutung sind, hat die Verpflichtungen, die ihm nach den anderen Gesetzen obliegen, auch für die Besteuerung zu erfüllen.

§ 141 AO Buchführungspflicht bestimmter Steuerpflichtiger

(1) Gewerbliche Unternehmer sowie Land- und Forstwirte, die nach den Feststellungen der Finanzbehörde für den einzelnen Betrieb

1. Umsätze einschließlich der steuerfreien Umsätze [...] von mehr als 600.000 Euro im Kalenderjahr oder [...]

4. einen Gewinn aus Gewerbebetrieb von mehr als 60.000 Euro im Wirtschaftsjahr [...] gehabt haben, sind auch dann verpflichtet, für diesen Betrieb Bücher zu führen und aufgrund jährlicher Bestandsaufnahmen Abschlüsse zu machen, wenn sich eine Buchführungspflicht nicht aus § 140 ergibt. [...]

FOLGESITUATION

Werner Freitags Unternehmen wächst ständig. Mittlerweile verkauft er auch Reimport-Fahrzeuge als Neuwagen und hat für die Aufbereitung der Fahrzeuge einen Mechatroniker eingestellt. Langfristig möchte er Teile der Buchhaltung nicht mehr von seinem Steuerberater machen lassen, sondern von einer weiteren Mitarbeiterin. Somit benötigt er einen Kontenplan für sein Autohaus.

Kontenklasse 0	Kontenklasse 1	Kontenklasse 2	Kontenklasse 3	Kontenklasse 4
Anlage- und Kapitalkonten				

Kontenklasse 5	Kontenklasse 6	Kontenklasse 7	Kontenklasse 8	Kontenklasse 9

ARBEITSAUFTRAG

a) Welche Konten befinden sich in den jeweiligen Kontenklassen? Ergänzen Sie die Bezeichnungen der Kontenklassen.

b) Ordnen Sie folgende Kontenbezeichnungen den Kontenklassen für Werner Freitags Unternehmen zu und vergeben Sie Kontonummern. Orientieren Sie sich dabei an den Grundlagen des SKR 51.
Lohnerlöse, Fertigungslohn, Strom, Umsatzsteuer 7 %, Forderungen a.L.L., Verbindlichkeiten a. L. L., Neufahrzeuge, Mietaufwendungen, Gebrauchtwagen, Pkw-Zubehörteile, Zinserlöse, unbebautes Grundstück, Grundsteuer für betriebsfremde Grundstücke, Postgirokonto, Sparkasse Bonn, Deutsche Bank, VAK Teile und Zubehör Pkw, VAK Neuwagen, Gehalt, Personalnebenkosten, Gewerbesteuer

Hinweis:
Den kompletten SKR 51 finden Sie auch als Download unter dem Webcode **AUTO-4512849**.

Arbeitsblatt 18.1 Gliederung des Kontenrahmens

Die Autoland Murschall GmbH orientiert sich weitgehend am Kontenrahmenplan SKR 51. Zu welcher Kontoart gehören die Konten und über welches Abschlusskonto werden die Konten der jeweiligen Kontenklasse abgeschlossen? Füllen Sie die entsprechenden Spalten der Tabelle aus.

Kontenklasse	Inhalt	Kontoart	Abschlusskonto
0	Anlage- und Kapitalkonten Hier sind solche Konten erfasst, auf denen während des Jahres nur selten gebucht wird, z. B. Gebäude, Grundstücke, Eigenkapital, langfristige Darlehen		
1	Finanzkonten Sie erfassen den Zahlungs- und Kreditverkehr, z. B. Forderungen, Bankguthaben, Kassenbestand, Verbindlichkeiten und das Privatkonto		
2	Abgrenzungskonten Außerordentliche betriebliche oder betriebsfremde Aufwendungen und Erträge, z. B. Forderungsausfälle, Grundsteuer für betriebsfremde Grundstücke, Zinserträge		
3	Warenbestandskonten Diese Kontenklasse erfasst die Warenbestände, also Anfangsbestände, Zugänge, Abgänge von Neufahrzeugen usw. sowie die bei der Warenbeschaffung entstandenen Bezugskosten		
4	Betriebliche Aufwendungen Hier werden alle Aufwendungen gebucht, die bei einem ordentlichen Betriebsgeschehen anfallen, z. B. Löhne, Gehälter, Strom		
5 + 6	Kontenklasse ist frei für besondere Zwecke		
7	Konten der verrechneten Anschaffungskosten (VAK) Werden Waren verkauft, müssen zum einen die Bestände der verkauften Waren korrigiert werden und zum anderen muss der Umsatzbuchung eine entsprechende Aufwandsbuchung gegenübergestellt werden. Dies erfolgt über die entsprechende VAK-Buchung.		
8	Erlöskonten Die bei den Verkäufen erzielten Verkaufserlöse, z. B. Neuwagenerlöse, Werkstatterlöse (betriebliche Erlöse)		
9	Sonderkonten, Saldenkonten, Statistikkonten		

Arbeitsblatt 18.2 Buchführungspflicht und GoBD

Ein gewerblicher Unternehmer ist gesetzlich buchführungspflichtig nach:

	und / oder	
wenn er:		wenn:
		sein Jahresumsatz > ______________ oder sein Gewinn > ______________ ist.

Die Buchführung muss so beschaffen sein, dass

ein ____

in ____

einen ____

und einen ____.

Ist die Buchführung eines Unternehmens nicht ordnungsgemäß, dann drohen nach § 283 StGB

______________________ oder ______________________.

Grundsätze ordnungsmäßiger Buchführung (GoBD)

Die Gebote der ______________ und ______________ besagen, dass kein Geschäftsfall in der Buchführung unberücksichtigt bleiben darf oder falsch erfasst wird. Dabei muss die Buchführung ______________ erfolgen. Kasseneinnahmen und -ausgaben sollen ______________ erfasst werden. Für jede Buchung muss ein ______________ vorhanden sein. Eine ______________ der Belege ist notwendig. Handelsbücher und Aufzeichnungen müssen in einer ______________ geführt werden. Die ______________ der Buchführung in Deutschland ist der ______________.

Eintragungen oder Aufzeichnungen dürfen nicht in einer Weise verändert werden, dass der ______________________ nicht mehr feststellbar ist.

Verboten sind z. B. ______________________, ______________ oder Überschreiben. Alle Buchführungsunterlagen müssen nach gesetzlichen Zeitvorgaben ______________ werden; im Original oder auf

______________________________.

Begriffe: *aufbewahrt, Beleg, Bild- oder Datenträgern, Bleistifteintragungen, Euro, geordnete Ablage, lebenden Sprache, Radieren, Richtigkeit, täglich, ursprüngliche Inhalt, Vollständigkeit, Währung, zeitgerecht.*

Aufgaben

ÜBUNGSAUFGABEN

1. Wann dürfen nachfolgende Unterlagen der Buchführung vernichtet werden?

Unterlagen	Entstehungsdatum	Frühestes Vernichtungsdatum
Bilanz zum 31.12.20X6	05.03.20X7	
Bestellung einer Warenlieferung	17.04.20X6	
Ausgangsrechnung an einen Kunden	22.09.20X3	
Angebot an einen Kunden (Kopie)	22.09.20X5	
Kontoauszug der Bank	22.07.20X4	

2. Beachten Sie den rechts abgebildeten Beleg.

a) Wie lange muss die Einert KG diesen Beleg aufbewahren?

b) Wann kann dieser Beleg frühestens vernichtet werden (Datum angeben)?

c) Wie kann die Einert KG diesen Beleg aufbewahren?

d) Wie könnte der Beleg am Ende der Aufbewahrungsfrist vernichtet werden?

Color GmbH
Ludwigshafen

Color GmbH, Hafenstr. 125, 67061 Ludwigshafen

Farbgroßhandel Einert KG
Rheinsdorfer Str. 48
53171 Bonn

Kunden-Nr.: 424
Ansprechpartner: Frau Reineke
Telefon: 06 21 58 26 64
Lieferschein-Nr.: 4292
Lieferdatum: 20X6-12-27
Rechnungsdatum: 20X6-12-28

Rechnung Nr.: 4292

Pos.	Artikel-Nr.	Artikelbezeichnung	Menge	Preis je Einheit	Gesamtpreis
1	900100	Klarlack	200 Liter	3,45 €	690,00 €
2	800200	Spezialgrundierung für Edelstähle	200 Liter	2,45 €	490,00 €
3	700100	Standardfarbe „gelb"	20 Liter	4,30 €	86,00 €
4	700821	Sonderfarbe „morror-polish"	120 Liter	6,00 €	720,00 €
5	702400	Sonderfarbe „lemon squash"	120 Liter	6,00 €	720,00 €

Warenwert	Verpackungskosten	Transportkosten	Nettorechnungsbetrag	Umsatzsteuer 19 %	Bruttorechnungsbetrag
2.706,00 €	–	–	2.706,00 €	514,14 €	3.220,14 €

Zahlungsziel 30 Tage, bei Zahlung innerhalb von 8 Tagen 2 % Skonto (= 64,40 €)

3. Führen Sie das Kassenbuch für den 4. November 20XX und ermitteln Sie den Soll-Bestand (Kassenbestand 1.297,31 €).

- Blumenhandlung bringt diverse Blumensträuße und erhält bar 50,00 €
- Kunde zahlt Neuwagen bar, brutto 17.850,00 €
- Kunde zahlt bei Abholung Reparaturrechnung mit ec-Karte, brutto 713,41 €
- Azubi erhält 50,00 € aus der Kasse und fährt zur Post
- Azubi kehrt von der Post zurück und übergibt Quittung über 43,50 € für Briefmarken sowie Restgeld
- Kunde zahlt bei Abholung Reparaturrechnung bar, brutto 416,50 €
- Kunde kauft Ersatzteil per ec-Karte, brutto 89,00 €
- Überschuss wird im Tresor deponiert (Betrag wird auf Hundert gerundet, zwischen 1.200 und 1.300 € verbleiben in der Kasse)

Kasse A Bonn			04.11.20XX		Währung: Euro			Uhrzeit:		
Intern	*Konto*	*Beleg*	*Kennzeich.*	*Eingang*	*Ausgang*	*Nicht-Bar*	*Bar*	*USt*	*Skonto*	*Buchungs-/Stornotext*
7855	S4900	24018								
	D4632	11113								
	D5081									
	D3677									
	D5295									
Summe der Buchungen										

Bestand	Kasse A Bonn	Anzahl
Vortrag		
Bareinzahlung		
Barauszahlung		
Barbestand		
Scheck		
ec-/Kreditkarten		
Lastschriften		
lt. Kassenstamm		
Barbestand – neuer Vortrag		
Barbetrag		
Gezählt		
Differenz		

SB ▸ LF 2 | 5.1

Lernsituation 19: Umsatzsteuer – Teil 1: Erstellung einer Ausgangsrechnung

Hausmitteilung

AUTOLAND GMBH
MURSCHALL

Datum: *12.02.20XY*

Absender	**Empfänger**	**Weiterverwendung**
☐ Geschäftsleitung	☐ Geschäftsleitung	☒ zur Kenntnisnahme
☐ NW-Verkauf	☐ NW-Verkauf	☐ zur Erledigung
☐ GW-Verkauf	☐ GW-Verkauf	☐ zur Stellungnahme
☐ Werkstatt	☐ Werkstatt	☐ zur Rücksprache
☐ Teile-/Zubehörverkauf	☒ Teile-/Zubehörverkauf	☐ zur Weiterleitung
☐ Lager	☐ Lager	☐ zum Verbleib
☒ Verwaltung	☐ Verwaltung	☐ zur Rückgabe
☐ Frau/Herr	☐ Frau/Herr	☐

Wir haben zurzeit Probleme mit unserer EDV. Heute ist das Rechnungserstellungsprogramm ausgefallen. Die Rechnung an den Kunden Fischer muss aber unbedingt heute noch raus.

Herr Fischer hat am 10.02.20XY 4 Kompletträder (16 Zoll) aus unserem Angebot gekauft (Teile-Nr. 156-897).

Ein Blick in die Ablage sagt mir, dass die letzte vergebene Rechnungsnummer die 9876 war.

Kröger

KD-NR.	311644	**Bonität**	1 | 2 | 3 | 4
Name	Fischer	**Geb.-Dat.**	1943-12-02
Vorname	Franz	**Familienstand**	verheiratet
Ehepartner	Karin	**Geb.-Dat.**	1945-05-12
Kinder	Sandra	Michael	Sven
	1970-10-03	1973-01-14	1980-06-20
Wohnort	Bonn	**PLZ**	53779
Anschrift	Rosenweg 9	**Fon**	0228/482733
E-Mail	--.--	**Fax**	--.--
Beruf	Rentner		
Hobbies	Schützenverein		

WINTERKOMPLETTRÄDER
mit Alufelgen fertig montiert und gewuchtet

195/65 R 15 91 T
M + S Reifen
WinterContact TS 810
mit Alufelge Typ 03

15 Zoll: ~~161,30~~
124,–

205/55 R 16 91 H
M + S Reifen
WinterContact TS 810
mit Alufelge Typ 03

16 Zoll: ~~241,40~~
175,–

AUTO-Club
Vorteils-Partner

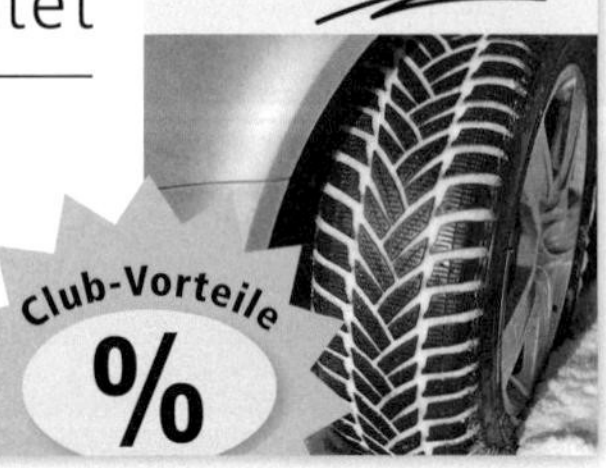

AUTOLAND GMBH
MURSCHALL

Autoland Murschall GmbH
Plittersdorfer Str. 48
53173 Bonn

Tel.: 0228/90035379-0
Fax: 0228/90035379-1
info@autoland-murschall.de

www.autoland-murschall.de

Autoland Murschall GmbH · Plittersdorfer Str. 48 · 53173 Bonn

Bitte bei Zahlungen und Schriftverkehr angeben

Kunden-Nr.

Rechnungs-Nr.

Datum

Lieferdatum

Rechnung

Pos.	Teile-Nr.	Bezeichnung	Menge	Einzelpreis	Gesamtpreis

=	Nettorechnungsbetrag	
+	sonstige Leistungen	
=	Zwischensumme	
+	MwSt 19 %	
=	**Bruttorechnungsbetrag**	

Zahlbar netto Kasse nach Erhalt der Rechnung.

Es gelten ausschließlich die vom Zentralverband Deutsches Kraftfahrzeuggewerbe (ZDK) empfohlenen Allgemeinen Geschäftsbedingungen.

Rechtsform
Gesellschaft mit beschränkter Haftung (GmbH)
Sitz: Bonn

Handelsregister
Amtsgericht Bonn
HRB 40085/315

Gesellschafter
Otto Murschall
Bruno Osterwelle
Hanna Roskamp
Peter Trittauf

Geschäftsführer
Niklas Nolte

Bankverbindungen
Sparkasse KölnBonn
IBAN: DE33 3705 0198 0120 7777 01
SWIFT-BIC: COLS DE33

Postbank
IBAN: DE18 3601 0043 0150 0755 75
SWIFT-BIC: PBNK DEFF

Finanzamt
Bonn-Außenstadt
Bachstr. 36 | 53115 Bonn

Steuernummer
154/0575/675

Betriebsnummer für die Sozialversicherung
75 105 505

Umsatzsteuer-IDNr.
DE 74500 7485

Arbeitsblatt 19.1 Umsatzsteuer

Vervollständigen Sie die vorliegende Ausgangsrechnung der Autoland Murschall GmbH. Tragen Sie seitlich neben der Rechnung entsprechend den Pfeilen in die Kästchen ein

a) den reinen Warenwert der Lieferung,
b) den Rechnungspreis der Lieferung,
c) den Betrag, den die Autoland Murschall GmbH an das Finanzamt weiterleiten muss,
d) den Betrag, den der Kunde an die Autoland Murschall GmbH bei Abzug von 3 % Skonto bezahlen muss.

Autoland Murschall GmbH
Plittersdorfer Str. 48
53173 Bonn

Tel.: 0228/90035379-0
Fax: 0228/90035379-1
info@autoland-murschall.de

www.autoland-murschall.de

Autoland Murschall GmbH · Plittersdorfer Str. 48 · 53173 Bonn

Herta Meier
Kirchstraße 25
53229 Bonn

Bitte bei Zahlungen und Schriftverkehr angeben

Kunden-Nr.
312822

Rechnungs-Nr.
9893

Datum
12.02.20XY

Lieferdatum
10.02.20XY

Rechnung

Pos.	Teile-Nr.	Bezeichnung	Menge	Einzelpreis	Gesamtpreis
1	195/65R1591T	Winterkomplett- Räder	4	104,20 €	416,80 €

=	Nettorechnungsbetrag	
+	sonstige Leistungen	
=	Zwischensumme	
+	MwSt 19 %	
=	**Bruttorechnungsbetrag**	

Die Rechnung ist 20 Tage nach Ausstellungsdatum fällig. Bei Bezahlung innerhalb von 7 Tagen ab Rechnungsdatum gewähren wir 3 % Skonto.

a	
c	
b	
d	

Rechnungsbegriffe		Prozentzahlen im Verhältnis zueinander
Nettorechnungsbetrag	≙	
	≙	+ 19 % (bzw. + 7 %)
	≙	

Ermitteln Sie die Umsatzsteuerbeträge und die Brutto- bzw. Nettorechnungsbeträge in Euro.

Nettorechnungs-betrag in €	Umsatzsteuer	Umsatzsteuer-betrag in €	Bruttorechnungs-betrag in €
400,00	19 %		
5.000,00	19 %		
	19 %		3.000,00
	19 %		6.300,00

Aufgaben

WIEDERHOLUNGSAUFGABEN

1. Grundsätzlich gilt in Deutschland ein Umsatzsteuersatz von 19 %. Es gibt aber Waren, für die nur ein verminderter Umsatzsteuersatz von 7 % fällig wird.

a) Nennen Sie drei Warenarten, für die der verminderte Umsatzsteuersatz von 7 % gilt.

b) Warum werden für diese Waren nur 7 % Umsatzsteuer erhoben? Begründen Sie.

ÜBUNGSAUFGABEN

2. Ermitteln Sie die Umsatzsteuerbeträge und die Brutto- bzw. Nettorechnungsbeträge in Euro.

Nettorechnungsbetrag	Umsatzsteuersatz	Umsatzsteuerbetrag	Bruttorechnungsbetrag
150,00 €	19 %		
1.697,00 €	7 %		
46,87 €	19 %		
69,12 €	19 %		

Bruttorechnungsbetrag	Umsatzsteuersatz	Umsatzsteuerbetrag	Nettorechnungsbetrag
599,00 €	19 %		
76,50 €	7 %		
236,63 €	7 %		
12,50 €	19 %		

Umsatzsteuerbetrag	Umsatzsteuersatz	Nettorechnungsbetrag	Bruttorechnungsbetrag
698,23 €	19 %		
45,87 €	7 %		
15,43 €	19 %		
2.645,36 €	19 %		

☞ SB ▸ LF 2 | 5.2

Lernsituation 20: Umsatzsteuer – Teil 2: Ermittlung der Umsatzsteuerschuld

Hausmitteilung

AUTOLAND GMBH MURSCHALL

Datum: 05.03.20XY

Absender	Empfänger	Weiterverwendung
☒ Geschäftsleitung	☐ Geschäftsleitung	☐ zur Kenntnisnahme
☐ NW-Verkauf	☐ NW-Verkauf	☒ zur Erledigung
☐ GW-Verkauf	☐ GW-Verkauf	☐ zur Stellungnahme
☐ Werkstatt	☐ Werkstatt	☐ zur Rücksprache
☐ Teile-/Zubehörverkauf	☐ Teile-/Zubehörverkauf	☐ zur Weiterleitung
☐ Lager	☐ Lager	☐ zum Verbleib
☐ Verwaltung	☒ Verwaltung	☐ zur Rückgabe
☐ Frau/Herr	☐ Frau/Herr	☐

Bereiten Sie die monatliche Umsatzsteuervoranmeldung für den Monat Februar mithilfe der beiliegenden Formulare vor.

Legen Sie mir bitte bis heute Abend alle notwendigen Unterlagen zur Prüfung und Unterschrift vor.

Gruß
Nolte

Die Autoland Murschall GmbH wird vom folgenden Finanzamt in Bonn betreut:
Finanzamt Bonn Außenstadt
Bachstraße 36
53115 Bonn

Bankverbindung des Finanzamtes Bonn-Außenstadt:
Sparkasse KölnBonn
IBAN DE67 3705 0198 0000 0220 04
BIC COLSDE33XXX

Autoland Murschall GmbH:
USt-IdNr. DE 745007485

HINWEIS

Für die Bearbeitung dieses Auftrages bilden Sie bitte 4er-Gruppen. Stellen Sie dafür bitte die Tische zu Gruppentischen zusammen und achten Sie dabei unbedingt auf ausreichend Abstand zur Nachbargruppe.

Auflistung der Eingangsrechnungen zur Ermittlung der gezahlten Vorsteuer

Beleg	Datum	gezahlte Vorsteuer
Summe		

Auflistung der Ausgangsrechnungen zur Ermittlung der erhaltenen Umsatzsteuer

Beleg	Datum	erhaltene Umsatzsteuer
Summe		

Ermittlung der Zahllast/des Vorsteuerüberhanges	

PETRA KORN KÖLN

PAPIERGROSSHANDLUNG

PETRA KORN E. KFR. · PAPIERGROSSHANDLUNG · BONNER WALL 45 – 55 · 50677 KÖLN
SPARKASSE KÖLNBONN · IBAN DE33 3705 0198 0072 3544 32 · BIC COLSDE33

Petra Korn e. Kfr. · Bonner Wall 45 – 55 · 50677 Köln

Autoland Murschall GmbH
Plittersdorfer Str. 48
53173 Bonn

RECHNUNG 4711 16.02.XY
Ihre Bestellung vom 08.01.XY

Wir lieferten durch unseren Lkw frei Haus:

10 Kartons Büropapier	300,00 €
+ 19 % Mehrwertsteuer	57,00 €
Bruttorechnungsbetrag	**357,00 €**

Zahlungsbedingungen: Der Rechnungsbetrag ist ohne Abzug innerhalb von 30 Tagen zu zahlen.

Cologne Fertigbau GmbH

Cologne Fertigbau GmbH
Deutz-Mühlheimer Str. 118
51063 Köln
FON 0221-68789-0
FAX 0221-68789-8
MAIL verkauf@colognefertigbau.de

Cologne Fertigbau GmbH · Deutz-Mühlheimer Str. 118 · 51063 Köln

Autoland Murschall GmbH
Plittersdorfer Str. 48
53173 Bonn

16.02.XY

Rechnung 22 23

Wir errichteten Ihnen eine Metagor Garage am 31.01.XY und stellen den folgenden Betrag in Rechnung:

1 Fertiggarage: Typ Metagor (Pauschalpreis)	3.000,00 €
+ 19 % Umsatzsteuer	570,00 €
Bruttorechnungsbetrag	**3.570,00 €**

Zahlungsbedingungen: Der Rechnungsbetrag ist ohne Abzug innerhalb von 40 Tagen zu zahlen.

Kölner Wochenblatt
wochenblatt-online.net

Kölner Wochenblatt
Wochenblatt GmbH
Obergasse 25–45 · 50667 Köln
Zentralredaktion

Telefon (0221) 1632-558
Telefax (0221) 1632-557

Bank Sparkasse KölnBonn
IBAN *DE33 3705 0198 0070 0501 98*
BIC *COLSDE33*

Kölner Wochenblatt · Wochenblatt GmbH · Obergasse 25–45 · 50667 Köln

Autoland Murschall GmbH
Plittersdorfer Str. 48
53173 Bonn

RECHNUNG
Rechnungs-Nr. 451-02 *Kunden-Nr.* 9876

28.02.XY

Pos.	Artikel-Nr.	Artikelbezeichnung	Menge	Einzelpreis	Gesamtpreis
1	34-483	Anzeige Print	1	330,00 eur	330,00 eur
2	34-492	Anzeige Online	2	13,00 eur	26,00 eur
Nettorechnungsbetrag					356,00 eur
19 % Umsatzsteuer					67,64 eur
Bruttorechnungsbetrag					423,64 eur

Wir bitten, den Rechnungsbetrag innerhalb von 30 Tagen zu begleichen.

Mit freundlichen Grüßen
Joseph Dumont

Registergericht: Amtsgericht Köln HRA 753
USt.-Ident.-Nr.: DE 122 788 551

AUBROS Autoteile GmbH
Dieselstr. 54 | 06130 Halle a. d. Saale | Tel. 0345.4827705 | Fax 0345.4827719

AUBROS Autoteile GmbH | Dieselstr. 54 | 06130 Halle a. d. Saale

Autoland Murschall GmbH
Plittersdorfer Str. 48
53173 Bonn

Ihre Zeichen	Ihre Nachricht vom	Unsere Zeichen	unsere Nachricht vom	Telefon, Name	Datum
MP	25.01.XY	Ki-jo		0345.4827705 Dahmen	01.02.XY

Rechnung Nr. 45-78

Artikel Nr.	Artikelbezeichnung	Menge in Stück	€ pro Stück	Rabatt in %	Gesamtpreis in €
1298-01	Radzierblenden 14/15 Zoll	60	9,90	0	594,00 €

Warenwert	Versandkosten	MwSt%	MwSt-€	Rechnungsbetrag
594,00 €	0,00 €	19 %	112,86	706,86 €

Die Ware bleibt bis zur vollständigen Bezahlung unser Eigentum.

Die Rechnung ist 40 Tage nach Ausstellungsdatum rein netto fällig; bei Bezahlung innerhalb von 10 Tagen ab Rechnungsdatum gewähren wir 3 % Skonto.
Erfüllungsort und Gerichtsstand ist für beide Teile Halle.

AUBROS Autoteile GmbH
Geschäftsführer: Jürgen Hoppe
Dieselstr. 54
06130 Halle a. d. Saale

Tel. 0345.4827705
Fax 0345.4827719
www.aubros.de
info@aubros.de

Bankverbindung:
Sparkasse Halle
IBAN DE29 4415 2370 0801 0082 64
BIC WELADED1HAW

Handelsregister:
Amtsgericht Halle a. d. Saale
HR B 74009

AUTOLAND GMBH
MURSCHALL

Autoland Murschall GmbH
Plittersdorfer Str. 48
53173 Bonn

Tel.: 0228/90035379-0
Fax: 0228/90035379-1
info@autoland-murschall.de

www.autoland-murschall.de

Autoland Murschall GmbH · Plittersdorfer Str. 48 · 53173 Bonn

Franz Fischer
Rosenweg 9
53229 Bonn

Rechnung

Bitte bei Zahlungen und Schriftverkehr angeben

Kunden-Nr.
311644

Rechnungs-Nr.
XY02005

Datum
16.02.20XY

Lieferdatum
14.02.20XY

Pos.	Teile-Nr.	Bezeichnung	Menge	Einzelpreis	Gesamtpreis
1	156-899	Radzierblenden 14/15 Zoll	4	18,00 €	72,00 €

=	Nettorechnungsbetrag	72,00 €
+	sonstige Leistungen	
+	Entsorgungskosten	
=	Zwischensumme	
+	MwSt 19 %	13,68 €
=	**Bruttorechnungsbetrag**	**85,68 €**

Zahlbar netto Kasse nach Erhalt der Rechnung.

Es gelten ausschließlich die vom Zentralverband Deutsches Kraftfahrzeuggewerbe (ZDK) empfohlenen Allgemeinen Geschäftsbedingungen.

Rechtsform
Gesellschaft mit beschränkter Haftung (GmbH)
Sitz: Bonn

Handelsregister
Amtsgericht Bonn
HRB 40085/315

Gesellschafter
Otto Murschall
Bruno Osterwelle
Hanna Roskamp
Peter Trittauf

Geschäftsführer
Niklas Nolte

Bankverbindungen
Sparkasse KölnBonn
IBAN: DE33 3705 0198 0120 7777 01
SWIFT-BIC: COLS DE33

Postbank
IBAN: DE18 3601 0043 0150 0755 75
SWIFT-BIC: PBNK DEFF

Finanzamt
Bonn-Außenstadt
Bachstr. 36 | 53115 Bonn

Steuernummer
154/0575/675

Betriebsnummer für die Sozialversicherung
75 105 505

Umsatzsteuer-Id-Nr.
DE 74500 7485

Autoland Murschall GmbH
Plittersdorfer Str. 48
53173 Bonn

Tel.: 0228/90035379-0
Fax: 0228/90035379-1
info@autoland-murschall.de

www.autoland-murschall.de

Autoland Murschall GmbH · Plittersdorfer Str. 48 · 53173 Bonn

Theo Speth OHG
Am Zollweg 7
53225 Bonn

Bitte bei Zahlungen und Schriftverkehr angeben

Kunden-Nr.
64235

Rechnungs-Nr.
XY02001

Datum
02.02.20XY

Lieferdatum
28.01.20XY

Rechnung

Pos.	Teile-Nr.	Bezeichnung	Menge	Einzelpreis	Gesamtpreis
1	1298-01	Reifen 175/70 R 13 82T	4	24,90 €	99,60 €

=	Nettorechnungsbetrag	99,60 €
+	sonstige Leistungen	
+	Entsorgungskosten	
=	Zwischensumme	
+	MwSt 19 %	18,92 €
+	MwSt auf Altteilwert	
=	**Bruttorechnungsbetrag**	**118,52 €**

Zahlbar netto Kasse nach Erhalt der Rechnung.

Autoland Murschall GmbH
Plittersdorfer Str. 48
53173 Bonn

Tel.: 0228/90035379-0
Fax: 0228/90035379-1
info@autoland-murschall.de

www.autoland-murschall.de

Autoland Murschall GmbH · Plittersdorfer Str. 48 · 53173 Bonn

Herbert Schmitz KG
Im Wolfsgraben 34
53721 Siegburg

Bitte bei Zahlungen und Schriftverkehr angeben

Kunden-Nr.
86523

Rechnungs-Nr.
XY02004

Datum
15.02.20XY

Lieferdatum
4.02.20XY

Rechnung

Pos.	Teile-Nr.	Bezeichnung	Menge	Einzelpreis	Gesamtpreis
1	162515	Alufelge Sport 15 Zoll	100	89,24 €	8.924,00 €

=	Nettorechnungsbetrag	8.924,00 €
+	sonstige Leistungen	
+	Entsorgungskosten	
=	Zwischensumme	
+	MwSt 19 %	1.695,56 €
+	MwSt auf Altteilwert	
=	**Bruttorechnungsbetrag**	**10.619,56 €**

Zahlbar netto Kasse nach Erhalt der Rechnung.

weitere Rechnungen der Autoland Murschall GmbH

Autoland Murschall GmbH
Plittersdorfer Str. 48
53173 Bonn

Tel.: 0228/90035379-0
Fax: 0228/90035379-1
info@autoland-murschall.de
www.autoland-murschall.de

Autoland Murschall GmbH · Plittersdorfer Str. 48 · 53173 Bonn

Böhme Motoreninstandsetzung GmbH
Karl-Schiller-Str. 148
53188 Bonn

Rechnung

Bitte bei Zahlungen und Schriftverkehr angeben

Kunden-Nr.
97432

Rechnungs-Nr.
XY02003

Datum
05.02.20XY

Lieferdatum
05.02.20XY

Pos.	Teile-Nr.	Bezeichnung	Menge	Einzelpreis	Gesamtpreis
1	534816	Motorblock VW Golf 1,6	4	565,12 €	2.260,48 €

=	Nettorechnungsbetrag	2.260,48 €
+	sonstige Leistungen	
+	Entsorgungskosten	
=	Zwischensumme	
+	MwSt 19 %	429,49 €
+	MwSt auf Altteilwert	
=	**Bruttorechnungsbetrag**	**2.689,97 €**

Zahlbar netto Kasse nach Erhalt der Rechnung.

Autoland Murschall GmbH
Plittersdorfer Str. 48
53173 Bonn

Tel.: 0228/90035379-0
Fax: 0228/90035379-1
info@autoland-murschall.de
www.autoland-murschall.de

Autoland Murschall GmbH · Plittersdorfer Str. 48 · 53173 Bonn

Hermann Waltermann e. K.
Ringstr. 105
53638 Königswinter

Rechnung

Bitte bei Zahlungen und Schriftverkehr angeben

Kunden-Nr.
74532

Rechnungs-Nr.
XY02002

Datum
02.02.20XY

Lieferdatum
27.01.20XY

Pos.	Teile-Nr.	Bezeichnung	Menge	Einzelpreis	Gesamtpreis
1	93474	Sponti-Reifen 255/55 R 16 95 W	4	250,00 €	1.000,00 €

=	Nettorechnungsbetrag	1.000,00 €
+	sonstige Leistungen	
+	Entsorgungskosten	
=	Zwischensumme	
+	MwSt 19 %	190,00 €
+	MwSt auf Altteilwert	
=	**Bruttorechnungsbetrag**	**1.190,00 €**

Zahlbar netto Kasse nach Erhalt der Rechnung.

Hinweis:
Die vorliegende Anmeldung ist kein Original. In der Original-Anmeldung müssen noch umfangreichere Angaben vermerkt werden.

Steuernummer

20XY

Finanzamt

Unternehmer – Anschrift – Telefon

Umsatzsteuer-Voranmeldung 20XY

Voranmeldungszeitraum

bitte bei monatlicher Angabe entsprechend ankreuzen

Jan.		Juli	
Feb.		Aug.	
März		Sep.	
April		Okt.	
Mai		Nov.	
Juni		Dez.	

bitte bei vierteljährlicher Angabe entsprechend ankreuzen

I. Kalendervierteljahr	
II. Kalendervierteljahr	
III. Kalendervierteljahr	
IV. Kalendervierteljahr	

Berichtigte Angabe (falls ja, bitte 1 eintragen) ☐

Anmeldung der Umsatzsteuer-Vorauszahlung

Steuerpflichtige Umsätze (Lieferungen und Leistungen)	**Bemessungsgrundlage** ohne Umsatzsteuer, volle €	**Steuer**
zum Steuersatz von 19 v. H.		
zum Steuersatz von 7 v. H.		
Umsatzsteuer	X	

Abziehbare Vorsteuerbeträge

(Vorsteuerbeträge aus Rechnungen von anderen Unternehmen) .... ☐

Umsatzsteuer-Vorauszahlung / Überschuss .... ☐

Ein Erstattungsbetrag wird auf das dem Finanzamt benannte Konto überwiesen, soweit der Betrag nicht mit Steuerschulden verrechnet wird.

Ich versichere, die Angaben in dieser Steuererklärung wahrheitsgemäß nach bestem Wissen und Gewissen gemacht zu haben.

Datum, Unterschrift

SEPA-Überweisung

Für Überweisungen in Deutschland, in andere EU-/EWR-Staaten und in die Schweiz in Euro.
Bitte Meldepflicht gemäß Außenwirtschaftsordnung beachten!

Angaben zum Zahlungsempfänger: Name, Vorname/Firma (max. 27 Stellen, bei maschineller Beschriftung max. 35 Stellen)

IBAN

BIC des Kreditinstituts/Zahlungsdienstleisters (8 oder 11 Stellen)

SEPA-Überweisung €

Betrag: Euro, Cent

Kunden-Referenznummer – Verwendungszweck, ggf. Name und Anschrift des Zahlers – (nur für Zahlungsempfänger)

noch Verwendungszweck (insgesamt max. 2 Zeilen á 27 Stellen, bei maschineller Beschriftung max. 2 Zeilen á 35 Stellen)

Angaben zum Kontoinhaber: Name, Vorname/Firma, Ort (max. 27 Stellen, keine Straßen- oder Postfachangaben)

IBAN
D E

16

SEPA

Datum

Unterschrift(en)

Arbeitsblatt 20.1 System der Umsatzsteuer

Die Autoland Murschall GmbH kauft von einem Lieferanten einen Reifen ein und verkauft diesen weiter an einen Kunden. Vervollständigen Sie anhand dieses Beispiels die folgende Darstellung des Umsatzsteuersystems aus Sicht der Autoland Murschall GmbH.

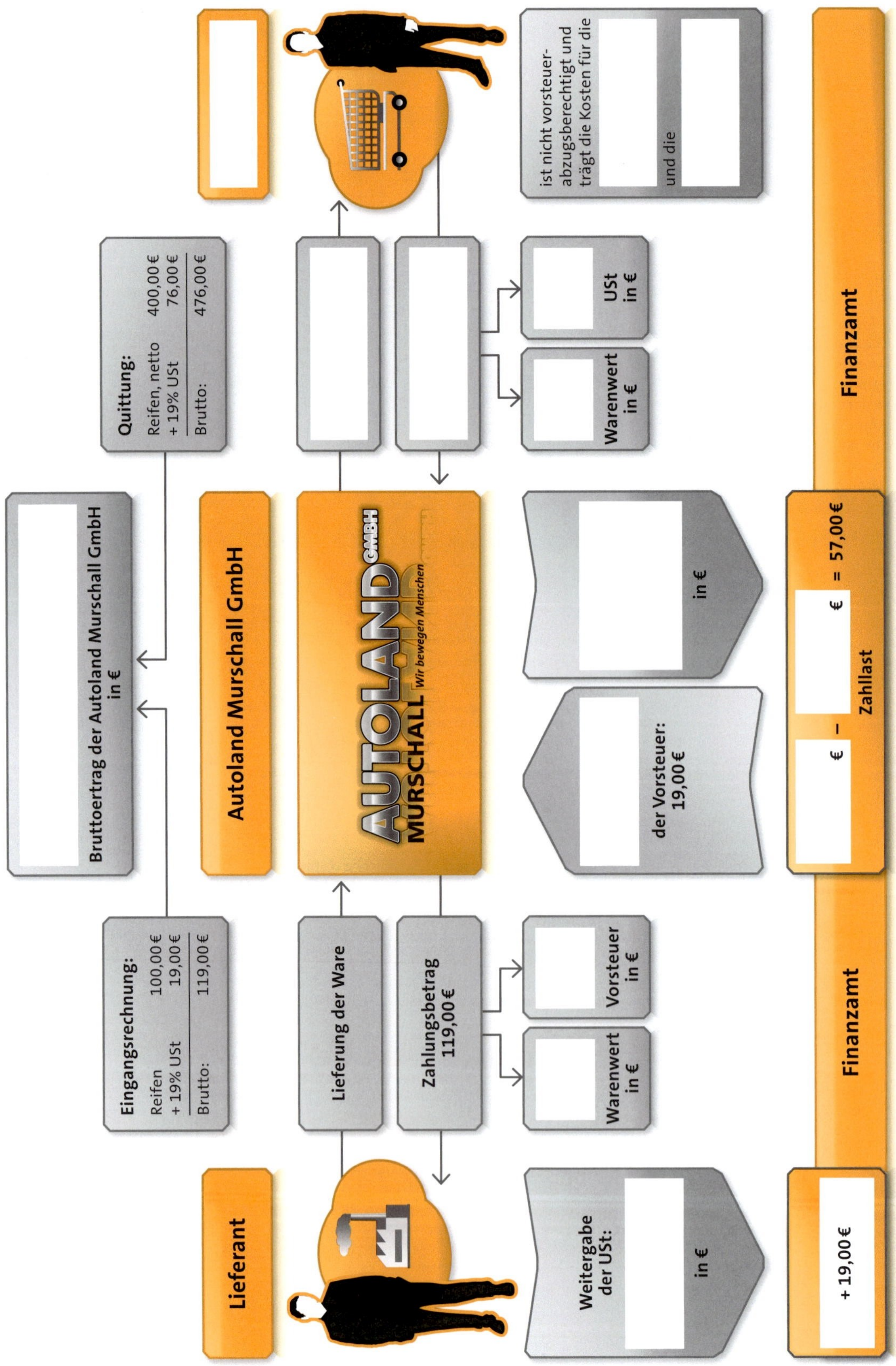

Aufgaben

WIEDERHOLUNGSAUFGABEN

1. Füllen Sie den folgenden Lückentext aus.

a) Die Umsatzsteuer ist ausschließlich vom ________________ zu tragen. Der Unternehmer muss die Umsatzsteuer seinen Kunden im Namen des ________________ in Rechnung stellen, vereinnahmen und an dasselbige abführen. Steuerschuldner ist das ________________. Aus Sicht des Autohändlers ist die von den Kunden erhaltene Umsatzsteuer eine ________________ gegenüber dem Finanzamt.

b) Beim Einkauf von Waren und Dienstleistungen für den Weiterhandel zahlt der Autohändler zunächst selbst auch Umsatzsteuer. Diese beim Einkauf gezahlte USt wird aus Sicht des Unternehmers als ________________ bezeichnet. Die ________________ ist dem Charakter nach eine Vorauszahlung an das Finanzamt auf die später abzuführende Umsatzsteuerschuld. Die Vorsteuer stellt eine ________________ gegenüber dem Finanzamt dar.

c) Wenn das Unternehmen insgesamt wertmäßig mehr Waren verkauft, als es eingekauft hat, dann ist die erhaltene Umsatzsteuer ________________ als die gezahlte Vorsteuer. Somit schuldet das Unternehmen dem ________________ noch Geld. Um die tatsächliche Umsatzsteuerschuld (= Zahllast) des Unternehmens zu ermitteln, wird die beim Einkauf der Waren vorab geleistete Vorsteuer mit der beim Verkauf erhaltenen Umsatzsteuer verrechnet.

d) Da der Endverbraucher keinen Vorsteuerabzug geltend machen kann, zahlt er die gesamte Umsatzsteuer. Für alle Unternehmen ist die Umsatzsteuer dagegen ein durchlaufender Posten ohne Auswirkung auf den ________________ des Unternehmens.

ÜBUNGSAUFGABEN

2. Ein Bergbauunternehmen verkauft Eisenerz für netto 1.000,00 € an eine Stahlfabrik. Diese stellt daraus Stahl her und verkauft diesen zum Nettowarenwert von 4.000,00 € an einen Automobilhersteller. Dieser benötigt den Stahl für die Fertigung seiner Pkws. Ein Autohändler erwirbt von diesem Automobilhersteller einen Pkw für netto 6.000,00 € und verkauft ihn für netto 10.000,00 € an einen Endverbraucher. Auf jeder Stufe ist mit einer Umsatzsteuer in Höhe von 19 % zu rechnen.

a) Berechnen Sie mithilfe der Tabellen für jede Wirtschaftsstufe die abzuführende Zahllast.

	Bergbau-unternehmen	Stahlfabrik	Automobil-hersteller	Automobil-händler	Endver-braucher
Nettoverkaufspreis (= Warenwert)					**Bruttopreis**
+ Umsatzsteuer					**USt**
= Bruttoverkaufspreis (= Ladenverkaufspreis)					**Nettopreis**
erhaltene Umsatzsteuer					
– gezahlte Umsatzsteuer (= Vorsteuer)					
= abzuführende Zahllast					**summierte Zahllast aller Unternehmen**

b) Warum heißt die Umsatzsteuer auch Mehrwertsteuer?

	Bergbau-unternehmen	Stahlfabrik	Automobil-hersteller	Automobil-händler	Endver-braucher
erarbeiteter Mehrwert je Wirtschaftsstufe (= Nettoverkaufspreis – Nettoeinkaufspreis)					**Summe**
Besteuerung des Mehrwertes mit 19 % (= Zahllast)					**Summe**

3. Ein Autoteile-Händler hat im Monat Mai 20XX die folgenden Wareneinkäufe und -verkäufe getätigt (allgemeiner Steuersatz 19 %).

a) Ermitteln Sie die Summe der Vorsteuer.

b) Ermitteln Sie die Summe der Umsatzsteuer.

c) Ermitteln Sie die Zahllast/den Vorsteuerüberhang.

Waren	Einkauf (VAK-Werte)	Nettoumsatzerlöse
Scheibenwischer	567,00 €	869,00 €
Ölfilter	256,00 €	439,00 €
Sommerreifen	5.100,00 €	8.600,00 €
Dichtungen	97,00 €	110,00 €
Windschutzscheibe	169,00 €	231,00 €
Summe	**6.189,00 €**	**10.249,00 €**

VERTIEFUNGSAUFGABEN

4. Erläutern Sie in eigenen Worten, weshalb die Umsatzsteuer aus Unternehmersicht ein durchlaufender Posten ist und keinen Einfluss auf den Erfolg des Unternehmens hat.

5. Sie arbeiten zurzeit an der Teile- und Zubehörtheke Ihres Ausbildungsbetriebes und sind verantwortlich für die Teileausgabe an Kunden sowie für das Kassieren der Rechnungsbeträge. Am Abend, kurz vor Kassenschluss, besucht Sie ein ehemaliger Schulfreund, der Ihnen berichtet, dass er sich letzte Woche mit einem Online-Shop für Autoteile und -zubehör selbstständig gemacht hat. Während Ihr ehemaliger Mitschüler erzählt, sammeln Sie die Kassenbelege der Kunden zusammen, die nicht mitgenommen wurden. Die Belege ergeben zusammen einen Bruttorechnungsbetrag in Höhe von 665,00 Euro.
Ihr Schulfreund unterbricht seine Erzählung und fragt Sie: „Hör mal, kannst du mir die Kassenbelege nicht geben? Ihr schmeißt sie ja doch nur weg, ich könnte die gut gebrauchen.“

a) Warum möchte Ihr Schulfreund die Belege? Welchen Vorteil verspricht er sich davon?
b) Wie verhalten Sie sich? Antworten Sie begründet in wörtlicher Rede.

6. a) Lesen Sie den folgenden Zeitungsartikel. Erläutern Sie in eigenen Worten, wie der Umsatzsteuerbetrug im Rahmen der sogenannten „Karussell-Geschäfte“ funktioniert.
b) Durch eine Neu-Organisation des Umsatzsteuersystems könnten diese Karussell-Geschäfte unterbunden werden. Wie könnte ein verbessertes Umsatzsteuersystem organisiert sein?

„...In einschlägigen Kreisen hat sich herumgesprochen, dass es wesentlich einfacher und mit wesentlich weniger Risiko verbunden ist, sich beim Finanzamt durch Vorsteuerbetrug Geld zu beschaffen, als eine Bank zu überfallen“, klagt der Vorsitzende der Deutschen Steuergewerkschaft. Das Grundmuster ist simpel. Ein Lieferant – häufig eine eigens zu diesem Zweck gegründete Firma, die bald wieder aufgelöst wird – schreibt die Rechnung plus Mehrwertsteuer, ohne die Steuer allerdings je an das Finanzamt abzuführen, und der gewerbliche Käufer kassiert dann mit dieser Rechnung bei seinem Finanzamt die angebliche Vorsteuer. Bis der Schwindel auffliegt, sind die Beteiligten längst untergetaucht. Manchmal werden auch sogenannte *buffer companies* dazwischengeschaltet, um den Weg zu verschleiern. Im Fachjargon werden diese Geschäfte auch Karussell-Geschäfte genannt. Je schneller sich das Karussell dreht, desto höher ist der illegale Profit. Angefangen haben die Karussellgeschäfte in den 90er Jahren mit Luxusautos. Zeitweilig liefen nur noch Rechnungen im Kreis herum. Inzwischen werden vorzugsweise Computerbauteile, Handys oder Edelmetalle für den betrügerischen Handel benutzt. Zum „Selbstbedienungsladen für Steuerbetrüger“ wurden die Finanzämter in großem Stil erst mit der Vollendung des EU-Binnenmarktes 1993. Seither werden Waren nicht mehr an den Binnengrenzen kontrolliert. Erleichternd kommt hinzu, dass der Export mehrwertsteuerfrei ist, das Unternehmen kassiert von seinem Kunden im Ausland keine Mehrwertsteuer, kann aber gleichwohl die von ihm selbst gezahlte Vorsteuer vom Finanzamt zurückverlangen.

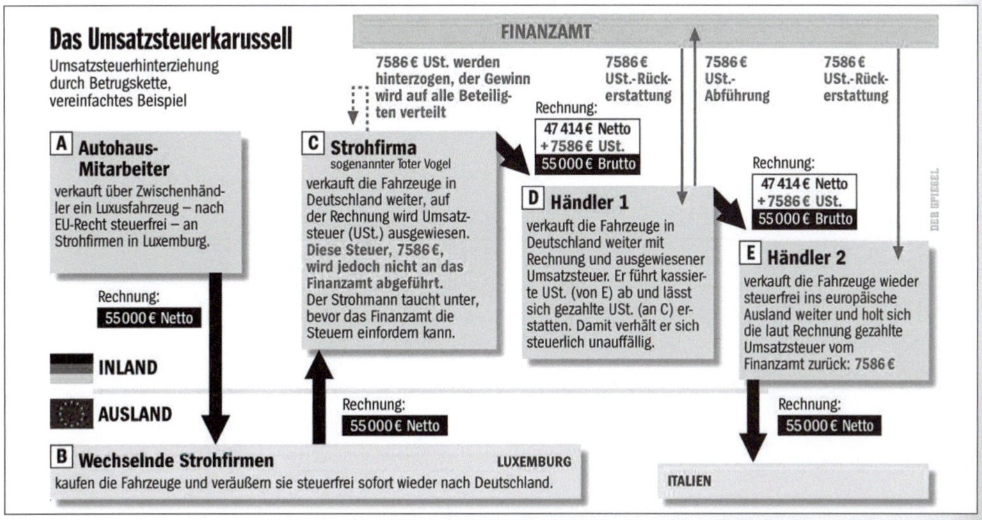

Quelle: DER SPIEGEL 42/2005

☞ SB ▸ LF 2 | 5.3

Lernsituation 21: Umsatzsteuer – Teil 3: Buchen der Umsatzsteuer

a) Buchen Sie die Belege aus der Lernsituation 20 im Grundbuch. Richten Sie dazu das Grundbuch ein. (Einkaufspreise: Radzierblende siehe Eingangsrechnung AUBROS, Reifen 20,00 €, Alufelge 80,00 €, Motorblock 500,00 €, Sponti-Reifen 200,00 €)

b) Buchen Sie die Konten Umsatzsteuer und Vorsteuer im Hauptbuch.

c) Schließen Sie die Konten Umsatzsteuer und Vorsteuer ab
   c 1) im laufenden Geschäftsjahr zum 10. des Folgemonats,
   c 2) zum Ende des Geschäftsjahres.

d) Bilden Sie die Buchungssätze zum Abschluss der Konten Vor- und Umsatzsteuer
   d 1) im laufenden Geschäftsjahr,
   d 2) zum Ende des Geschäftsjahres.

Hauptbuch

S	1576 Vorsteuer	H

S	1776 Umsatzsteuer	H

c 1)

S	1200 Bank	H

c 2)

S	9010 SBK	H

d)

Soll	€	an	Haben	€
d 1)		an		
		an		
d 2)		an		
		an		

Arbeitsblatt 21.1 Wie wird die Vorsteuer bei einer Eingangsrechnung gebucht?

Geschäftsfall: Die Autoland Murschall GmbH kauft 60 Radzierblenden im Wert von

__________ € (Warenwert) auf Ziel ein. Auf diesen Warenwert entfällt eine Vorsteuer in

Höhe von __________ €, die die Autoland Murschall GmbH zunächst zu zahlen hat.

Die gezahlte Vorsteuer stellt eine ____________________________ gegenüber dem Finanzamt dar.

Konto Vorsteuer (VSt) = ______________ Bestandskonto

Soll	€	an	Haben	€
		an		
		an		

S	3300 WE Pkw TuZ	H

S	1576 VSt	H

S	1600 Verb. a.L.L.	H

AUBROS Autoteile GmbH

Dieselstr. 54 | 06130 Halle a. d. Saale | Tel. 0345.4827705 | Fax 0345.4827719

AUBROS Autoteile | Dieselstr. 54 | 06130 Halle a. d. Saale

Autoland Murschall GmbH
Plittersdorfer Str. 48
53173 Bonn

Ihre Zeichen	Ihre Nachricht vom	Unsere Zeichen	Unsere Nachricht vom	Telefon, Name	Datum
MP	25.01.XY	Ki-jo		0345.4827705 Dahmen	01.02.XY

Rechnung Nr. 45-78

Artikel Nr.	Artikelbezeichnung	Menge in Stück	€ pro Stück	Rabatt in %	Gesamtpreis in €
1298-01	Radzierblenden 14/15 Zoll	60	9,90	0	594,00€

Warenwert	Versandkosten	MwSt%	MwST-€	Rechnungsbetrag
594,00€	0,00€	19%	112,86	706,86€

Die Ware bleibt bis zur vollständigen Bezahlung unser Eigentum.

Die Rechnung ist 40 Tage nach Ausstellungsdatum rein netto fällig; bei Bezahlung innerhalb von 10 Tagen ab Rechnungsdatum gewähren wir 3 % Skonto.
Erfüllungsort und Gerichtsstand ist für beide Teile Halle.

AUBROS Autoteile GmbH
Geschäftsführer: Jürgen Hoppe
Dieselstr. 54
06130 Halle a. d. Saale

Tel. 0345.4827705
Fax 0345.4827719
www.aubros.de
info@aubros.de

Bankverbindung:
Sparkasse Halle
IBAN DE29 4415 2370 0801 0082 64
BIC WELADED1HAW

Handelsregister:
Amtsgericht Halle a. d. Saale
HR B 74009

Arbeitsblatt 21.2 Wie wird die Umsatzsteuer bei einer Ausgangsrechnung gebucht?

Geschäftsfall: Die Autoland Murschall GmbH verkauft 4 Radzierblenden mit einem Warenwert in Höhe von __________ €. Auf diesen Warenwert entfällt eine Umsatzsteuer in Höhe von __________ €, die die Autoland Murschall GmbH dem Kunden mit in Rechnung stellt und von diesem auch einzieht. Die Autoland Murschall GmbH verkauft diese Waren auf Ziel.

Die erhaltene Umsatzsteuer stellt eine ______________________________ gegenüber dem Finanzamt dar.

Konto Umsatzsteuer (USt) = _______________ Bestandskonto

Soll	€	an	Haben	€
1)		an		
		an		
2) VAK	39,60	an	Pkw Teile und Zubehör	39,60

S	8300 Erlöse PKW TuZ	H

S	1776 USt	H

S	1400 Fo	H

S	3300 WE Pkw TuZ	H

S	7300 VAK Pkw TuZ	H

Rechnung

Pos.	Teile-Nr.	Bezeichnung	Menge	Einzelpreis	Gesamtpreis
1	156–899	Radzierblenden 14/15 Zoll	4	18,00 €	72,00 €

=	Nettorechnungsbetrag	72,00 €
+	sonstige Leistungen	
+	Entsorgungskosten	
=	Zwischensumme	
+	MwSt 19 %	13,68 €
+	MwSt auf Altteilwert	
=	**Bruttorechnungsbetrag**	**85,68 €**

Zahlbar netto Kasse nach Erhalt der Rechnung.

Bitte bei Zahlungen und Schriftverkehr angeben

Kunden-Nr.
311644

Rechnungs-Nr.
9899

Datum
16.02.20XY

Lieferdatum
14.02.20XY

Aufgaben

ÜBUNGSAUFGABEN

1. Buchen Sie die folgenden Geschäftsfälle im Grundbuch.

a) Richten Sie ausschnittsweise im Hauptbuch die Konten Umsatzsteuer und Vorsteuer ein und tragen Sie die entsprechenden Buchungen in diese Konten ein.

b) Ermitteln Sie die Zahllast bzw. den Vorsteuerüberhang.

c) Schließen Sie die Konten USt und VSt sowohl im Haupt- als auch im Grundbuch ab:

c1) im laufenden Geschäftsjahr. (Richten Sie hierfür noch das Bankkonto mit einem Anfangsbestand in Höhe von 5.000,00 € ein.)

c2) zum Ende des Geschäftsjahres. (Richten Sie hierfür noch das Konto SBK ein.)

Geschäftsfälle		
1)	ER: Die Autoland Murschall GmbH kauft 80 Sommerreifen 185/ 65 R14 auf Ziel ein.	4.000,00 € netto
2)	ER: Die Autoland Murschall GmbH kauft eine Spurstange auf Ziel ein.	75,00 € netto
3)	ER: Die Autoland Murschall GmbH kauft 60 Liter Motoröl ein und zahlt bar.	3,42 € / l netto
4)	AR: Die Autoland GmbH verkauft 4 Sommerreifen 185/65 R14. Der Kunde zahlt bar.	520,00 € brutto
5)	AR: Die Autoland Murschall GmbH verkauft die Spurstange auf Ziel.	323,00 € brutto
6)	AR: Die Autoland Murschall GmbH verkauft bar 5 Liter Motoröl für:	5,20 € / l netto

2. Folgende Anfangsbestände sind gegeben:

Gebäude	400.000,00 €	Bank	20.000,00 €
Neuwagen	680.000,00 €	Eigenkapital	1.000.000,00 €
Zubehörteile	350.000,00 €	Darlehen	400.000,00 €
Forderungen	50.000,00 €	Verbindlichkeiten	100.000,00 €

a) Erstellen Sie die Eröffnungsbilanz und richten Sie zusätzlich folgende Konten ein: Löhne, Zubehörerträge, Neuwagenerträge, Umsatzsteuer, Vorsteuer, Zinserträge, Mietaufwand für Lagerräume, verrechnete Anschaffungskosten, Betriebsergebnis, neutrales Ergebnis, GuV, SBK

b) Buchen Sie folgende Geschäftsfälle im Grund- und Hauptbuch:

1. Neuwagenverkauf auf Ziel, netto 74.000,00 € (Einkaufpreis, netto 70.000,00 €)
2. Zubehöreinkauf auf Ziel, netto 50.000,00 €
3. Zinserträge in Höhe von 1.500,00 € werden dem Bankkonto gutgeschrieben
4. Zubehörverkauf auf Ziel, netto 20.000,00 € (Nettoeinkaufswert 12.000,00 €)
5. Begleichung der Miete in Höhe von 2.000,00 € für Lagerräume per Bank
6. Überweisung der Löhne in Höhe von 15.000,00 € per Bank

c) Ermitteln Sie durch Abschluss der Konten:

1. das neutrale und betriebliche Geschäftsergebnis,
2. das Gesamtergebnis und
3. das Schlussbilanzkonto der Autoland Murschall GmbH.

VERTIEFUNGSAUFGABEN

3. Ein Kunde überlegt, ob er sich einen Neuwagen in einem EU-Nachbarland kaufen soll. Weshalb können Kunden bei einem Neuwagenkauf in EU-Nachbarländern oder auch beim Re-Importeur so viel Geld sparen? Erläutern Sie diesen Sachverhalt.

4. Ein Kunde interessiert sich für einen Neuwagen bei der Autoland Murschall GmbH. Als es um die Preisverhandlung geht, argumentiert der Kunde: „Den gleichen Wagen kann ich in den Niederlanden 4.000,00 € günstiger haben. Ich möchte, dass Sie mir preislich entsprechend entgegenkommen, ansonsten sehe ich keinen Grund, das Auto bei Ihnen zu kaufen!“
   Welche Verkaufsargumente können Sie dem Kunden unterbreiten, damit er das Auto bei Ihnen kauft, ohne dass Sie ihm einen Rabatt in Höhe von 4.000,00 € gewähren?

5. Ein amerikanischer Tourist interessiert sich für ein Bobby-Car, das er seinem Neffen gerne von seinem 2-monatigen Deutschland-Urlaub mitbringen möchte. Das Bobby-Car kostet 79,00 € brutto.
   Der Kunde entschließt sich für den Kauf und fragt an der Kasse, ob die Autoland Murschall GmbH „TAX-FREE“-Käufe ermöglicht.
   a) Ist der Kunde berechtigt, bei der Autoland Murschall GmbH umsatzsteuerfrei einzukaufen?
   b) Wie funktioniert der „umsatzsteuerfreie Wareneinkauf für Nicht-EU-Bürger“?
   c) Wie viel Euro zahlt der Kunde an der Kasse der Autoland Murschall GmbH für das Bobby-Car?

6. An der Kasse vieler Geschäfte sieht man das nachfolgende Logo.
   Was bedeutet es? Erläutern Sie den Hintergrund.

Global Blue

Lernsituation 22: Accounting

SITUATION

Gerry Butler wants to set up his own business. He plans to open a car shop.
But first things first! Before opening the shop, Gerry needs to get some more information about the paperwork. You offer to give him an overview of accounting, financial statements and the need for accounting software.

You can see from Gerry's business plan that there will be thousands of transactions each year.

ARBEITSAUFTRAG

Some of the basic accounting terms that Gerry will be dealing with include revenue, expenses, assets, liabilities, income statement, balance sheet and statement of cash flow. He will become familiar with accounting debit and credit as he needs to record transactions in his company.

He will also see why two basic accounting principles, the document principle and double-entry bookkeeping, ensure that a company's income statement reflects a company's profitability.

Now try to give an appropriate definition for the terms given above. Try to find the German equivalents, too.

English term	Definition	German term
revenue		
expenses (pl.)		
assets (pl.)		
liabilities (pl.)		
income statement		
balance sheet		
statement of cash flow		
debit		
credit		
document principle		
double-entry bookkeeping		

Arbeitsblatt 22.1 Try and find the following terms

English term	Definition	German term
capital		
equity capital, capital and reserves, capital at risk		
profit		
cash (balance), cash assets, till money, balance in/on hand		
credit, loan		
mortgage		
fixed (capital) assets, long-term assets		
current, circulating, floating, working assets		
credit side, outstanding debts		

Aufgaben

ÜBUNGSAUFGABEN

1. The financial statement that shows the revenue and expenses for a period of time, for example a year or a month is called

- a balance sheet
- an income statement
- a statement of cash flow

→

2. The financial statement that shows the assets, liabilities and stockholders' (owner's) equity on a specific date is called

- a balance sheet
- an income statement
- a statement of cash flow

→

3. Revenue minus expenses equals ...

→

4. Resources owned by a company (such as cash, accounts receivable, vehicles) are called ...

→

5. What value are assets usually given on a balance sheet?

- cost
- current market value
- expected selling price

→

SB ▸ LF 3 | 1, 2

Lernsituation 23: Rechtliche Rahmenbedingungen

SITUATION

Das folgende Schreiben eines neuen Lieferanten ist heute Vormittag im Teile- und Zubehörverkauf der Autoland Murschall GmbH bei Herrn Pietsch eingetroffen. Als dieser das Schreiben Herrn Nolte vorlegt, ist dieser sehr verärgert über das, was er liest. Für ihn ist das Vorgehen der Autoland Murschall GmbH im vorliegenden Fall absolut korrekt. Für ihn ist klar, dass die Kompletträdersätze zu den bestellten Konditionen auch geliefert werden müssen.

Sehr geehrter Herr Pietsch,

vielen Dank für Ihre telefonische Bestellung vom vergangenen Freitag. Sie bestellten aus unserem Angebot 10 original Kompletträdersätze auf Alufelgen zum Aktionspreis von 1.249,00 € je Satz.

Leider fühlen wir uns an Ihre Bestellung rechtlich nicht gebunden, da sie nachweislich von Ihrem noch nicht volljährigen Auszubildenden mündlich aufgegeben wurde. Außerdem ist die Bestellung erst fünf Tage nach der Zusendung unseres Angebots an Sie bei uns eingetroffen. Damit ist die Frist zur Annahme unseres Angebots bereits abgelaufen, wie Sie ja dem Auszug aus unseren Allgemeinen Geschäftsbedingungen im Anhang dieses Schreibens entnehmen können.

Sollten Sie weiter Interesse an einer Lieferung haben, so bitten wir um eine erneute fristgerechte, rechtsgültige und schriftliche Bestellung. Bitte beachten Sie, dass sich der Preis der von Ihnen bestellten Kompletträdersätze auf 1.299,00 € je Satz erhöht hat. Aufgrund der großen Nachfrage haben wir auch nur noch sieben Kompletträdersätze dieses Modells auf Lager. Ein qualitativ gleichwertiges Komplettrad können wir Ihnen zum selben Preis sofort in der gewünschten Anzahl liefern.

Wir freuen uns auf Ihre Bestellung und eine gute und vertrauensvolle zukünftige Zusammenarbeit.

Mit freundlichen Grüßen

Rolf Breuer

Leiter Verkauf

AUSZUG aus den AGB der Räder & Reifen GmbH

§ 7 Angebotsbindung

Schriftliche Angebote müssen innerhalb von drei Tagen angenommen werden. Eine verspätete Annahme gilt als neuer Antrag und kann von der Räder & Reifen GmbH zu geänderten Angebotsbedingungen angenommen werden.

ARBEITSAUFTRAG

Nehmen Sie schriftlichen Kontakt mit Herrn Breuer von der Räder & Reifen GmbH auf. Formulieren Sie unter Berücksichtigung der DIN 5008 ein Antwortschreiben für Ihren Lieferanten, in dem Sie ihn über die rechtliche Situation aufklären. Nutzen Sie dazu den Briefvordruck auf der nächsten Seite.

Hinweis:
Den Briefvordruck finden Sie auch als Download unter dem Webcode **AUTO-4512849**.

AUTOLAND GMBH
MURSCHALL

Autoland Murschall GmbH · Plittersdorfer Str. 48 · 53173 Bonn

Autoland Murschall GmbH
Plittersdorfer Str. 48
53173 Bonn

Tel.: 0228/90035379-0
Fax: 0228/90035379-1
info@autoland-murschall.de

www.autoland-murschall.de

Ihr Zeichen, Ihre Nachricht vom	Unser Zeichen, unsere Nachricht vom	Telefon 0228/90035379-	Datum

Rechtsform
Gesellschaft mit beschränkter Haftung (GmbH)
Sitz: Bonn

Handelsregister
Amtsgericht Bonn
HRB 40085/315

Gesellschafter
Otto Murschall
Bruno Osterwelle
Hanna Roskamp
Peter Trittauf

Geschäftsführer
Niklas Nolte

Bankverbindungen
Sparkasse KölnBonn
IBAN: DE33 3705 0198 0120 7777 01
BIC: COLSDE33

Postbank
IBAN: DE18 3601 0043 0150 0755 75
BIC: PBNKDEFF

Finanzamt
Bonn-Außenstadt
Bachstr. 36 | 53115 Bonn

Steuernummer
154/0575/675

Betriebsnummer für die Sozialversicherung
75 105 505

Umsatzsteuer-IdNr.
DE 74500 7485

Arbeitsblatt 23.1 Rechtsfähigkeit

Rechtssubjekte

Natürliche Personen	Juristische Personen
	• im Register

Juristische Personen

Personen des öffentlichen Rechts	Personen des privaten Rechts

Arbeitsblatt 23.2 Geschäftsfähigkeit

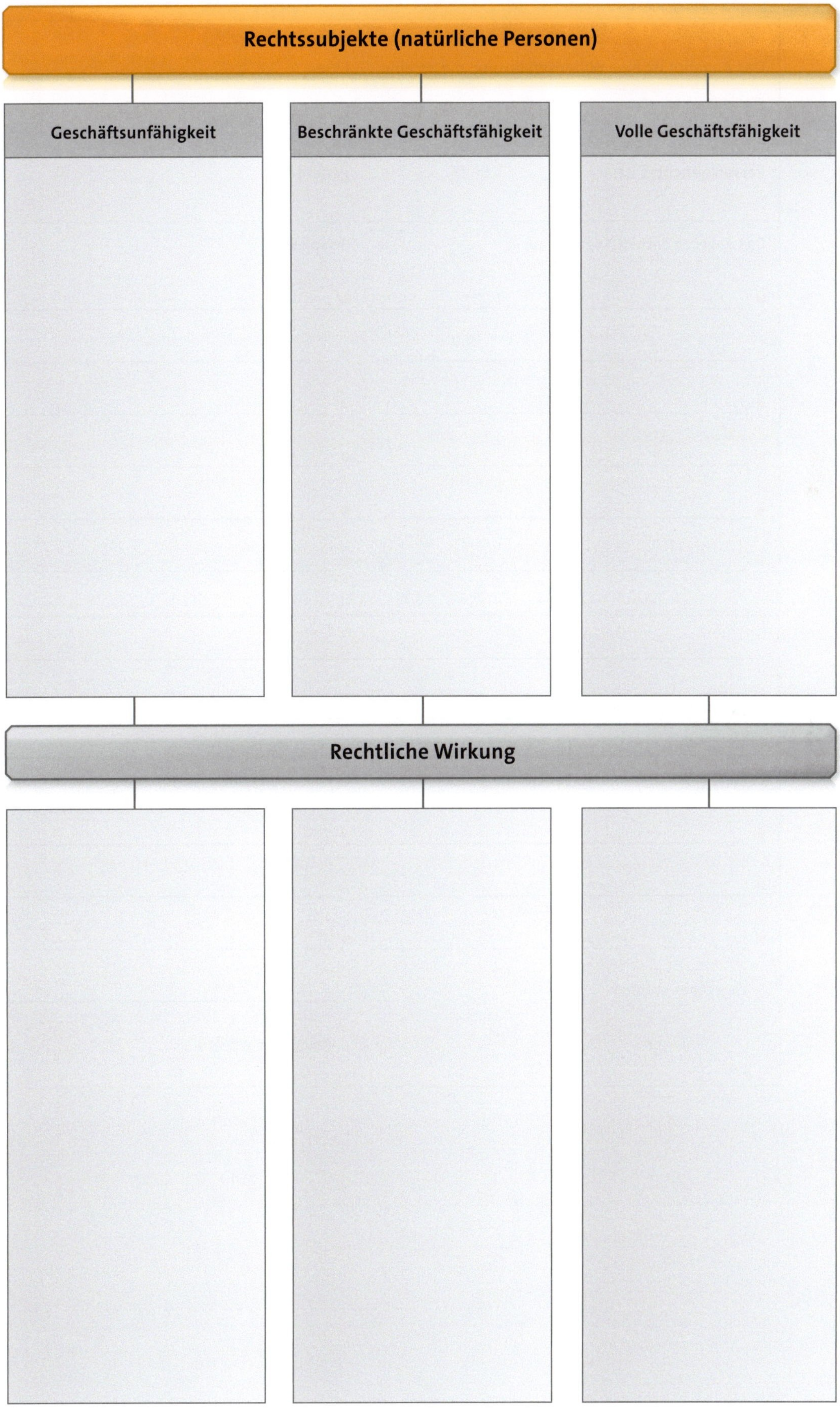

Arbeitsblatt 23.3 Angebot I

Das Angebot ist eine Willenserklärung, die an eine ______________________ Person gerichtet ist.	Eine ______________________ ist dagegen an die ______________________ gerichtet.
Das Angebot enthält Angaben zu: • ______________________ ______________________ • ______________________ • ______________________ • ______________________ • ______________________	**Beispiele:** • ______________________ • ______________________ • ______________________ • ______________________ • ______________________ • ______________________

Es gelten keine Vorschriften zur ______________________ eines Angebots.	
Es kann daher unter Anwesenden • ______________________ • ______________________ • ______________________ abgegeben werden.	**Es kann daher unter Abwesenden** • ______________________ ______________________ • ______________________ ______________________ abgegeben werden.

Arbeitsblatt 23.4 Angebot II

Wer ein Angebot ohne Beschränkung an eine bestimmte Person abgibt, ist an dieses Angebot

____.

Dazu gibt es jedoch Einschränkungen:

- **gesetzliche Bindungsfrist:**

unter Anwesenden: ____

____

____

unter Abwesenden: ____

____

____

- **vertragliche Bindungsfrist:**

Mit ____

____

- **Freizeichnung:**

Mit ____

kann der Verkäufer die Bindung an sein Angebot beschränken oder aufheben.

Beispiele	Bedeutung für das Angebot
solange der Vorrat reicht	

Die Angebotsbindung ist zwangsläufig beendet, wenn der Kunde ____________________

____.

Ein Angebot wird erst gültig, wenn der Kunde ______________________________.

Bis zu diesem Zeitpunkt kann der Verkäufer sein Angebot zurückziehen. Dieser sogenannte Widerruf muss ____

____

mit dem Angebot beim Kunden eintreffen. Schriftliche Angebote kann ein Verkäufer also ____________

____ widerrufen.

Arbeitsblatt 23.5 Allgemeine Geschäftsbedingungen

Was sind AGB? (Definition)	
Worüber enthalten Sie Regeln? (Inhalt)	
Welche Bedeutung haben Sie im Wirtschaftsleben?	
Was ist oberster Grundsatz des BGB zum Schutz der Kunden vor unzulässigen AGB?	

Arbeitsblatt 23.6 Wann ist ein Ersatzteil ein Originalteil und wann nicht? – Die Begriffe des Ersatzteilmarktes nach der GVO

Originalersatzteile

Merkmale

•

•

mögliche Hersteller:

•

•

Qualitativ gleichwertige Ersatzteile

Merkmale

•

•

mögliche Hersteller:

•

•

Qualitativ unterschiedliche Ersatzteile

Merkmale

Sie weisen eine auf das Fahrzeugalter ausgerichtete Qualität auf.

a) Speziell entwickelte zeitwertgerechte Ersatzteile

b) Austauschteile =

c) Gebrauchtteile =

mögliche Hersteller:

•

•

Aufgaben

WIEDERHOLUNGSAUFGABEN

1. Geben Sie an, ob es sich um natürliche oder juristische Personen des öffentlichen oder des privaten Rechts handelt:

a) Kegelklub
b) Siemens AG
c) Ärztekammer Westfalen-Lippe
d) Deutsche Rentenversicherung Bund
e) Mitteldeutscher Rundfunk
f) Evangelische Kirche Hessen/Nassau
g) AOK
h) Bergbauberufsgenossenschaft

2. Wie entstehen juristische Personen des privaten Rechts?

3. Was unterscheidet die Vertragsklauseln „frei" und „unfrei"?

4. Wonach richtet sich bei Verträgen der Erfüllungsort und was wird durch den Erfüllungsort festgelegt?

5. Unter welchen Voraussetzungen werden Allgemeine Geschäftsbedingungen Bestandteil eines Kaufvertrages?

6. Welchen Zweck verfolgt ein Unternehmen mit seinen Allgemeinen Geschäftsbedingungen?

ÜBUNGSAUFGABEN

7. Kann der beschränkt Geschäftsfähige in folgenden Fällen nur mit einer Zustimmung des gesetzlichen Vertreters Geschäfte abschließen? Begründen Sie anhand des Gesetzes.

a) Ein Jugendlicher erwirbt von seinem Taschengeld eine DVD. ☐ ja ☐ nein
b) Ein Jugendlicher nimmt eine Schenkung an, die ihn zu nichts verpflichtet. ☐ ja ☐ nein
c) In einem Kreditinstitut fragt ein Jugendlicher nach einem Darlehen für ein Schlagzeug. ☐ ja ☐ nein
d) Ein Jugendlicher möchte von seinem Taschengeld an einem Tauchkurs teilnehmen. ☐ ja ☐ nein
e) In seinem Ausbildungsbetrieb verkauft ein Jugendlicher einer Kundin Waren im Wert von 1.500,00 €. ☐ ja ☐ nein

8. Drei Monate nach der Geburt von Jan stirbt die vermögende Tante Helena und vermacht Jan ihr ganzes Vermögen (zwei große Wohnhäuser und 650.000,00 €). Kann Jan Erbe werden? Begründen Sie Ihre Meinung.

9. Der 17-jährige Christoph lässt sich ohne Wissen seiner Eltern von einem Vertreter zur Bestellung eines zehnbändigen Handbuches über Betriebswirtschaftslehre überreden. Der Gesamtpreis beträgt 125,00 €. Ist der Kaufabschluss rechtsgültig?

10. Kann Heiko, 17 Jahre, das Geschäft seiner Mutter, die vor Kurzem einen Herzinfarkt erlitten hat, in voller Alleinverantwortung übernehmen? Begründen Sie Ihre Meinung.

11. Heiko entschließt sich nach einiger Zeit, mit dem verdienten Geld aus dem Geschäft ein Ferienhaus auf Mallorca zu kaufen, und schließt mit einem Makler einen Kaufvertrag ab.
Überprüfen Sie die Gültigkeit dieses Kaufvertrages und begründen Sie Ihre Entscheidung.

12. In welchem Maße sind die folgenden Rechtssubjekte rechts- bzw. geschäftsfähig?

a) eine Gesellschaft mit beschränkter Haftung
b) ein Kegelklub
c) ein sechs Jahre altes Kind

d) ein siebzehnjähriger Auszubildender
e) ein ungeborenes Kind
f) ein unter Drogen stehender Erwachsener
g) ein Hund

13. Eine Fünfjährige kauft sich zwei Tüten Gummibären. Die Eltern verlangen, dass der Süßwarenhändler diese zurücknimmt. Nehmen Sie Stellung zu diesem Sachverhalt.

14. Entscheiden Sie bei folgenden Klauseln, ob die Verbindlichkeit eines Angebots
a) gegeben,
b) eingeschränkt,
c) ausgeschlossen ist.
1. Nur solange der Vorrat reicht.
2. Lieferung nur gegen Vorkasse.
3. Preise sind freibleibend.
4. Lieferung frei Haus.
5. Unsere Preise gelten bis zum 8.8.20XX.

15. In einem Schaufenster ist ein Produkt mit 198,00 € ausgezeichnet. Ist der Verkäufer an diesen Preis gebunden, wenn es sich um einen Auszeichnungsfehler handelt und das Produkt eigentlich 298,00 € kostet?

16. Nachdem ein Hersteller eine Preisliste an Kunden verschickt hat, stellt er fest, dass es sich nicht um die aktuelle Preisliste, sondern um die des Vorjahres handelt. Bis wann muss er sein Angebot widerrufen?

17. Stellen Sie fest, ob es sich in folgenden Fällen um rechtswirksame Angebote handelt:
a) Schaufensterauslage
b) zugesendete Ware ohne Aufforderung
c) Vorlage von Ware in einem Geschäft

18. In einem Katalog werden drei Bücher für insgesamt 19,00 € angeboten. Ein Kunde bestellt die Bücher zu 17,00 €.
a) Kommt ein Kaufvertrag zustande?
b) Wie ist die Sachlage, wenn die Bücher zu 17,00 € geliefert werden?

19. Ein Autohaus bestellt auf ein bis zum 30. Juni gültiges Angebot eines Lieferers erst am 4. Juli, da sich der zuständige Sachbearbeiter im Krankenhaus befand. Ist der Lieferer an sein Angebot gebunden?

20. Wie lange ist der Anbietende an seinen Antrag gebunden? Wie kann man die Gebundenheit an sein Angebot ausschließen?

21. Ein Käufer in Hannover erhält von dem Verkäufer die Mitteilung: „Gerichtsstand und Erfüllungsort ist München". Was bedeutet dies für den Käufer?

22. Nennen Sie drei Auswirkungen der Warenschuld bei folgender vertraglicher Vereinbarung: „Erfüllungsort und Gerichtsstand für beide Teile ist der Niederlassungsort des Käufers."

23. Setzen Sie die richtigen Ersatzteilbegriffe ein.

1. Ein Kunde wünscht den Einbau eines Teils, das nicht unbedingt das Label des Herstellers tragen muss, aber genauso gut sein soll.

____

2. Ein Autofahrer holt sich vom Schrottplatz eine neue Lichtmaschine für sein Auto.

____

3. Am Fahrzeug eines Kunden ist der Wischermotor defekt. Der Kunde besteht auf einen neuen Wischermotor, so wie er in neuen Autos dieses Fabrikats verwendet wird.

___

4. Ein Kunde benötigt einen neuen Zahnriemen für seinen Motor. Er möchte ein neues, aber kostengünstiges Ersatzteil.

___

5. Ein Kunde fährt ein 15 Jahre altes Auto, das bis auf den Anlasser gut in Schuss ist. Er will ein kostengünstiges Ersatzteil, das dem Qualitätsstandard entspricht.

___

VERTIEFUNGSAUFGABEN

24. Pia Pfeiffer ist Leiterin der Abteilung Werkzeuge in der FIX GmbH. Bei der Beschaffung neuer Waren für die FIX GmbH kommt es zu folgenden Situationen:

a) Pia Pfeiffer besucht die Fachmesse EuroShop, um neue Warenträger für die Werkzeugabteilung auszusuchen. Auf der Messe bietet ihr der Außendienstmitarbeiter der Firma „Prima Ordnung KG" in einem Verkaufsgespräch zweckmäßige Regallösungen zu einem sensationell günstigen Messepreis an. Wie lange ist die Regal- und Warenträger AG an dieses Angebot gebunden? Begründen Sie Ihre Antwort.

b) Pia Pfeiffer erhält von der Werkzeugfirma Pinford AG die Kreissäge Ritsch Ratsch 200E1 für 999,00 € angeboten.

1. Wie lange ist die Firma Pinford AG an ihr Angebot gebunden, wenn das schriftliche Angebot per Post bei der FIX GmbH eingeht? Begründen Sie.
2. Wie lange ist die Firma Pinford AG an ihr Angebot gebunden, wenn das schriftliche Angebot per Fax bei der FIX GmbH eingeht? Begründen Sie.
3. Die Pinford AG hat ihr Angebot per Fax an die FIX GmbH gesendet. Pia Pfeiffer bestellt am selben Tag schriftlich mit Briefpost Kreissägen zu den im Angebot gemachten Bedingungen. Die Bestellung geht am nächsten Tag bei Pinford ein. Ist Pinford noch an das Angebot gebunden? Begründen Sie.

c) Die Fischer KG schickt an die FIX GmbH mit einem Schreiben vom 4. Januar 20XX ein Angebot über einen Sonderposten Werkbänke, Modell „Bau dir was!", zu einem Preis von 299,00 €. In einem Telefongespräch vom 7. Januar lehnt Pia Pfeiffer das Angebot ab. Kann sich Pia Pfeiffer das noch einmal anders überlegen? Ist die Fischer KG auch weiterhin an ihr Angebot gebunden? Begründen Sie Ihre Antwort.

25. Das Bürgerliche Gesetzbuch regelt die Wirksamkeit von Allgemeinen Geschäftsbedingungen. Welche Regelungen gelten

a) bei individuellen Absprachen?
b) bei mehrdeutigen Klauseln?
c) bei unwirksamen Klauseln?

26. Beim Vertragsabschluss über den Kauf einer neuen Waschmaschine war schriftlich eine Lieferzeit von zwei Wochen vereinbart worden. Jetzt beruft sich der Elektroeinzelhändler gegenüber dem Privatkäufer auf seine AGB, nach denen eine Lieferzeit von vier Wochen vorgesehen ist. Beurteilen Sie die Rechtslage.

27. Die Autoland Murschall GmbH verkauft Autoteile an Wiederverkäufer. Bisher hat sie noch keine allgemeinen Geschäftsbedingungen formuliert. Auch in den Angeboten wird nur die Ware bezeichnet und der Preis genannt, keine Zahlungs- und Lieferbedingungen etc. werden angesprochen. Der Verkauf erfolgt über die Theke und über den Versand.

a) Welche Vertragsinhalte gelten für die Kaufverträge, die die Autoland Murschall GmbH bisher geschlossen hat?
b) Was sind AGB und welche Funktion erfüllen diese?
c) Welche vertraglichen Inhalte würden Sie in den AGB formulieren, die von den gesetzlichen Bestimmungen abweichen?

FOLGESITUATION

Die Autoland Murschall GmbH sieht sich aufgrund von eingeleiteten Werbemaßnahmen und der damit verbundenen Kürze der Zeit gezwungen, die alternativen 10 Kompletträdersätze der Größe 7 × 17 mit 205/50 R17 93W Reifen bei der Räder & Reifen GmbH zu bestellen.
Bitte schreiben Sie die Bestellung.

AUTOLAND GMBH
MURSCHALL

Autoland Murschall GmbH · Plittersdorfer Str. 48 · 53173 Bonn

Autoland Murschall GmbH
Plittersdorfer Str. 48
53173 Bonn
Tel.: 0228/90035379-0
Fax: 0228/90035379-1
info@autoland-murschall.de
www.autoland-murschall.de

Ihr Zeichen, Ihre Nachricht vom	Unser Zeichen, unsere Nachricht vom	Telefon 0228/90035379-	Datum

Arbeitsblatt 23.7 Rechtsgeschäfte

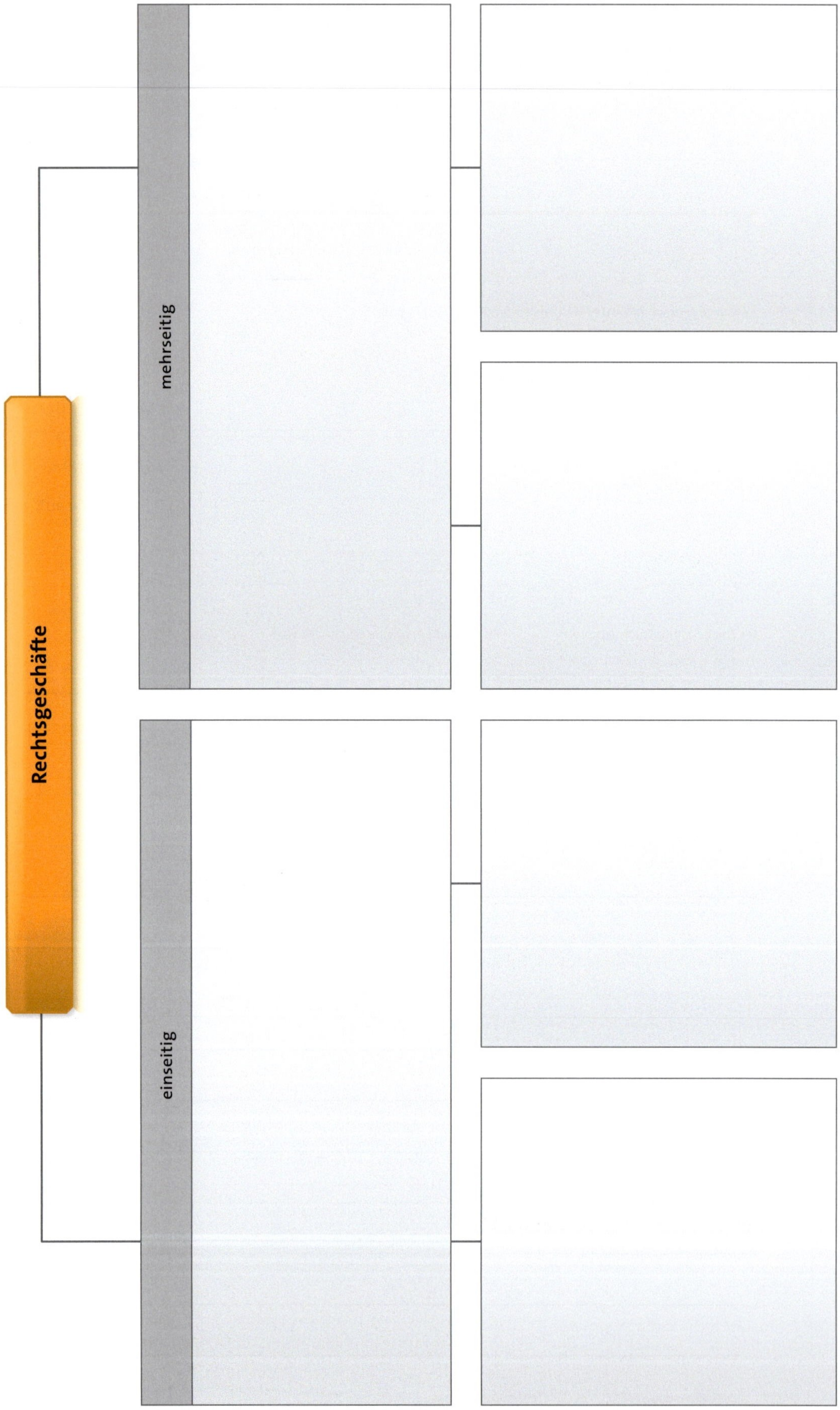

Arbeitsblatt 23.8 Kaufvertrag

Verpflichtungs- und Erfüllungsgeschäft beim Kaufvertrag

Kaufverträge kommen zustande durch zwei übereinstimmende Willenserklärungen.

Verkäufer oder Käufer

1. Willenserklärung: Antrag →

← 2. Willenserklärung: Annahme

Käufer oder Verkäufer

Abschluss des Kaufvertrages

______________________ →

Verkäufer **Käufer**

← ______________________

oder

← ______________________

Verkäufer **Käufer**

______________________ →

Die Vertragspartner verpflichten sich zu bestimmten Leistungen.

Verpflichtungsgeschäft

Pflichten des Verkäufers

Pflichten des Käufers

Erfüllungsgeschäft

Arbeitsblatt 23.9 Bestellung

Bestellung = ____________________

____

Rechtliche Bedeutung für das Zustandekommen des Kaufvertrages

- mit einem vorhergehenden verbindlichen Angebot des Verkäufers:

  Bestellung = ____________________

- ohne ein vorhergehendes verbindliches Angebot des Verkäufers:

  Bestellung = ____________________

  Form: ____________________

  Inhalt: ____________________

  Bindung an die Bestellung: ____________________

Bestellungsannahme = ____________________

____

Form: ____________________

Die Bestellungsannahme ist rechtlich notwendig, wenn ____________________

____

____

Widerruf der Bestellung

a) beim zweiseitigen Handelskauf: ____________________

____

b) beim Fernabsatzhandel: ____________________

____

Arbeitsblatt 23.10 Vertragsfreiheit

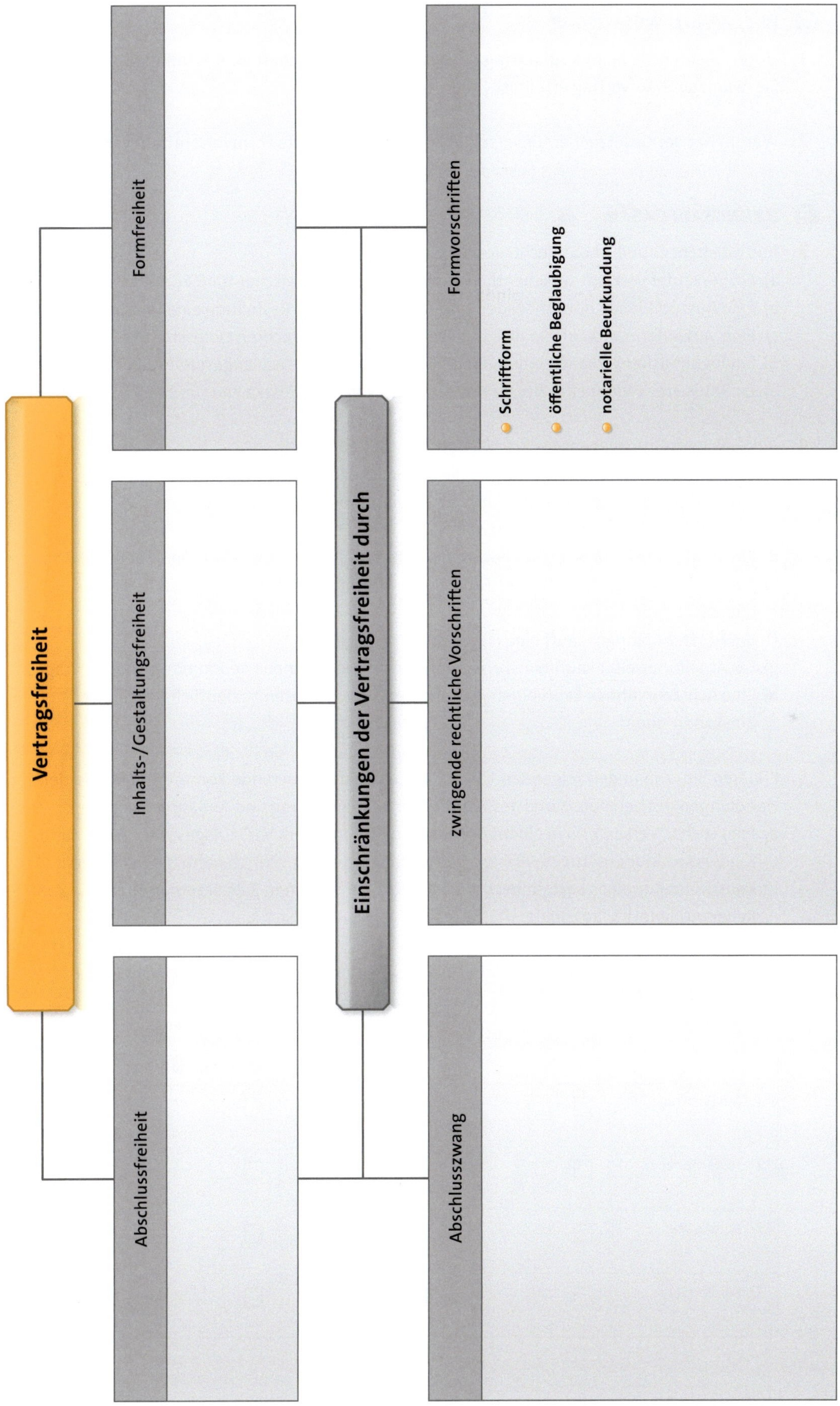

Aufgaben

WIEDERHOLUNGSAUFGABEN

1. Unterscheiden Sie beim Kaufvertrag das Verpflichtungsgeschäft vom Erfüllungsgeschäft und erklären Sie, wann der Kaufvertrag erfüllt ist.

2. Warum hat der Gesetzgeber für verschiedene Rechtsgeschäfte Formvorschriften verankert?

ÜBUNGSAUFGABEN

3. Aus welchem Grund ist das Rechtsgeschäft anfechtbar?
   a) Ein Verkäufer verkauft versehentlich einen Heckscheibenwischer für 8,80 € statt für 18,80 €.
   b) Eine Auszubildende notiert bei der Entgegennahme einer Bestellung eine falsche Bestellmenge.
   c) Eine Verkäuferin verkauft unabsichtlich eine Imitation als echten Goldschmuck.
   d) Ein Jugendlicher verkauft seinem Freund eine schon mehrfach abgespielte DVD als neu.
   e) Ein Hausierer zwingt eine ältere Frau zum Kauf von zehn Postkarten für 29,00 €.

4. Aus welchem Grund ist das Rechtsgeschäft nichtig?
   a) Ein Sechsjähriger kauft nach der Schule einen Schokoriegel.
   b) Ein stark angetrunkener Kunde kauft ein Navigationsgerät.
   c) Eine Dreizehnjährige kauft gegen den Willen ihrer Eltern ein Handy für 100,00 €.
   d) Ein Kunde hat für 45,00 € Zündkerzen gekauft. Er lässt sich eine Quittung über 98,00 € ausstellen.
   e) Ein über sein reparaturanfälliges Fahrzeug verärgerter Kunde sagt: „Die Karre können Sie geschenkt haben."
   f) Ein Fünfzehnjähriger kauft eine Flasche Champagner.
   g) Ein Abteilungsleiter kauft eine Ferienwohnung ohne notarielle Beurkundung des Vertrages.
   h) Eine Achtzehnjährige kauft einen gebrauchten Pkw auf Raten zu deutlich überhöhten Zinskonditionen.

5. Erklären Sie, wie in den folgenden Fällen ein Kaufvertrag zustande kommt, indem Sie den jeweiligen Handlungen des Verkäufers und des Käufers die Begriffe Antrag und Annahme zuordnen.
   a) Frau Löchel, Verkäuferin in einem Autohaus, bietet in einem Verkaufsgespräch einer Kundin den Kindersitz Kiddi-Cosi für 89,90 € an. Die Kundin antwortet: „Ja, ich nehme den Kindersitz."
   b) Konstantin Romanos bestellt bei der Zanders Reifen AG einen Satz Sommerreifen. Die Zanders Reifen AG liefert 3 Tage später die Ware an.

6. Ordnen Sie die folgenden Rechtsgeschäfte den unterschiedlichen Arten von Rechtsgeschäften zu.

Rechtsgeschäft	einseitiges Rechtsgeschäft	zweiseitiges Rechtsgeschäft	nicht empfangsbedürftige Willenserklärung	empfangsbedürftige Willenserklärung
1. Mietvertrag	☐	☐	☐	☐
2. Testament	☐	☐	☐	☐
3. Kündigung	☐	☐	☐	☐
4. Kaufvertrag	☐	☐	☐	☐

7. Kreuzen Sie die gesetzlich vorgeschriebene Form für das jeweilige Rechtsgeschäft an.

Rechtsgeschäft	formfrei	Schriftform	öffentliche Beglaubigung	notarielle Beurkundung
1. Frau Putzig kauft ihren Pkw auf Raten.	☐	☐	☐	☐
2. Karl Protz bezahlt sein neues Motorrad bar.	☐	☐	☐	☐
3. Bauer Kohl verkauft einen Acker an seinen Nachbarn per Handschlag.	☐	☐	☐	☐
4. Martin Stift schließt mündlich einen Ausbildungsvertrag ab.	☐	☐	☐	☐
5. Onkel Ludwig setzt sein Testament auf.	☐	☐	☐	☐
6. Frau Schenker verspricht, dass sie ihrem Neffen zu seinem 18. Geburtstag 10.000 € schenken wird.	☐	☐	☐	☐

8. Entscheiden Sie, ob folgende Rechtsgeschäfte gültig, nichtig oder anfechtbar sind, und begründen Sie kurz.

Rechtsgeschäft	gültig	nichtig	anfechtbar	Begründung
1. Klaus Ziegler sagt während eines Verkaufsgespräches zu einem Kunden: „Diesen Satz Winterreifen bekommen Sie bei uns wirklich für einen Appel und ein Ei." Der Kunde möchte an der Kasse mit einem Apfel und einem Ei bezahlen.	☐	☐	☐	
2. Die 4-jährige Lucca verkauft ihren Puppenwagen für 5 €.	☐	☐	☐	
3. Regina Pech kauft einen Gebrauchtwagen. Bei der ersten Inspektion stellt die Werkstatt fest, dass es sich um einen Unfallwagen handelt. Im schriftlichen Kaufvertrag wurde das Fahrzeug als unfallfrei erklärt.	☐	☐	☐	

4. Frau Pingel tippt ihr Testament, damit es gut lesbar ist, mit der Schreibmaschine ab und unterschreibt es eigenhändig.	☐	☐	☐	
5. Herr Maus kauft einen PC ohne schriftlichen Vertrag. Nach 3 Monaten stellt sich heraus, dass er für seine Zwecke einen viel zu kleinen Arbeitsspeicher gewählt hat.	☐	☐	☐	
6. Der Verkäufer Ziegler versendet an einen Kunden ein schriftliches Angebot für einen Dachgepäckträger. Versehentlich schreibt er als Angebotspreis 255,99 € statt 299,55 €.	☐	☐	☐	
7. Die Verkäuferin Tommvorde verkauft an einen 16-jährigen Schüler eine Flasche Weinbrand.	☐	☐	☐	

9. Mit Ihren Kenntnissen zum Kaufvertrag sind Sie nun in der Lage, die rechtliche Situation in den folgenden Verkaufsgesprächen zu beurteilen. Kennzeichnen Sie die Aussagen mit den Ziffern.

[1] Antrag
[2] Annahme eines Antrages
[3] Ablehnung eines Antrages
[4] Ablehnung eines Antrages, verbunden mit einem neuen Antrag
[5] keine für das Zustandekommen eines Kaufvertrages notwendige Willenserklärung

Das Verkaufsgespräch 1:

Kunde: *Ich würde gern diesen Dachgepäckträger ausprobieren. Er passt doch auf einen STARCAR COMFORT?* ____

Verkäufer: *Ja, er passt und ist von besonders guter Qualität. Sein Preis liegt bei nur 199,00 €.* ____

Kunde: *Ja, er macht einen wirklich stabilen Eindruck, aber für 199,00 € ist er mir doch zu teuer.* ____

Verkäufer: *Ich habe hier einen Dachgepäckträger zu 119,00 €. Auch er passt auf einen STARCAR COMFORT und ist sehr stabil.* ____

Kunde: *Ja, dieser ist gut. Für 100,00 € würde ich ihn nehmen. Im nächsten Monat kommen ja wohl sowieso die neuen Modelle.* ____

Verkäufer: *Das ist leider nicht möglich. Ich kann Ihnen aber mit 3 % Barzahlungsnachlass entgegenkommen.* ____

Kunde: *In Ordnung.* ____

Das Verkaufsgespräch 2:

Kundin:	*Ich hätte gern ein Autoradio, das einfach zu bedienen ist.*	____
Verkäufer:	*Da kann ich Ihnen dieses Modell von Mony für 119,00 € empfehlen.*	____
Kundin:	*Ja, das sieht schon einmal gut aus. Kann ich es ausprobieren?*	____
Verkäufer:	*Bitte, dort drüben ist ein Vorführmodell.*	____
Kundin:	*Es lässt sich wirklich sehr einfach bedienen.*	____
Kundin:	*Ich nehme es. Können Sie das Autoradio bis heute Abend aufbewahren? Ich habe noch etwas in der Stadt zu erledigen.*	____

Das Verkaufsgespräch 3:

Verkäuferin:	*Darf ich Ihnen unsere neuen STARCAR-Modelle zeigen?*	____
Kundin:	*Nein, danke. Ich möchte mich nur ein wenig umschauen.*	____
Kundin:	*Ach, dieser kleine rote Stadtflitzer interessiert mich doch. Wie viel kostet er?*	____
Verkäuferin:	*Dieses umfangreich ausgestattete Sondermodell bieten wir für 8.500,00 € an.*	____
Verkäuferin:	*Setzen Sie sich doch ruhig einmal hinein. Auch eine Probefahrt ist möglich.*	____
Kundin:	*Er macht einen wirklich guten Eindruck.*	____
Verkäuferin:	*Ich bin ganz Ihrer Meinung. Er ist das ideale Stadtauto.*	____
Kundin:	*So eine Anschaffung sollte wohl überlegt sein. Ich muss es mir noch ein wenig durch den Kopf gehen lassen, ich komme noch mal wieder.*	____

VERTIEFUNGSAUFGABEN

10. Überprüfen Sie im Rahmen der Vertragsfreiheit folgende Fälle und begründen Sie Ihre Ansicht mit den Aspekten Abschlussfreiheit und Abschlusszwang.

a) Ein Kunde interessiert sich für ein Autobatterieladegerät. Der Verkäufer weigert sich aber, dem Kunden das Autobatterieladegerät zu verkaufen mit der Begründung, dass dies sein letztes Exemplar sei.
Ist das Verhalten des Verkäufers rechtens? ☐ ja ☐ nein
Begründung: ______________________________

b) Ein Apotheker weigert sich, einem Kunden das von ihm benötigte Insulin zu verkaufen. Ist das Verhalten des Apothekers rechtens? ☐ ja ☐ nein
Begründung: ______________________________

c) Herr Schmolke möchte die Wohnung von Herrn Lippert mieten. Dieser weigert sich, an Herrn Schmolke zu vermieten, da dieser Raucher ist.
Ist das Verhalten des Vermieters rechtens? ☐ ja ☐ nein
Begründung: ______________________________

d) Herr Schmolke hat eine neue Wohnung bezogen und möchte seinen Stromanschluss anmelden. Das Stromunternehmen weigert sich, Herrn Schmolke als Kunden anzunehmen.
Ist das Verhalten des Stromlieferanten rechtens? ☐ ja ☐ nein
Begründung: ______________________________

11.

Hausmitteilung

AUTOLAND GMBH MURSCHALL

Datum: *12.04.20XY*

Absender	Empfänger	Weiterverwendung
☐ Geschäftsleitung	☒ Geschäftsleitung	☒ zur Kenntnisnahme
☐ NW-Verkauf	☐ NW-Verkauf	☒ zur Erledigung
☐ GW-Verkauf	☐ GW-Verkauf	☐ zur Stellungnahme
☒ Werkstatt	☐ Werkstatt	☐ zur Rücksprache
☐ Teile-/Zubehörverkauf	☐ Teile-/Zubehörverkauf	☐ zur Weiterleitung
☐ Lager	☐ Lager	☐ zum Verbleib
☐ Verwaltung	☒ Verwaltung	☐ zur Rückgabe
☐ Frau/Herr	☐ Frau/Herr	☐

Das war ja wohl ein Satz mit „X"!

Der Kauf eines gebrauchten Kleintransporters ist für unseren Kunden „Flybike GmbH" äußerst unglücklich verlaufen.

Kann man da irgendwas machen?

Gruß
Schmitz

Mitteilung 11.04.20XY

Hallo Herr Peters,
bei der ersten Inspektion Ihres Kleintransporters, den Sie im Oktober bei der Sprunger GmbH gebraucht gekauft haben, stellten wir fest, dass dieses Auto bereits einen Auffahrunfall hinter sich hat.
Die anschließende Reparatur wurde damals nicht fachgerecht durchgeführt – im Gegenteil, die Schäden wurden nur vertuscht!
Eine nachträgliche fachgerechte Reparatur würde sich auf ca. 3.300,00 Euro belaufen.

Schmitz

Werkstattleiter
Autoland Murschall GmbH

AUTOHAUS **SPRUNGER** GMBH

Autohaus Sprunger • Silberweg 60 • 10589 Berlin

Fly-Bike-Werke GmbH
Rostocker Straße 334
26121 Oldenburg

Silberweg 60
10589 Berlin

Fon: 030/1694320
Fax: 030/1694814

E-Mail: auto.sprunger@t-online.de
Internet: http://www.auto.sprunger.de

Rechtsform: GmbH
Geschäftsführer: Eduard Sprunger

Erfüllungsort und Gerichtsstand ist Berlin
Amtsgericht Berlin HRB 9872

Rechnung

	Bitte bei Zahlungen und Schriftverkehr angeben		
	Kunden-Nr.	Rechnungs-Nr.	Datum
	236697	423/XX	12.10.20XX
Fahrzeug-Ident.Nr.WAUXXX7K04A022029	Amtl. Kennzeichen	Zulassungstag	km-Stand
Typ/Modell 7L1AU4	OL – B5 310	03.01.20XX	25.015 km

Pos.	Teile-Nr.	Bezeichnung	Menge	Einzelpreis	Gesamtpreis (€)
1	7L1AU4	Bermago CT 1,9, Farbe schwarz-perle, Polster karo, unfallfreier Gebrauchtwagen	1		15.827,30
2	8UD	Radio Rock	1		0,00
3	8VU	Lautsprecher	1		0,00
		Überführungskosten			422,41
		Kraftfahrzeugbrief-Gebühr			8,62
		Zulassungskosten			86,21

Bankverbindungen Deutsche Bank AG, Gelsenkirchen IBAN DE35 4207 3600 0178 6044 23 BIC DEUTDEDE420 Sparkasse Gelsenkirchen IBAN DE45 4205 0001 0130 0164 00 BIC WELADED1GEK Zahlbar 14 Tage netto Kasse nach Erhalt der Rechnung.	= Nettopreis	16.344,54
	+ sonstige Leistungen	
	+ Entsorgungskosten	
	= Zwischensumme	16.344,54
	+ MwSt 19 %	3.105,46
Bei Rückfragen zuständig: Herr Arno Jansen	= Gesamtbetrag	19.450,00

Es gelten ausschließlich die vom Zentralverband Deutsches Kraftfahrzeuggewerbe (ZDK) empfohlenen Allgemeinen Geschäftsbedingungen.

Lernsituation 24: Besitz und Eigentum

☞ SB ▸ LF 3 | 1.4

SITUATION

In der Autoland Murschall GmbH hat man schon seit Längerem über eine Erweiterung des Fuhrparks nachgedacht. In der aktuellen Diskussionsrunde der Geschäftsleitung hat man sich entschlossen, einen Kleintransporter käuflich zu erwerben. Der abgebildete Kaufvertrag für den Fahrzeugverkauf zeigt die Vertragspartner, Konditionen, Zahlungsvereinbarungen und besondere Vereinbarungen:

Hinweis: Bei dem vorliegenden Kaufvertrag handelt es sich nicht um eine Originalvorlage.

Kaufvertrag für den Fahrzeugverkauf

Der Verkäufer

Mercedes-Center Hildebrand GmbH
Anrede | Vor- & Nachname / Firmenname inkl. Gesellschaftsform

53227 Bonn, Alleenstr. 54
vollständige Anschrift (PLZ, Ort - Straße, Hausnummer - ggf. Land)

Telefon | Mobiltelefon | eMail-Adresse
0228 89765
Geburtsdatum | Geburtsort | Beruf/Gewerbe

veräußert an den Käufer

Autoland Murschall GmbH
Anrede | Vor- & Nachname / Firmenname inkl. Gesellschaftsform

53173 Bonn, Plittersdorfer Str. 48
vollständige Anschrift (PLZ, Ort - Straße, Hausnummer - ggf. Land)

Telefon | Mobiltelefon | eMail-Adresse
Automobilhändler
Geburtsdatum | Geburtsort | Beruf/Gewerbe

zu den nachfolgenden Konditionen folgendes Kraftfahrzeug:

Fahrzeug - Hersteller, Modell, Ausführung usw. Mercedes 316 CDI Sprinter		Leistung (kw / PS) lt. Fahrzeugbrief 115	Farbe silbergrau
Fahrgestellnummer 0987654	(letztes) amtl. Kennzeichen BN-K 345	Hubraum lt. Fahrzeugbrief 2.685	Anzahl der Türen (o. siehe Feld Fzg.)
Fahrzeugart Kastenwagen Hochdach	Gesamtfahrleistung	Anzahl der Vorbesitzer 1	nächste Hauptuntersuchung (HU) 20..
Datum der Erstzulassung 20XX	Fahrleistung lt. Tacho 21345	zul. Gesamtgewicht 5.500	nächste Abgasuntersuchung (AU) 20..

Sonderausstattung und Zuberhör:

Zahlungsvereinbarungen	alle Beträge in € (EUR)
kein Umsatzsteuerausweis möglich, § 25a UStG (Differenzbesteuerung) - **Kaufpreis:**	
Umsatzsteuer ausweisbar (Regelbesteuerung) - **(netto) Kaufpreis:**	**30.000,00**
19% **Ust.:**	**5.700,00**
Gesamtbetrag:	**35.700,00**
Gesamtbetrag in Worten:	

Art und Umfang von bekannten Unfallschäden:

Das Fahrzeug wurde als Taxi/Miet-/Fahrschulwagen genutzt:	Ja ☐	/ Nein ☒
Es handelt sich um ein EU-Import/Reimport Fahrzeug:	Ja ☐	/ Nein ☒
Das Fahrzeug wird finanziert (siehe Unterlagen):	Ja ☒	/ Nein ☐

Besondere Vereinbarungen:

Das Fahrzeug bleibt bis zur vollständigen Bezahlung Eigentum des Verkäufers.

Beide Vertragsparteien bestätigen, eine schriftliche Ausfertigung des Vertrags erhalten zu haben. - Sofern es sich beim Verkäufer nicht um eine juristische Person des öffentlichen Rechts oder einen Unternehmer in Ausübung seiner gewerblichen oder selbstständigen Tätigkeit handelt, wird der Vertragsgegenstand unter Ausschluss jeglicher Sachmängelhaftung verkauft.

Bonn, 14.04.20XY Wildfeld | Niklas Nolte
Ort, Datum | Unterschrift Verkäufer | Unterschrift Käufer

ARBEITSAUFTRAG

1. Klären Sie mithilfe der Rechtsnormen des BGB, ob die Autoland Murschall GmbH Eigentümerin des Kleintransporters geworden ist.
   a) Definieren Sie zunächst die Begriffe Besitz und Eigentum.
   b) Erarbeiten Sie Argumente, warum dieser Vertrag mit Eigentumsvorbehalt abgeschlossen wurde.
   c) Bestimmen Sie die Rechte und Pflichten, welche die Autoland Murschall GmbH aus dem vorliegenden Vertrag bezüglich des Kleintransporters hat.
2. Finden Sie heraus, mit welchen Konsequenzen die Autoland Murschall GmbH rechnen muss, wenn sie ihrer Zahlungsverpflichtung gegenüber der Hausbank der Mercedes-Center Hildebrand GmbH nicht mehr oder nicht mehr im vollen Umfang nachkommen kann.
3. Die Autoland Murschall GmbH beabsichtigt, zur Erweiterung ihrer Ausstellungsfläche für den Gebrauchtwagenverkauf ein angrenzendes Grundstück zu kaufen. Stellen Sie dar, welche Gemeinsamkeiten der Kauf des Kleintransporters und der Kauf eines Grundstückes aufweisen und welche Unterschiede es gibt.

	Kleintransporter	Grundstück
Gemeinsamkeiten		
Unterschiede		

4. Die Geschäftsleitung der Autoland Murschall GmbH erhält Kenntnis von der Tatsache, dass einer ihrer Mitarbeiter während der Arbeitszeit illegal aus dem Internet Software heruntergeladen hat. Der Geschäftsführer Herr Nolte fordert unverzüglich Konsequenzen. Klären Sie die Rechtslage sowie die Besitz- und Eigentumsverhältnisse mithilfe folgender Rechtsquellen: BGB §§ 626, 812, 858, 862.

Arbeitsblatt 24.1 Möglichkeiten des Eigentumerwerbs

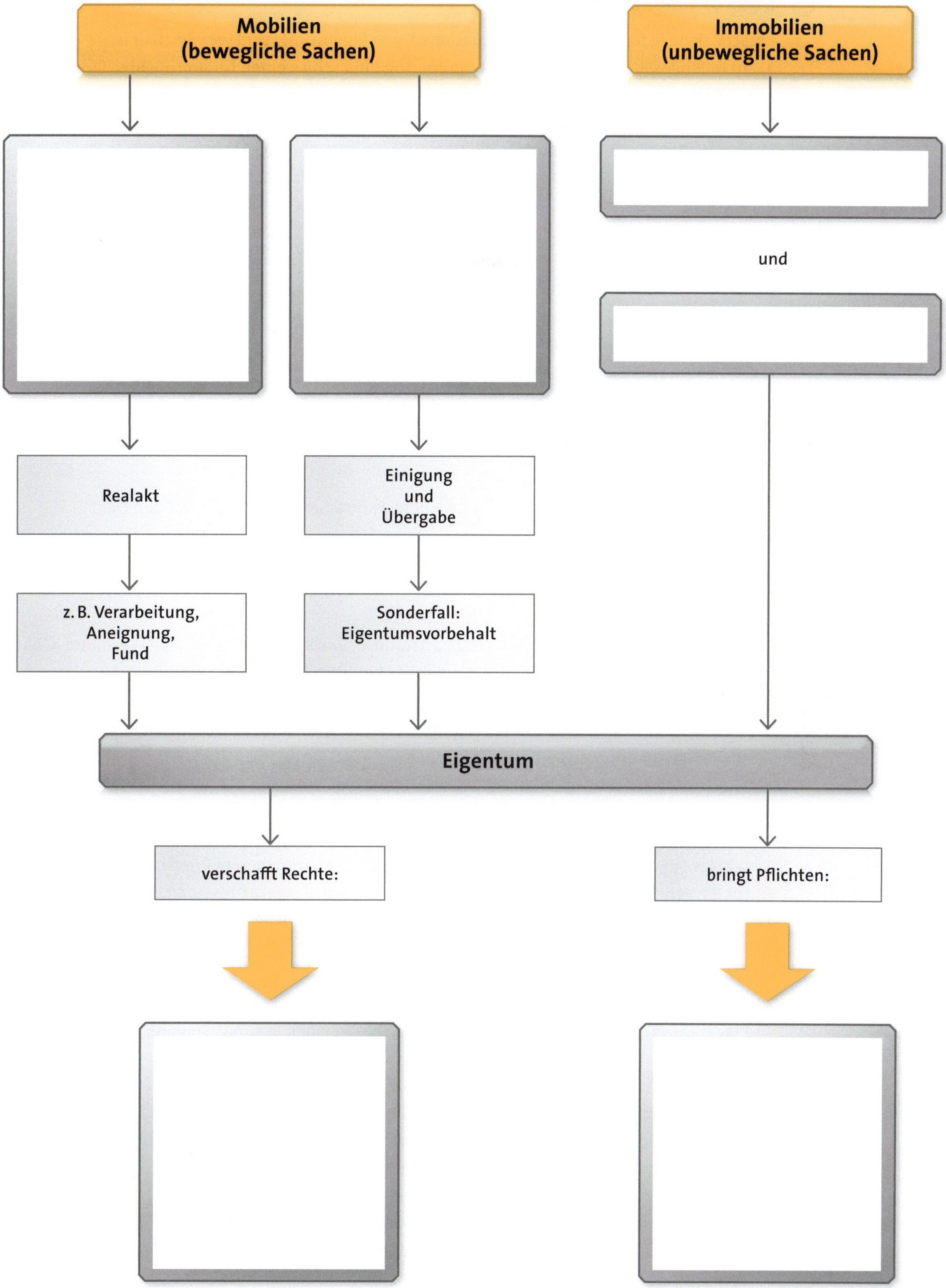

Aufgaben

ÜBUNGSAUFGABEN

1. Entscheiden Sie für die folgenden Situationen, wer Eigentümer und wer Besitzer ist.

a) Im Ladengeschäft der Südwest AG nimmt Angelina Schick einen für ihre Tochter Tanja gedachten MP3-Player aus dem Regal.

b) Frau Schick geht zur Kasse, zahlt den Kaufpreis, nimmt den MP3-Player und geht.

c) Herr Walter findet im Stadtpark die Uhr von Frau Pflaume und hebt sie auf.

d) Herr Wendelin – Geschäftsführer der Hopfen und Malz Brauerei – sitzt in seinem Stammlokal und trinkt Bier aus seiner Brauerei, das ihm in einem verzierten Maßkrug vom Wirt gereicht wird.

2. Welcher Unterschied besteht zwischen dem Besitzer und dem Eigentümer einer Sache? Wer ist in den folgenden Fällen Besitzer und wer Eigentümer der Sache?

a) Sie leihen sich von einem Mitschüler eine CD aus.

b) Herr Schmitz hat von Herrn Lippert eine 3-Zimmer-Wohnung gemietet.

c) Sie kaufen sich ein neues Fahrrad und zahlen bar.

VERTIEFUNGSAUFGABEN

3. Erläutern Sie die jeweilige Rechtslage.

a) Helene wird das von ihrer Freundin geliehene Fahrrad entwendet. Sie hat den Dieb
   - auf frischer Tat ertappt.
   - nach zwei Tagen entdeckt.

b) Der Vermieter Herr Maler hat seinem Mieter rechtzeitig den Mietvertrag für ein Lagerhaus gekündigt. Dieser gibt den Raum trotzdem nicht frei.

c) Herr Bauer hat von Frau Reibach Geschäftsräume für seine Supermarkt OHG gemietet. Ohne Wissen und ohne Erlaubnis der Vermieterin nimmt er bauliche Änderungen vor.

d) Die Auszubildende Katja (17) verkauft ihrer besten Freundin Hanna (19) für zehn Euro eine CD, die sie mittels einer illegal beschafften Software aus dem Internet geladen und auf ihrem heimischen Rechner gebrannt hat.

e) Briefträger Herr Hausmann muss die Post einem Bauern zustellen, der auf einem abgelegenen Bauernhof wohnt. Auf dem Wege dorthin greift ihn plötzlich der Hund des Nachbarn an. Um Hose und Gesundheit zu retten, bricht der Postbote eine Latte aus dem Gartenzaum des Bauern und schlägt auf den Hund des Nachbarn ein. Der Nachbar verlangt vom Briefträger nun Schadenersatz für die Verletzung seines Hundes und der Bauer möchte Ersatz für seinen beschädigten Zaun.

f) Herr Silici beobachtet, wie ein Dieb sein Auto aufbricht und das Radio entwendet. Da er ihn nicht einholen kann, wirft er ihm einen am Straßenrand liegenden Knüppel zwischen die Beine. Der Dieb stürzt und erleidet eine Prellung und Abschürfung.

g) Der Auszubildende Andreas verleiht seinem besten Freund Pablo für einen Videoabend seinen DVD-Player. Dieser verkauft das Gerät aus Geldmangel an einen Secondhandladen.

4. Die Autoland Murschall GmbH liefert Auto-Ersatzteile an die Spedition Max Bar GmbH.

a) Die Lieferung erfolgt unter der Vertragsbedingung: „Die Ware bleibt bis zur abschließenden Zahlung unser Eigentum“. Was sagt diese Vertragsformulierung aus? Verwenden Sie zur Erklärung des Sachverhaltes die Begriffe „Besitzer“ und „Eigentümer“.

b) Warum liefert die Autoland Murschall GmbH unter Eigentumsvorbehalt?

c) Welche Gefahren sehen Sie in diesem Fall, verbunden mit dem „einfachen Eigentumsvorbehalt“?

d) Wie kann sich die Autoland Murschall GmbH weitergehend schützen im Rahmen des Eigentumsvorbehaltes?

Lernsituation 25: Angebotsvergleich

☞ SB ▸ LF 3 | 2.4.4

SITUATION

Sie sind zurzeit im Teile- und Zubehörbereich der Autoland Murschall GmbH eingesetzt. Ihr Warenwirtschaftssystem meldet Ihnen, dass der Meldebestand für Alufelgen erreicht ist und Sie 20 Sätze à vier Stück in der Größe 7,0 × 17 bestellen müssen. Gleichzeitig erhalten Sie folgende Hausmitteilung:

Hausmitteilung

AUTOLAND GMBH MURSCHALL

Datum: 12.04.20XY

Absender	Empfänger	Weiterverwendung
☒ Geschäftsleitung	☐ Geschäftsleitung	☒ zur Kenntnisnahme
☐ NW-Verkauf	☐ NW-Verkauf	☒ zur Erledigung
☐ GW-Verkauf	☐ GW-Verkauf	☐ zur Stellungnahme
☐ Werkstatt	☐ Werkstatt	☐ zur Rücksprache
☐ Teile-/Zubehörverkauf	☒ Teile-/Zubehörverkauf	☐ zur Weiterleitung
☐ Lager	☐ Lager	☐ zum Verbleib
☐ Verwaltung	☐ Verwaltung	☐ zur Rückgabe
☐ Frau/Herr	☐ Frau/Herr	☐

Unser bisheriger Lieferant für Alufelgen aus dem Zubehörbereich ist leider in der Insolvenz und wird aufgelöst. Bitte beachten Sie dies bei zukünftigen Bestellungen. Unsere Lieferantendatei ist bereits aktualisiert.

Gruß, Nolte

Lieferantendatei

Firma	Adresse	Ansprechpartner	Lieferprogramm
AUBROS Autoteile	Dieselstr. 54 | 06130 Halle a. d. Saale Tel.: 0345 4827705 | Fax: 0345 4827719	Herr Dahmen	Ersatz-/Verschleißteile, Autoelektrik, Zubehör, Reifen, Felgen, Werkzeuge, Telekommunikation
Afra Autoteile GmbH & Co. KG	Brenzstr. 24 | 89542 Herbrechlingen Tel.: 0281 9897-0 | Fax:0281 9897-32	Herr Frieder	Pkw-/Lkw-Ersatz- und -Verschleißteile, Autochemie (Öle, Fette, Bremsflüssigkeit), Felgen
ATF Autoteile Fachmarkt GmbH	Neulehenstr. 8 | 33790 Halle Tel.: 02773 1002 | Fax: 02771 5003	Frau Bauer	Ersatz-/Verschleißteile, Autoelektrik, Zubehör, Reifen, Felgen, Werkzeuge und Werkstattausrüstungen
Auto Teile Bunger KG	Feldstr. 4 | 44867 Bochum Tel.: 0234 306-0 | Fax: 0234 306-605	Herr Mertens	Pkw-Ersatz- und -Verschleißteile, Autoelektrik, Zubehör, Reifen, Felgen, Werkzeuge
...			
STARCAR Deutschland GmbH	Soester Str. 147 | 44268 Dortmund Tel.: 0231 9508-0 | Fax: 0231 9508-25	Herr Baumschulte	Neuwagen sowie Originalersatz- und Zubehörteile für alle STARCAR-Modelle

ARBEITSAUFTRAG

1. Schreiben Sie unter Beachtung der DIN 5008 eine Anfrage an die möglichen Lieferanten. Entscheiden und begründen Sie, wie viele Lieferanten Sie anschreiben.
2. Welche anderen Möglichkeiten neben der eigenen Lieferantendatei haben Sie, um Informationen über weitere Lieferanten für Ihre Felgen zu erhalten? Nennen Sie fünf Informationsquellen.

AUTOLAND GMBH
MURSCHALL

Autoland Murschall GmbH · Plittersdorfer Str. 48 · 53173 Bonn

Autoland Murschall GmbH
Plittersdorfer Str. 48
53173 Bonn

Tel.: 0228/90035379-0
Fax: 0228/90035379-1
info@autoland-murschall.de

www.autoland-murschall.de

Ihr Zeichen, Ihre Nachricht vom	Unser Zeichen, unsere Nachricht vom	Telefon 0228/90035379-	Datum

Rechtsform
Gesellschaft mit beschränkter Haftung (GmbH)
Sitz: Bonn

Handelsregister
Amtsgericht Bonn
HRB 40085/315

Gesellschafter
Otto Murschall
Bruno Osterwelle
Hanna Roskamp
Peter Trittauf

Geschäftsführer
Niklas Nolte

Bankverbindungen
Sparkasse KölnBonn
IBAN: DE33 3705 0198 0120 7777 01
BIC: COLSDE33

Postbank
IBAN: DE18 3601 0043 0150 0755 75
BIC: PBNKDEFF

Finanzamt
Bonn-Außenstadt
Bachstr. 36 | 53115 Bonn

Steuernummer
154/0575/675

Betriebsnummer für die Sozialversicherung
75 105 505

Umsatzsteuer-IdNr.
DE 74500 7485

FOLGESITUATION

Aufgrund Ihrer Anfragen sind folgende vier Angebote eingegangen.

AUBROS Autoteile GmbH

Dieselstr. 54 | 06130 Halle a. d. Saale | Tel. 0345.4827705 | Fax 0345.4827719

AUBROS Autoteile | Dieselstr. 54 | 06130 Halle a. d. Saale

Autoland Murschall GmbH
Plittersdorfer Str. 48
53173 Bonn

Ihre Zeichen	Ihre Nachricht vom	Unsere Zeichen	Unsere Nachricht vom	Telefon, Name	Datum
	12.04.20XY	DA		0345.4827705 Dahmen	15.04.20XY

Angebot 46-RA1

Sehr geehrte Damen und Herren,
für Ihre Zuschrift besten Dank. Hier ist das gewünschte Angebot:

Alufelge 7,0 × 17 à 128,00 € frei Haus

Die Preise verstehen sich zuzüglich der jeweils gültigen gesetzlichen Mehrwertsteuer. Die Zahlung ist innerhalb von 40 Tagen zu leisten. Bei Zahlung innerhalb von 10 Tagen gewähren wir 3,0 % Skonto. Die Lieferung erfolgt per Lkw sofort nach Bestellung.

Erteilen Sie uns bitte Ihren Auftrag. Sie werden mit unseren Produkten zufrieden sein.

ATF Autoteile Fachmarkt GmbH

Neulehenstr. 8 33790 Halle Tel. 02773/1002 Fax: 02773/5003

ATF Autoteile Fachmarkt GmbH Neulehenstr. 8 33790 Halle

Autoland Murschall GmbH
Plittersdorfer Str. 48
53173 Bonn

Ihre Zeichen	Ihre Nachricht vom	Unsere Zeichen	Unsere Nachricht vom	Telefon, Name	Datum
	12.04.20XY	BA		02773/1002 -25 Bauer	15.04.20XY

Angebot 112

Sehr geehrte Damen und Herren,
wir bedanken uns für Ihr Interesse an unseren Artikeln und bieten Ihnen gern freibleibend an:

Art.-Nr. 110 8000, Alufelge 7,0 × 17
Satzpreis 690,00 EUR,
abzüglich 10,0 % Rabatt,
zuzüglich 4,0 % Versandkosten vom Warenwert

Die Preise verstehen sich zuzüglich der gesetzlichen Mehrwertsteuer. Das Zahlungsziel beträgt 30 Tage; bei Zahlung innerhalb von 10 Tagen gewähren wir 3,0 % Skonto.

Ihren Auftrag werden wir zu Ihrer vollen Zufriedenheit ausführen.

Afra Autoteile
GmbH & Co. KG

Afra Autoteile GmbH & Co. KG, Brenzstr. 24, 89542 Herbrechlingen

Autoland Murschall GmbH
Plittersdorfer Str. 48
53173 Bonn

Ihre Zeichen	Ihre Nachricht vom	Unsere Zeichen	Unsere Nachricht vom	Telefon, Name	Datum
	12.04.20XY	FR		0281/9897 -12 Frieder	15.04.20XY

Angebot 20-10

Sehr geehrte Damen und Herren,

wir bedanken uns für Ihr Interesse an unseren Artikeln. Gern erfüllen wir Ihren Wunsch und bieten Ihnen freibleibend an:

Alufelge 7,0 × 17, Art.-Nr. 4499-0,
640,00 € je Satz
Der Rabatt dieses Artikels beträgt 20,0 %.

Die Versandkosten dieser Artikel betragen 3,0 % vom Warenwert. Die Preise verstehen sich zuzüglich Mehrwertsteuer. Die Zahlung ist innerhalb von 30 Tagen zu leisten. Bei Zahlung innerhalb von 10 Tagen gewähren wir 2,0 % Skonto. Die Lieferung erfolgt per Lkw sofort nach Bestellung.

Afra Autoteile GmbH & Co.KG
Brenzstr. 24
89542 Herbrechlingen

Tel.: 0281/9897-0
Fax: 0281/9897-32
www.afra-autoteile.de
info@afra-autoteile.de

Bankverbindung:
BFG Herbrechlingen
IBAN DE 55 1001 1034 5066 6101 11
BIC HALDERO1XXX

Geschäftsführer:
Sylvia Liegeling

Handelsregister:
AG Herbrechlingen
HR A 74010

AUTO TEILE BUNGER KG

Auto Teile Bunger KG Feldstr. 4 44867 Bochum

Autoland Murschall GmbH
Plittersdorfer Str. 48
53173 Bonn

Ihre Zeichen	Ihre Nachricht vom	Unsere Zeichen	Unsere Nachricht vom	Telefon, Name	Datum
	12.04.20XY	ME		0234/306-0 - 17 Mertens	15.04.20XY

ANGEBOT 25-08

Sehr geehrte Damen und Herren,

wir danken Ihnen für Ihr Interesse an unseren Artikeln. Ihren Wunsch erfüllen wir gerne und bieten Ihnen freibleibend an:

Alufelge 7,0 × 17
Art. Nr. 2910 zu € 154,00 je Stück abzüglich 15 % Rabatt

Die Preise verstehen sich frei Haus zuzüglich der jeweils gültigen gesetzlichen Mehrwertsteuer. Die Zahlung ist innerhalb von 30 Tagen zu leisten. Bei Zahlung innerhalb von 14 Tagen gewähre ich 2,0 % Skonto. Die Lieferung erfolgt per Lkw sofort nach Bestellung.

ARBEITSAUFTRAG

Führen Sie einen quantitativen Angebotsvergleich durch. Nutzen Sie hierfür das Arbeitsblatt auf der folgenden Seite.

Arbeitsblatt 25.1 Quantitativer Angebotsvergleich

	A	B	C	D	E	F	G	H	I
1	Artikel Nr.				Artikelbezeichnung				
2	Menge				Einheit				
3	Lieferant								
4	Listeneinkaufspreis	%	Betrag	%	Betrag	%	Betrag	%	Betrag
5		Einzelpreis		Einzelpreis		Einzelpreis		Einzelpreis	
6		Gesamtpreis		Gesamtpreis		Gesamtpreis		Gesamtpreis	
7	– Lieferantenrabatt								
8	= Zieleinkaufspreis (= Warennettowert)								
9	– Lieferantenskonto								
10	= Bareinkaufspreis								
11	+ Bezugskosten								
12	= Bezugspreis/ Einstandspreis								
13	Sonstiges								
14	günstigster Lieferant								
15	Datum				Sachbearbeiter				

Arbeitsblatt 25.2 Warenbeschaffung

Ausgangssituationen

1.

WWS meldet Bedarf

Bestellvorschlag durch WWS

Der Kaufmann akzeptiert

Übermittlung an den Lieferanten

2.

3.

Bezugsquellenermittlung

intern

extern

Anfrage

Ziel:

– für bestimmte Produkte oder Konditionen

rechtliche Bedeutung:

unbestimmt

Arbeitsblatt 25.3 Angebotsvergleich

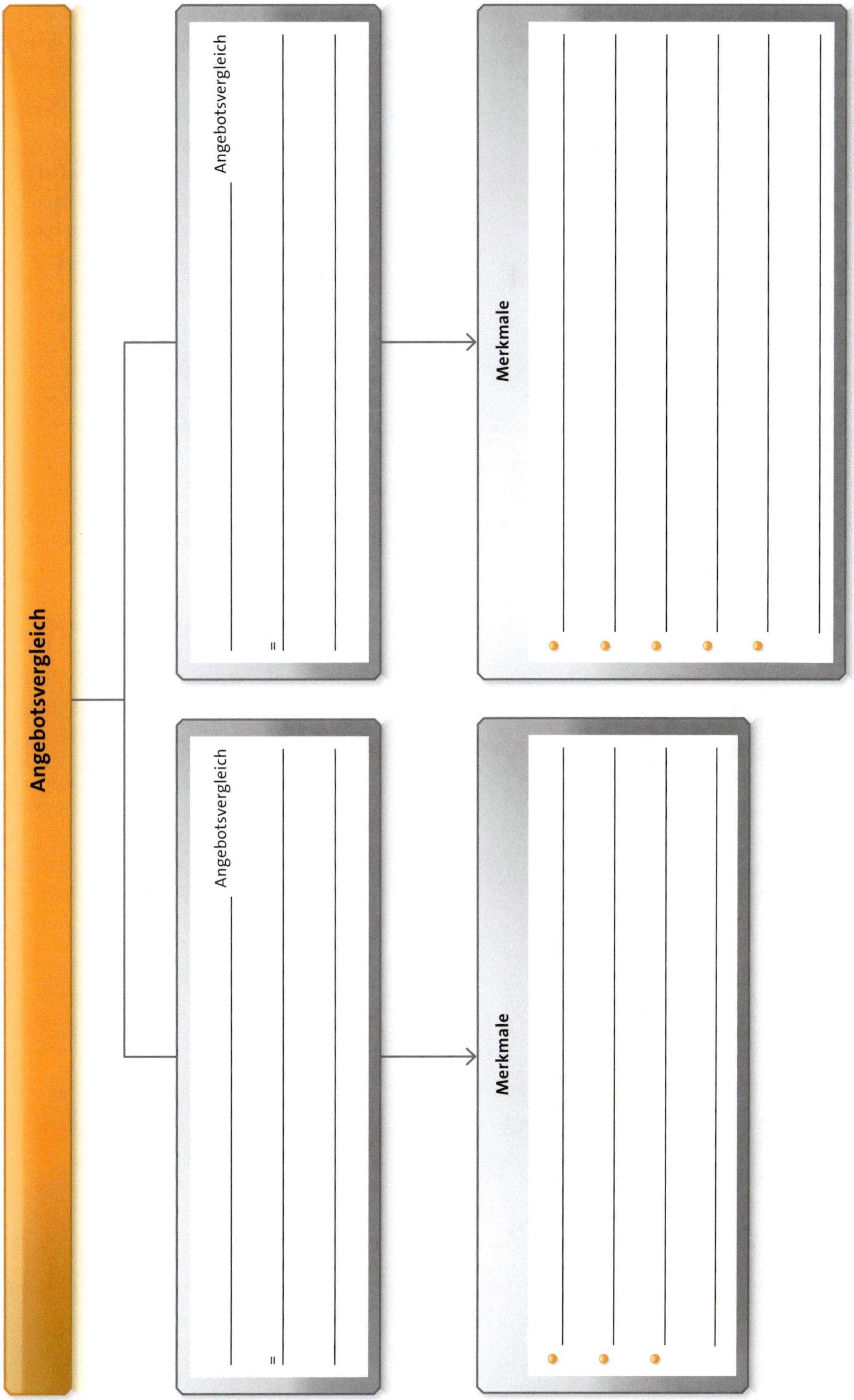

FOLGESITUATION

Sie haben den günstigsten Lieferanten mithilfe eines quantitativen Angebotsvergleiches ermittelt. Herr Özkaya, der Leiter des Lagers, erklärt Ihnen, dass die Autoland Murschall GmbH bei einer erstmaligen und größeren Bestellung die Auftragsvergabe auch von anderen, qualitativen Kriterien abhängig macht. Er erteilt Ihnen den Auftrag, einen qualitativen Angebotsvergleich durchzuführen, und stellt Ihnen folgende Informationen zur Verfügung.

AUBROS Autoteile GmbH

- Die Autoland Murschall GmbH hat bereits seit 10 Jahren geschäftliche Beziehungen zur AUBROS Autoteile GmbH, die bisher sehr positiv verlaufen sind. Alle Kollegen, die mit der AUBROS Autoteile GmbH zu tun hatten, rühmen die Freundlichkeit und Kulanz des Unternehmens.
- Mit zugesagten Lieferterminen nimmt es die Firma allerdings nicht so genau. Hier kann es sein, dass sich Termine um ca. 14 Tage nach hinten verschieben.
- Die Alufelge wurde bzgl. der Qualität von der Fachpresse mit „sehr gut" getestet.
- Die Alufelge der AUBROS Autoteile GmbH hat das Siegel „blauer Engel", sämtliches Verpackungsmaterial wird wiederverwendet, d. h. die AUBROS Autoteile GmbH verwendet nur Mehrweg-Verpackungen.

ATF Autoteile Fachmarkt GmbH

- Die ATF Autoteile Fachmarkt GmbH ist ein relativ neuer Lieferant für die Autoland Murschall GmbH, bisher hat es nur spontane und kurze Geschäftsbeziehungen gegeben.
- Die Lieferzeiten wurden stets korrekt eingehalten.
- Bei einer Lieferung gab es eine Reklamation, die äußerst kulant von der ATF Autoteile Fachmarkt GmbH geregelt wurde.
- Die Felge hat das Testurteil „gut" der Auto-Fachpresse erhalten.
- Die ATF Autoteile Fachmarkt GmbH bietet kostenlose Schulungen für das Verkaufspersonal in der entsprechenden Warenkunde an.
- Der Umgang mit den Kollegen ist stets äußerst freundlich.

Afra Autoteile GmbH & Co. KG

- Die Afra Autoteile GmbH & Co. KG ist ein alteingesessener Lieferant, bei dem die Autoland Murschall GmbH zeitweilig bestellt hat.
- Zuletzt kam es zu einem wesentlichen Reklamationsfall, den die Afra Autoteile GmbH & Co. KG nicht zu unseren Gunsten abgewickelt hat. Hier war die Art und Weise der Abwicklung sehr kleinlich und auch ausgesprochen unfreundlich.
- Die Lieferzeiten wurden leicht überschritten.
- Rigides Mahnwesen: Wir waren nur 2 Tage mit der Bezahlung der Ware überfällig, da kam bereits die erste Mahnung mit Androhung rechtlicher Schritte.
- Die Felge hat das Testurteil der Auto-Fachpresse „ sehr gut".

Auto Teile Bunger KG

- Die Auto Teile Bunger KG ist für andere Artikel ein Stammlieferant der Autoland Murschall GmbH.
- Mit dem Umweltschutz nimmt es die Auto Teile Bunger KG nicht so genau, ausschließlich Einweg-Verpackungsmaterial wird verwendet.
- Der Kundendienst ist gut, das Auftreten der Bunger-Mitarbeiter ist freundlich.
- Die Felge hat das Testurteil der Auto-Fachpresse „gut".
- Die vereinbarten Lieferzeiten werden in der Regel eingehalten.

Arbeitsblatt 25.4 Der qualitative Angebotsvergleich mithilfe der Entscheidungsmatrix (Scoring-Methode)

Entscheidungs-kriterien	Gewichtungs-faktor	AUBROS Autoteile GmbH		ATF Autoteile Fachmarkt GmbH		Afra Autoteile GmbH & Co. KG		Auto Teile Bunger KG	
		Punkte (Bewertung) für den Lieferanten	Punkte x Faktor	Punkte (Bewertung) für den Lieferanten	Punkte x Faktor	Punkte (Bewertung) für den Lieferanten	Punkte x Faktor	Punkte (Bewertung) für den Lieferanten	Punkte x Faktor
Bezugspreis der Ware									
Summe aller Gewichtungs-faktoren	100								

Aufgaben

WIEDERHOLUNGSAUFGABEN

1. Welche Informationen finden Sie in einem Lieferantenverzeichnis? Nennen und erläutern Sie fünf Informationen.

2. Erläutern Sie fünf Inhalte einer Anfrage neben der Adresse und dem Namen des Lieferanten, die in der Regel bei jeder Anfrage zur Lieferung von Waren enthalten sein sollten.

ÜBUNGSAUFGABEN

3. Wie können Sie das Internet bei der Suche nach bzw. Informationen über Lieferanten nutzen?

4. Warum sollten Sie zur Auswahl eines neuen Lieferanten für Ihr Sortiment immer mehrere Anfragen an verschiedene Lieferanten schicken? Erläutern Sie drei Gründe.

5. In einem Angebot sollen die Zahlungsbedingungen den Käufer über die Zahlungsarten, den Zahlungszeitpunkt und Zahlungsort informieren. Wie sollten die Zahlungsbedingungen in einem Angebot lauten, wenn es sich um einen unzuverlässigen Kunden handelt?

6. Die Zahlungsbedingungen in einem Angebot lauten: Zahlbar innerhalb von 30 Tagen netto Kasse, Zahlung innerhalb von 10 Tagen unter Abzug von 2 % Skonto.
a) Erläutern Sie den Begriff Skonto.
b) Warum bieten Hersteller, Lieferanten oder auch Einzelhändler ihren Kunden Skonto an?

7. Die Autoland Murschall GmbH erhält ein Angebot von einem Lieferanten über einen Satz Winterreifen für 483,00 €. Der Lieferant gewährt der Autoland Murschall GmbH einen Wiederverkäuferrabatt in Höhe von 15 %. Sollte die Autoland Murschall GmbH innerhalb von 8 Tagen zahlen, dürfen 2 % Skonto abgezogen werden. Ermitteln Sie den Bezugspreis.

8. Einem Autohaus liegen die Angebote über Radlager von zwei verschiedenen Händlern vor:
- Die Meyer OHG bietet das Radlager zu einem Listeneinkaufspreis von 3,99 € an. Ab einer Bestellmenge von 100 Stück gewährt die Großhandlung 7 % Mengenrabatt, ab einer Bestellmenge von 500 Stück gewährt sie 10 % Mengenrabatt. Bei Zahlung innerhalb von 7 Tagen dürfen 3 % Skonto abgezogen werden. Für den Versand der Ware fallen noch 0,08 € je Stück an.
- Der Händler Fink e. Kfm. gewährt generell, unabhängig von der Bestellmenge, 11 % Wiederverkäuferrabatt. Bei Fink lauten die Zahlungsbedingungen: „20 Tage netto Kasse“. Für den Versand der Ware berechnet er 0,15 € je Stück. Der Listeneinkaufspreis beträgt 3,70 €.

a) Berechnen Sie den Gesamtbezugspreis und den Stückpreis je Radlager für beide Lieferanten, wenn das Autohaus eine Bestellmenge von 150 Stück plant.
b) Bei welchem Händler sollte das Autohaus bestellen? Begründen Sie Ihre Antwort.

9. Ein Autohaus bestellt 15 Autoreinigungs-Sets zu 80,00 € das Stück laut Liste. Es werden ab einer Bestellmenge von 20 Stück 15 % Mengenrabatt, ansonsten nur 5 % Wiederverkäuferrabatt gewährt. Bei Zahlung innerhalb von 7 Tagen dürfen 2 % Skonto abgezogen werden. Für den Versand werden pauschal 8,50 € berechnet. Ermitteln Sie den Bezugspeis für die Gesamtbestellung.

10. Ein Teilegroßhändler bestellt 35 Radkappen-Sätze zu einem Gesamtlisteneinkaufspreis von 875,00 € und zu folgenden weiteren Bedingungen: Skonto innerhalb von 14 Tagen 3,5 % oder 30 Tage netto Kasse, Rabatt: 12 %, Transportkosten: für jeweils angefangene 20 Sätze 7,80 €. Ermitteln Sie den Bezugspreis je Satz.

VERTIEFUNGSAUFGABEN

11. Nehmen Sie kritisch Stellung zu der Aussage: „Im Einkauf ist das Geld zu verdienen. Deshalb sollte stets der preislich günstigste Anbieter ausgewählt werden."

12. Nennen Sie drei weitere Kriterien neben dem Preis, die bei der Auswahl eines Lieferanten berücksichtigt werden sollten. Begründen Sie jedes Kriterium.

13. a) Beschreiben Sie die Lieferantenauswahl mithilfe einer Entscheidungstabelle, sodass ein unkundiger Dritter dieses Instrument anwenden kann.
b) Bei welchen Entscheidungen des alltäglichen Lebens kann Ihnen dieses Instrument behilflich sein?

14. Niklas Nolte, Geschäftsführer der Autoland Murschall GmbH, behauptet: „Bei der Lieferantenauswahl mithilfe der Entscheidungstabelle kann ich sicher sein, dass eine objektive Lieferantenauswahl stattfindet."
a) Nehmen Sie Stellung zu dieser Aussage.
b) Stellen Sie die Vor- und Nachteile der Lieferantenauswahl mithilfe der Entscheidungstabelle einander gegenüber.

ERKUNDUNGSAUFGABEN

15. Wo finden Sie in Ihrem Ausbildungsbetrieb Informationen über Ihre Lieferanten?

16. Welche Fachzeitschriften, Kataloge oder Prospekte könnten Sie bei der Suche nach Informationen über Lieferanten aus Ihrem Ausbildungssortiment nutzen?

☞ SB ▸ LF 3 | 3.3

Lernsituation 26: Optimale Bestellmenge

SITUATION

Folgende Szene ereignete sich neulich in der Ersatzteildisposition der Autoland Murschall GmbH:

Herr Özkaya, Lagerleiter und seit 23 Jahren im Betrieb, stürmt wutentbrannt in das Büro der Ersatzteildisposition zu Frau Grieger.

Özkaya: *Das ist mir ja noch nie untergekommen, da hört jetzt aber alles auf. Frau Grieger, haben Sie heute schon mal einen Blick in das Lager geworfen? Wohl kaum, denn dafür müssten Sie ja die Lagertür öffnen, und das ist derzeit kaum möglich.*

Grieger: *Erst einmal guten Morgen, Herr Özkaya, so viel Zeit muss sein. Was ist denn los?*

Özkaya: *Das Lager ist randvoll mit M+S Reifen, andere Teile können gar nicht mehr angeliefert, geschweige denn eingelagert werden. Meine Mitarbeiter und ich können uns kaum noch in den Gängen bewegen. Frau Grieger, was soll das? Wie kommen Sie dazu, so viele Reifen zu bestellen?*

Grieger: *Also, mein lieber Herr Özkaya! Sie wissen aber auch gar nicht, was Sie wollen. Letzte Woche hingen Sie mir die ganze Zeit in den Ohren, dass die Werkstatt diverse Aufträge verloren hat, weil wir nicht genügend Reifen auf Lager hatten. Und wenn ich jetzt mal Vorsorge betreibe, ist es Ihnen auch wieder nicht recht.*

Özkaya: *Aber doch nicht so viel auf einmal! Wissen Sie eigentlich, dass wir im Jahr ca. 600 Stück M+S Reifen verkaufen? Und Sie bestellen diese riesige Menge auf einmal!*

Grieger: *Herr Özkaya, ich muss an die Kosten denken. Auf der letzten Fortbildung „Erfolgreich disponieren" wurde das Thema „Mittelbare Beschaffungskosten" behandelt. Pro Bestellung für die M+S Reifen fallen nämlich rund 120 € an. Da kommt schnell was zusammen. Außerdem haben wir diesmal einen äußerst großzügigen Rabatt erhalten.*

Özkaya: *An die Kosten muss ich auch denken. Schon mal was von Lagerkosten gehört? Und in diesem Zusammenhang können Sie sich Ihren Rabatt gleich wieder abschminken. Die Reifen können nicht im Lager bleiben. So ist kein Arbeiten möglich. Wir werden einen Container bestellen müssen, um diese Reifenberge fachgerecht einlagern zu können. Außerdem brauche ich für dieses Umlagern Hilfskräfte, zusätzliches Personal, denn ich glaube nicht, dass meine Jungs schon wieder bereit sind, Überstunden zu fahren.*

Grieger: *Herr Özkaya, so geht das nicht. Nicht erst hü und dann hott. Wenn Sie Reifen brauchen, dann können wir diese auch kostengünstig in einer größeren Menge einkaufen. Also stellen Sie sich nicht so an, nichts ist umsonst.*

ATF Autoteile Fachmarkt GmbH
Neulehenstr. 8 33790 Halle Tel. 02773/1002 Fax: 02773/5003

ATF Autoteile Fachmarkt GmbH Neulehenstr. 8 33790 Halle

Autoland Murschall GmbH
Plittersdorfer Str. 48
53173 Bonn

Ihre Zeichen	Ihre Nachricht vom	Unsere Zeichen	Unsere Nachricht vom	Telefon, Name	Datum
MP	15.04.XY	DA	12.04.XY	0345/4827705 Dahmen	17.04.20XY

Lieferschein Nr.1408-64

Artikel Nr.	Artikelbezeichnung	Menge in Stück
ASI 5897-963	Bridgline M+S Reifen, Stückpreis 90,52 €	500

Empfangsbestätigung des Kunden: i. A. Grieger
(Datum, Unterschrift)

Die Lieferung erfolgt unter Eigentumsvorbehalt.

ATF Autoteile Fachmarkt GmbH Neulehenstr. 8 33790 Halle
Tel. 02773/1002 Fax: 02773/ 5003 www.atf-fachmarkt.de info@atf-fachmarkt.de
Bankverbindung Dresdner Bank Halle IBAN DE05 2008 0000 0100 4583 02 BIC DRESDEFF200
Aufsichtsratvorsitz: Hellfried Hansen Geschäftsführer: Carl Harmsen
Handelsregister Amtsgericht Halle HR B 75011

Hausmitteilung

AUTOLAND GMBH
MURSCHALL

Datum: 23.04.20XY

Absender	**Empfänger**	**Weiterverwendung**
☒ Geschäftsleitung	☐ Geschäftsleitung	☐ zur Kenntnisnahme
☐ NW-Verkauf	☐ NW-Verkauf	☐ zur Erledigung
☐ GW-Verkauf	☐ GW-Verkauf	☒ zur Stellungnahme
☐ Werkstatt	☐ Werkstatt	☐ zur Rücksprache
☐ Teile-/Zubehörverkauf	☐ Teile-/Zubehörverkauf	☐ zur Weiterleitung
☐ Lager	☒ Lager	☐ zum Verbleib
☐ Verwaltung	☒ Verwaltung	☐ zur Rückgabe
☐ Frau/Herr	☐ Frau/Herr	☐

Hallo Frau Grieger, hallo Herr Özkaya,

durch Zufall wurde ich Zeuge Ihres kleinen Disputs.

Sicherlich hat jeder von Ihnen aus Ihrer Perspektive recht. Aber bitte bedenken Sie, dass wir alle im selben Boot „Autoland Murschall GmbH" sitzen.

Also finden Sie eine gemeinsame Lösung, die beiden Perspektiven gerecht wird. Für Ihre gemeinsame Lösung können Sie den derzeit aktuellen Lagerkostensatz gebrauchen. Er beträgt 16 % vom durchschnittlichen Lagerbestand (= Bestellmenge / 2) in Euro.

Ich erwarte Ihre gemeinsame Lösung in 40 Minuten auf meinem Schreibtisch!

Gruß
Nolte

ARBEITSAUFTRAG

1. Welche unterschiedlichen Zielsetzungen vertreten Frau Grieger und Herr Özkaya und mit welchen Argumenten versuchen sie, diese zu vertreten? Stellen Sie die Argumente einander gegenüber.
2. Ermitteln Sie die optimale Bestellmenge.
   a) Errechnen Sie zunächst für unterschiedliche Bestellmengen im Arbeitsblatt 26.1 die Gesamtkosten und tragen Sie die Kostenkurven (Lagerkosten und bestellfixe Kosten) in Abhängigkeit der Bestellmenge in das Koordinatenkreuz ein.
   b) Berechnen Sie die optimale Bestellmenge für die M+S Reifen unter Verwendung der Andlerschen Formel für die optimale Bestellmenge.

Arbeitsblatt 26.1 Ermittlung der optimalen Bestellmenge

Bestellmenge / 2 — Lagerwert · 16 % — 12 · 120 €

Bestell-menge	Anzahl der Bestel-lungen	durchschn. Lagerwert (€)	Lagerkosten (€)	bestellfixe Kosten (€)	Gesamt-kosten (€)	Kosten pro Bestellung (€)
50	12	2263,-	362,08	1440,-	1802,08	
60	10	2715,60	434,50	1200,-	1634,50	
75	8	3394,50	543,12	960,-	1503,12	
100	6	4526,-	724,16	720,-	1444,16	
120	5	5431,20	868,99	600,-	1468,99	
150	4	6789,-	1056,24	480,-	1536,24	
200	3	9052,-	1448,32	360,-	1808,32	
300	2	13578,-	2172,48	240,-	2412,48	
600	1	27156,-	4344,96	120,-	4464,96	

optimale Bestellmenge = $\sqrt{\frac{200 \cdot \text{Jahresbedarf} \cdot \text{mittelbare Beschaffungskosten}}{\text{Einstandspreis je Mengeneinheit} \cdot \text{Lagerkosten in \%}}}$

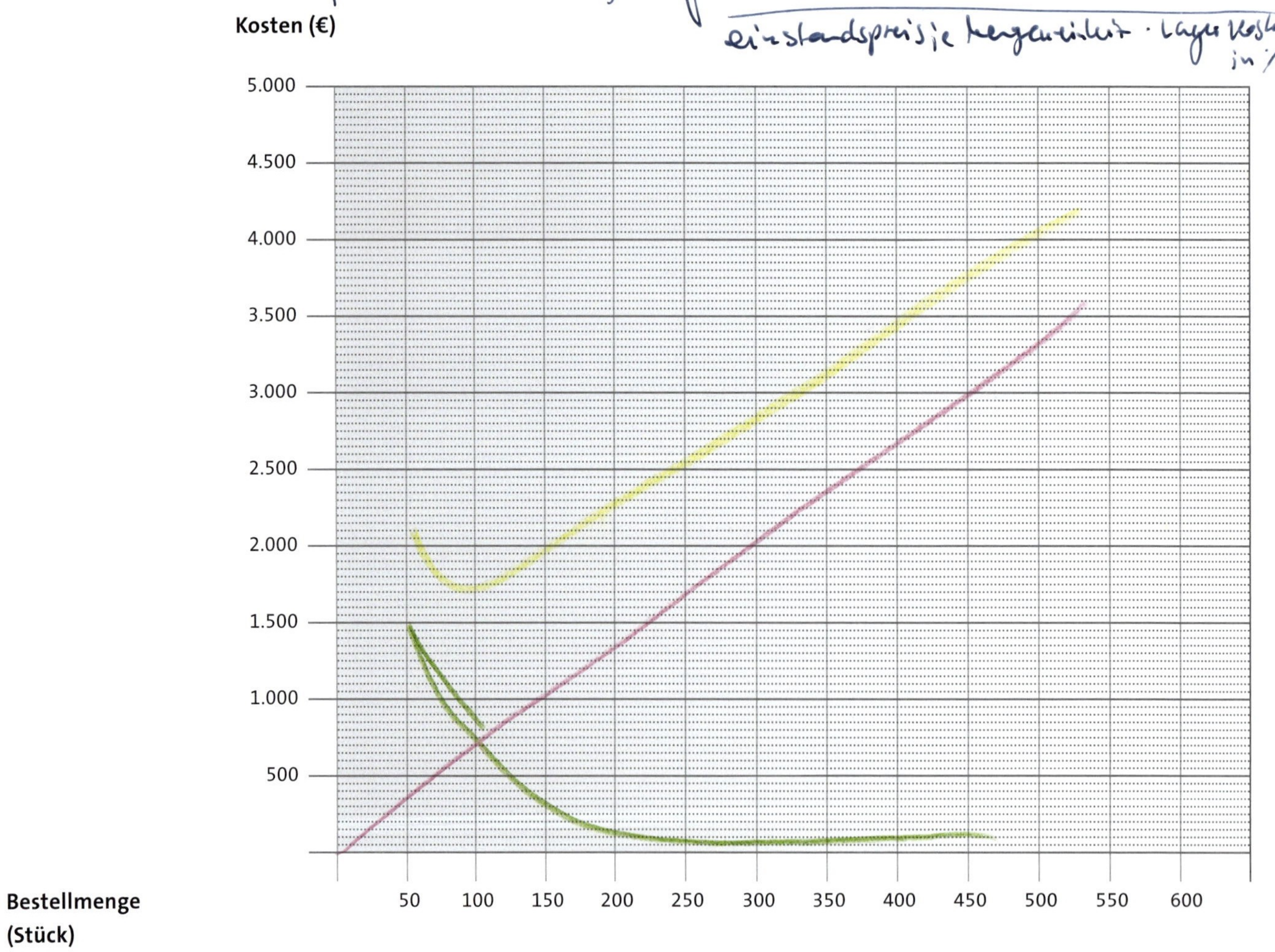

Arbeitsblatt 26.2 Die optimale Bestellmenge

Hauptziel der Lagerhaltung = Gewährleistung der Lieferfähigkeit

kann erreicht werden durch zwei unterschiedliche Bestellverhalten:

häufige Bestellungen mit geringen Bestellmengen

führen zu einem niedrigen Lagerbestand

Vorteile dieses Bestellverhaltens:

- geringe Lagerkosten
- geringeres Risiko → Schwund MHD
- weniger gebundenes Kapital
- Raumwiche

seltene Bestellungen Bestellungen, mit großen Bestellmengen

führt zu einem vollen → hohen Lagerbestand

Vorteile dieses Bestellverhaltens:

- ausreichender Lagerbestand auch bei ↗ Nachfrage
- geringere bestellfixe Kosten
- Ausnutzen von Rabatten

Lösung des Widerspruchs zwischen den beiden Bestellvarianten durch die optimale Bestellmenge =

die Bestellmenge, bei der die Summe aus Lagerkosten und bestellfixen Kosten am niedrigsten ist.

Arbeitsblatt 26.3 Die Lagerkosten

ARBEITSAUFTRAG

Ergänzen Sie die Übersicht zu den Lagerkosten.

die Lagerkosten

Kosten, verursacht durch die Lagerverwaltung

Löhne gehälter für Lagerpersonal, Sozialaufwendungen, Büromaterial, EDV

Kosten, verursacht durch die Lagerräume

Miete Energiekosten, Abschreibungen (Wertminderung durch Zeitverlaut) Gebäudeversicherung Instandhaltungskosten

Kosten, verursacht durch die Lagerbestände

Zinsen gebundenes Kapital Kosten Versicherung Kosten durch Diebstahl, Schwund, Verderb

Aufgaben

WIEDERHOLUNGSAUFGABEN

1. Nennen Sie die fünf Funktionen des Lagers und formulieren Sie für jede Lagerfunktion ein Beispiel aus Ihrer betrieblichen Praxis.

ÜBUNGSAUFGABEN

2. Bei der Autohaus Murschall GmbH werden pro Jahr etwa 10 000 Scheinwerferlampen verkauft. Der Einkäufer steht nun vor der Frage, welche Einkaufsmengen er bei jeder Bestellung ordern soll. Jede Bestellung verursacht Bestellkosten in Höhe von 12,00 €. Der Lagerplatz für eine Scheinwerferlampe kostet pro Jahr 0,20 €.

a) Ermitteln Sie mithilfe der folgenden Tabelle die optimale Bestellmenge.

Anzahl der Bestellungen	Bestellmenge in Stück	Lagerkosten in €	Bestellkosten in €	Gesamtkosten in €
1	10 000,-	1000 €	12,-	1012,-
2	5 000,-	500 €	24,-	524,-
4	2500,-	250 €	48,-	296,-
5	2 000,-	200 €	60,-	260,-
8	1 250,-	125 €	96,-	221,-
10	1 000,-	100,-	120,-	220,-
20	500,-	50,-	240,-	290,-
25	400,-	40,-	300,-	340,-
40	250,-	25,-	480,-	505,-
50	200,-	20,-	600,-	620,-
100	100,-	10,-	1200,-	1210,-

b) Beschreiben Sie die Kostenverläufe, indem Sie die folgenden Merksätze sinnvoll ergänzen:

Die Bestellkosten nehmen mit einer steigenden Zahl von Bestellungen kontinuierlich ab.

Die Lagerkoste steigen bei einer zunehmenden Anzahl von Bestellmengen.

Die optimale Bestellmenge ergibt sich, wenn die Summe aus Lagerkoste

und Bestellfixkosten minimal ist.

3. Die Autoland Murschall GmbH benötigt pro Jahr etwa 800 Autobatterien. Folgende Informationen stehen für diesen Artikel zur Verfügung:

- der durchschnittliche Lagerbestand entspricht der halben Bestellmenge
- Kosten je Bestellung: 40,00 €
- Lagerkosten pro Stück: ~~1,80 €~~ 1,60 €

Bestellmenge	Anzahl der Bestellungen	Beschaffungskosten im Jahr	durchschnittlicher Lagerbestand	Lagerkosten pro Jahr	Gesamtkosten
10	80	3200	~~40~~ 5	8,-	3208,-
20	40	1600	~~20~~ 10	16,-	1616,-
40	20	800	20	32,-	832,-
80	10	400	40	64,-	464,-
100	8	320	50	80,-	400,-
133	6	240	67	107,20	347,20
160	5	200	80	128,-	328,-
200	4	160	100	160	320,-
267	3	120	134	214,40	324,40
400	2	80	200	256,-	336,-
800	1	40	400	512,-	552,-

4. Die Autoland Murschall GmbH benötigt 2 000 Ölfilter pro Jahr. Die benötigten Mengen fallen gleichmäßig auf das Jahr verteilt an. Der Preis je Ölfilter beträgt 3,00 €. Der durchschnittliche Lagerbestand entspricht jeweils der halben Bestellmenge. Die Kosten pro Bestellvorgang betragen 8,00 € und der Lagerkostensatz beträgt 10 %.
Berechnen Sie die optimale Bestellmenge mithilfe der Andlerschen Formel.

327 St.

VERTIEFUNGSAUFGABEN

5. Die Teile- und Zubehör-Disposition der Autoland Murschall GmbH berechnet für alle Bestellvorgänge die optimalen Bestellmengen. Somit bildet die optimale Bestellmenge die Grundlage für alle Bestellvorschläge des EDV-Systems. Trotz der sorgfältigen Berechnungen kommt es vor, dass der Disponent von den Bestellvorschlägen des EDV-Systems abweicht. – Gerüchte über Klappt
Erläutern Sie an zwei allgemeinen Beispielen, wann und warum dies sinnvoll ist.
– punktueller Anstieg Nachfrage Bsp. WKR im Winter

6. Frau Grieger schlägt vor, die Mengen pro Bestellung zu senken, und überlegt, wie sich die Senkung der Bestellmenge auf die Kosten der Autoland GmbH auswirkt.
Führen Sie je eine mögliche kostensenkende Wirkung und eine mögliche kostensteigernde Wirkung dieser Maßnahme an. ↓ Lagerkosten ↑ Bestellkosten

7. Ein Autohaus hat für ein Ersatzteil einen Jahresbedarf von 1 000 Stück ermittelt. Die Kosten je Bestellung betragen 20,00 €. Für die Lagerhaltungskosten werden 40 % vom durchschnittlichen Lagerwert berechnet. Die verrechneten Anschaffungskosten pro Stück betragen 10,00 €. Wie hoch ist die optimale Bestellmenge?

100 St.

8. Ein Autohersteller benötigt für seine Fahrzeugproduktion ein bestimmtes Zubehörteil jährlich in der Menge von 900 Stück. Die Kosten je Bestellung betragen 100,00 €. Der Lagerzinssatz beträgt 20 %, der Einstandspreis des Zubehörteils liegt bei 40,00 €. Berechnen Sie die optimale Bestellmenge.

150 St.

Lernsituation 27: Optimaler Bestellzeitpunkt

SB ▸ LF 3 | 3.4

Hausmitteilung

AUTOLAND GMBH
MURSCHALL

Datum: 26.04.20XY

Absender	Empfänger	Weiterverwendung
☒ Geschäftsleitung	☐ Geschäftsleitung	☐ zur Kenntnisnahme
☐ NW-Verkauf	☐ NW-Verkauf	☐ zur Erledigung
☐ GW-Verkauf	☐ GW-Verkauf	☒ zur Stellungnahme
☐ Werkstatt	☐ Werkstatt	☐ zur Rücksprache
☐ Teile-/Zubehörverkauf	☐ Teile-/Zubehörverkauf	☐ zur Weiterleitung
☐ Lager	☒ Lager	☐ zum Verbleib
☐ Verwaltung	☒ Verwaltung	☐ zur Rückgabe
☐ Frau/Herr	☐ Frau/Herr	☐

Hallo Frau Grieger, hallo Herr Özkaya,

danke für die Berechnungen der optimalen Bestellmengen für all unsere Zubehörartikel. Ich denke, wir sind da auf dem richtigen Weg. Nachdem wir also nun die Bestellmenge optimiert haben, sollten wir uns nun um unser Bestellverhalten kümmern. Vielleicht kann man hier noch was verbessern. Bitte machen Sie sich darüber Gedanken, in 30 Minuten erwarte ich Ihre Ergebnisse.

Gruß, Nolte

„Wenn wir 10 Fußmattensets aus Velour grundsätzlich als Reserve auf Lager haben, sind wir gut gerüstet, z. B. falls unser Lieferant mal Produktionsengpässe hat und nicht liefert."

Liste optimale Bestellmengen aller Teile:

Nr.	Artikel	Opt. Menge
1	Fußmatten-Velour-Set	60 Stück

Lieferantendatei

Firma	Adresse	Lieferprogramm
...		
Auto Teile Bunger KG	Feldstr. 4 | 44867 Bochum Tel.: 0228 306-0 | Fax: 0228 306-605	Lieferbedingungen: 3 Tage Lieferzeit

Artikelkarte				
Artikelnummer	Artikelbezeichnung			Einstandspreis
AF57461-5	Fußmatten, Velour (2er Satz)			18,00 €
				Artikelbewegung
Monat	Zugang	Abgang	Monatsendbestand (Stück)	Monatsendbestand (€)
Anfangsbestand			10	
Januar	80	40	50	
Februar		40	10	
März	80	30	60	
April		50	10	
Mai	80	70	20	
Juni		20	0	
Juli	80	10	70	
August		30	40	
September	80	40	80	
Oktober		40	40	
November	80	60	60	
Dezember		60	0	0

ARBEITSAUFTRAG

1. Beschreiben und beurteilen Sie das Bestellverhalten der Autoland Murschall GmbH. Begründen Sie Ihre Ansicht.
2. Unterbreiten Sie Verbesserungsvorschläge für das Bestellverhalten der Autoland Murschall GmbH.
3. Tragen Sie die folgenden Bestandsdaten in die Grafik auf Seite 197 ein: Mindestbestand, Höchstbestand, Bestellmenge, täglicher Abverkauf. Zukünftig rechnet die Autoland Murschall GmbH mit einem täglichen Abgang an Fußmatten von 4 Stück, da diese vermehrt als Sachleistung zum Neuwagenverkauf mitgegeben werden sollen.
4. Ermitteln Sie mithilfe der Grafik auf S. 200 die Lagerbestandszahl Meldebestand und bestimmen Sie den optimalen Zeitpunkt der Bestellung. Kennzeichnen Sie beide Größen in der Grafik.
5. Ermitteln Sie rechnerisch die Lagerbestandskennzahlen Melde- und Höchstbestand.

Grafische Ermittlung des optimalen Bestellzeitpunktes und des Meldebestandes

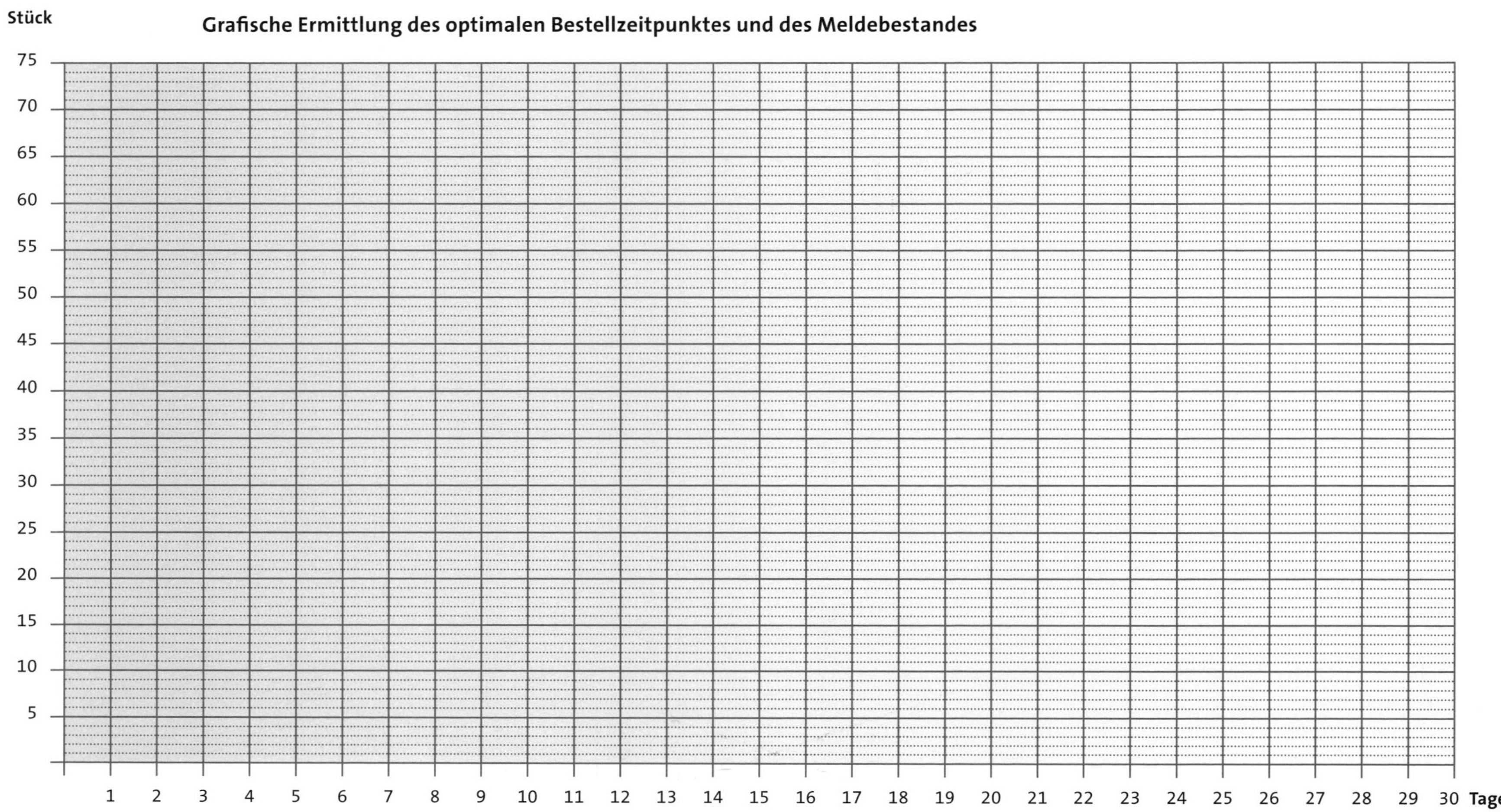

Arbeitsblatt 27.1 Bestellverfahren im Überblick

	Bestellrhythmusverfahren	Bestellzeitpunktverfahren
Merkmal		
einsetzbar, wenn		
Vorteil		
Nachteil		

Arbeitsblatt 27.2 Lagerbestandszahlen, Teil 1

Bestandskenn-zahl	Erläuterung	Berechnung / Formel
Mindestbestand	• Der Mindestbestand wird auch als ____________________ ____________________ bezeichnet. • Er ist die Stückzahl, die immer mindestens am Lager vorrätig ist und nur im Notfall eingesetzt wird, z.B. ____________________ oder ________________________________ auszugleichen.	Der Mindestbestand wird vom Lagerleiter aufgrund von Erfahrungswerten festgelegt.
Meldebestand	• Der ____________________ liegt über dem Mindestbestand. • Bei Erreichen des Meldebestandes soll neue Ware __________ werden. • Der Meldebestand muss so hoch sein, dass unter Berücksichtigung der ________________________ und der bis zur Lieferung ____________________ die bestellte Ware genau dann eintrifft, wenn ______________________________.	
Höchstbestand	• Der Höchstbestand gibt an, welche Menge von einer Ware __________ eingelagert werden kann / soll. • Der Höchstbestand sollte ____________________ werden. • Der Höchstbestand wird in der Regel nach dem ________________ ______________________ erreicht.	

Arbeitsblatt 27.3 Lagerbestandszahlen, Teil 2

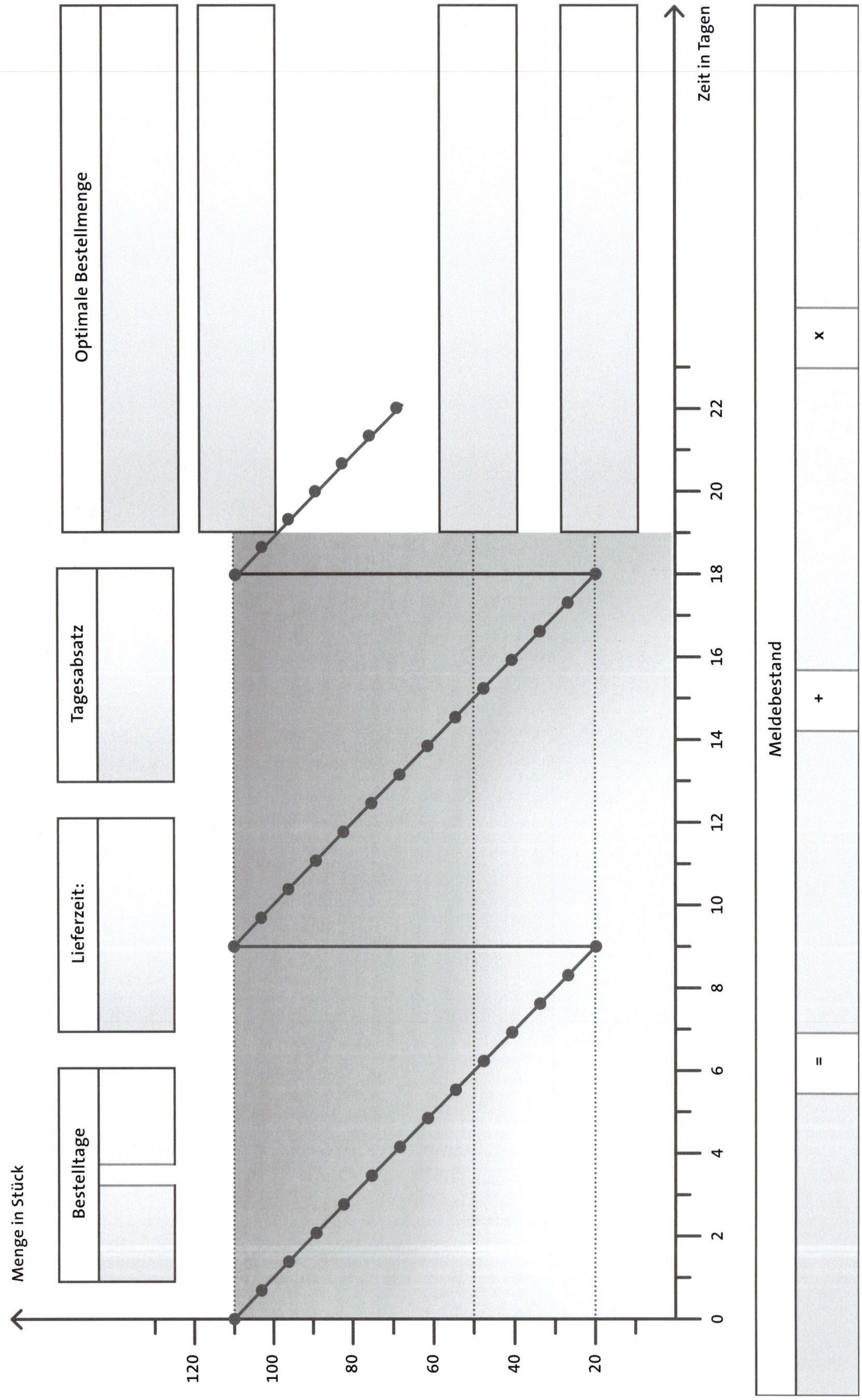

Aufgaben

WIEDERHOLUNGSAUFGABEN

1. Um welche Bestandsarten handelt es sich bei den folgenden Aussagen?
Ordnen Sie die jeweiligen Nummern den Aussagen zu.

1. Mindestbestand
2. Höchstbestand
3. Meldebestand
4. Sollbestand
5. Istbestand

a) Dieser Bestand ist aufgrund der Lagergröße oder Lagerwirtschaftlichkeit der maximal mögliche Lagerbestand.
b) Dieser Bestand wird durch die Inventur ermittelt.
c) Dieser Bestand ist laut Aussage des Warenwirtschaftssystems / der Lagerkartei vorhanden.
d) Dieser Bestand errechnet sich folgendermaßen: täglicher Absatz · Lieferzeit + Mindestbestand
e) Dieser Bestand stellt die eiserne Reserve dar.

ÜBUNGSAUFGABEN

2. Die Autohaus Sprunger GmbH hat einen Mindestbestand für M+S Reifen in Höhe von 80 Stück für die verkaufsstarken Monate September, Oktober und November eingerichtet. Für diese Monate hat der Lieferant eine Lieferzeit von einer Woche zugesagt. Als Höchstbestand wurden 320 Reifen festgelegt. Es wird ein täglicher Absatz von 16 Stück erwartet. Gehen Sie von einer 5-Tage-Woche aus.

a) Tragen Sie die in der Aufgabenstellung gegebenen Bestandsdaten in die unten stehende Grafik ein.
b) Ermitteln Sie mithilfe der unten stehenden Grafik die Lagerbestandszahlen
- Meldebestand,
- Höchstbestand sowie
- Bestellmenge

und tragen Sie auch diese in die Grafik ein.

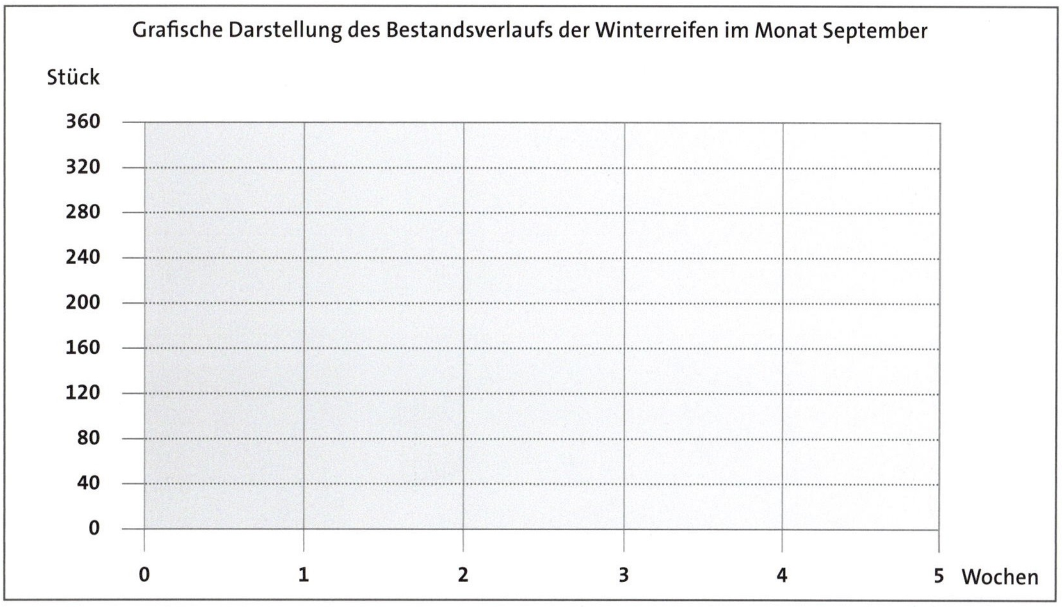

c) Überprüfen Sie Ihre Grafik, indem Sie die Lagerbestandskennzahlen berechnen.
- Meldebestand =
- Bestellmenge =

VERTIEFUNGSAUFGABEN

3. Die Autoland Murschall GmbH hat einen täglichen Bedarf an Ölfiltern von 10 Stück. Der Höchstbestand beträgt 350 Stück und der Mindestbestand 50 Stück. Der Lieferant hat eine Lieferzeit von sechs Tagen zugesagt.

a) Wie hoch ist der Meldebestand?

b) Wie viele Ölfilter werden bestellt?

c) Wie viele Tage liegen zwischen zwei Lieferungen?

d) Der tägliche Verbrauch an Ölfiltern steigt aufgrund eines vierwöchigen Aktionsangebotes „Wellness für das Auto – Fahr entspannt in den Urlaub" an. Welche Auswirkung hat diese Aktion auf den Meldebestand?

e) Im Zuge von Maßnahmen zur Kostensenkung schlägt Frau Grieger vor, den Mindestbestand bei Ölfiltern auf „0" zu setzen. Halten Sie diesen Vorschlag für sinnvoll? Begründen Sie Ihre Ansicht.

4. Die Autoland Murschall GmbH hat einem Kunden Scheibenwischer vom Typ Arco 500 verkauft. Der Lagerbestand beträgt jetzt 25 Stück, sodass das EDV-System folgende Meldung anzeigt:

Bestellvorschlagsliste vom 8. April 20XX:

Teilenummer:	568
Bezeichnung:	Scheibenwischer Arco 500
Einkaufspreis, netto:	13,00€
Aktueller Bestand:	25 Stück
Bestellmenge pro Bestellung:	40 Stück
Mindestbestand:	10 Stück
Meldebestand:	25 Stück
Lieferzeit:	3 Tage
VK, netto:	45,00€

a) Wie viele Scheibenwischer werden durchschnittlich täglich verkauft?

b) Wann ist es sinnvoll, von den Bestellvorschlägen des EDV-Systems abzuweichen? Erläutern Sie dies an zwei Beispielen.

Lernsituation 28: Lagerprinzipien und Lagerorganisation

☞ SB ▸ LF 3 | 4

Hausmitteilung

AUTOLAND GMBH
MURSCHALL

Datum: 04.05.20XY

Absender	Empfänger	Weiterverwendung
☒ Geschäftsleitung	☐ Geschäftsleitung	☐ zur Kenntnisnahme
☐ NW-Verkauf	☐ NW-Verkauf	☒ zur Erledigung
☐ GW-Verkauf	☐ GW-Verkauf	☐ zur Stellungnahme
☐ Werkstatt	☐ Werkstatt	☐ zur Rücksprache
☐ Teile-/Zubehörverkauf	☐ Teile-/Zubehörverkauf	☐ zur Weiterleitung
☐ Lager	☒ Lager	☐ zum Verbleib
☐ Verwaltung	☐ Verwaltung	☐ zur Rückgabe
☐ Frau/Herr	☐ Frau/Herr	☐

Die Zustände in unserem Ersatzteillager sind unhaltbar!!!

Folgende Beschwerden und Auffälligkeiten sind mir zu Ohren gekommen:

- Seitdem unser Lagerleiter Herr Özkaya länger krank ist und unsere Azubis alle im Lager eingesetzt sind, um auszuhelfen, sind wichtige Teile nicht mehr auffindbar. Herr Özkaya hatte sein eigenes Ordnungssystem, mit dem unsere Azubis nicht zurechtkommen. Es kommt dadurch zu Stockungen in der Werkstatt.
- Unsere Mechatroniker beschweren sich über zu lange Wartezeiten bei der Materialausgabe. Selbst gängige Teile müssen erst mühsam aus den verschiedensten Ecken des Lagers geholt werden (wenn sie denn auffindbar sind).
- Unser Rechnungswesen moniert die hohen Warenabschreibungen bei der Warengruppe Reifen. Im letzten Jahr wurden Reifen im Wert von 8.000,00 € abgeschrieben, weil diese durch die lange Lagerung bei uns porös geworden sind. Wie kann das sein? Wir haben eine Umschlagshäufigkeit von 5 in dieser Warengruppe!
- Außerdem kommt es immer wieder zu Unregelmäßigkeiten bei den Beständen der mobilen Navigationsgeräte. Bei der letzten Inventur wurde ein Fehlbestand von 15 Stück festgestellt.
- Unsere Verkäufer klagen, dass Fahrzeuge nicht mehr gewaschen an Kunden übergeben werden können, weil in der Waschanlage zeitweise Ersatzteile gelagert werden. Gleichzeitig habe ich bei einem Rundgang durch das Lager freie Lagerplätze entdeckt.
- Die Berufsgenossenschaft hat eine Überprüfung unseres Lagers angemeldet, weil sich die Arbeitsunfälle hier überproportional häufen. Im letzten Monat hatten wir drei Unfälle, u. a. fiel Herr Remsch von der Leiter! Und wie sieht es eigentlich mit unserem Erste-Hilfe-Kasten aus?

Erarbeiten Sie umgehend Vorschläge, wie wir die oben genannten Probleme in den Griff bekommen können.

Gruß
Nolte

Arbeitsblatt 28.1 Wareneingangskontrolle

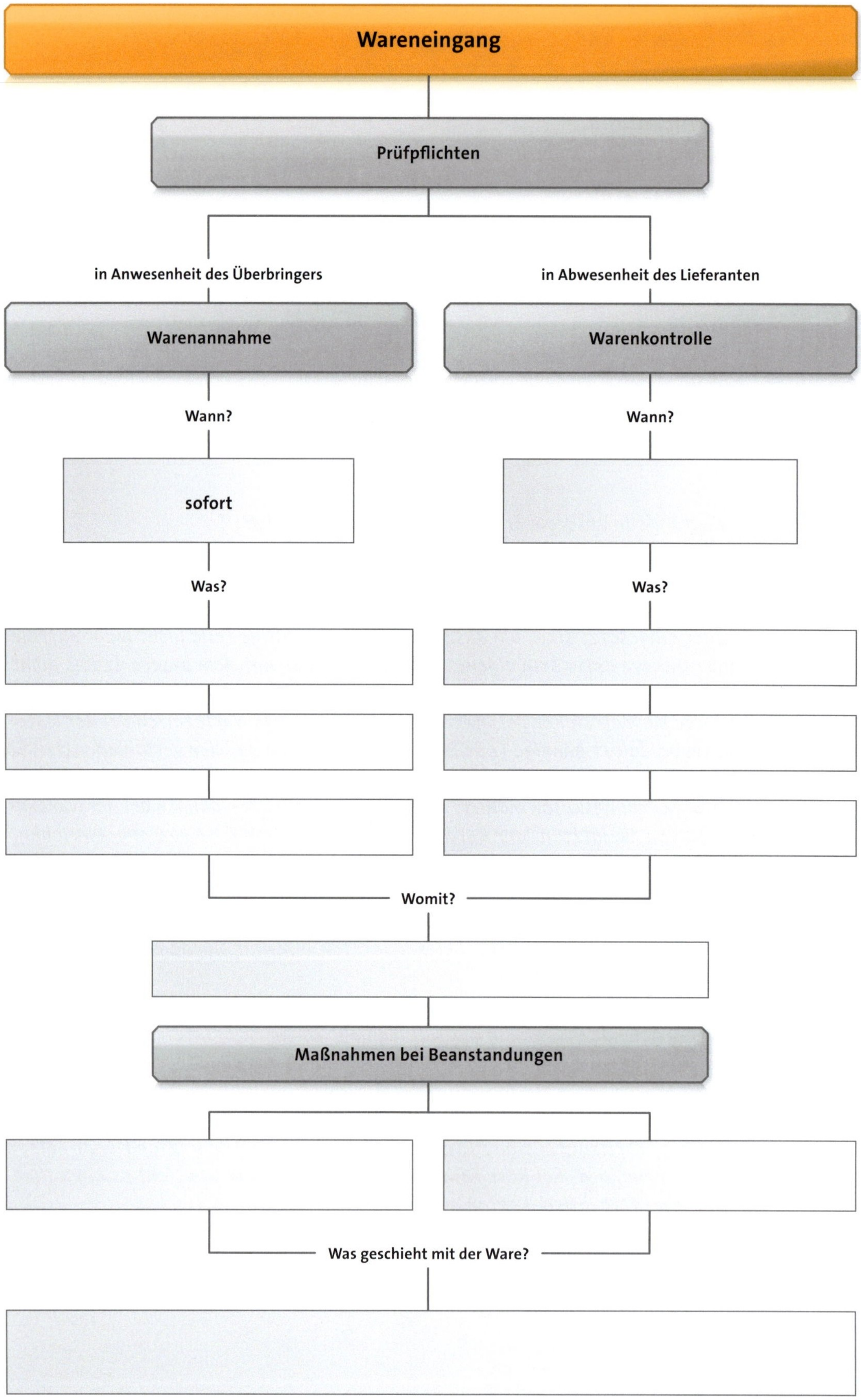

Arbeitsblatt 28.2 Lagerordnungssystem – Festplatz (logisches Lagersystem)

Ordnen Sie nach dem Festplatzsystem die folgenden Teile in das Lagerregal ein, indem Sie Symbole für die Waren in das Regal einzeichnen.

10 Antriebswellen = ▲
16 Rohre = ■
24 Dichtungen (Päckchen) = ●
6 Batterien = ♦

Festplatzsystem															
Lagerplatz 8-897				**Lagerplatz 8-898**				**Lagerplatz 8-899**				**Lagerplatz 8-900**			

Merkmale des Festplatzsystems:	
Vorteile des Festplatzsystems:	
Nachteile des Festplatzsystems:	

Arbeitsblatt 28.3 Lagerordnungssystem – Freiplatzsystem (chaotisches Lagersystem)

Ordnen Sie nach dem Freiplatzsystem die folgenden Teile in das Lagerregal ein, indem Sie Symbole für die Waren in das Regal einzeichnen.

10 Antriebswellen = ▲
16 Rohre = ■
24 Dichtungen (Päckchen) = ●
6 Batterien = ♦

Freiplatzsystem															
Lagerplatz 8-897				**Lagerplatz 8-898**				**Lagerplatz 8-899**				**Lagerplatz 8-900**			

Merkmale des Freiplatzsystems:	
Vorteile des Freiplatzsystems:	
Nachteile des Freiplatzsystems:	

Arbeitsblatt 28.4 Lagerprinzipien und Lagerarbeiten

Lagerprinzipien =

Arbeiten im Lager bei

dem Wareneingang

der Lagerung

dem Warenausgang

Aufgaben

WIEDERHOLUNGSAUFGABEN

1. Es gibt grundsätzliche Lagerprinzipien im Zusammenhang mit der sachgerechten Einlagerung. Nennen Sie diese Lagerprinzipien und erläutern Sie, warum ihre Einhaltung wichtig ist.

ÜBUNGSAUFGABEN

2. Prüfen Sie bei den folgenden Fällen, gegen welchen Grundsatz/welches Prinzip der Lagerhaltung verstoßen wird.

a) Beschädigte Waren werden nicht aus dem Lager entfernt.
b) Ein Gabelstapler versperrt ein Wandregal.
c) Benötigte Ware ist vorrätig, muss aber erst im Lager gesucht werden.
d) Neu eingetroffne Ware wird in den falschen Lagerplatz eingeräumt.
e) Um Ware in einem Regal erreichen zu können, wird als Leiter ein Stuhl verwendet.
f) Für neue Ware ist kein Platz vorhanden.

3. Die Lagerorganisation nach dem Festplatzsystem hat gegenüber anderen Lagersystemen auch erhebliche Nachteile. Welches Argument spricht gegen die Verwendung einer solchen Lagerorganisation?

1. Es müssen relativ große Lagerflächen vorgehalten werden, um flexibel zusätzliche Artikel aufnehmen zu können.
2. Die Lagerorganisation ist relativ stark abhängig vom EDV-System im Vergleich zu anderen Lagersystemen.
3. Dieses Lagersystem ist mit erheblich längere Wegen im Lager verbunden, wenn einzelne Teile für bestimmte Reparaturen benötigt werden.
4. Dieses Lagersystem ermöglicht keine Lagerung nach Baugruppen, z. B. Brems- oder Auspuffanlagen. Es wird lange nach den benötigten Teilen gesucht.
5. Dieses Lagersystem kontrolliert nur bedingt die Wirtschaftlichkeit der Lagerhaltung, da die Kosten der Lagerhaltung nur schwer zu erfassen sind.

4. Bei der Einlagerung von Teilen unterscheidet man u. a. die Lifo- und die Fifo-Systeme.

a) Erläutern Sie kurz beide Systeme.
b) Entscheiden Sie bei den folgenden Teilen, nach welchem System Sie diese Teile einlagern würden: Reifen, Ölfilter, Dichtungen, Zündkerzen, Scheibenwischer, Öl, Leuchtmittel, Fußmatten

VERTIEFUNGSAUFGABEN

5. Die STARCAR AG plant ihr Großlager in Dortmund zugunsten von dezentralen Lagern in Gesamtdeutschland aufzulösen.

a) Warum plant die STARCAR AG diese Umstrukturierung? Mutmaßen Sie über die Gründe.
b) Welche Gefahren sehen Sie für die STARCAR AG mit dieser Umstrukturierung verbunden?

ERKUNDUNGSAUFGABEN

6. Welche Lagerarten – unterschieden nach der Bauart – sind in Ihrem Ausbildungsbetrieb vorzufinden? Nennen Sie diese und geben Sie Beispiele für die dort gelagerten Waren.

7. Erstellen Sie ein Ablaufdiagramm im Sinne der Ablauforganisation, indem Sie die Arbeitsschritte von der Warenanlieferung bis zur Warenausgabe in Ihrem Ausbildungsbetrieb darstellen.

Lernsituation 29: Eigen- und Fremdlagerung

SB ▸ LF 3 I 3, 4.2.3

SITUATION

Der Online-Zubehör-und-Ersatzteilshop der Autoland Murschall GmbH ist ein voller Erfolg: Mittlerweile kümmern sich bereits zwei Mitarbeiter ausschließlich um diesen neuen Vertriebsweg. Positiver Effekt: In allen online abgegebenen Kommentaren der Kunden wird vor allem die schnelle und sehr zuverlässige Lieferung der Autoland Murschall GmbH gelobt. Dies war und ist nur deshalb möglich, da das Unternehmen ein großes Lager zur Verfügung hat, was eine ständige Lieferbereitschaft ermöglicht. Negativer Effekt: Das Lager stößt mittlerweile an seine Grenzen und muss dringend erweitert werden.

Herr Nolte überlegt deshalb, ob er das Lager an seinem jetzigen Standort erweitern soll. Die Kosten für die notwendigen Bauarbeiten, die komplett über die Bank finanziert werden müssten, belaufen sich pro Jahr auf 54.000,00 €. In dieser Situation erhält Herr Nolte folgende drei Angebote:

Angebot 1

Ihr 24-Stunden-Großhändler für Kfz-Teile und Zubehör

Express-Car-Parts • Schockenriedstr. 23 • 70565 Stuttgart

Autoland Murschall GmbH
Plittersdorfer Str. 48
53173 Bonn

Kosten pro Monat rund 4.000,00 €

Unser exklusives Angebot für Sie!
Anlieferung Ihrer Waren *just in time*!

Sehr geehrter Herr Nolte,

Sie sind ein namhafter, erfolgreicher und stetig wachsender Online-Händler? Sie haben schon jetzt Engpässe in Ihrer Lagerhaltung? Sie wollen Ihre Kunden weiterhin zuverlässig, kostengünstig und schnell beliefern und Personal im Lager einsparen?

Wir haben die Lösung: just in time.

Wir stimmen unser Sortiment mit Ihren Wünschen und Vorstellungen ab, übernehmen die Bestellung beim Hersteller, beliefern deutschlandweit innerhalb von 24 Stunden Ihre Kunden und sichern Ihnen einfachste Verwaltungsabläufe zu.

Lassen Sie sich heute noch ein Angebot erstellen, denn Sie gehören zum exklusiven Kreis von Händlern, denen wir für kurze Zeit besondere Bedingungen gewähren können.

Mit freundlichen Grüßen

Thomas Richter
Thomas Richter

Mozilla Firefox

Datei Bearbeiten Ansicht Chronik Lesezeichen Extras Hilfe

Neuer Tab

http://www.immobilien-bretterbau.de

Bretterbau Immobilien

Miet-/Kaufobjekt:	Miete
Gesamtfläche:	600,00 m²
Lager-/Produktionsfläche:	500,00 m²
Miete pro Monat:	4.000,00 €
Verfügbar ab:	sofort

Objekt-ID:
37936058

Adresse:
Schockenriedstr. 23
53173 Bonn

Angebot 2

Objektbeschreibung
Die zurzeit als Trockensortiment-Lager genutzte Halle mit angrenzendem Bürotrakt (eingeschossig) wurde Mitte der 60er Jahre errichtet. Die Tragkonstruktion der Halle ist eine Stahlrahmenkonstruktion mit einer massiven Außenwand. Das Dach besteht aus Leichtbetonplatten. Die Belichtung erfolgt durch ein Oberlicht sowie eine seitliche Industrieverglasung. Zwei Sektionaltore und Metallnotausgangstüren sind vorhanden. Die Höhe der Halle beträgt 7,10 m.

Ausstattung
In der Halle befindet sich ein großer Lagerraum; im rückwärtigen Bereich schließt der Bürobereich mit Überblick über die Halle sowie der Zugang zum Kellergeschoss mit sanitären Anlagen, Abstellräumen und Heizungskeller an.

Lage
Das ca. 1 700 m² große in Ost/West-Richtung gelegene Grundstück ist mit einer ca. 800 m² großen eingeschossigen Halle und einem zweigeschossigen Wohnhaus (drei Wohneinheiten) bebaut.

Weitere Daten

Objektzustand:	gepflegt
Baujahr:	1964
Fußweg zu öffentlichen Verkehrsmitteln:	2 Min.
Fahrzeit zum nächsten Hauptbahnhof:	5 Min.
Fahrzeit zur nächsten BAB:	5 Min.
Fahrzeit zum nächsten Flughafen:	15 Min.

Angebot 3

Von: thorben.siemer@bonner-spedition-logistik.dex
An: niklas.nolte@autoland-murschall.de
Betreff: Ihre Anfrage vom 06.05.20XY zu Fremdlagerkapazitäten
Datum: 07.05.20XY

Sehr geehrter Herr Nolte,

Kunden, die ihre Produkte bei uns einlagern, können spontaner auf Marktveränderungen reagieren und die Waren je nach Bedarf bei uns abrufen. Sie sparen Zeit und Transportkosten. Durch unsere umfängliche Dienstleistungspalette können wir innerhalb kürzester Zeit auf Ihre Wünsche reagieren. Unsere hausinterne Logistikabteilung kümmert sich auch gerne um den zuverlässigen Versand an Ihre Kunden. Schon ab 8,00 € pro m² bieten wir Ihnen bestmögliche Voraussetzungen, um Ihre Lagerkapazitäten zu entlasten.

Mit freundlichen Grüßen
Thorben Siemer
Bonner Spedition und Logistik GmbH

Einladung zur Betriebsversammlung
am 06. Mai 20XY, 16:00 Uhr

AUTOLAND GMBH
MURSCHALL

Liebe Mitarbeiter,

wie wir auf unserer letzten Sitzung mit der Geschäftsleitung erfahren haben, plant die Autoland Murschall GmbH umfangreiche Veränderungen hinsichtlich ihrer gesamten Lagerhaltung. Es steht zur Diskussion, eventuell unser Lager zu schließen und ein Fremdlager zu mieten. Auch ein Angebot zur Just-in-time-Lieferung wird geprüft. Beides hätte auf jeden Fall gravierende Folgen für uns, da dann ein Verlust von Arbeitsplätzen zu befürchten ist. Wir wollen uns daher für den Ausbau der Lagerkapazitäten vor Ort einsetzen.

Bitte kommen Sie zu unserer Betriebsversammlung am nächsten Donnerstag um 16:00 Uhr, auf der wir mit Ihnen unser weiteres Vorgehen erörtern wollen.

Ihr Betriebsrat

ARBEITSAUFTRAG

Für welches der drei Angebote würden Sie sich entscheiden? Oder ist das Erweitern des Lagers am jetzigen Standort die beste Entscheidung?

Arbeitsblatt 29.1 Eigenlager – Fremdlager – Just in time

	Eigenlager	Fremdlager	Just in time
Erläuterung			
Umweltschutzüberlegungen			
Wirtschaftliche Überlegungen			
Soziale Überlegungen			

Aufgaben

WIEDERHOLUNGSAUFGABEN

1. Nennen und erläutern Sie drei mögliche Vor- und Nachteile der Eigenlagerung gegenüber der Fremdlagerung.

ÜBUNGSAUFGABEN

2. Die Realisierung des Just-in-time-Verfahrens setzt voraus, dass ein Autohaus JIT-fähige Lieferanten findet. Erläutern Sie zwei Voraussetzungen, die JIT-Lieferanten erfüllen müssen.

3. Das Just-in-time-Verfahren kann aus gesamtwirtschaftlicher Sicht, insbesondere aus der Sicht des Endverbrauchers, mit Vor- bzw. Nachteilen verbunden sein. Erläutern Sie je einen Vor- und einen Nachteil.

VERTIEFUNGSAUFGABEN

4. Ein Autoteilegroßhändler muss ein neues Lager einrichten. Es fehlt an Lagerkapazität für mindestens 130 Paletten mit Ölen, Schmiermittel und Additiven, da das Unternehmen sein Liefergebiet und sein Sortiment ausgeweitet hat. Es ist nun zu entscheiden, ob es sinnvoller ist, ein Eigenlager zu errichten oder ein Fremdlager zu nutzen.

   Folgende Daten liegen vor:
   - fixe Lagerkosten bei Eigenlagerung: 30.000,00 € pro Monat
   - variable Lagerkosten bei Eigenlagerung: 700,00 € pro Monat und Palette
   - die Kosten für Fremdlagerung belaufen sich pauschal auf 1.000,00 € pro Monat und Palette

   a) Berechnen Sie für die Lagerung von 130 Paletten, ob die Nutzung eines Eigenlagers oder eines Fremdlagers kostengünstiger ist.
   b) Stellen Sie rechnerisch die kritische Lagermenge fest.
   c) Ermitteln Sie grafisch die kritische Lagermenge.

5. Das Warenlager eines Autoteilegroßhändlers für Luft- und Innenraumfilter ist fast ganzjährig ausgelastet. Aufgrund der gestiegenen Nachfrage wird ein weiterer Hersteller als Stammlieferant gelistet. Bei Eigenlagerung muss ein neues Lagerhaus gebaut werden. Die fixen Kosten für das Lagerhaus werden auf 1,2 Mio. € im Jahr geschätzt. Die variablen Lagerkosten werden etwa 0,05 € je Stück betragen. Ein in der Nähe produzierender Hersteller für Luft- und Innenraumfilter bietet die Lagerung zu einem Preis von 0,08 € pro Stück an. Der neue Stammlieferant verlangt eine Abnahmemenge von insgesamt 30 Mio. Luft- und Innenraumfiltern im Jahr. Jeder Filter muss vor dem Versand eingelagert werden.

   Ermitteln Sie
   a) die Lagerkosten bei Eigenlagerung,
   b) die Lagerkosten bei Fremdlagerung,
   c) die Stückzahl, bei der die Kosten der Fremdlagerung und der Eigenlagerung gleich hoch sind.
   d) Welche weiteren Entscheidungskriterien sind zu berücksichtigen, wenn der Autoteilegroßhändler zusätzliche Absatzsteigerungen in der Zukunft nicht ausschließt?

SB ▸ LF 3 | 4.5

Lernsituation 30: Wirtschaftliche Lagerhaltung

Hausmitteilung

AUTOLAND GMBH MURSCHALL

Datum: 07.05.20XY

Absender	Empfänger	Weiterverwendung
☒ Geschäftsleitung	☐ Geschäftsleitung	☐ zur Kenntnisnahme
☐ NW-Verkauf	☐ NW-Verkauf	☒ zur Erledigung
☐ GW-Verkauf	☐ GW-Verkauf	☐ zur Stellungnahme
☐ Werkstatt	☐ Werkstatt	☐ zur Rücksprache
☐ Teile-/Zubehörverkauf	☐ Teile-/Zubehörverkauf	☐ zur Weiterleitung
☐ Lager	☒ Lager	☐ zum Verbleib
☐ Verwaltung	☐ Verwaltung	☐ zur Rückgabe
☐ Frau/Herr	☐ Frau/Herr	☐

Liebe Mitarbeiter,

von einem Unternehmensberater erhielt ich die Branchenkennzahlen zur Lagerhaltung im Teile- und Zubehörbereich. Für die Bewertung unserer Lagerhaltung und etwaiger Sortiments- und Beschaffungsplanung bitte ich um einen Vergleich mit unseren entsprechenden Kennzahlen.

Gruß
Nolte

ARBEITSAUFTRAG

1. Vervollständigen Sie die vorliegenden Lagerdateien, indem Sie Folgendes ermitteln:
   - den Jahresabsatz in Stück,
   - den Wareneinsatz in Stück sowie
   - den Wareneinsatz in Euro.

2. Berechnen Sie:
   a) den durchschnittlichen Lagerbestand
   b) die Umschlagshäufigkeit
   c) die durchschnittliche Lagerdauer
   d) den Lagerzinssatz (Annahme: durchschnittlicher Fremdkapitalzins = 5 % p. a.)
   e) die Lagerzinsen

3. Vergleichen Sie die Lagerumschlagshäufigkeit der Autoland Murschall GmbH bzgl. der folgenden drei Artikel mit den durchschnittlichen Branchenwerten, indem Sie
   a) den Differenzwert zwischen Branchenwert und Wert der Autoland Murschall GmbH ermitteln.
   b) die Umschlagshäufigkeit der Autoland Murschall GmbH bewerten.
   c) mögliche Ursachen für Abweichungen erläutern.
   Nutzen Sie hierfür die vorbereitete Tabelle auf Seite 217.

4. Welche Empfehlungen können Sie der Geschäftsleitung zu den drei Teilen unterbreiten?

Nutzen Sie zur Bearbeitung die vorbereiteten Tabellen.

Lagerdatei				
Artikelnummer: AF 4736-85	**Artikelbezeichnung**			
	Autobatterien		**Einstandspreis: 36,64 €**	
	Artikelbewegung			
Monat	**Zugang**	**Abgang**	**Monatsendbestand (Stück)**	**Monatsendbestand (€)**
Anfangsbestand			30	
Januar	0	15	15	
Februar	33	35	13	
März	33	13	33	
April	0	17	16	
Mai	33	10	39	
Juni	0	8	31	
Juli	0	8	23	
August	0	7	16	
September	33	13	36	
Oktober	0	25	11	
November	33	30	14	
Dezember	33	23	24	
Gesamt:				

Lagerdatei				
Artikelnummer: AF 1348-95	**Artikelbezeichnung**			
	Scheibenwischer (Satz – vorn)		**Einstandspreis: 10,29 €**	
	Artikelbewegung			
Monat	**Zugang**	**Abgang**	**Monatsendbestand (Stück)**	**Monatsendbestand (€)**
Anfangsbestand			10	
Januar	0	0	10	
Februar	0	10	0	
März	40	20	20	
April	40	20	40	
Mai	0	5	35	
Juni	0	5	30	
Juli	0	5	25	
August	0	5	20	
September	0	5	15	
Oktober	40	50	5	
November	40	20	25	
Dezember	0	15	10	
Gesamt:				

Lagerdatei

Artikelnummer: AF 1348-95	Artikelbezeichnung			
	Bremsscheiben (Satz)		Einstandspreis: 36,65 €	
	Artikelbewegung			
Monat	**Zugang**	**Abgang**	**Monatsendbestand (Stück)**	**Monatsendbestand (€)**
Anfangsbestand			144	
Januar		44	100	
Februar	60	70	90	
März	40	70	60	
April	20	30	50	
Mai	40	30	60	
Juni	10	30	40	
Juli	80	100	20	
August	60	40	40	
September	60	30	70	
Oktober	90	80	80	
November	90	70	100	
Dezember	50	60	90	
Gesamt:				

Lagerbewegungskennzahl	Autobatterien	Scheibenwischer	Bremsscheiben
durchschnittlicher Lagerbestand a) in Stück b) in Euro			
Umschlagshäufigkeit			
durchschnittliche Lagerdauer			
Lagerzinssatz			
Lagerzinsen			

Artikel	Umschlagshäufigkeit der Autoland Murschall GmbH	durchschnittlicher Branchenwert	Differenz	Bewertung der Autoland Murschall GmbH	mögliche Ursache	Empfehlung
Autobatterien		4				
Scheibenwischer		15				
Bremsscheiben		9				

Arbeitsblatt 30.1 Lagerbewegungszahlen

Umschlagshäufigkeit

- Formel:

Umschlagshäufigkeit = ______________________________ / durchschnittlicher Lagerbestand

- Erklärung:

Die Umschlagshäufigkeit gibt an, wie oft der durchschnittliche Lagerbestand pro Jahr verkauft wird.

____

- Formel:

______________________________ = 360 / Umschlagshäufigkeit

- Erklärung:

Die ______________________________ gibt an,

wie lange die Waren im Durchschnitt im Lager liegen.

Lagerzinssatz

- Formel:

Lagerzinssatz = ______________________________ / 360

______________________________ = Zinssatz, der für Geldanlagen, z. B. bei Banken, gezahlt wird

- Erklärung:

Der Lagerzinssatz gibt an, ______________________________

______________________________ .

____

- Formel:

______________________________ = durchschnittlicher Lagerbestand in Preisen · Lagerzinssatz

- Erklärung:

Die ______________________________ geben an, wie hoch der

______________________________ durch das in dem Lagerbestand gebundene

______________________________ ist.

Arbeitsblatt 30.2 Lagerbestands- und Lagerbewegungszahlen

zu großer Lagerbestand

- entzieht dem Unternehmen Liquidität
- ____________________
- ____________________

zu kleiner Lagerbestand

- ____________________
- ____________________

Hilfsmittel bei der Optimierung des Lagerbestandes

Lagerbestandszahlen

- Meldebestand
- ____________________
- ____________________
- ____________________

Lagerbewegungszahlen

- ____________________
- ____________________
- ____________________
- ____________________

Zusammenhang zwischen den Lagerkennzahlen

durchschnittlicher Lagerbestand	Umschlags-häufigkeit	durchschnittliche Lagerdauer	durchschnittlicher Lagerzinssatz
		$\frac{360}{\text{Umschlagshäufigkeit}}$	
Je höher der Mindest- und/oder Höchstbestand, desto ____________ ist der durchschnittliche Lagerbestand.	Je ____________ ____________ ____________ desto ____________ ____________ ____________	Je ____________ ____________ ____________ desto ____________ ____________ ____________	Je ____________ ____________ ____________ desto ____________ ____________ ____________

Aufgaben

ÜBUNGSAUFGABEN

1. Der durchschnittliche Lagerbestand einer Ware beträgt 1.090,00 €, der Wareneinsatz beträgt 3.420,00 €.
a) Berechnen Sie die Umschlagshäufigkeit für diese Ware.
b) Wie viel Tage beträgt die durchschnittliche Lagerdauer?
c) Wie hoch ist der Lagerzinssatz bei einem Marktzins von 7,3 %?
d) Errechnen Sie die Lagerzinsen für diese Ware.

2. Zu Beginn eines Geschäftsjahres betrug der Ersatzteilbestand eines Automobilhändlers 165.000,00 €. Am Jahresende wurde ein Inventurbestand von 195.000,00 € festgestellt. Während des Geschäftsjahres wurden Teile für 1.650.000,00 € eingekauft.

Ermitteln Sie:
a) den Wareneinsatz
b) den durchschnittlichen Lagerbestand
c) die Umschlagshäufigkeit des Warenlagers
d) die durchschnittliche Lagerdauer in Tagen

3. Bei einer Warengruppe ergibt sich eine Umschlagshäufigkeit von 18. Welcher durchschnittlichen Lagerdauer entspricht diese Umschlagshäufigkeit?

4. Bei einem Betriebsvergleich wurden folgende Werte festgestellt:

	Betrieb A	Betrieb B
durchschnittlicher Lagerbestand	45.000,00 €	42.000,00 €
Umschlagshäufigkeit	4	
Wareneinsatz	180.000,00 €	
Lagerzinssatz	2 %	1,5 %
Lagerdauer	90 Tage	72 Tage

Ermitteln Sie:
a) die Umschlagshäufigkeit für Betrieb B.
b) den Wareneinsatz für den Betrieb B.
c) die Veränderung des Wareneinsatzes in € für Betrieb A, wenn dieser den gleichen Lagerumschlag wie Betrieb B bei unverändertem durchschnittlichen Lagerbestand erreichen will.

5. Der durchschnittliche Tagesabsatz einer Ware beträgt 16 Stück, die Lieferzeit 15 Tage und der eiserne Bestand umfasst den fünffachen Tagesabsatz.
a) Wie viel Stück beträgt der Bedarf in der Beschaffungszeit?
b) Wie viel Stück beträgt der Meldebestand?
c) Wie viel Stück beträgt der Höchstbestand, wenn zum richtigen Zeitpunkt 420 Stück bestellt werden?

6. Ein Autohändler ermittelt für das abgelaufene Geschäftsjahr folgende Werte:

Teilebestand zu Einstandspreisen zu Beginn des Geschäftsjahres	350.000,00 €
Teilebestand zu Einstandspreisen zum Schluss des Geschäftsjahres	450.000,00 €
Teileeinkauf zu Einstandspreisen	2.500.000,00 €
Teileeinkauf zu Nettoverkaufspreisen	3.898.913,00 €

Ermitteln Sie
a) den Wareneinsatz in €,
b) den durchschnittlichen Lagerbestand in €,
c) die Lagerumschlagshäufigkeit,
d) die durchschnittliche Lagerdauer,
e) den Lagerzinssatz in Prozent bei einem Bankzinssatz von 9 % je Jahr,
f) die Höhe der entgangenen Zinsen, wenn das durchschnittlich im Lager gebundene Kapital auf der Bank angelegt worden wäre.

7. Ein Autohaus weist folgende Lagerwerte laut EDV-System auf:

Warenumsatz	225.000,00 €
Durchschnittlicher Lagerbestand:	34.000,00 €
Teileverfügbarkeit:	70 %
Wareneinsatz:	170.000,00 €
Zinssatz der Hausbank:	5,5 %

Ermitteln Sie folgende Werte:
a) durchschnittliche Lagerdauer
b) Umschlagshäufigkeit
c) Lagerzinsen in € für den durchschnittlichen Lagerbestand

Welche Maßnahmen beeinflussen die ermittelten Kennzahlen positiv? Schlagen Sie drei geeignete Maßnahmen vor.

VERTIEFUNGSAUFGABEN

8. Aufgrund eines EDV-Problems sind sämtliche Daten einer Artikeldatei gelöscht worden.
a) Führen Sie bitte die Lagerkarte auf der folgenden Seite für den Artikel Nr. 228 per Hand und tragen Sie folgende Vorgänge ein:
- 2. Januar, Inventur, aktueller Bestand 130 Stück
- 31. Januar, Verkauf von 70 Stück im Januar lt. Kassenbeleg
- 8. Februar, Einkauf Auto Teile Langer GmbH, Lieferschein 18, 140 Stück
- 27. Februar, Verkauf von 75 Stück im Februar lt. Lieferschein 217
- 30. März, Verkauf von 65 Stück im März lt. Kassenbeleg
- 6. April, Einkauf Auto Teile Langer GmbH, Lieferschein 26, 140 Stück
- 30. April, Verkauf von 40 Stück im April lt. Lieferschein 456
- 31. Mai, Verkauf von 80 Stück im Mai lt. Lieferschein 584

b) Berechnen Sie folgende Lagerkennzahlen:
- durchschnittlicher Lagerbestand in Stück zum Monatsende Mai
- durchschnittliche Lagerdauer
- durchschnittlicher Lagerwert in Euro zum Monatsende Mai
- Umschlagshäufigkeit
- Lagerzinssatz (die Hausbank verlangt derzeit für einen Kredit einen Jahreszinssatz von 5,5 %)
- Lagerzinsen

c) Erläutern Sie in eigenen Worten, was die jeweiligen Kennzahlen aussagen.

Lagerkarte						
Artikel Nr.	**Bezugspreis / Stück**		**Bruttoverkaufspreis / Stück**		**Meldebestand**	**Höchstbestand**
228	35,00 €		98,00 €		60	200
Datum	**Beleg**	**Vorgang**	**Zugang**	**Abgang**	**Aktueller Bestand**	**Bedarf**

9. Der Geschäftsführer eines Autoteilehändlers möchte die Wirtschaftlichkeit seines Lagers mithilfe der Lagerkennziffern überprüfen.

a) Unterstützen Sie ihn, indem Sie zunächst die Lagerkarte für den vorliegenden Artikel vervollständigen.

Artikel: Ölfilter, Größe 5			Bezugspreis je Stück: 15,73 € Bruttoverkaufspreis je Stück: 32,95 €		
Monat	**Zugänge Stück**	**Abgänge Stück**	**Abgänge €**	**Monatsend-bestand / Stück**	**Monatsend-bestand / €**
Jahresanfangsbestand				2	
Januar	30	8			
Februar		5			
März	30	10			
April		15			
Mai	30	24			
Juni		5			
Juli	30	5			
August		8			

September	30	10			
Oktober		15			
November	30	21			
Dezember		11			
Summe					

b) Berechnen Sie folgende Lagerkennzahlen:
- durchschnittlicher Lagerbestand in Stück
- durchschnittlicher Lagerbestand in Euro
- Umschlagshäufigkeit
- durchschnittliche Lagerdauer
- Lagerzinssatz (die Hausbank verlangt derzeit für einen Kredit einen Jahreszinssatz von 7,5 %)
- Lagerzinsen

Lagerkennzahl	Kennzahl des Unternehmens	Branchenkennzahl	Bewertung
durchschnittlicher Lagerbestand in Stück		20	
Umschlagshäufigkeit		8	
durchschnittliche Lagerdauer		45	

c) Stellen Sie die Lagerzugänge und Abgänge in den Konten dar.

S	Ersatzteilbestand, Ölfilter-5	H

S	VAK, Ölfilter-5	H

S	Umsatzerlöse, Ölfilter-5	H

d) Vergleichen Sie die Lagerkennzahlen des Autoteilehändlers mit dem Branchendurchschnitt und bewerten Sie diese.

e) Was kann der Geschäftsführer unternehmen, um die Wirtschaftlichkeit seines Lagers zu erhöhen? Geben Sie konkrete Handlungsanweisungen.

10. Im Frühjahr stellen Sie bei der Kontrolle der Lagerbestände in der Filiale fest, dass überdurchschnittlich viele Winterreifen noch vorhanden sind. Notieren Sie zwei Maßnahmen, mit denen der Bestand an Winterreifen abgebaut werden kann.

SB ▸ LF 3 | 5

Lernsituation 31: Vereinfachung des betrieblichen Zahlungsverkehrs

Hausmitteilung

AUTOLAND GMBH
MURSCHALL

Datum: 18.05.20XY

Absender	Empfänger	Weiterverwendung
☒ Geschäftsleitung	☐ Geschäftsleitung	☐ zur Kenntnisnahme
☐ NW-Verkauf	☐ NW-Verkauf	☒ zur Erledigung
☐ GW-Verkauf	☐ GW-Verkauf	☐ zur Stellungnahme
☐ Werkstatt	☐ Werkstatt	☐ zur Rücksprache
☐ Teile-/Zubehörverkauf	☐ Teile-/Zubehörverkauf	☐ zur Weiterleitung
☐ Lager	☐ Lager	☐ zum Verbleib
☐ Verwaltung	☒ Verwaltung	☐ zur Rückgabe
☐ Frau/Herr	☐ Frau/Herr	☐

Der tägliche Zahlungsverkehr sprengt unsere personellen Kapazitäten! Immer wieder kommt es vor, dass wir Rechnungen zu spät zahlen und dadurch die Chance verpassen, Skonto in Anspruch zu nehmen.

Veranlassen Sie den Ausgleich vorliegender Rechnungen und überlegen Sie, ob Vereinfachungsmethoden im Rahmen des Zahlungsausgleiches Sinn machen!

Übrigens: Unser Hersteller hat sich gemeldet. Unsere Bestellung der 30 Neufahrzeuge des Modells STARCAR ESTATE ist bei ihm eingegangen. Der Bestellwert der Fahrzeuge beläuft sich insgesamt auf 690.000,00 Euro. Ab einer Bestellsumme von 500.000,00 Euro liefert unser Hersteller erst nach Vorliegen eines Abbuchungsauftrages für Lastschriften die Fahrzeuge aus. Klären Sie bitte diesen Sachverhalt. Wir bestellen erstmalig über 500.000,00 Euro, folglich haben wir noch nie einen Abbuchungsauftrag erteilt. Was ist das?

Gruß
Nolte

Bankdaten der Autoland Murschall GmbH

Postbank
IBAN DE18 3601 0043 0150 0755 75
BIC PBNKDEFF

Sparkasse KölnBonn
IBAN DE33 3705 0198 0120 7777 01
BIC COLSDE33

Bankdaten des Herstellers STARCAR

Deutsche Bank AG
IBAN DE38 6901 0044 0001 5696 74
BIC DEUTDEDBESS

BSW // Energie und Wasser
Starke Partner in Bonn

BSW // Energie und Wasser

Autoland Murschall GmbH
Plittersdorfer Str. 48
53173 Bonn

Nutzen Sie unsere Serviceverbindungen:
Tel.: 08001.566700 (kostenfrei aus dem Festnetz)

Vertragskonto 9605708
Kundennummer 1258974

Verbrauchsabrechnung vom 01.03.20XY – 30.04.20XY: 60 Tage
Rechnungsnummer 70002689510

Bonn, 02.06.20XY

Sehr geehrte Kundin, sehr geehrter Kunde,
wir bedanken uns für Ihr Vertrauen und berechnen Ihnen unsere Leistungen für den oben genannten Zeitraum wie folgt:

Produkt	Lieferung	Vorperiode	Netto	USt.	USt.	Bruttobetrag
Strom	707 kWh	————	130,32	19 %	24,76	155,08

Der Betrag ist zahlbar innerhalb von 10 Tagen ab Rechnungsdatum, netto Kasse.

Mit freundlichen Grüße
Ihre BSW

HARTMUT KÖNIG *Heizungs- und Klimatechnik*
Beratung – Reparatur – Eildienst

HARTMUT KÖNIG *Kaiserstraße 65 68974 Sinzig*

Autoland Murschall GmbH
Plittersdorfer Str. 48
53173 Bonn

KAISERSTRASSE 65 | 68974 SINZIG
TEL.: 0308711 | FAX: 030871
E-MAIL: HAKÖ1000@T-ONLINE.DE
BANKVERBINDUNG: SPARKASSE SINZIG
IBAN DE 24 3701 0050 0009 8345 34
BIC MALADE51XXX

KUNDE 00125
AUFTRAGS-NR. 349777
DATUM 16.05.20XY

Rechnung Nr. 275
Reparaturdienst Tagelohn Nr. 22/331 vom 15.05.20xy

Menge	Artikel-Nr./Beschreibung	Einzelpreis (€)	Betrag (€)
	Wartungsarbeiten	72,00	216,00
3 Std.	Wartung u. Reinigung der Heizungs- u. Klimaanlage		
1	Material: Mess- u. Reinigungsmaterial	35,00	35,00
	Netto (€) 210,92	**19 % MwSt. (€) 40,08**	**Gesamt (€) 251,00**

Zahlung ohne Abzug bis spätestens 16.06.20xy

Immobilienmaklerin

Monika Selzer Arminstraße 145 40227 Düsseldorf Tel.: 0221.40 55 58 Fax: 0221.40 55 59

Monika Selzer » Arminstraße 145 » 40227 Düsseldorf

Autoland Murschall GmbH
Plittersdorfer Str. 48
53173 Bonn

02.05.20XY

Kundennummer 230 **Objektnummer** MLA 700-12 **Abrechnungsmonat** Mai 'XY

Sehr geehrte Damen und Herren,

ich erlaube mir, die Miete für Mai 'XY für die Lagerhalle, Hohenzollernstraße Str. 49, 53173 Bonn, in Rechnung zu stellen.

3.598,00 €

Ich bitte um Überweisung auf mein Konto 854 623 bei der Stadtsparkasse Düsseldorf, BLZ 300 501 10.
Mit freundlichen Grüß–

Zahlungsträger

Nr. 1

Ermächtigung zum Einzug von Forderungen durch Lastschriften

Name und Anschrift Zahlungspflichtiger: ______________________

Zahlungsempfänger: ______________________

Hiermit ermächtige(n) ich / wir Sie widerruflich, die von mir / uns zu entrichtenden Zahlungen wegen __________ bei Fälligkeit zulasten meines / unseres Kontos mit der IBAN: ______________________ bei Kreditinstitut: __________________ durch Lastschrift einzuziehen.

Wenn mein / unser Konto die erforderliche Deckung nicht aufweist, besteht seitens des kontoführenden Kreditinstitutes keine Verpflichtung zur Einlösung. Teileinlösungen werden im Lastschriftverfahren nicht vorgenommen.

Ort, Datum Unterschrift

____

Nr. 2

SEPA-Überweisung

Für Überweisungen in Deutschland, in andere EU-/EWR-Staaten und in die Schweiz in Euro.
Bitte Meldepflicht gemäß Außenwirtschaftsordnung beachten!

Angaben zum Zahlungsempfänger: Name, Vorname/Firma (max. 27 Stellen, bei maschineller Beschriftung max. 35 Stellen)

IBAN

BIC des Kreditinstituts/Zahlungsdienstleisters (8 oder 11 Stellen)

SEPA-Überweisung €

Betrag: Euro, Cent

Kunden-Referenznummer – Verwendungszweck, ggf. Name und Anschrift des Zahlers – (nur für Zahlungsempfänger)

noch Verwendungszweck (insgesamt max. 2 Zeilen à 27 Stellen, bei maschineller Beschriftung max. 2 Zeilen à 35 Stellen)

Angaben zum Kontoinhaber: Name, Vorname/Firma, Ort (max. 27 Stellen, keine Straßen- oder Postfachangaben)

IBAN
D E

16

SEPA

Datum

Unterschrift(en)

Nr. 3

Abbuchungsauftrag für Lastschriften

Name und Anschrift Kontoinhaber: ______________________

____

Kreditinstitut des Zahlungspflichtigen: ______________________

Hiermit bitte(n) ich / wir Sie widerruflich, die von (Name des Zahlungsempfängers) ______________ für mich / uns bei Ihnen eingehenden Lastschriften zulasten meines / unseres Kontos mit der IBAN : ______________ ______________ einzulösen.

Teileinlösungen werden im Lastschriftverfahren nicht vorgenommen.

Ort, Datum Unterschrift

____

Nr. 4

Dauerauftrag einrichten

Begünstigter Name, Vorname / Firma	______
	☐ *als Vorlage speichern*
IBAN des Begünstigten	______
bei (Kreditinstitut)	______ *wird automatisch eingefügt*
Betrag	______ *Währung EUR*
Verwendungszweck	______
	______
	______
	______
Textschlüssel	Dauerauftrag – VL ▼
Ausführung	○ *Ultimo* *Monat / Jahr* ▼ ▼
	○ *Datum* *Tag / Monat / Jahr* ▼ ▼ ▼
	Monat / Jahr ▼ ▼
Ausführungsrhythmus	▼
Letzte Ausführung	*Eingabe nur, wenn Befristung des Dauerauftrags gewünscht* *Monat / Jahr* ▼ ▼
Auftraggeberkonto	______

Arbeitsblatt 31.1 Vergleich Lastschrift und Dauerauftrag

	Dauerauftrag	Lastschrift (Einzugsermächtigung und Abbuchungsauftrag)
wird eingerichtet vom ...		
besonders geeignet für ...		
Vorteile für den Zahler		
Vorteile für den Zahlungsempfänger		

Aufgaben

WIEDERHOLUNGSAUFGABEN

1. In welchen Fällen bieten sich Sammelüberweisungen, wann Eilüberweisungen an? Nennen Sie Beispiele.

ÜBUNGSAUFGABEN

2. Ihr Gehalt wird vom Arbeitgeber auf das Konto bei Ihrem Kreditinstitut am selben Ort überwiesen. Beschreiben Sie den Weg der Überweisung.

3. Welche Zahlungsform würden Sie als Mitarbeiter in einem Autohaus in den vorliegenden Fällen verwenden? Begründen Sie Ihre Entscheidung.

Nr.	Fall	Zahlungsform	Begründung
1	Monatliche Zahlung einer Lagermiete		
2	Quartalsmäßige Zahlung der Grundsteuer		
3	Monatliche Telefonrechnung		
4	Monatliche Spende an den Tierschutzverein		
5	Gehaltszahlungen		
6	Versicherungsbeiträge		

VERTIEFUNGSAUFGABEN

4. Worin unterscheiden sich die beiden Lastschriftverfahren Einzugsermächtigung und Abbuchungsauftrag voneinander?

a) Verdeutlichen Sie die Unterschiede zwischen beiden Verfahren anhand von zwei Merkmalen.

b) Wann erachten Sie es als Automobilkaufmann/-frau für sinnvoll, Ausgangsrechnungen per Abbuchungsauftrag zahlen zu lassen? Begründen Sie.

5. a) Frau Hoffmann, u. a. zuständig für die Bearbeitung der Eingangsrechnungen in der Autoland Murschall GmbH, war eine Woche im Urlaub und wurde durch einen Azubi vertreten. In dieser Woche wurden zahlreiche Eingangsrechnungen per Überweisung bezahlt. Frau Hoffmann kontrolliert die angewiesenen Zahlungen und stellt bei einer Rechnung fest, dass der Azubi beim Ausfüllen des Überweisungsformulars einen Zahlendreher bei der Konto-Nummer des Empfängers eingebaut hat. Was kann Frau Hoffmann unternehmen?

b) Frau Hoffmann möchte verhindern, dass es wieder zu so einer Fehlüberweisung kommt. Entwickeln Sie einen Vorschlag im Rahmen der betrieblichen Ablaufplanung.

c) Bei der Kontrolle der Kontoauszüge stellt Frau Hoffmann fest, dass auf dem Geschäftskonto der Autoland Murschall GmbH ein Betrag in Höhe von 0,20 € von einem unbekannten Konto eingegangen ist. Frau Hoffmann wittert sofort Gefahr und setzt sich mit der Bank in Verbindung. Welche Gefahr wittert sie?

ERKUNDUNGSAUFGABEN

6. Erkundigen Sie sich in Ihrem Ausbildungsbetrieb, welches Verfahren der Terminüberwachung angewendet wird.

☞ SB ▸ LF 3 | 5.1

Lernsituation 32: Zahlung der Eingangsrechnung unter Abzug von Skonto

Hausmitteilung — AUTOLAND GMBH MURSCHALL

Datum: *09.05.20XY*

Absender	Empfänger	Weiterverwendung
☒ Geschäftsleitung	☐ Geschäftsleitung	☐ zur Kenntnisnahme
☐ NW-Verkauf	☐ NW-Verkauf	☒ zur Erledigung
☐ GW-Verkauf	☐ GW-Verkauf	☒ zur Stellungnahme
☐ Werkstatt	☐ Werkstatt	☐ zur Rücksprache
☐ Teile-/Zubehörverkauf	☐ Teile-/Zubehörverkauf	☐ zur Weiterleitung
☐ Lager	☐ Lager	☐ zum Verbleib
☐ Verwaltung	☒ Verwaltung	☐ zur Rückgabe
☐ Frau/Herr	☐ Frau/Herr	☐

Ein Großkunde von uns befindet sich zurzeit in Zahlungsschwierigkeiten, sodass wir uns momentan selbst in einem kurzfristigen Liquiditätsengpass befinden.

Deshalb fehlen uns momentan die liquiden Mittel, um die Rechnung der AUBROS Autoteile GmbH innerhalb der Skontofrist zahlen zu können.

Erst in rund einem Monat können wir wieder auf größere liquide Mittel zurückgreifen.

Gruß
Nolte

Sparkasse KölnBonn

Ihre Anfrage vom 03.05.20XY

Sehr geehrte Frau Kröger,

der aktuelle Zinssatz für Ihren Kontokorrent-Kredit, der kurzfristige und disponible Kredit für Ihr Unternehmen, beträgt zurzeit

13 % p. a.

ARBEITSAUFTRAG

1. Wann sollte die Autoland Murschall GmbH die AUBROS-Rechnung bezahlen? Begründen Sie Ihre Entscheidung, indem Sie deren Vorteilhaftigkeit mit Zahlen belegen.
2. Veranlassen Sie die Zahlung der AUBROS-Rechnung, indem Sie den beiliegenden Überweisungsträger ausfüllen.
3. Buchen Sie die Eingangsrechnung und den Ausgleich der Rechnung im Grund- und Hauptbuch auf der übernächsten Seite.

AUBROS Autoteile GmbH

Dieselstr. 54 | 06130 Halle a. d. Saale | Tel. 0345.4827705 | Fax 0345.4827719

AUBROS Autoteile | Dieselstr. 54 | 06130 Halle a. d. Saale

Autoland Murschall GmbH
Plittersdorfer Str. 48
53173 Bonn

Ihre Zeichen	Ihre Nachricht vom	Unsere Zeichen	Unsere Nachricht vom	Telefon, Name	Datum
	29.04.20XY	DA		0345.4827705 Dahmen	01.06.20XY

Rechnung Nr. 1408-64

Artikel Nr.	Artikelbezeichnung	Menge in Stück	€ pro Stück	Rabatt in %	Gesamtpreis in €
AF98879-15	Alufelge 7,0 × 17	80	128,00	0	10.240,00
Warenwert	Versandkosten	MwSt-%	MwSt-€		Rechnungsbetrag
10.240,00 €	**0,00 €**		**1945,60**		**12.185,60 €**

Die Rechnung ist 40 Tage nach Ausstellungsdatum rein netto fällig; bei Bezahlung innerhalb von 10 Tagen ab Rechnungsdatum gewähren wir 2 % Skonto.

Erfüllungsort und Gerichtsstand ist für beide Teile Halle a. d. Saale.

AUBROS Autoteile GmbH
Geschäftsführer: Jürgen Hoppe
Dieselstr. 54
06130 Halle a. d. Saale

Tel. 0345.4827705
Fax 0345.4827719
www.aubros.de
info@aubros.de

Bankverbindung:
Sparkasse Halle
IBAN DE29 4415 2370 0801 0082 64
BIC WELADED1HAW

Handelsregister:
Amtsgericht Halle a. d. Saale
HR B 74009

SEPA-Überweisung

Für Überweisungen in Deutschland, in andere EU-/EWR-Staaten und in die Schweiz in Euro.
Bitte Meldepflicht gemäß Außenwirtschaftsordnung beachten!

Angaben zum Zahlungsempfänger: Name, Vorname/Firma (max. 27 Stellen, bei maschineller Beschriftung max. 35 Stellen)

IBAN

BIC des Kreditinstituts/Zahlungsdienstleisters (8 oder 11 Stellen)

SEPA-Überweisung €

Betrag: Euro, Cent

Kunden-Referenznummer – Verwendungszweck, ggf. Name und Anschrift des Zahlers – (nur für Zahlungsempfänger)

noch Verwendungszweck (insgesamt max. 2 Zeilen à 27 Stellen, bei maschineller Beschriftung max. 2 Zeilen à 35 Stellen)

Angaben zum Kontoinhaber: Name, Vorname/Firma, Ort (max. 27 Stellen, keine Straßen- oder Postfachangaben)

IBAN
D E

16

SEPA

Datum

Unterschrift(en)

1. Buchen Sie die Eingangsrechnung der AUBROS Autoteile GmbH vom 01.05.20XY im Grund- und Hauptbuch.

Nr.	Beleg	Soll	€	an	Haben	€
				an		
				an		

2. Buchen Sie nun im Grund- und Hauptbuch die Zahlung der offenen Eingangsrechnung unter Abzug von Skonto. Die Überweisung wurde von der Bank ausgeführt.

Nr.	Beleg	Soll	€	an	Haben	€
				an		
				an		
				an		

3. Schließen Sie das Konto „Lieferantenskonto Zubehörteile" über das Konto „Neutrales Ergebnis" ab.

Nr.	Beleg	Soll	€	an	Haben	€
				an		

Hauptbuch:

S 3300 WE Pkw Teile und Zubehör	H
EBK 10.000,00	

S 1576 Vorsteuer	H

S 2190 Lieferantenskonti	H

S 1600 Verbindlichkeiten a.L.L.	H
	EBK 6.000,00

S 1200 Bank	H
EBK 3.000,00	

S 9040 Neutrales Ergebnis	H

Arbeitsblatt 32.1 Lieferantenkredit

Stellen Sie die Zusammenhänge des Lieferantenkredites für die AUBROS-Rechnung grafisch dar, indem Sie folgende Begriffe, Daten und Beträge sinnvoll in die Grafik eintragen. Errechnen Sie im Anschluss die Kosten für den Lieferantenkredit sowie den Jahreszinssatz des Lieferantenkredits.

- Rechnungsdatum
- Zahltag netto Kasse
- Zahltag unter Abzug von Skonto
- Überweisungsbetrag = 12.185,60
- Überweisungsbetrag = 11.941,89
- 10 Tage Skontofrist
- 30 Tage Lieferantenkredit
- 40 Tage Zahlungsziel

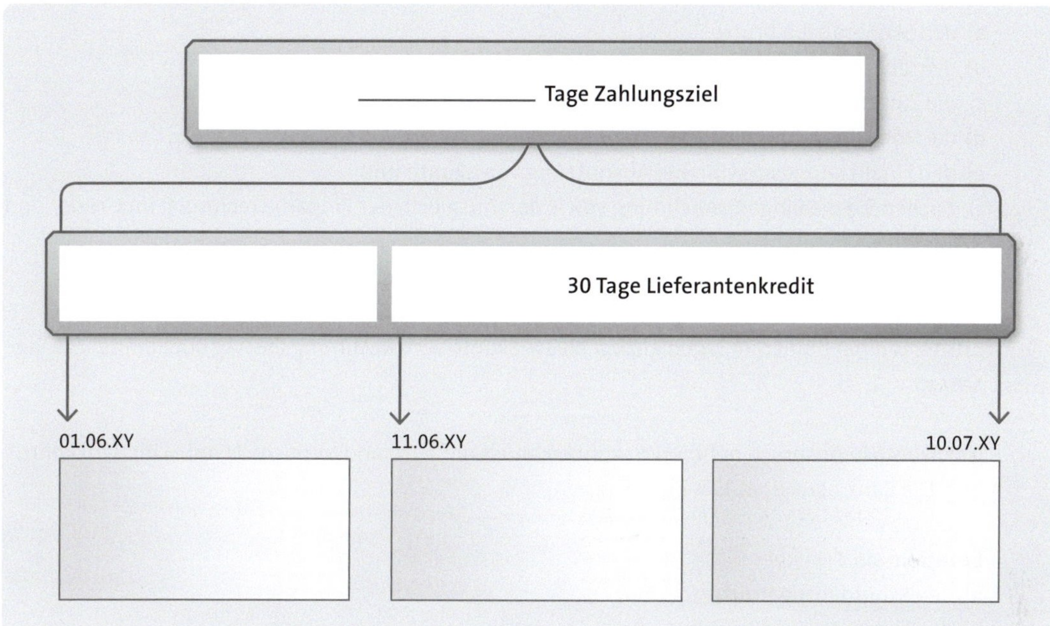

Kosten für den Lieferantenkredit:

= 12.185,60 €

= €

Jahreszinssatz des Lieferantenkredits:

$$\text{Jahreszinssatz} = \frac{\text{Skontosatz} \cdot 360}{(\text{Zahlungsziel} - \text{Skontofrist})}$$

30 Tage = 2 %

360 Tage = x %

x = =

Aufgaben

ÜBUNGSAUFGABEN

1. Die Rechnung von der Auto-Media AG für Zubehörteile wird am 20.04.XY von der Autoland Murschall GmbH beglichen.
Bruttorechnungsbetrag: 4.821,25 €
Zahlungsbedingungen: Zahlung innerhalb von 10 Tagen abzüglich 2 % Skonto, 30 Tage netto Kasse.

Um Skonto in Anspruch nehmen zu können, muss die Autoland Murschall GmbH auf ihren Kontokorrentkredit zurückgreifen. Die Bank berechnet 12,5 % p. a. Zinsen.

Ermitteln Sie
a) den Skontoabzug brutto,
b) den Überweisungsbetrag nach Skontoabzug,
c) die Zinsen für den Kontokorrentkredit,
d) die Höhe des Jahreszinssatzes für den Lieferantenkredit,
e) den Finanzierungsgewinn bei Ausnutzung von Skonto und
f) buchen Sie die Eingangsrechnung sowie den Ausgleich der Eingangsrechnung im Grund- und Hauptbuch.

2. Die Autoland Murschall GmbH bestellt bei der Schuster KG Ersatzteile zu einem Wert von 43.500,00 € brutto, zahlbar binnen 14 Tagen abzüglich 3 % Skonto vom Rechnungsbetrag oder binnen 30 Tagen netto Kasse.

Um Skonto in Anspruch nehmen zu können, muss die Autoland Murschall GmbH ihr Bankkonto überziehen. Die Bank berechnet 15 % Zinsen p. a.

Ermitteln sie
a) den Skontoabzug brutto,
b) die Zinsen des Bankkredites,
c) den Finanzierungsgewinn bei Ausnutzung von Skonto,
d) den Jahreszinssatz des Lieferantenkredites und
e) buchen Sie die Eingangsrechnung sowie den Ausgleich der Eingangsrechnung im Grundbuch.

3. Schließen Sie das Konto „Lieferantenskonto Ersatzteile“ zum Jahresende ab.

S	2190 Lieferanenskonti		H
		1.)	390,00
		2.)	130,00
		3.)	4.700,00

S	9040 Neutrales Ergebnis	H

VERTIEFUNGSAUFGABEN

4. Welchen Vorteil hat die Autoland Murschall GmbH, wenn sie die nachträgliche Preisminderung durch Skonto auf dem Konto Lieferantenskonto buchen würde und nicht direkt auf dem jeweiligen Bestandskonto?

Lernsituation 33: Mangelhafte Lieferung

SB ▸ LF 3 | 6.1

SITUATION

Sie arbeiten zurzeit im Einkauf der Autoland Murschall GmbH. Mit Beginn des heutigen Arbeitstages erhalten Sie das vorliegende Wareneingangsprotokoll aus Ihrem Lager.

Wareneingangsprotokoll

AUTOLAND GMBH MURSCHALL

Lieferschein: LS 18-05 **Datum:** 21.05.XY

Lieferant: AUBROS
Artikel: Fußmatten
Menge: 100

Sachbearbeiter: C. Schwarz

Mängel:
☐ Keine:
☒ Folgende:
- 5 Matten mit leichten Farbfehlern
- 3 Matten mit verschlossenen Knopflöchern
- 6 Matten mit aufgerissenen Nähten
- 4 Matten stark verschmutzt

ARBEITSAUFTRAG

1. Übertragen Sie die Informationen aus dem Wareneingangsprotokoll in den nebenstehenden Reklamationszettel.
2. Stellen Sie fest, welche Arten von Mängeln hier aufgetreten sind und wie diese Mängel allgemein bezeichnet werden.
3. Welches Recht bzw. welche Rechte würden Sie in dem vorliegenden Fall für die Autoland Murschall GmbH auswählen? Begründen Sie Ihre Entscheidung.
4. Schreiben Sie einen Brief an Ihren Lieferanten, in dem Sie Ihre Rechte in Anspruch nehmen.

Reklamationszettel

AUTOLAND GMBH MURSCHALL

Lieferant: ____________________

____

____

Lieferschein: Nr.: ____________________

Ware: ____________________

Warenannahme: Person: ____________________

Datum: ____________________

Warenkontrolle: Person: ____________________

Datum: ____________________

Reklamationsgrund: ____________________

____

____

Sonstiges: ____________________

____

Autoland Murschall GmbH · Plittersdorfer Str. 48 · 53173 Bonn · Tel.: 0228/90035379-0 · Fax. 0228/90035379-1
Mail: info@autoland.bonn.de · www.autoland-gmbh-bonn.de

Arbeitsblatt 33.1 Mängelarten

Mängelarten nach ihrer Erkennbarkeit

-
- offen
-

Sachmängel

- Falschlieferung
-
-
-
- Montagemangel
-

Mängelarten nach ihrem Umfang

-
-

Arbeitsblatt 33.2 Vorrangiges Recht bei mangelhafter Lieferung

Vorrangiges Recht = ____________________ durch

Nachbesserung	____________________
____________________	____________________
____________________	____________________

↓ ↓

Für die Nacherfüllung muss eine ____________________ gewährt werden.

Eine ____________________ ist unter anderem dann nicht notwendig, wenn

- ____________________
- ____________________
- die Nacherfüllung für Käufer und Verkäufer unzumutbar ist.

↓

Käufer hat ____________________. Aber: Verkäufer kann das vom Käufer gewählte Recht verweigern, wenn unverhältnismäßig ____________________ anfallen würden.

↓

Nacherfüllung fehlgeschlagen nach ____________________ erfolglosen Versuchen der Nacherfüllung.

Arbeitsblatt 33.3 Nachrangige Rechte bei mangelhafter Lieferung

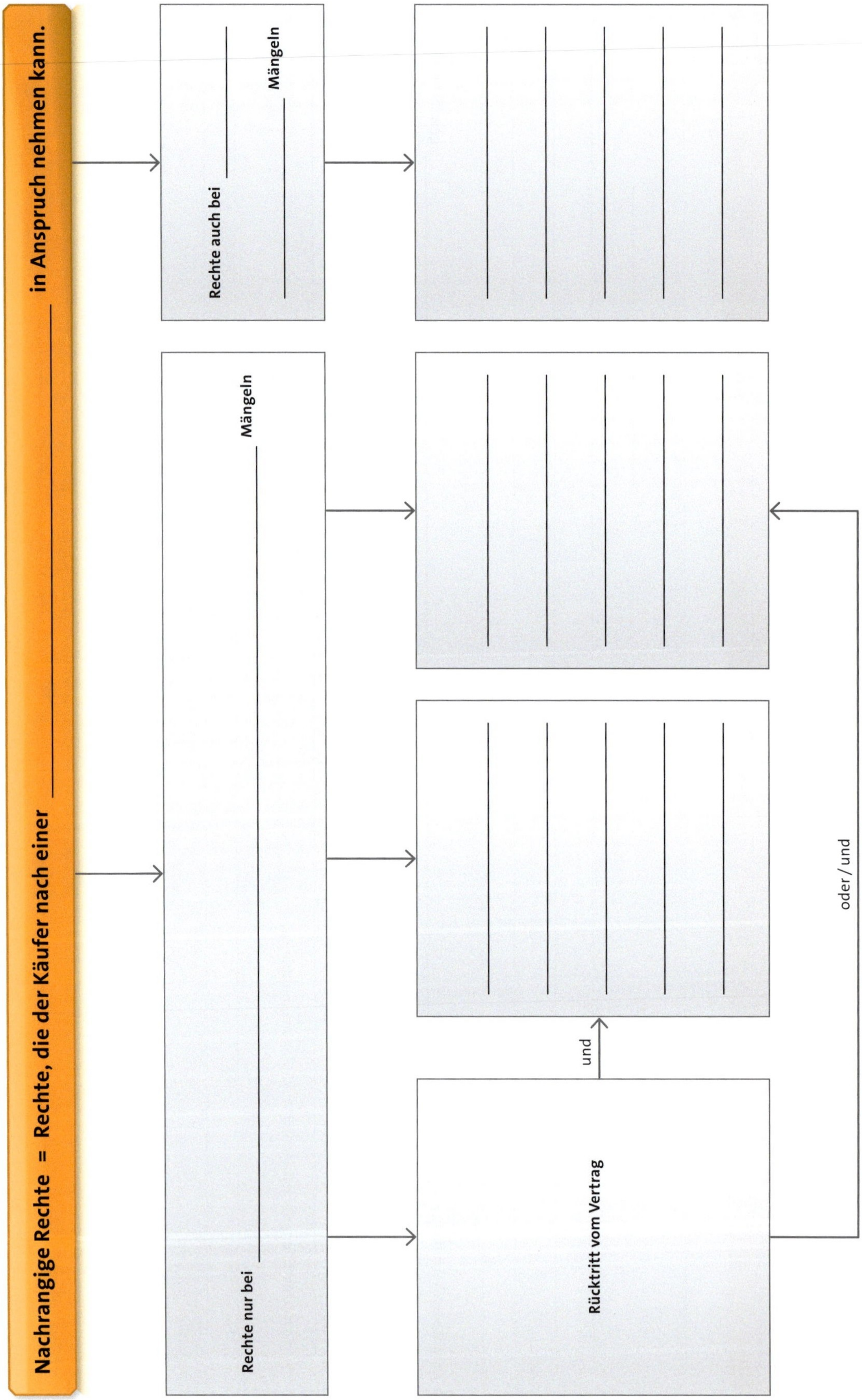

Arbeitsblatt 33.4 Pflichten bei Verbrauchsgüterkauf und zweiseitigem Handelskauf

Pflicht des Käufers	Verbrauchsgüterkauf	Zweiseitiger Handelskauf
Prüfpflicht		
Rügepflicht a) offener Mangel		
b) versteckter Mangel		
c) arglistig verschwiegener Mangel		

Aufgaben

WIEDERHOLUNGSAUFGABEN

1. Erläutern Sie die folgenden Begriffe:
   a) offener Mangel
   b) versteckter Mangel
   c) arglistig verschwiegener Mangel

2. Unterscheiden Sie den Verbrauchsgüterkauf vom zweiseitigen Handelskauf.

ÜBUNGSAUFGABEN

3. Ordnen Sie den verschiedenen Situationen die dazugehörige Mängelart zu.
   a) Bei der Kontrolle der Lieferung von Autositzbezügen wurde festgestellt, dass statt Baumwollbezügen Bezüge aus Mischgewebe geliefert wurden.
   b) Der Autoland Murschall GmbH werden statt 150 Ölfilter lediglich 50 Ölfilter geliefert.
   c) Anstelle von Halogenlampen erhält die Autoland Murschall GmbH Xenon-Lampen.
   d) Es wurden Autoradios mit deutlich sichtbaren Kratzspuren auf dem Gehäuse geliefert.
   e) Statt des Navigationsgeräts „Deluxe" wird das Modell „Komfort" geliefert.
   f) Die Autoland Murschall GmbH erhält für eine Betriebsfeier Tafelwein statt der bestellten „Spätlese".
   g) Die Autoland Murschall GmbH erhält eine Lieferung Erste-Hilfe-Taschen mit abgelaufenem Verfallsdatum.
   h) Bei der Montage einer Anhängerkupplung werden Stoßstange und Heckklappe stark beschädigt.
   i) Auf der Packung für ein Motor-Additiv steht: „Verleiht Ihrem Motor dauerhaftes Leben."

4. Ordnen Sie die unten aufgeführten Beispiele nach der Erkennbarkeit der Mängel (offener, versteckter oder arglistig verschwiegener Mangel).

   a) Beim ersten Waschen des neu gekauften Pullovers stellt sich heraus, dass dieser nicht farbecht ist.

   ____

   b) Beim Auspacken wird festgestellt, dass das Gehäuse eines Fahrradträgers stark zerkratzt ist.

   ____

   c) Eine Rolex-Armbanduhr wird mit der Versicherung verkauft, dass dies eine echte Rolex ist, obwohl der Verkäufer weiß, dass es sich um ein Imitat handelt.

   ____

5. Ein Kunde kauft am 19. Juni ein Heizungsrohr und lässt es einbauen. Nach drei Jahren stellt es sich als undicht heraus. Alle Fliesen an der Badewanne lösen sich ab. Der Gas- und Wasser-Installateur stellt einen „Lochfraß" fest. Welche Antwort trifft zu?
   a) Die Frist für eine Mängelrüge ist abgelaufen.
   b) Die Rügefrist beträgt ein Kalenderjahr und ist deshalb verjährt.
   c) Die Gewährleistungsfrist beträgt drei Jahre.
   d) Die Gewährleistungsfrist beträgt fünf Jahre.

6. Herr Bärlauch kauft am 16. Juni 20XW von dem Einzelhändler Hulten eine Stichsäge. Am 21. Juni 20XY reklamiert Herr Bärlauch bei Herrn Hulten einen erheblichen Mangel an der Stichsäge, der bereits erwiesenermaßen bei der Übergabe bestand, allerdings von Herrn Bärlauch erst am 21. Juni 20XY erkannt wurde. Klären Sie
   a) die allgemeine Gewährleistungsfrist,
   b) das Verjährungsdatum für die Reklamation der Stichsäge,
   c) das Ergebnis für Herrn Bärlauch.

7. Der Einzelhändler Juvel verkauft einen 25 Jahre alten Ring aus echtem Gold an Frau Bläsius. Frau Bläsius entdeckt nach einiger Zeit, dass der Ring nicht aus echtem Gold, sondern aus vergoldetem Messing war. Der Einzelhändler Juvel konnte davon nichts wissen. Klären Sie die Rechte für Frau Bläsius.

8. Der Autohändler Reichert verkauft an den Kunden Strunz einen Neuwagen. Nach mehreren Wochen stellt Herr Strunz erhebliche Mängel fest. Durch diese Mängel ist Herrn Strunz ein Schaden in Höhe von 220 Euro entstanden. Unter welchen Voraussetzungen kann Herr Strunz das Recht „Schadenersatz statt Leistung" geltend machen?

9. Bearbeiten Sie den unten aufgeführten Reklamationszettel der Autoland Murschall GmbH, indem Sie
a) die rechtliche Seite klären und
b) schriftlich eine Mängelrüge formulieren.

Reklamationszettel — AUTOLAND GMBH MURSCHALL

Lieferant:	*ATF Autoteile Fachmarkt GmbH*
	Neulehenstr. 8
	33790 Halle
Lieferschein:	Nr.: *2395*
Ware:	*Fensterleder*
Warenannahme:	Person: *C. Schwarz*
	Datum: *25.11.20XX*
Warenkontrolle:	Person: *H. Remsch*
	Datum: *25.11.20XX*

Reklamationsgrund: *Statt 100 Fensterleder wurden Putzlappen aus Synthetik geliefert.*

Sonstiges: *Der Lieferant gewährte uns 15 % Rabatt, daher preiswerter Einkaufspreis.*

Autoland Murschall GmbH · Plittersdorfer Str. 48 · 53173 Bonn · Tel.: 0228/90035379-0 · Fax: 0228/90035379-1
Mail: info@autoland.bonn.de · www.autoland-gmbh-bonn.de

VERTIEFUNGSAUFGABEN

10. Herr Stenton (Privatkunde) kauft bei einem Motorradhändler einen neuen Roller. Nach dem Kauf streikt der Motor. Es konnte nicht festgestellt werden, ob vor dem Verkauf ein Materialfehler oder ein Bedienungsfehler von Herrn Stenton vorlag. Hat Herr Stenton die Möglichkeit, Gewährleistungsrechte geltend zu machen? Begründen Sie Ihre Antwort.

11. Die Kundin Miriam Fuchs kauft am 20. Oktober 20XX eine Waschmaschine, die am gleichen Tag angeliefert wird. Der Verkäufer Bau verschweigt arglistig einen Mangel an dieser Maschine. Miriam Fuchs entdeckt den Mangel am 20. Dezember 20XX und macht selbstverständlich Gewährleistungsansprüche geltend. Wie ist die Rechtslage für Frau Fuchs?

12. Frau Berrenberg kaufte am 4. Juni 20XX günstig Skier für ihren nächsten Winterurlaub. Um dem Karneval zu entfliehen, packt sie ihre neuen Skier unter den Arm und fährt in die Alpen. Dort entdeckt sie einen versteckten Mangel an der Sicherheitsbindung. Welche Gewährleistungsfrist steht Frau Berrenberg zu? Begründen Sie Ihre Meinung.

13. Die Kundin Claudia Heland kauft an einem Samstag einen DVD-Player. Der Einzelhändler vermerkt auf dem Kassenzettel „Umtausch ausgeschlossen“. Die Kundin nimmt den DVD-Player trotzdem entgegen und freut sich auf ein gemütliches Wochenende mit tollen Filmen. Bei der Benutzung stellt Claudia Heland fest, dass der DVD-Player defekt ist. Am kommenden Montag steht die Kundin aufgebracht im Warenhaus und verlangt den Umtausch. Der Verkäufer bietet ihr zwar einen Kaffee an, aber keinen Umtausch. Er verweist sie auf den Vermerk auf dem Kassenzettel. Beurteilen Sie die rechtliche Situation.

14. Beurteilen Sie den Fall aus Aufgabe 6, wenn Herr Hulten den Mangel arglistig verschwiegen hätte. Begründen Sie Ihre Entscheidung.

15. „Ein ungewöhnliches Angebot mit einem ungewöhnlichen Ende“
Das Sonderangebot eines Möbeleinzelhändlers klang für die Familie Fahl, die ihr erstes Kind erwartet, verlockend. Für ein komplettes Kinderzimmer (Kinderbett, Wickelkommode, Schrank) sollte die Familie nur 225,00 € zahlen. Der einzige Nachteil war, dass die Familie den Bausatz abholen musste. Der Verkäufer riet ihnen dennoch zu dem Kauf mit dem Hinweis darauf, dass die Möbel einfach zusammenzubauen seien und die Montageanleitung ausführlich wäre. Ohne Probleme transportierte Herr Fahl die Bauteile nach Hause. Froher Erwartung machten sich Herr und Frau Fahl an den Aufbau des Kinderzimmers. Doch dann der erste Schreck: Die Montageanleitung war in englischer Sprache verfasst, die deutsche Übersetzung fehlte. Nach zwei Stunden hatte die Familie Fahl es geschafft, alle Schrauben zu sortieren. Aber wer gibt schon auf?! Schwieriger gestaltete sich das Eindrehen der Schrauben, da mehrere Löcher im Holz nicht ganz durchgebohrt waren. Herr Fahl brauchte nochmals zwei Stunden, um die Löcher nachzuarbeiten. Aber gibt man so schnell auf? Nein! Beim Zusammenbau der Wickelkommode entdeckte Frau Fahl, dass die Seiten so unsauber gearbeitet waren, dass durch die Holzsplitter eine echte Verletzungsgefahr bestand. Hier schleifte Herr Fahl ohne mit der Wimper zu zucken nach. Aufgeben? Nicht mit mir, schoss Herrn Fahl durch den Kopf. Als Frau Fahl allerdings drei Tage nach der Fertigstellung den Schrank einräumen wollte und der Schrank zusammenbrach, war die Familie Fahl mit ihrer Geduld am Ende. Sie beschwerte sich bei dem Möbeleinzelhändler und forderte das sofortige Abholen der Möbel und die Erstattung des Kaufpreises.

a) In welchen Fällen spricht man von Mängeln bei einer Lieferung?
b) Welche Mängel liegen in dieser Situation beim Kauf der Möbel für das Kinderzimmer vor?
c) Welche Möglichkeiten hat die Familie Fahl im Rahmen der Nacherfüllung?
d) Ab wann gilt eine Nacherfüllung als gescheitert?
e) Unter welchen Bedingungen wird die Familie Fahl einen Preisnachlass verlangen?
f) Wer ist im Fall einer mangelhaften Lieferung im Rahmen der Gewährleistungsfrist beweispflichtig? Die Familie Fahl oder der Einzelhändler? Begründen Sie Ihre Entscheidung.

16. Klären Sie in einem Rollenspiel folgende Situation.

Rollenkarte Verkäufer

Sie sind Mitarbeiter in einem Autohaus und haben einem Kunden eine Dachbox verkauft. Ihnen waren ebenso wie dem Kunden selbst die kleineren Kratzer auf dem Gehäuse nicht aufgefallen. Der Kunde kommt zur Reklamation zurück und Sie klären den Kunden über seine Rechte auf (Nachbesserung und/oder Neulieferung?).

Rollenkarte Käufer

Sie haben in einem Autohaus eine Dachbox gekauft, bei der Sie nach dem Auspacken kleinere Kratzer auf dem Gehäuse bemerken. Diese waren Ihnen beim Kauf der Box nicht aufgefallen. Nach dem Entdecken dieser Kratzer gehen Sie sofort zu dem Autohaus und reklamieren diesen Mangel.

Lernsituation 34: Lieferungsverzug

SB ▸ LF 3 | 6.2

Hausmitteilung

AUTOLAND GMBH
MURSCHALL

Datum: 24.05.20XY

Absender	Empfänger	Weiterverwendung
☒ Geschäftsleitung	☐ Geschäftsleitung	☐ zur Kenntnisnahme
☐ NW-Verkauf	☐ NW-Verkauf	☒ zur Erledigung
☐ GW-Verkauf	☐ GW-Verkauf	☐ zur Stellungnahme
☐ Werkstatt	☐ Werkstatt	☐ zur Rücksprache
☐ Teile-/Zubehörverkauf	☒ Teile-/Zubehörverkauf	☐ zur Weiterleitung
☐ Lager	☐ Lager	☐ zum Verbleib
☐ Verwaltung	☐ Verwaltung	☐ zur Rückgabe
☐ Frau/Herr	☐ Frau/Herr	☐

Liebe Mitarbeiter,

wir warten noch immer auf die Lieferung der Heckträger „Bike" des Lieferanten ATF Autoteile Fachmarkt GmbH (siehe Bestellung und Auftragsbestätigung). Wie Sie wissen, benötigen wir die Ware für eine Sonderverkaufsaktion, die für nächste Woche geplant ist.

N. Nolte

AUTOLAND GMBH
MURSCHALL

Autoland Murschall GmbH · Plittersdorfer Str. 48 · 53173 Bonn

ATF Autoteile Fachmarkt GmbH
Frau Bauer
Neulehenstr. 8
33790 Halle

Autoland Murschall GmbH
Plittersdorfer Str. 48
53173 Bonn

Tel.: 0228/90035379-0
Fax: 0228/90035379-1
info@autoland-murschall.de
www.autoland-murschall.de

Ihr Zeichen, Ihre Nachricht vom | Unser Zeichen, unsere Nachricht vom | Telefon 0228/90035379- | Datum 14.05.XY

Bestellung 123

Sehr geehrte Frau Bauer,
gemäß Ihrer aktuellen Preisliste bestellen wir zu den uns bekannten Allgemeinen Geschäftsbedingungen bei Ihrem Unternehmen:

Artikel	Artikelbezeichnung	Menge
	Heckträger Bike	30
	Dachträger Easy	50

Wir bitten um unverzügliche Lieferung der Ware.
Mit freundlichen Grüßen

Autoland Murschall GmbH
Özkaya
Athila Özkaya

ATF Autoteile Fachmarkt GmbH

Neulehenstr. 8 33790 Halle Tel. 02773/1002 Fax: 02773/5003

ATF Autoteile Fachmarkt GmbH Neulehenstr. 8 33790 Halle

Autoland Murschall GmbH
Herrn Athila Özkaya
Plittersdorfer Str. 48
53173 Bonn

Ihre Zeichen	Ihre Nachricht vom	Unsere Zeichen	Unsere Nachricht vom	Telefon, Name	Datum
				06221/963852	16.05.20XY

Auftragsbestätigung

Sehr geehrter Herr Özkaya,

besten Dank für Ihre Bestellung. Wir bestätigen wie folgt:

Artikel	Artikelbezeichnung	Menge	Auftragssumme (netto)	Gesamtpreis
204859	Heckträger Bike	30	10.350,00 €	12.316,50 €
204860	Dachträger Easy	50	10.350,00 €	12.316,50 €
			Gesamtsumme:	24.633,00 €

Die Lieferung erfolgt unverzüglich ab Lager, die Versandkosten betragen 3 % vom Warenwert. Die Zahlung erwarten wir innerhalb von 30 Tagen ohne Abzug nach Rechnungseingang.

Mit freundlichen Grüßen

ATF Autoteile Fachmarkt GmbH

Bauer

Frau Bauer

ATF Autoteile Fachmarkt GmbH
Neulehenstr. 8
33790 Halle

Tel. 02773/1002
Fax: 02773/ 5003
www.atf-fachmarkt.de
info@atf-fachmarkt.de

Bankverbindung
Dresdner Bank Halle
IBAN DE05 2008 0000 0100 4583 02
BIC DRESDEFF200

Aufsichtsratvorsitz:
Hellfried Hansen
Geschäftsführer:
Carl Harmsen

Handelsregister
Amtsgericht Halle
HR B 75011

Arbeitsblatt 34.1 Lieferungsverzug, Teil 1

Wann liegt ein Lieferungsverzug vor?

+ + Mahnung +

Ist nur Voraussetzung, wenn Schadenersatz geltend gemacht werden soll.

Wenn diese Voraussetzungen erfüllt sind, liegt die Kaufvertragsstörung „Lieferungsverzug" vor und der Käufer kann zwischen folgenden Rechten wählen:

Käufer ist weiterhin an der Lieferung interessiert:

Käufer ist nicht mehr an einer Lieferung interessiert:

Voraussetzung

Arbeitsblatt 34.2 Lieferungsverzug, Teil 2

Wie wird die Höhe des Schadenersatzes bestimmt?

Abstrakter Schaden =

Konkreter Schaden =

Um der Problematik bei der Festlegung des Schadens, insbesondere des abstrakten Schadens, zu begegnen, vereinbaren Unternehmen vorab eine:

Konventionalstrafe =

Fachbegriffe beim Lieferungsverzug	Erklärung
Wann liegt Verschulden vor?	
Wann ist eine Nachfrist angemessen?	

Mögliches Recht bei vorliegendem Lieferungsverzug	Unter welchen betrieblichen Umständen wird dieses Recht gewählt?
Lieferung verlangen und ggf. Schadenersatz	
Rücktritt vom Kaufvertrag	
Schadenersatz statt Leistung	
Ersatz vergeblicher Aufwendungen	

Aufgaben

WIEDERHOLUNGSAUFGABEN

1. Nennen Sie die Voraussetzungen dafür, dass ein Lieferant in einen Lieferungsverzug gerät.

2. Geben Sie die rechtlichen Voraussetzungen an, unter denen bei einem Lieferungsverzug auf eine Mahnung durch den Käufer verzichtet werden kann.

ÜBUNGSAUFGABEN

3. Prüfen Sie in den unten aufgeführten Situationen, ob der Käufer eine Mahnung schreiben muss. Gehen Sie davon aus, dass die Lieferung zum vereinbarten Zeitpunkt nicht stattgefunden hat.

	Situation	Mahnung ja/nein	Begründung
a)	Der Lieferant Auto Teile Langer benachrichtigt seinen Käufer, dass er nicht liefern kann.		
b)	Die Lieferung der Ware erfolgt frühestens Mitte Februar.		
c)	Die Lieferung der Ware erfolgt am 17. Dezember.		
d)	Die Autoland Murschall GmbH bestellt für die Wintersaison Eiskratzer und erwartet diese Mitte November. Die Ware wird nicht geliefert.		
e)	Die Lieferung erfolgt am 02. April XX fix.		
f)	Die Autoland Murschall GmbH erwartet die Lieferung von Autobatterien Anfang März.		
g)	Sie bestellen eine Wasserpumpe. Der Rhein führt Hochwasser. Der Installateur verspricht sofortige Lieferung, aber die Wasserpumpe wird nicht geliefert.		

4. Laut Kaufvertrag vom 21. August 20XX soll der Verkäufer Otfried Knapp an den Käufer Christian Schmied 20 Fahrräder liefern. Lieferungsbedingung: schnellstmöglich. Am 16. September 20XX ist die Lieferung noch immer nicht eingetroffen. Christian Schmied ist ziemlich sauer, weil er die Fahrräder dringend benötigt. Er möchte allerdings auch nicht auf einen anderen Lieferanten ausweichen. Welche Rechte kann er geltend machen und welche Voraussetzungen muss er dabei beachten?

5. Der Kunde Wolf Steinbach vereinbarte im Kaufvertrag mit dem Verkäufer Marcus Mayer die Lieferung von 15 Druckern. Im Kaufvertrag wurde kein Liefertermin vereinbart. Marcus Mayer vereinbarte mit einem anderen Käufer einen viel höheren Preis und weigert sich nun, die Drucker an Wolf Steinbach auszuhändigen. Prüfen Sie, ob
a) Fälligkeit und Verschulden vorliegen,
b) eine Nachfrist gesetzt werden muss und
c) welche Rechte der Kunde in Anspruch nehmen kann.

6. Laut Kaufvertrag sollte der Verkäufer Max Recht an die Kundin Islah Yamel 15 PCs liefern. Lieferungsbedingung: spätestens bis zum 5. März 20XX. Nachdem die Lieferung am 15. März 20XX noch immer nicht eingetroffen ist, teilt Islah Yamel mit, dass sie ohne Nachfristsetzung sofort vom Kaufvertrag zurücktreten möchte. Max Recht lehnt dies ab. „In meinem Betrieb wird gestreikt. Ich verspreche Ihnen, ich werde in den nächsten drei Tagen liefern."
Prüfen Sie, ob
a) Fälligkeit und Verschulden vorliegen,
b) eine Nachfrist gesetzt werden muss und
c) welche Rechte der Kunde in Anspruch nehmen kann.

7. Überprüfen Sie in den folgenden Fällen, ob ein Lieferungsverzug vorliegt, und begründen Sie Ihre Entscheidung.
a) Die Lieferungen eines Stammlieferanten erfolgen seit Jahren immer nach drei Wochen; plötzlich liefert er erst nach fünf Wochen (feste Liefertermine waren nie vereinbart).
b) Der Verkäufer Bart kann eine bei ihm speziell hergestellte Maschine nicht liefern, weil die Lagerhalle abgebrannt ist.
c) Durch einen nicht verschuldeten Verkehrsunfall des Mitarbeiters kann der Verkäufer die bestellte Ware nicht pünktlich ausliefern.
d) Durch einen verschuldeten Verkehrsunfall des Mitarbeiters kann der Verkäufer die bestellte Ware (Originalbild eines Künstlers) nicht pünktlich ausliefern.

8. Die Autoland Murschall GmbH bestellt fix 500 Flaschen Autoshampoo bei ihrem Stammlieferanten für den 10. Dezember 20XX zum Preis von 1.730,00 €. Am 13. Dezember 20XX ist die Lieferung noch immer nicht eingetroffen. Die Autoland Murschall GmbH hat zwischenzeitlich bei einem preisgünstigeren Lieferanten bestellt.
Prüfen Sie, ob
a) Fälligkeit und Verschulden vorliegen,
b) eine Nachfrist gesetzt werden muss und
c) welche Rechte die Autoland Murschall GmbH in Anspruch nehmen kann.
Formulieren Sie einen Brief an den nachlässigen Lieferanten.

VERTIEFUNGSAUFGABEN

9. Die Kundin Sabine Pilz feiert am 27. August 20XX ihren 40. Geburtstag. Sie lädt viele Freunde ein und bestellt 15 Kisten Prosecco. Der Verkäufer Kretz liefert nicht. Unterdessen sind die Prosecco-Preise massiv gestiegen. Sabine Pilz bangt um ihre Kosten für die Fete und kauft unerschrocken bei einem anderen Verkäufer ein, der den Prosecco billiger anbietet, und informiert den Verkäufer Kretz. Dieser ist darüber ziemlich erbost und verlangt die Abnahme der bestellten 15 Kisten mit der Begründung, dass Frau Pilz keine Nachfrist gesetzt hat. Analysieren Sie die Rechtslage und begründen Sie Ihre Entscheidung.

10. Auszug aus einem Kaufvertrag zwischen der Großhandel Bertels GmbH und dem Autohaus Grassig e. Kfm.: „... wenn der vereinbarte Liefertermin nicht eingehalten wird, so zahlt die Bertels GmbH an Grassig e. Kfm. für jede Woche Lieferungsverzug Verzugszinsen in Höhe von 0,7 % der Rechnungssumme ..."
a) Wie wird eine solche Vereinbarung bezeichnet?
b) Klären Sie die Vorteile dieser vertraglichen Vereinbarung gegenüber der gesetzlichen Vereinbarung beim Lieferungsverzug.

Lernsituation 35: Commercial Correspondence

SITUATION

As well as new and used cars, your company deals with vintage cars, too. Therefore, spare parts sometimes need to be ordered from abroad. Which skills do you need to improve in order to be able to order spare parts from a foreign supplier?

In this section, you will learn more about the following:

- *steps involved in ordering goods*
- *important aspects to consider then comparing offers of foreign currencies with regard to quantity & quality*
- *writing an enquiry*
- *giving your email address*
- *reading offers*
- *converting foreign currencies*
- *choosing the most suitable offer and writing an order*

ARBEITSAUFTRAG

1. Which steps might be involved in ordering goods?
   Find the correct order for the words from the box.

Step no.	Buyer	Seller
1		
2		
3		
4		
5		

offer	enquiry	order
unsolicited offer	pricing & comparison of offers	confirmation

2. Which aspects are important if you want to compare offers of foreign currencies?
   Find the aspects to consider when comparing offers with regard to ...

... quantity	... quality

Your goal: To find the best/most suitable supplier for your company's demands!

Arbeitsblatt 35.1 Enquiry

One of your customers needs a new steering wheel for his Aston Martin DB2, a 1950 model.
You contact a specialist in Dover, GB. Send an email to Jack Baker (j-b@carworld.com) and ask for an offer.

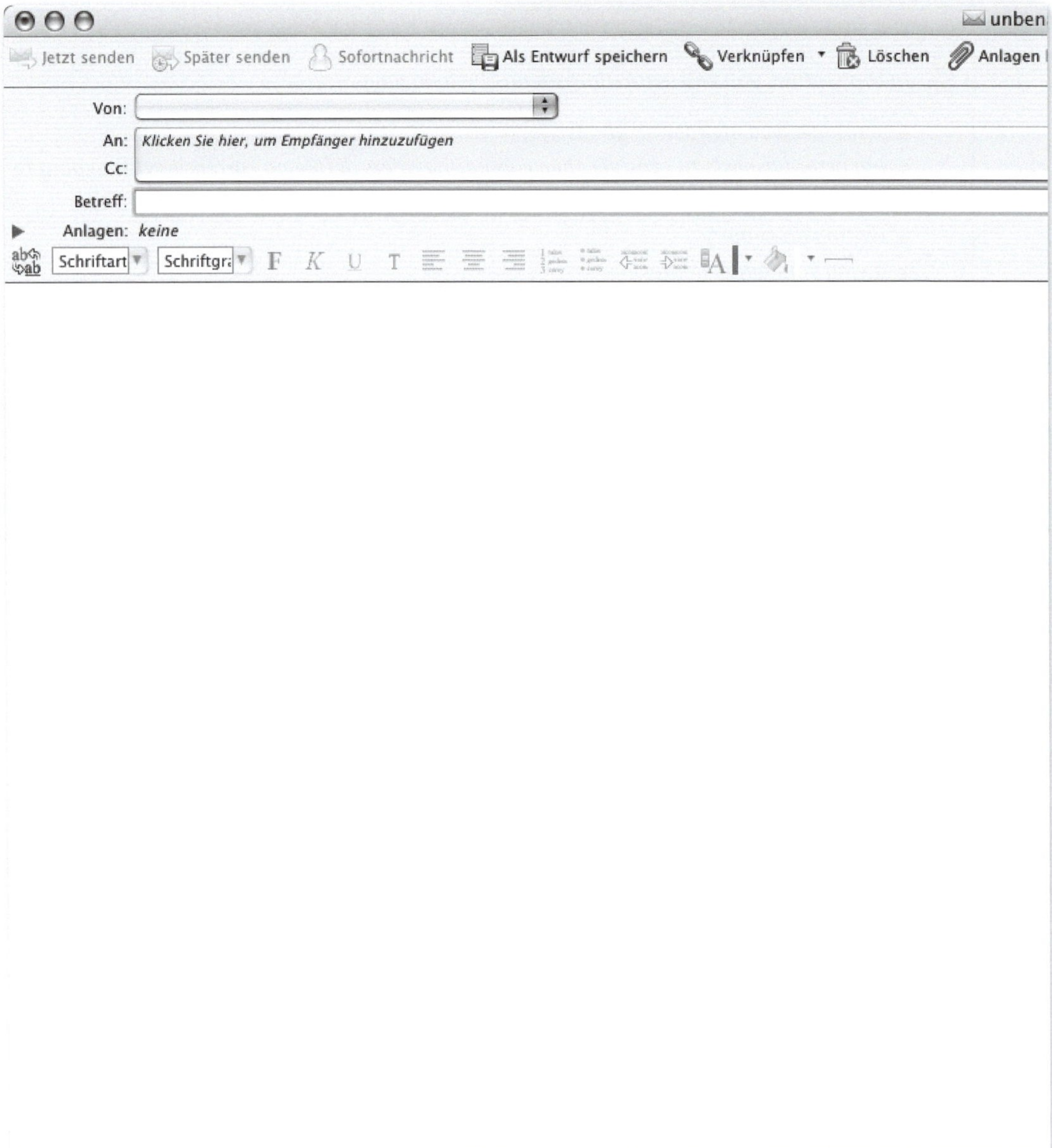

Your turn.
“Can you give me your email address, please?” Here are some hints:

.	dot
–	dash/hyphen
/	slash
_	underscore

Arbeitsblatt 35.2 Offers

Find the German equivalents of the following English expressions.

English	German
purchase price	
exchange rate	
foreign currency	
recommended retail price	
cash discount	
transport	
Delivery Duty Paid	
to submit an offer	
per unit / each	
convert into	
divided by	
equals	
... times ...	

Aufgaben

ÜBUNGSAUFGABEN

Converting foreign currencies

Find out what the following two offers cost in euros. Explain your steps.

Besides Jack Baker you have found another supplier for the Aston Martin DB2: Kevin Smith from Ohio, USA. The two suppliers have submitted the following offers. Unfortunately, they have only submitted the price in GBP (£) and USD ($).

> Dear ...
>
> We refer to your enquiry dated 2nd October 20XX.
>
> We are pleased to submit you the following offer:
>
> - purchase price £ 1.750,00 each
> - transport £ 56,00
>
> If you have any questions, please do not hesitate to contact us.
>
> Yours sincerely
>
> Jack Baker

> Dear ...
>
> Many thanks for your enquiry of 10/02/20XX.
>
> We are pleased to send you the following offer:
>
> - recommended retail price $ 2.300,00
> - cash discount 2 %
>
> Delivery will be made free domicile to your premises.
>
> We look forward to receiving your order.
>
> Kind regards
>
> Kevin Smith

Choose the most favourable offer and give reasons for your choice. Then write an order to the supplier.

Lernsituation 36: Sortimentserweiterung

☞ SB ▸ LF 4 | 1

Hausmitteilung

AUTOLAND GMBH
MURSCHALL

Datum: 06.03.20XY

Absender	Empfänger	Weiterverwendung
☒ Geschäftsleitung	☐ Geschäftsleitung	☒ zur Kenntnisnahme
☐ NW-Verkauf	☐ NW-Verkauf	☐ zur Erledigung
☐ GW-Verkauf	☐ GW-Verkauf	☒ zur Stellungnahme
☐ Werkstatt	☐ Werkstatt	☐ zur Rücksprache
☐ Teile-/Zubehörverkauf	☒ Teile-/Zubehörverkauf	☐ zur Weiterleitung
☐ Lager	☐ Lager	☐ zum Verbleib
☐ Verwaltung	☐ Verwaltung	☐ zur Rückgabe
☐ Frau/Herr	☐ Frau/Herr	☐

Hallo Herr Pietsch,

auf der gestrigen Sitzung des Verbands der Automobilindustrie habe ich ja eine schöne Überraschung erlebt. Die dort versammelten Experten haben mit beeindruckenden Zahlen dargelegt, welches Ertragspotenzial im Zubehörgeschäft liegt.

Ich habe Ihnen diesbezüglich Info-Material mitgebracht und unsere Umsatzzahlen zusammenstellen lassen.

Wie bewerten Sie unsere Umsatzzahlen in den einzelnen Geschäftsfeldern? Bisher bieten wir ja überwiegend Ersatzteile an und weniger Zubehörteile. Vielleicht müssen wir uns in diesem Bereich verändern?

Ich bin gespannt auf Ihre Analyse und natürlich auf Ihre Verbesserungsvorschläge!

Gruß
Nolte

ARBEITSAUFTRAG

1. Beschreiben, analysieren und bewerten Sie die Umsatzzahlen der Autoland Murschall GmbH in den verschiedenen Geschäftsfeldern.
2. Bilden Sie eine Gruppe aus 3 bis 4 Personen und erarbeiten Sie eine Liste mit Vorschlägen, um welche Warengruppen und Artikel Sie das Sortiment im Zubehörbereich der Autoland Murschall GmbH erweitern würden. Stellen Sie Ihre Vorschläge in der Klasse vor und begründen Sie Ihre Entscheidungen.
3. Systematisieren Sie Ihre Erweiterungsvorschläge, indem Sie die folgenden Fachbegriffe zu
   - dem Sortimentsumfang,
   - dem Sortimentsgerüst und
   - den Artikelarten

   erklären und Ihre Vorschläge zur Sortimentserweiterung den Fachbegriffen zuordnen. Nutzen Sie dazu auch die Arbeitsblätter 36.1 und 36.2.
4. Ergänzen Sie anhand einer Ihrer Sortimentsvorschläge die Sortimentspyramide. Geben Sie zudem die Begriffe an, die eine Sortimentspyramide kennzeichnen, und nennen Sie zu jedem Begriff Beispiele. Finden Sie dabei eigene Beispiele, die sich von denen im Fachbuch unterscheiden.

Vorliegendes Informationsmaterial:

Vergleich der Jahresumsatzzahlen 20XX (Autoland Murschall GmbH – Branchendurchschnitt)		
Geschäftsfelder	Autoland Murschall GmbH	Branchendurchschnittt (mittelständische Unternehmen)
Fahrzeugverkauf	4.530.000,00 €	4.500.000,00 €
Instandhaltung (Werkstatt)	890.000,00 €	895.000,00 €
Ersatzteil- und Zubehörverkauf	73.000,00 €	213.000,00 €

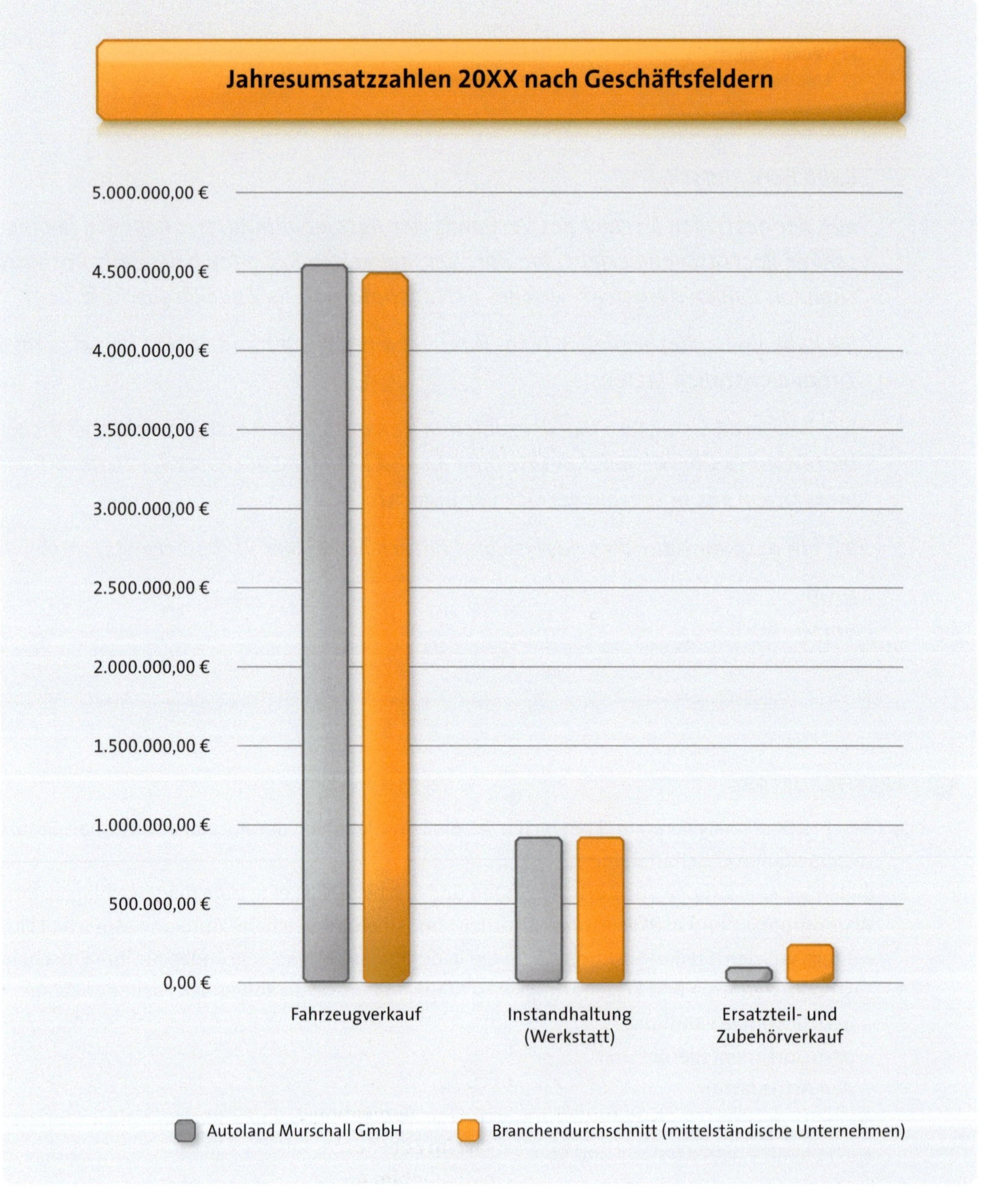

Das Zubehörgeschäft als Ertragsreserve

Hella-Lippstadt (stb)

Beim Zubehörgeschäft schlummern in vielen Kfz-Betrieben noch reichlich nicht genutzte Ertragsreserven. Richtig in Szene gesetztes Zubehör, ein attraktives Warenangebot und kundenorientierte Beratung lassen die Kassen am Point of Sale klingeln.

Die neuesten Umfrageergebnisse in führenden Autohäusern haben ergeben, dass die Gewinne im Neuwagenverkauf und auch im Kfz-Servicegeschäft zukünftig keine hohen Wachstumsraten mehr aufweisen werden, u. a. aufgrund steigender Kosten. Der Kfz-Betrieb ist gezwungen, außerhalb der Kernbereiche Fahrzeugverkauf und Instandhaltung neue Geschäftsfelder auf- und auszubauen. Das Geschäft mit dem Verkauf und Einbau von Kfz-Zubehör ist eines davon. In vielen Kfz-Betrieben gehört es zwar zum normalen Angebotsspektrum, aber an der entsprechenden Professionalität in der Umsetzung und der Präsentation hapert es vielfach. Dabei steckt im Zubehörgeschäft noch ein gewaltiges Umsatzvolumen.

(Quelle: Autorentext)

Neues vom Kfz-Zubehörmarkt

Düsseldorf (rtr)

Wie die neuesten Marktforschungsergebnisse belegen, wird sich zukünftig der Markt für Zubehörteile in kleinere Segmente und unterschiedliche Zielgruppen aufsplitten. Damit wird es immer wichtiger, im Zubehörverkauf die richtige Zielgruppenansprache zu finden. Voraussetzung hierfür wird die Betrachtung des regional geprägten Marktes sein. Recherchen im örtlichen Einzugsbereich können die hierfür benötigten Informationen liefern. Diese zusätzliche Arbeit scheint sich aber zu rentieren, denn ein bedarfsgerechtes Sortiment hat einen positiven Einfluss auf das Geschäft mit Zubehörteilen im Kfz-Betrieb.

(Quelle: Autorentext)

Das Sortiment als Umsatzfaktor

Bonn (dpb)

Der Verband der Automobilhändler gab gestern eine Pressekonferenz zum Geschäftsjahr 20XX in Bonn. Neben erfreulichen Umsatzzuwächsen wurden auch neueste Erkenntnisse des Autohandels veröffentlicht. Insbesondere die Wichtigkeit der Sortimentsgestaltung für den Zubehörumsatz wurde in den Vordergrund gestellt. So weiß man mittlerweile aus zahlreichen Beobachtungen, dass Verschleißteile rund 30 %, Autokommunikation 25 %, Sicherheitszubehör 10 % und Pflegemittel 15 % zum Umsatz im Zubehörgeschäft beisteuern. Dementsprechend sollte also auch das Warenangebot im Autohaus sortiert sein.

(Quelle: Autorentext)

Arbeitsblatt 36.1 Sortimentsumfang und Sortimentsgerüst

Sortimentsumfang	Erklärung	Beispiel
Sortimentsbreite		
Sortimentstiefe		

Sortimentsgerüst	Erklärung	Beispiel
Kernsortiment		
Randsortiment		
Saisonsortiment		
Probesortiment		
Auslaufsortiment		

Arbeitsblatt 36.2 Artikelarten und Sortimentspyramide

Artikelarten	Erklärung	Beispiel
Markenartikel		
Impulsartikel		
Ersatzartikel		
Suchartikel		
Mussartikel		
Forcierartikel		
Pennerartikel		
Aktionsartikel		

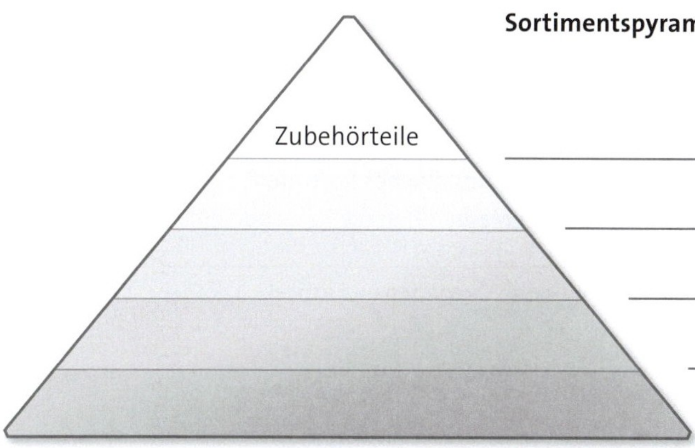

Sortimentspyramide (Beispiele und Begriffe)

Aufgaben

WIEDERHOLUNGSAUFGABEN

1. Was versteht man unter einem Sortiment?

2. Was ist eine Sortimentspyramide?

3. Was ist eine Warengruppe?

4. Beschreiben Sie den Unterschied zwischen einem schmalen und einem breiten Sortiment.

5. Beschreiben Sie den Unterschied zwischen einem tiefen und einem flachen Sortiment.

6. Welche Aspekte/Überlegungen spielen bei der Sortimentsgestaltung eine Rolle?

7. Was versteht man unter "Trading down" bzw. "Trading up" im Rahmen der Sortimentsgestaltung?

ÜBUNGSAUFGABEN

8. Ordnen Sie den unten aufgeführten Beispielen die Ziffern der entsprechenden Fachbegriffe zu:
(1) Sortimentsbereich, (2) Warengruppe, (3) Warenart, (4) Artikel, (5) Sorte.

a)	MP3 Hermen Kordan Business Professional	☐
b)	MP3-Tuner	☐
c)	Zubehörteile	☐
d)	MP3-Tuner mit Navi	☐
e)	Kfz-Kommunikationssysteme	☐

9. Welche der folgenden Aussagen trifft auf ein breites und flaches Sortiment zu? Tragen Sie für zutreffende Aussagen eine (1), für nicht zutreffende Aussagen eine (9) in die Kästchen ein.

a)	Das Sortiment hat viele Warengruppen und viele Warenarten und Artikel.	☐
b)	Das Sortiment hat wenige Warengruppen und wenige Warenarten und Artikel.	☐
c)	Das Sortiment hat viele Warengruppen und wenige Warenarten und Artikel.	☐
d)	Das Sortiment hat wenige Warengruppen und viele Warenarten und Artikel.	☐

10. Ergänzen Sie das Kernsortiment eines Autohauses mit Beispielen für ein sinnvolles Randsortiment.

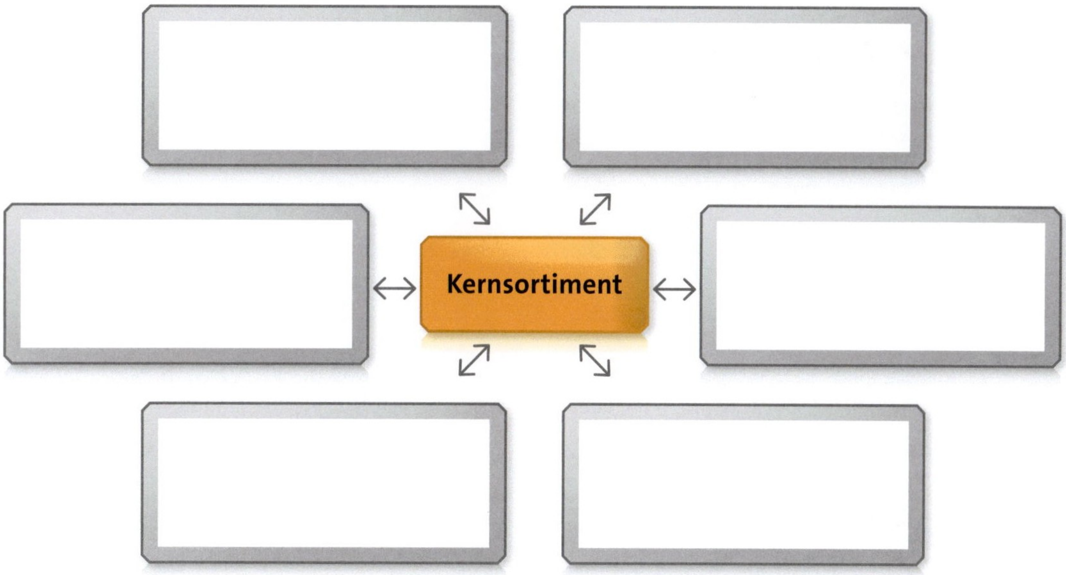

11. Handelt es sich bei den folgenden Situationen um eine (1) Sortimentsdifferenzierung, (2) Sortimentsdiversifikation oder (3) Sortimentsbereinigung?

a) Ein Kfz-Betrieb richtet innerhalb seines Verkaufsraumes einen „Zubehör-Shop“ ein. Zubehör gehörte vorher nicht zum Sortiment dieses Geschäfts. ☐

b) Ein Autozubehörhändler erweitert seine Warengruppe Pflegemittel um Pflegemittel für den Innenraumbereich. ☐

c) Wegen des starken Umsatzrückganges im Bereich Gesellschaftsspiele bietet der Spielzeugladen nur noch die Klassiker aus diesem Sektor an. ☐

d) Ein Gebrauchtwagenhändler gliedert seinem Geschäft eine Reparaturwerkstatt an. ☐

e) Ein Autohändler nimmt zusätzlich zu den Dachfahrradträgern auch die Heckfahrradträger mit in sein Sortiment. ☐

VERTIEFUNGSAUFGABEN

12. Einem in einer Kleinstadt ansässigen Autohändler stehen Veränderungen bevor. Der größte Arbeitgeber in der Kleinstadt, ein Automobilhersteller, schließt sein Werk vor Ort. Welche Aspekte bzw. Überlegungen zur Sortimentsgestaltung müssen nun getroffen werden?

ERKUNDUNGSAUFGABEN

13. Für Ihre Tätigkeit in der Beratung und im Verkauf ist es erforderlich, dass Sie sich mit den Merkmalen und Leistungen der Waren Ihres Sortiments, vor allem auch der neuen Artikel, vertraut machen. Das geeignete Mittel hierzu ist ein „Warensteckbrief“, der je nach Branche und Warengruppe, unterschiedlich aussehen kann. Er erleichtert Ihnen die Übersetzung Ihrer Kenntnisse in Verkaufsargumente und hilft Ihnen, Ihren Kunden Problemlösungen vorzuschlagen.

Bereiten Sie eine Präsentation zu einer Ware aus dem Zubehörgeschäft vor. Ziel dieser Präsentation ist es, dass sie alles über die jeweilige Ware berichten können und die Ware auch in ihrer Verwendung vorführen können. Das setzt natürlich voraus, dass Sie die Ware am Tag Ihrer Präsentation mitbringen. Bereiten Sie ebenfalls eine Zusammenfassung (Handout) für Ihre Mitschüler vor, in der Sie alle wesentlichen Punkte zusammengefasst haben.

Der Warensteckbrief

1. Bezeichnung der Ware
- handelsübliche Warenbezeichnung
- Markenname
- Modell
- Warenart
- Warengruppe
- Artikelnummer

2. Herkunft der Ware
- Hersteller
- Vertreiber
- Herkunftsland

3. Rohstoffe und Produktionsverfahren
- sollten bekannt sein, sofern sie für den Gebrauch bzw. Verbrauch von Bedeutung sind

4. Beschreibung der Ware
- technische Daten
- Zustand
- Form, Farbe, Geruch

5. Klassifizierung und Standardisierung
- Sorte
- Typ
- DIN-Normen
- Handelsklassen
- Güte- und Prüfzeichen

6. Gebrauchs- und Verbrauchseigenschaften
- Wann, wie, wozu, wie oft ist die Ware zu benutzen?
- Welche Vorteile/welchen Nutzen bietet der Ge- oder Verbrauch dieser Ware?

7. Wirkung auf Gesundheit und Umwelt
- Gesundheitsverträglichkeit der Ware
- Ausmaß der Umweltbelastung durch Produktion, Nutzung, Entsorgung der Ware

8. Gebrauchshinweise und Verwendungsvorschriften
- Gebrauchsanleitung
- Pflegehinweise
- Sicherheitsvorschriften

9. Verpackung der Ware
- Art, Funktion, Recycling und Verwertung der Verpackung

10. Vertriebswege und Verkaufsformen
- Gibt es typische Vertriebswege für diese Ware?
- Gibt es spezielle oder bevorzugte Verkaufsformen dafür?

11. Warenpflege und Lagerfähigkeit
- Anforderungen an Warenpflege und Lagerhaltung
- Mindesthaltbarkeit

12. Serviceleistungen
- zusätzliche Leistungen wie z. B. Finanzierung, Garantie, Kundendienst, Lieferung frei Haus, Aufstellung und Montage, Rücknahme von Altgeräten und Verpackungsmitteln

13. Ergänzungen sowie Alternativangebote
- Zubehör
- Ergänzungsangebote
- Ausweichangebote

14. Preis der Ware
- Mengenrabatt
- Barzahlungsnachlass
- Sonderangebot

Lernsituation 37: Einen Verkaufsraum gestalten

☞ SB ▸ LF 4 | 2

Hausmitteilung

AUTOLAND GMBH
MURSCHALL

Datum: 12.03.20XY

Absender	**Empfänger**	**Weiterverwendung**
☒ Geschäftsleitung	☐ Geschäftsleitung	☐ zur Kenntnisnahme
☐ NW-Verkauf	☐ NW-Verkauf	☒ zur Erledigung
☐ GW-Verkauf	☐ GW-Verkauf	☐ zur Stellungnahme
☐ Werkstatt	☐ Werkstatt	☐ zur Rücksprache
☐ Teile-/Zubehörverkauf	☐ Teile-/Zubehörverkauf	☐ zur Weiterleitung
☐ Lager	☒ Lager	☐ zum Verbleib
☐ Verwaltung	☐ Verwaltung	☐ zur Rückgabe
☐ Frau/Herr	☐ Frau/Herr	☐

Hallo Herr Pietsch,

aufgrund Ihrer Vorschläge und unserer gemeinsamen Entscheidung sind heute folgende Artikel für unsere Zubehörabteilung eingetroffen:

- Pflegemittel
- Motoröle
- Dachträger/Dachboxen/Anhängerkupplungen
- Radios/CD-Wechsler/MP3-Player/Boxen
- Freisprecheinrichtungen
- Mobile Navigationssysteme
- Alufelgen/Reifen/Schneeketten
- Frostschutz/Eiskratzer/Türenteiser
- Fußmatten/Autoteppiche
- Sicherheitszubehör
- Bobbycar/Schlüsselanhänger/Formel-1-Fanartikel

Bereiten Sie bitte mit Ihren Mitarbeitern die Präsentation der Artikel in unserem neu geschaffenen Verkaufsraum vor.

Gruß
Nolte

ARBEITSAUFTRAG

1. Bilden Sie eine Gruppe aus 3 bis 4 Personen und überlegen Sie, wie und wo Sie diese Artikel im Verkaufsraum der Autoland Murschall GmbH platzieren würden.
2. Nutzen Sie hierfür die Skizze des Verkaufsraums auf der nachfolgenden Seite. Übertragen Sie diese Skizze auf ein Plakat und tragen Sie dort die zu platzierenden Artikel ein.
3. Stellen Sie Ihre Platzierung der neuen Artikel im Verkaufsraum vor und begründen Sie Ihre Entscheidung.
4. Beachten Sie bei allen Überlegungen und Entscheidungen die Grundsätze einer gelungenen Verkaufsraumgestaltung.

Arbeitsblatt 37.1 Elemente der Verkaufsraumgestaltung

Gestaltungselement	Merkmale	Wirkung auf die Kunden	Vorteile
Dekoration	Verblendungen, Decken- und Wandschmuck, Dekors, Rahmen und Vorhänge	Wohlfühlfaktor, angenehme Atmosphäre	Kunde ~~bringt~~ verbringt mehr Zeit im AH -> gibt mehr Geld aus
Licht	spezielles Arrangement -> Ausleuchtung/Präsentierung Ware	lenkt die Blicke und den Weg des Kunden durch das Geschäft	Attraktivitätssteigerung der Ware
Farbe	Komplett malen oder nur Akzente setzen	z. B. grau: wirkt seriös, neutral, dezent, trostlos, unbestimmt, unverbindlich	Ware ansprechend präsentieren, erscheinen lassen
Bildschirm	laufen lassen von Produktvorführungen	anschauliche Eindrücke von der Ware	Kunden können zunächst ohne Verkäufer Fachinformationen und Eindrücke vermittelt werden
Warenträger	ermöglichen Kunden den bequemen Zugang zur Ware	ansprechend und gut erreichbar	Impulskäufe
Kundenführung	Einteilung ~~Verkaufsraum~~ in Zonen	durch die Wegführung wird der Kunde optimal an die Ware herangeführt	Kunde verbleibt länger im AH

Wettbewerbsvorteil

Boden

Standort Kasse
- Überwachung Verkaufsraum
- gut erreichbar
- Impulsartikel/Spontanartikel anregen

Arbeitsblatt 37.2 Unterschiedlich verkaufsaktive Ladenzonen

Kennzeichnen Sie verkaufsaktive Ladenzonen mit Symbol +, weniger verkaufsaktive Ladenzonen mit Symbol –

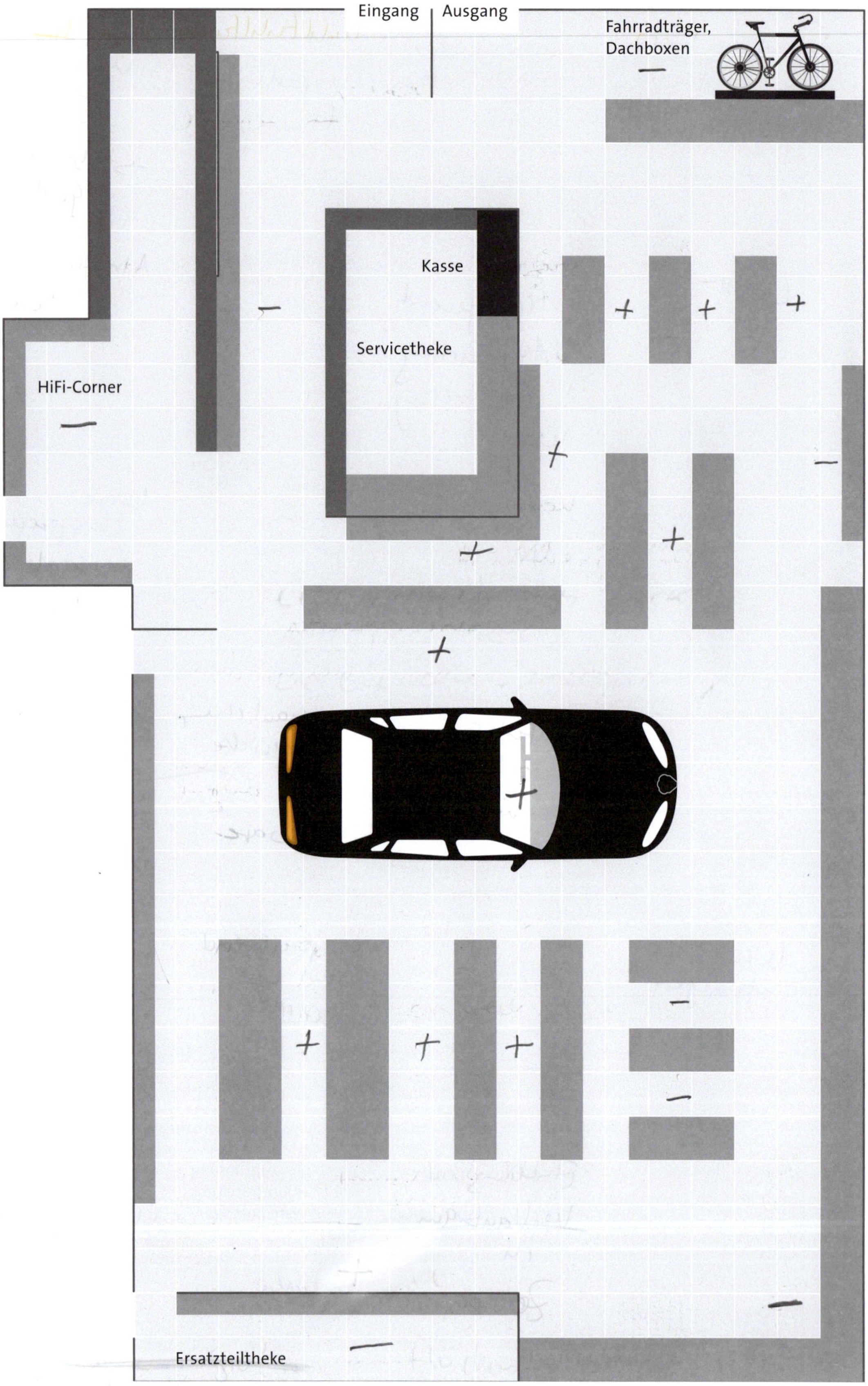

Arbeitsblatt 37.3 Warenpräsentation

Warenpräsentation

Grundsätze

S	O	S
Sauberkeit	Ordnung	Sicherheit

Sauberkeit im TuZ-Bereich heißt Sauberkeit überall	43. Woche	44. Woche	45. Woche	46. Woche	47. Woche	48. Woche	49. Woche
Thekenbereich gereinigt							
Shop gereinigt							
Sauberkeit des Schaufensters geprüft							
Leere Flaschen, Dosen und Kartons entfernt							
Vergilbte und verschmutzte Verpackungen ausgetauscht							
Veraltete Plakate, Aufkleber und Prospekte entfernt							
Verkaufsraumbeleuchtung kontrolliert							
Funktion der Radio-Vorführgeräte überprüft							
Bestückung der Vorführbox überprüft							

Bitte vergessen Sie nicht, auch selbstverständliche Dinge zu prüfen:
- Sind Papierkörbe und Aschenbecher geleert?
- Wurde Staub gewischt auf Regalen und Artikeln?
- Ist der Schaufensterbereich sauber?

Arten der Warenplatzierung

Sonderplatzierung	Regalplatzierung	Verbundplatzierung

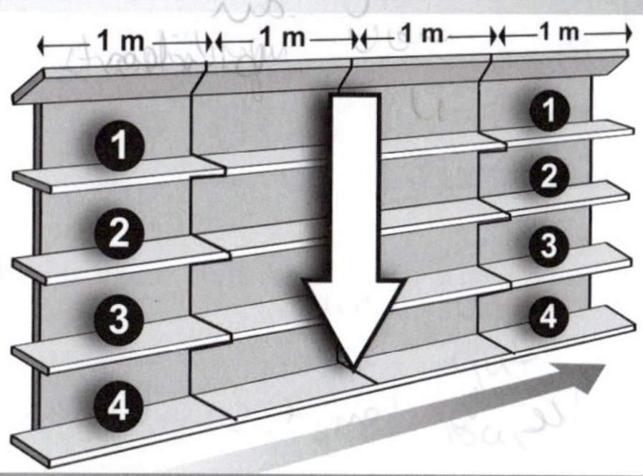

Regalzonen		Vertikale Regalwertigkeit
1	Reckzone ca. 160cm	weniger, bedingt verkaufswirksam
2	Sichtzone ca. 120cm	sehr verkaufswirksam
3	Greifzone ca. 60cm	verkaufswirksam
4	Bückzone ca. 20cm	weniger, bedingt verkaufswirksam
5	Regalkopf	verkaufswirksam

Arbeitsblatt 37.4 Grundsätze der Regalbestückung

Grundsätze der Regalbestückung

1. Kundenlaufrichtung beachten

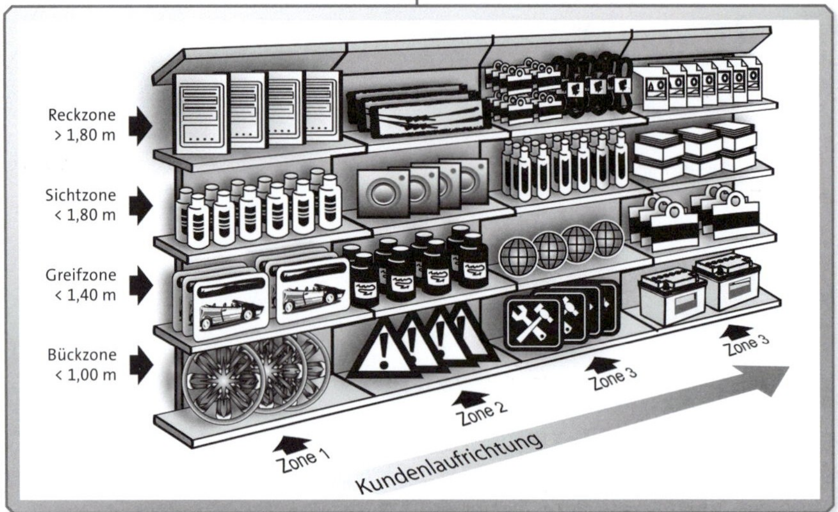

Zone 1
Hier müssen die **interessantesten Artikel** platziert werden.
Das Regal soll ...:

Zusatz verkaufen
~~Kundenlaufrichtung beachten~~

Zone 2
Hier müssen die **umsatzstärksten Artikel** platziert werden.
Das Regal soll ...:

Kunden binden

Zone 3
Hier müssen die **Impulskauf-Artikel** platziert werden.
Das Regal soll ...:

Kunden anziehen

Verwandte oder sich ergänzende Artikel sollen als Einheit platziert werden, d. h.:

2. Warenblöcke bilden + senkrecht anordnen

Reckzone	**Leichte Teile (z.B. in Blisterverpackung)**
Sichtzone	hochwertige / teure Teile
Greifzone	——— " ———
Bückzone	schwere Teile

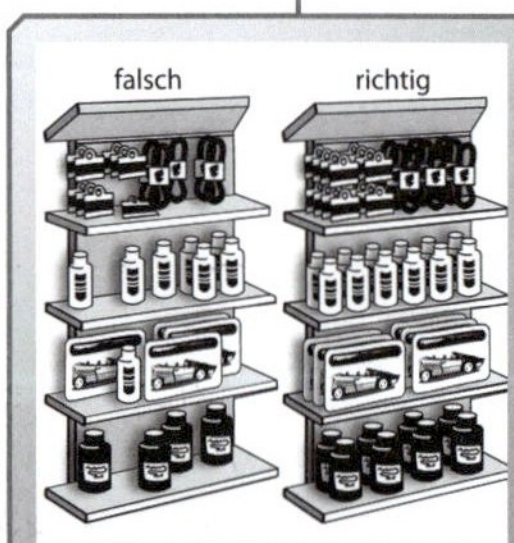

3. ~~keine Greifl~~ greiflücken einbauen

Aufgaben

WIEDERHOLUNGSAUFGABEN

1. Erklären Sie den Begriff Visual Merchandising.

2. a) Welche Kundenansprüche müssen bei der Warenplatzierung und Warenpräsentation beachtet werden?

b) Welche Grundregeln helfen Ihnen bei der Warenpräsentation/-platzierung, um die Kundenansprüche zu erfüllen?

3. Wie kann der Händler den Kundenlauf des Kunden beeinflussen?

4. Welche Aussagen können Sie aufgrund von Kundenanalysen grundsätzlich über das Verhalten von Kunden in Geschäften treffen?

5. Ein Verkausraum wird grundsätzlich in verkaufsaktive und weniger verkaufsaktive Zonen unterteilt. Erklären Sie diese Unterscheidung und nennen Sie jeweils zwei Beispiele.

6. Wie können Warenträger grundsätzlich im Verkaufsraum angeordnet werden?

7. Was ist die Eye-Tracking-Methode und welche Erkenntnisse hat sie geliefert?

8. Welche Regalzone ist die verkaufswirksamste?

9. Was ist eine Verbundplatzierung, eine Zweitplatzierung und eine Aktionsplatzierung?

ÜBUNGSAUFGABEN

10. Die Beobachtung des Kundenverhaltens in einem Zubehörshop hat folgendes Ergebnis erbracht:

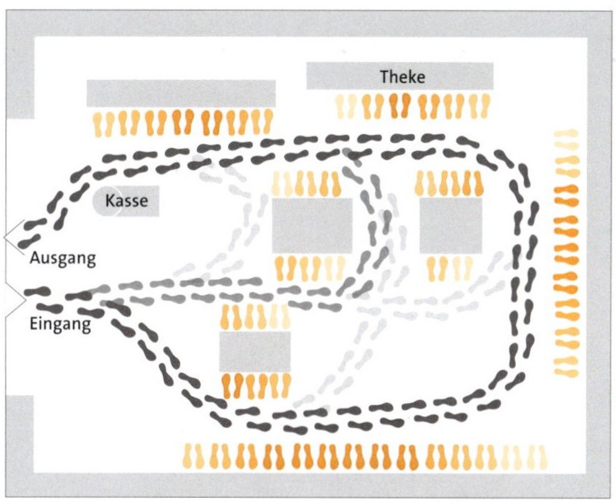

= Laufrichtung, die von den Kunden eingeschlagen wurde.

= Stellen im Verkaufsraum, an denen die Kunden ihren Gang durch den Verkaufsraum gestoppt haben und längere Zeit stehen geblieben sind.

Führen Sie Gründe für dieses Ergebnis an.

11. Wie kann ein Zubehörshop durch die gezielte Verwendung von Beleuchtung, Farben und Dekorationsmaterialien verkaufsaktiver gestaltet werden? Geben Sie für jedes Gestaltungselement ein Beispiel an und begründen Sie auch dessen positive Wirkung auf die Verkaufsatmosphäre.

12. Die Eingangszone in einem Zubehörverkaufsraum gilt als relativ verkausschwach, da der Kunde mit Schwung das Geschäft betritt und diese Zone schnell durchquert. Welche Maßnahmen können Sie ergreifen, um den Kundenlauf zu stoppen und aus diesem Bereich eine verkaufsstärkere Zone zu machen?

13. Der nachfolgend abgebildete Warenträger besteht aus drei Regalelementen. Jedes Element ist einen Meter breit und hat vier Regalböden.

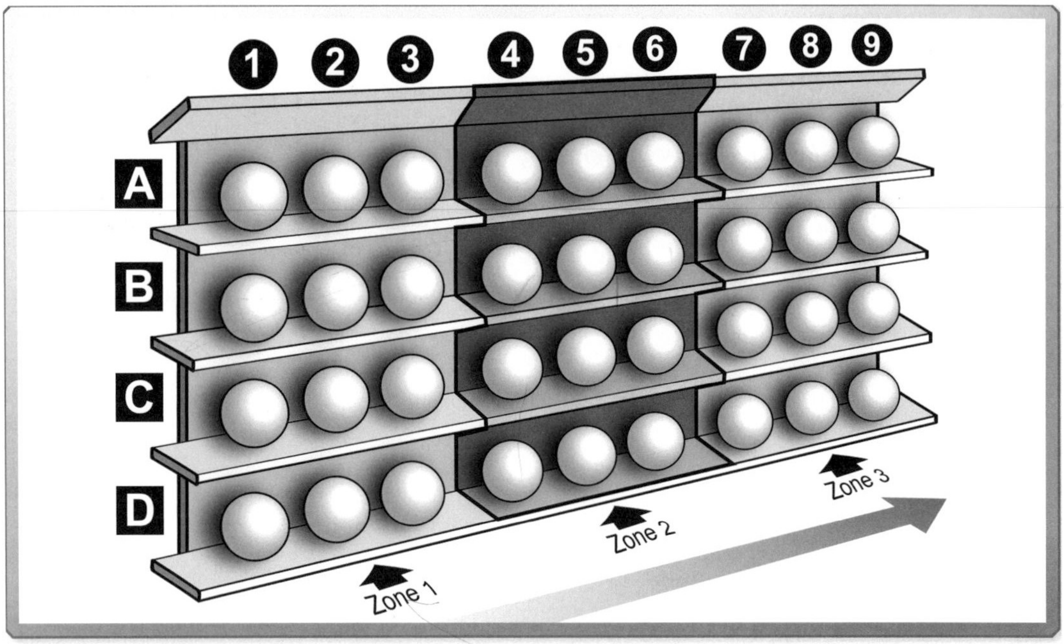

a) Bestimmen Sie die Verkaufswirksamkeit der Regalplätze (Regalwertigkeit) und tragen Sie ein:

Nr.	Regalwertigkeit	Begründung
1.	Bester Regalplatz	B5 (Sichtzone, mittl. Regalbereich)
2.	Zweitbester Regalplatz	C6 (Alternative im Blickbereich)
3.	Drittbester Regalplatz	A5 (Streck"ware")
4.	Viertbester Regalplatz	D5 (Bückware, unbequem)

b) Sie sollen in der Greifzone der Regalzone 3 Pflegemittel in unterschiedlicher Behältergröße einsortieren. Tragen Sie die Buchstaben A, B und C in der richtigen Reihenfolge ein.

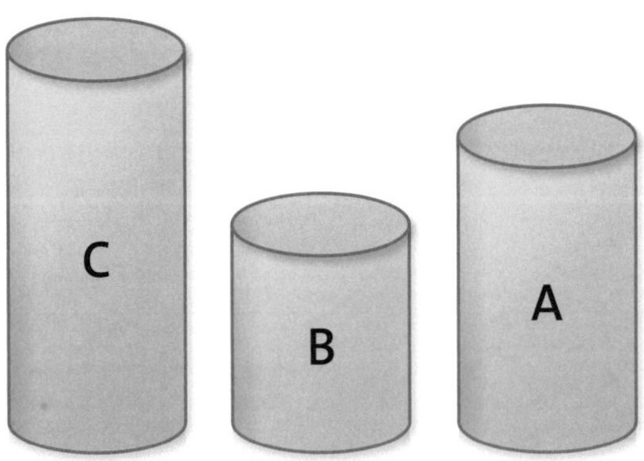

B
↓
A
↓
C

c) Ihre Aufgabe ist es, in der Regalzone 1 schwere und sperrige Teile eines Artikels in unterschiedlicher Preislage zu platzieren. Tragen Sie die entsprechenden Buchstaben in der richtigen Reihenfolge ein.

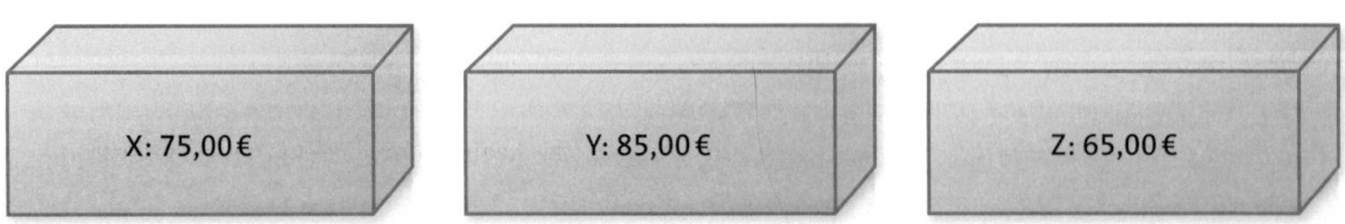

Z -> X -> Y

14. a) Nennen Sie zu jeder Artikelart ein Beispiel.

b) Entscheiden Sie, in welcher Ladenzone Sie diesen Artikel in dem Muster-Verkaufsraum (siehe AB 37.2) platzieren möchten. Setzen Sie hierfür die Nummer des Artikels in die Zeichnung des Verkaufsraums ein. Benennen Sie anschließend die gewählte Verkaufszone in der Tabelle unten.

c) Begründen Sie anschließend Ihre Platzierungsentscheidung.

Nr.	Artikel	Beispiele für die Artikelart	Ladenzone[1], Regalzone[2] oder auch Art der Warenplatzierung[3] im Verkaufsraum	Begründung
1	Ergänzungs-/ Zusatzartikel	Frostschutz + Eiskratzer	Kassenbereich	
2	Impulsartikel	Duftbäume	Wühlkiste	
3	Mussartikel	Motoröl (im Autohaus)	Greifbereich	
4	diebstahlgefährdete Artikel	Navigerät	Vitrine	
5	empfindliche Artikel	Elektr. geräte	Vitrine	
6	sperrige Großgebinde	AdBlue-Kanister	Bückzone	Verletzungsrisiko minimieren
7	erklärungsbedürftige Artikel	Frzg. Beleuchtung	Kassenbereich	
8	knapp kalkulierte Artikel	Merchandise	externer Shop, Vitriene	kein hohes Verkaufsinteresse
9	Aktionsartikel	Auslaufartikel	Greifzone	
10	Forcierartikel	Radsätze (zur Reifenwechselsaison)	An der Wand	
11	Rennerartikel	Verkaufsstarke Ware	In die Mitte	
12	Pennerartikel	Verkaufsschwache Waren	In Ecken	

[1] Beispiele für Ladenzonen: Eingangszone, Randzone, Mittelzone, Kassenzone etc.

[2] Beispiel für Regalzonen: Reck-, Sicht-, Greif-, Bückzone etc.

[3] Beispiele für Art der Warenplatzierung: Verbundplatzierung, Zweitplatzierung, Aktionsplatzierung, Fascination Point etc.

Ein Verkaufsseminar bei der Autoland Murschall GmbH

Hausmitteilung

AUTOLAND GMBH MURSCHALL

Datum: *14.03.20XY*

Absender	Empfänger	Weiterverwendung
☒ Geschäftsleitung	☐ Geschäftsleitung	☒ zur Kenntnisnahme
☐ NW-Verkauf	☒ NW-Verkauf	☐ zur Erledigung
☐ GW-Verkauf	☒ GW-Verkauf	☐ zur Stellungnahme
☐ Werkstatt	☐ Werkstatt	☐ zur Rücksprache
☐ Teile-/Zubehörverkauf	☒ Teile-/Zubehörverkauf	☐ zur Weiterleitung
☐ Lager	☐ Lager	☐ zum Verbleib
☐ Verwaltung	☐ Verwaltung	☐ zur Rückgabe
☐ Frau/Herr	☐ Frau/Herr	☐

Wie ich Ihnen vor Kurzem bereits mitgeteilt habe, werden wir in den nächsten Wochen für einen Großteil unserer Mitarbeiter ein Verkaufsseminar durchführen. Nach langer Suche bin ich auf eine Unternehmensberatung gestoßen, die sich auf die Schulung von Personal im Verkaufsbereich spezialisiert hat. Diese konnte mich von ihrem Konzept voll und ganz überzeugen. Auch Nachfragen bei anderen Autohäusern konnten diesen positiven Eindruck über die Art und Weise der Schulung bei mir nur bestätigen.

Anbei nun das Schulungsprogramm für das Verkaufsseminar. Bitte informieren Sie die entsprechenden Mitarbeiter aus Ihrer Abteilung. Im Vorfeld schon einmal ein wesentlicher Arbeitsauftrag: Bitte erstellen Sie begleitend zu jedem Gliederungspunkt des Seminars eine schriftliche Zusammenfassung der gelernten Inhalte. Das Ziel ist ein persönliches Verkäuferhandbuch, das für jeden Verkäufer ein individuelles Nachschlagewerk zum Seminar darstellt.

Gruß, Nolte

UB UNTERNEHMENSBERATUNG

INHALTE DES VERKAUFSSEMINARS:

1. **Kommunikation – die Grundlage für erfolgreiches Verkaufen**
   1. Verbale Kommunikation
   2. Nonverbale Kommunikation
   3. Das Rollenspiel – Übung macht den Meister
2. **Das Verkaufsgespräch – der Schlüssel zum Erfolg im Autohaus**
   1. Begrüßung – 15 Sekunden entscheiden
   2. Bedarfsermittlung – einen „Eisberg“ entdecken
   3. Warenvorlage – das Produkt „begreifen“
   4. Argumentation – mit guten Gründen überzeugen
   5. Kundeneinwände – wichtige Wegweiser erkennen
   6. Preisnennung – den Wert ins richtige Licht rücken
   7. Kaufentscheidung herbeiführen – Kaufen oder nicht kaufen? – Das ist hier die Frage!
   8. Kaufentscheidung – gute Gefühle wecken!
   9. Ergänzungsangebote – Da war doch noch was?
   10. Serviceleistungen – Was WIR können, können nicht alle!
   11. Alternativangebote – Ware weg, Kunde weg?
   12. Verabschiedung – Nun noch einen guten Schluss!
   13. Richtiges Telefonieren
3. **Der erfolgreich geschulte Verkäufer im Beratungsgespräch – ein Rollenspiel**

Lernsituation 38: Verbale Kommunikation

☞ SB ▸ LF 4 | 3.1

Verkaufsseminar 1.1

Alles neu macht der Mai

Endlich war es so weit. Ich entschloss mich, neue Alufelgen zu kaufen. Zielstrebig betrat ich ein Autohaus und teilte dem Zubehörverkäufer meinen Wunsch mit:

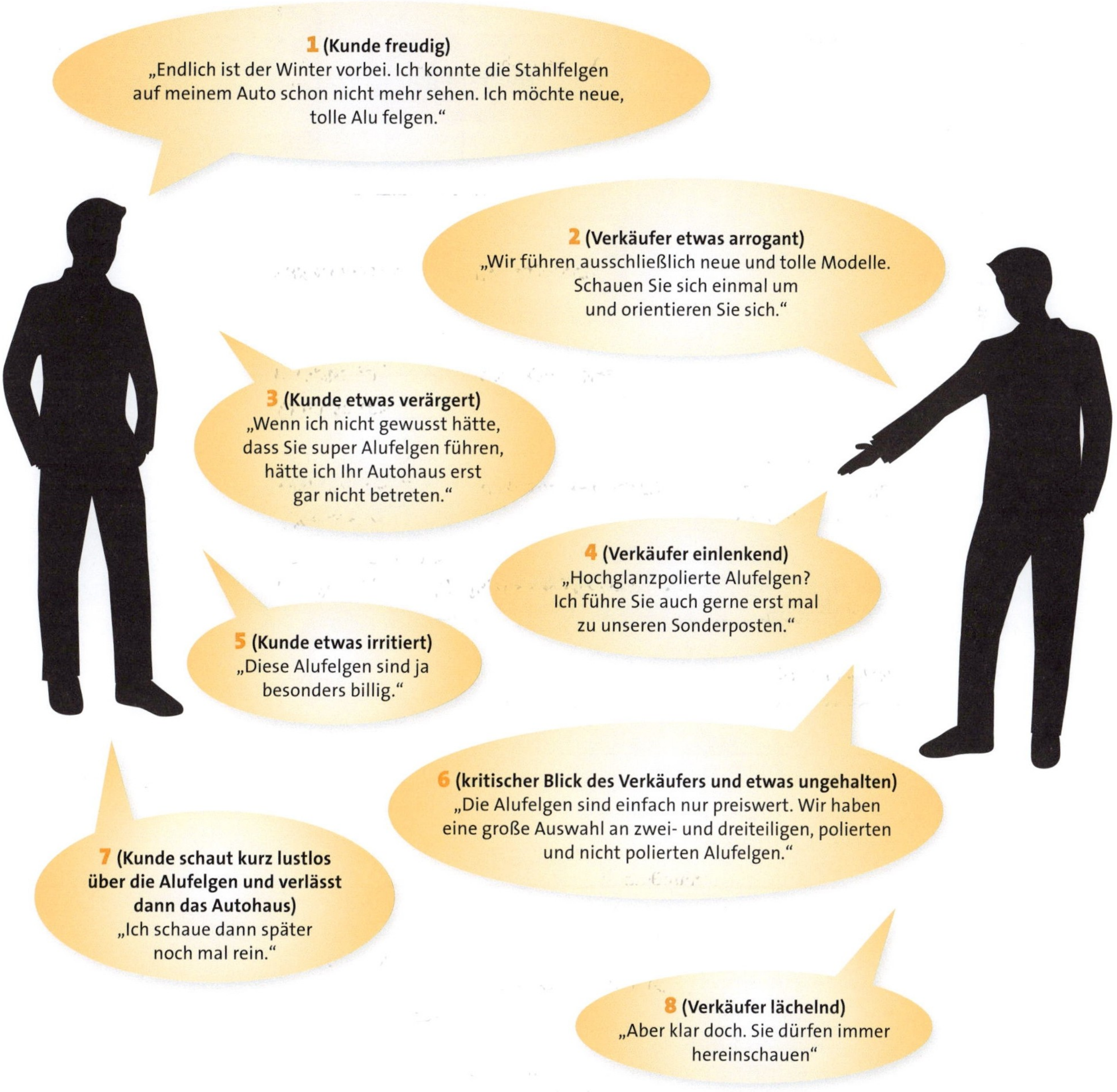

ARBEITSAUFTRÄGE

Lesen Sie das Verkaufsgespräch in Ruhe durch. Beantworten Sie im Anschluss daran folgende Fragen:

a) Warum funktioniert die oben dargestellte Kommunikation zwischen Kunden und Verkäufer nicht? Analysieren Sie diesen Gesprächsausschnitt mithilfe des „Vier-Ohren-Modells" und nennen Sie die Ursachen für das Scheitern.

b) Formulieren Sie einen Verbesserungsvorschlag.

Arbeitsblatt 38.1 Verbale Kommunikation

Kommunikationsmodell nach F. Schulz von Thun

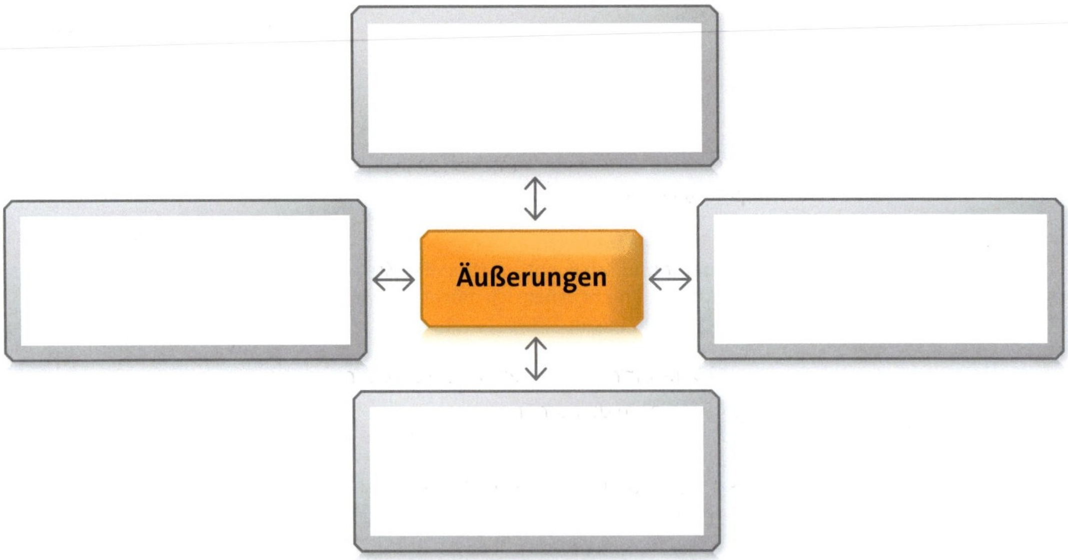

	Beispiele
Gesprächsstörer	
Gesprächsförderer	

Aktives Zuhören

Checkliste: Aktives Zuhören

Aufgaben

WIEDERHOLUNGSAUFGABEN

1. Beginnen Sie damit, Ihr Verkäuferhandbuch anzulegen, indem Sie das Kapitel 3.1 „Verbale Kommunikation“ im Fachbuch in Ihren eigenen Worten systematisch und strukturiert zusammenfassen.

ÜBUNGSAUFGABEN

2. Lesen Sie die folgende kurze Geschichte und beantworten Sie die nachfolgenden Arbeitsaufträge: Ein Mann will ein Bild aufhängen. Den Nagel hat er, nicht aber den Hammer. Der Nachbar hat einen. Also beschließt unser Mann, hinüberzugehen und ihn auszuborgen. Doch da kommt ihm ein Zweifel: Was, wenn der Nachbar mir den Hammer nicht leihen will? Gestern schon grüßte er mich nur so flüchtig. Vielleicht war er in Eile. Vielleicht hat er die Eile nur vorgeschützt, und er hat was gegen mich. Und was? Ich habe ihm nichts getan; der bildet sich da etwas ein. Wenn jemand von mir ein Werkzeug borgen wollte, ich gäbe es ihm sofort. Und warum er nicht? Wie kann man einem Mitmenschen einen so einfachen Gefallen abschlagen? Leute wie dieser Kerl vergiften einem das Leben. Und dann bildet er sich noch ein, ich sei auf ihn angewiesen. Bloß weil er einen Hammer hat. Jetzt reicht's mir wirklich. Und so stürmt er hinüber, läutet, der Nachbar öffnet, doch bevor er „Guten Tag“ sagen kann, schreit ihn unser Mann an: „Behalten Sie doch Ihren Hammer.“

Quelle: Paul Watzlawick: Anleitung zum Unglücklichsein: Die Geschichte mit dem Hammer.

a) Fassen Sie die Geschichte in Ihren eigenen Worten kurz zusammen.
b) Warum schreit der Mann seinen Nachbarn am Ende der Geschichte an?
c) Was ist die Ursache nach dem „Vier-Ohren-Modell“ für diese verunglückte Kommunikation?
d) Kennen Sie aus eigener Erfahrung vergleichbare Situationen, in denen Sie in eine ähnliche Falle getappt sind, wie der Mann mit dem Bild?
e) Was hätte der Mann mit dem Bild stattdessen tun können?

3. Welche vier Botschaften nach Schulz von Thun stecken in der folgenden Verkäuferantwort?
Kunde: „Entschuldigen Sie bitte, wo finde ich bitte Schneeketten?“
Verkäufer (sitzt am Schreibtisch und schaut bei der Antwort nicht auf): „Schneeketten sind in der 2. Reihe auf der linken Seite.“

4. Entscheiden und begründen Sie, ob es sich in den folgenden Fällen um Gesprächsförderer oder Gesprächsstörer handelt.
a) „Dass Sie sich für diese Ware entschieden haben, kann ich nur bekräftigen.“
b) „Sagen Sie mal, wer ist denn hier nun der Kompetente. Sie oder ich?“
c) „Nun entscheiden Sie sich doch für das Produkt. Es ist wirklich toll und auch noch preiswert.“

VERTIEFUNGSAUFGABEN

5. Folgende Übung zum „Aktiven Zuhören“ wird in Partnerarbeit durchgeführt.
a) Wechseln Sie nach einem Durchgang die Rollen.
b) Nach jedem Durchgang erfolgt eine Auswertung. Erörtern Sie Ihre Rollen als Sprecher und als aktiver Zuhörer.

Sprecher	Aktiver Zuhörer
Sie haben die Aufgabe, in 4 Minuten zu Ihrem Partner über ein von Ihnen ausgesuchtes Thema zu sprechen. Mögliche Themen: Wochenendunternehmungen, Hobbys, Sportvereine (Fußball, Basketball) (Natürlich sind auch andere Themen möglich!)	Sie haben die Aufgabe, Ihrem Partner aktiv zuzuhören. Beachten Sie folgende Punkte: – Sie zeigen Interesse, indem Sie bei Ihrem Partner nachfragen. – Sie haben ständigen Blickkontakt. – Sie fassen am Ende die wichtigsten Punkte zusammen und teilen dies Ihrem Partner mit.

SB ▸ LF 4 | 3.2

Lernsituation 39: Nonverbale Kommunikation

Verkaufsseminar 1.2

UB
UNTERNEHMENSBERATUNG

INFORMATION FÜR DIE SEMINARTEILNEHMER:

Liebe Mitarbeiterinnen und Mitarbeiter der Autoland Murschall GmbH,

eine neue Studie zur nonverbalen Kommunikation von Mitarbeitern im Verkauf präsentiert teilweise erschreckende Erkenntnisse. So sollen sich Kunden von Verkäufern abgewiesen fühlen, die Verkäufer selbst bekommen aber davon offenbar teilweise gar nichts mit. In anderen Fällen wurden die Verkäufer als distanzlos wahrgenommen.

Überlegen Sie mit uns gemeinsam, wie bei der Autoland Murschall GmbH eine schlechte Kundenorientierung durch nonverbale Kommunikation vermieden werden kann. Entwerfen Sie dazu bitte ein kurzes Merkblatt mit vier bis fünf wichtigen Verhaltensweisen gegenüber Ihren Kunden:

„Kundenorientierte nonverbale Kommunikation bei der Autoland Murschall GmbH"

Ihre Seminarleitung

Studie zur nonverbalen Kommunikation von Mitarbeitern im Verkauf

(...) Unsere Testkunden erleben immer wieder, dass Verkäufer sich Ihnen im Verkaufsgespräch nicht zuwenden, sondern während des Gesprächs weiter am Schreibtisch oder Regal arbeiten. Dabei vernachlässigen die Verkäufer neben der offenen Körperhaltung auch den wichtigen Blickkontakt zu den Testkunden. Einige Verkäufer versuchten mit lauter Stimme die viel zu weite Distanz zu den Testkunden zu überwinden, andere schienen demgegenüber eher distanzlos zu sein und rückten den Testkunden „zu nah auf die Pelle". Oftmals trafen die Testkunden wenig interessierte Verkäufer an, die einen gelangweilten Eindruck machten.

Selbstverständlich gibt es auch immer wieder sehr interessierte Verkäufer, die sehr freundlich und auch lächelnd auf Kunden zugehen, was auch nach den letzten Erkenntnissen der Hirnforschung mittels sogenannter Spiegelneuronen von vielen Kunden gespiegelt wird. Das Ergebnis ist ein positives, angenehmes Verkaufsklima. Leider sind diese Verkäufer noch in der Minderzahl.

Quelle: Autorentext

ARBEITSAUFTRAG

1. Erstellen Sie mithilfe des Zeitungsartikels und des Fachbuches ein Merkblatt mit Empfehlungen zur nonverbalen Kommunikation in Partnerarbeit.
2. Finden Sie sich mit einem anderen Paar zu einer Vierergruppe zusammen und vergleichen und ergänzen Sie Ihre Ergebnisse.
3. Präsentieren Sie Ihre Ergebnisse vor der Klasse.
4. Diskutieren Sie in der Klasse, welche nonverbalen Signale Sie als besonders wichtig empfinden.

Arbeitsblatt 39.1 Nonverbale Kommunikation

Vervollständigen Sie diese Darstellung zur nonverbalen Kommunikation:

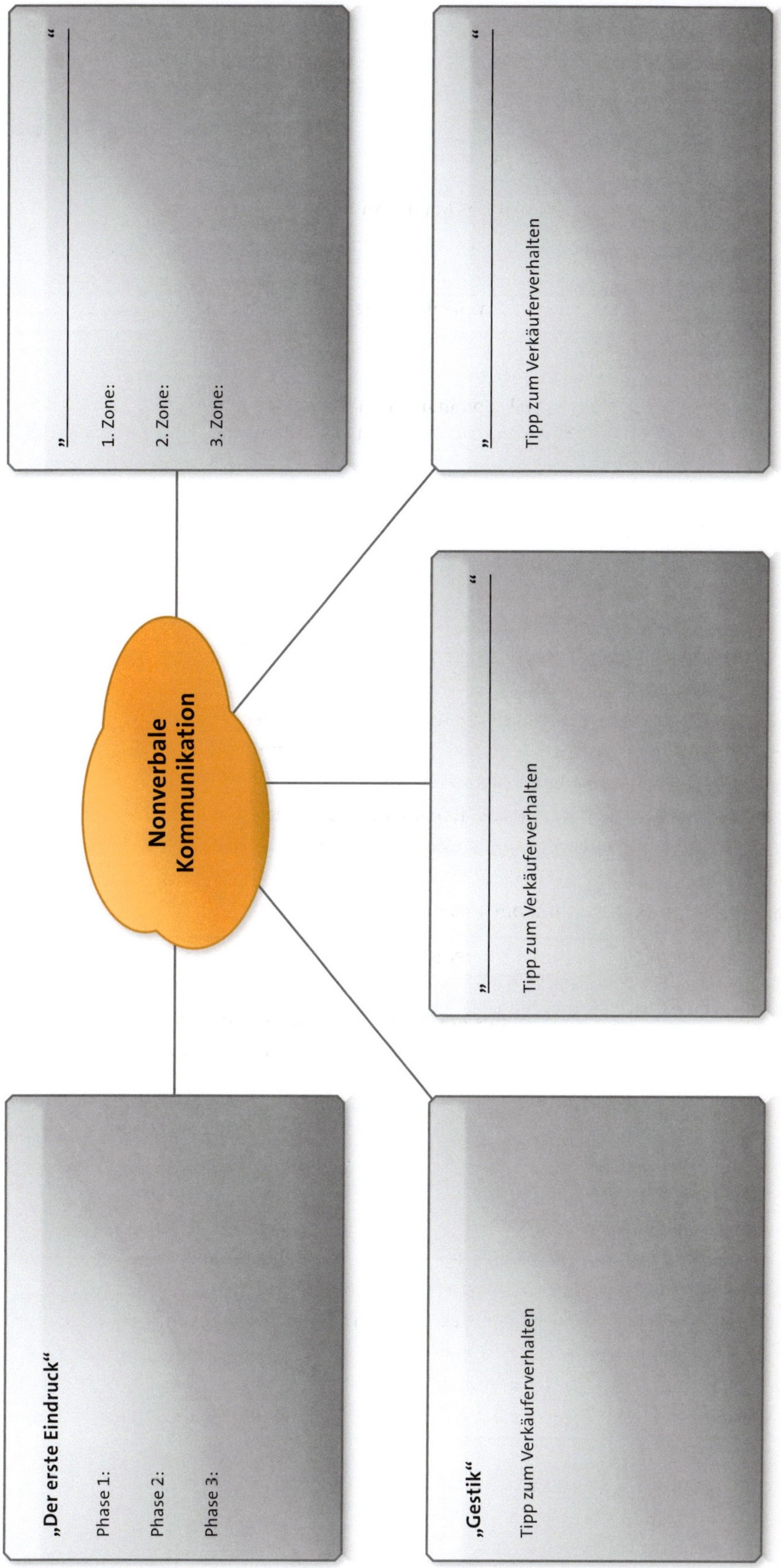

Arbeitsblatt 39.2 Kommunikationsbausteine

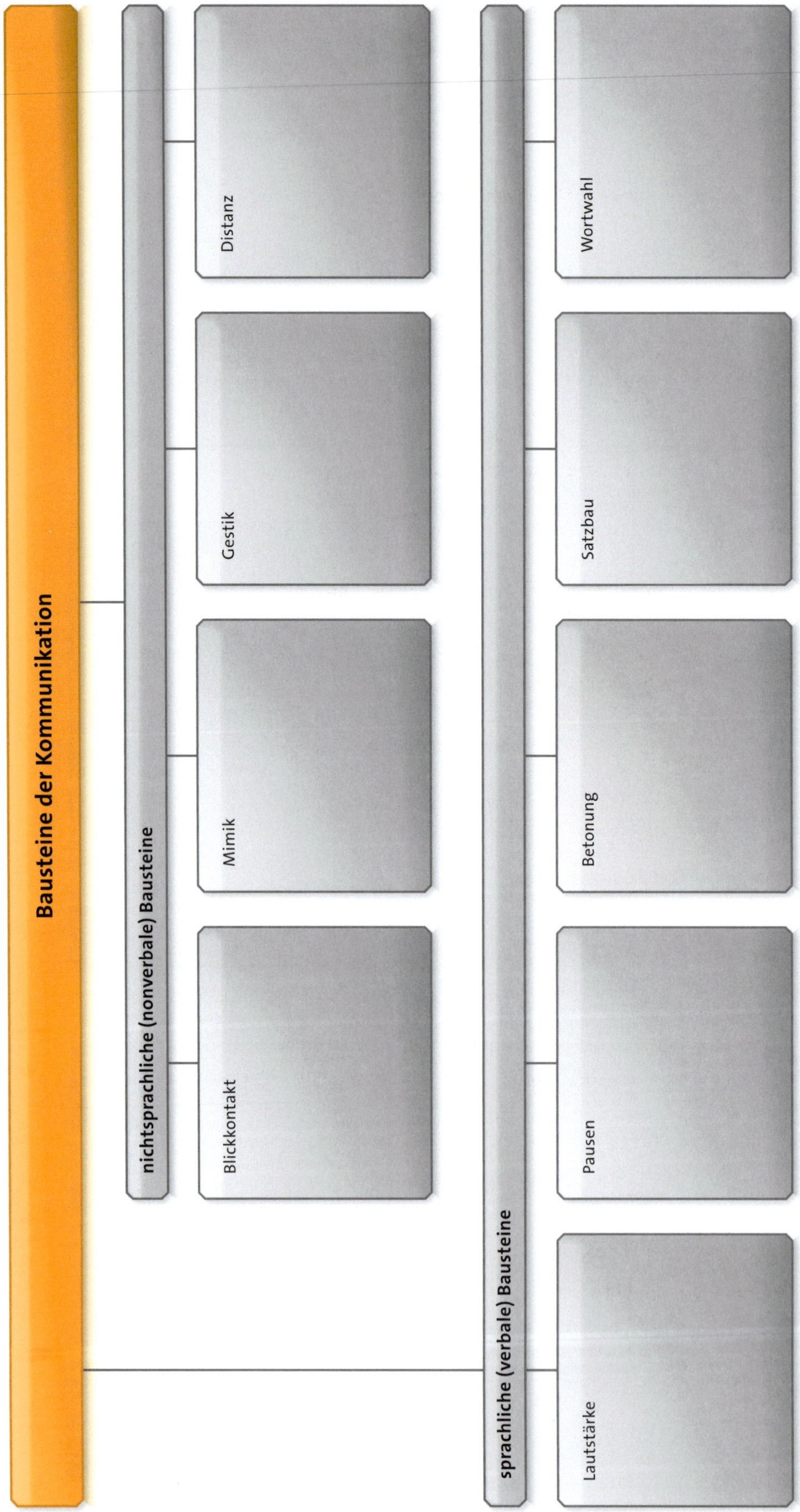

Aufgaben

WIEDERHOLUNGSAUFGABEN

1. Ergänzen Sie Ihr Verkäuferhandbuch, indem Sie das Kapitel 3.2 zur nonverbalen Kommunikation aus dem Fachbuch systematisch und strukturiert zusammenfassen.

2. Erklären Sie kurz mit eigenen Worten, wie der Ablauf des ersten Eindrucks vonstattengeht.

3. Was ist für die Wirkung der Gestik ausschlaggebend?

4. Welchen positiven Kreislauf kann das eigene Lächeln auslösen?

5. Warum ist der Blickkontakt so wichtig?

6. Wie sollten Sie sich während des Verkaufsgesprächs hinsichtlich der unterschiedlichen Distanzzonen verhalten?

7. Was bedeutet Kundenorientierung im Autohaus?

8. Welches Ziel verfolgt der Autohändler mit der Maxime „Kundenorientierung“?

9. Welche Anforderungen werden an das Verkaufspersonal im Autohaus gestellt?

10. Bei den Vorgaben bezüglich des Dresscodes im Autohaus konkurrieren zwei Gesetze miteinander. Welche Gesetze sind es und was sagen diese aus?

ÜBUNGSAUFGABEN

11. Wie würden Sie folgende Signale der Körpersprache deuten?
- Hände in den Hosentaschen
- verschränkte Arme
- Sitzen auf der vorderen Stuhlkante
- mit den Fingern trommeln
- Augenbrauen anheben
- schlaffer Händedruck

12. Stellen Sie folgende Aussagen vor der Klasse ohne Worte dar. Verraten Sie aber Ihren Mitschülern nicht, welche Aussage Sie darstellen, denn das müssen sie natürlich erraten.
a) Das freut mich!
b) So geht das aber nicht!
c) Das bezweifle ich!
d) Ich bin völlig erschöpft.
e) Ich stehe unter Zeitdruck.
f) Gut gemacht!
g) Er/Sie ist völlig ausgeflippt!
h) Ich bin fassungslos!
i) Das weiß ich nicht.
j) (eigene Ideen) ______________________________

____

____

13. Führen Sie mit wechselnden Teilnehmern folgende Rollenspiele durch.
Die am Rollenspiel nicht Beteiligten beobachten die jeweilige Situation systematisch mithilfe des Beobachtungsbogens auf der folgenden Seite.

Rollenspielkarten:

Verkaufsseminar 1.3

1. Situation

Sie möchten beim Einwohnermeldeamt Ihren neuen Personalausweis abholen. Nach einer Stunde Wartezeit ruft die Verwaltungsangestellte Sie herein. Die Gebühr für den Ausweis ist ohne Ihr Wissen teurer geworden, daher haben Sie nicht genug Geld dabei.

Rolle I: verzagter Azubi (m/w)
Rolle II: Verwaltungsangestellte(r)
Ziel: Versuchen Sie, eine praktikable Lösung der Situation zu finden.

2. Situation

Vor Ihrer Stammdiskothek steht ein neuer Sicherheitsbeauftragter, der Sie nicht kennt. Er hat die Anweisung, niemanden hereinzulassen, der behauptet, Stammgast zu sein.

Rolle I: überraschter Stammgast (m/w)
Rolle II: Sicherheitsbeauftragte(r)
Ziel: Versuchen Sie, eine praktikable Lösung der Situation zu finden.

3. Situation

Als Ihnen im italienischen Eissalon Ihr Eisbecher „Magnum" serviert wird, stolpert der Servierer und das Eis landet auf Ihrer Hose.

Rolle I: bestürzter Gast (m/w)
Rolle II: Servierer(in) im Eissalon
Ziel: Versuchen Sie, eine praktikable Lösung der Situation zu finden.

4. Situation

Im Parkhaus warten Sie schon einige Minuten auf einen Parkplatz, der Ihnen dann, obwohl Sie den Blinker gesetzt haben, von einer selbstbewussten Sportwagenfahrerin weggeschnappt wird.

Rolle I: ehrlicher „Einparker" (m/w)
Rolle II: Sportwagenfahrerin
Ziel: Versuchen Sie, eine praktikable Lösung der Situation zu finden.

VERTIEFUNGSAUFGABEN

14. a) Zählen Sie gemeinsam mit einem Partner Nationalitäten auf, die Ihnen bereits in Ihrem Ausbildungsbetrieb als Kunden begegnet sind.
b) Recherchieren Sie anschließend im Internet, welche kulturellen Besonderheiten im Rahmen der Kommunikation bei Geschäftspartnern aus diesen Nationen zu beachten sind.
c) Stellen Sie Ihre Ergebnisse anschließend mündlich und darstellerisch in der Klasse vor. Begründen Sie die kulturellen Verhaltensweisen aus Sicht der jeweiligen Nation.

ERKUNDUNGSAUFGABEN

15. a) Welche Kleidervorschriften bestehen in Ihrem Ausbildungsbetrieb?
b) Wie würde man diesen Dresscode nach der Einteilung des Dresscode-Guides bezeichnen?
c) Waren Sie schon einmal over- bzw. underdressed? Berichten Sie von Ihren Erfahrungen.

Rollenspiel (Beobachtungsbogen)

Beobachtungsbogen Teil I: Die verbalen Bausteine der Sprache

	zu leise	angemessen	zu laut	Bemerkung
Lautstärke				

	zu schnell	angemessen	zu langsam	Bemerkung
Tempo				

	übertrieben	angemessen	monoton	Bemerkung
Betonung				

	zu lange Sätze	angemessen	zu kurze Sätze	Bemerkung
Satzbau				

	ungeklärte Fachbegriffe	angemessen	zu wenige Fachbegriffe	Bemerkung
Fachbegriffe				

Beobachtungsbogen Teil II: Die nonverbalen Bausteine der Sprache

	zu wenig	angemessen	übertrieben	Bemerkung
Blickkontakt				

	zu wenig	angemessen	zu viel	Bemerkung
Mimik				

	übertrieben	angemessen	zu wenig	Bemerkung
Gestik				

	zu nah	angemessen	zu weit	Bemerkung
Distanz				

SB ▸ LF 4 | 4.1

Lernsituation 40: Begrüßung – 15 Sekunden entscheiden

Verkaufsseminar 2.1

EINE VERKAUFSSITUATION

Am Morgen des 15. Oktobers betritt die Kundin Küpra Kenarci das Autohaus Belten, der Händler ihres Vertrauens ist. Sie möchte sich über die derzeit aktuellen Reifen- und Felgenmodelle informieren, da sie in naher Zukunft neue Kompletträder kaufen will. Gut gelaunt und entspannt steht sie vor der Felgenmusterwand und schaut sich diese interessiert an. Doch plötzlich erstarrt sie!

Direkt hinter ihr ertönt eine laute Männerstimme: „Kann ich Ihnen irgendwie helfen?" Die Kundin Küpra Kenarci dreht sich erschreckt um, hält kurz inne und erblickt einen netten, jungen Verkäufer, der sich wohl bei diesem „Angriff" nichts Böses gedacht hat.

ARBEITSAUFTRAG

1. Notieren Sie stichwortartig die Fehler des Verkäufers.
2. Formulieren Sie einen Verbesserungsvorschlag in wörtlicher Rede.
3. Ergänzen Sie folgende Übersicht:

kontaktförderndes Verhalten gegenüber Kunden	kontaktstörendes Verhalten gegenüber Kunden

Aufgaben

WIEDERHOLUNGSAUFGABEN

1. Ergänzen Sie Ihr Verkäuferhandbuch, indem Sie das Kapitel 4.1 zur Begrüßung im Rahmen des Verkaufsgespräches im Fachbuch systematisch und strukturiert zusammenfassen.

2. Der Kunde gibt durch bestimmte Signale zu erkennen, dass er angesprochen werden möchte. Nennen Sie diese Signale.

ÜBUNGSAUFGABEN

3. Formulieren Sie in wörtlicher Rede die Ansprache des Kunden in den zwei aufgeführten Situationen.
a) Der Kunde schaut sich hilfesuchend um.
b) Die Stammkundin Beate Simons beschäftigt sich seit ein paar Minuten sehr intensiv mit einem ausgestellten Kindersitz.

4. Stellen Sie sich vor, ein Kunde beschäftigt sich intensiv mit einer bestimmten Warenart. Sie möchten den Kunden warenbezogen ansprechen. Formulieren Sie in wörtlicher Rede für fünf verschiedene Warenarten jeweils eine warenbezogene Kundenansprache.

VERTIEFUNGSAUFGABEN

5. Notieren Sie in den nachfolgenden Verkaufssituationen die Folgen aus der Verhaltensweise des Verkäufers bezüglich der Kontaktaufnahme mit dem Kunden. Formulieren Sie anschließend eine bessere Kontaktaufnahme.

SITUATION A

Der Kunde Martin Lange betritt den Autoteilehandel Enkler e. K. und geht gezielt auf den Verkäufer Wolfgang Breuer zu, der gerade mit dem Einräumen von Waren beschäftigt ist.

Kunde: *„Guten Tag, ich suche eine neue Batterie für meinen VW Golf."*

Verkäufer: *„Wie jedermann erkennen kann, bin ich zurzeit beschäftigt. Kommen Sie in einer halben Stunde noch mal wieder!"*

SITUATION B

Die Freunde Erik Bojahr und Klaus Schulz beschäftigen sich im Zubehörbereich eines Automobilhändlers intensiv mit Autoradios.

Ein Verkäufer wendet sich den Kunden zu und fragt: *„Kann ich Ihnen helfen?"*

Daraufhin antwortet Erik Bojahr: *„Nein, wir kommen schon zurecht!"*

SITUATION C

David Rogers, ein Austauschschüler aus England (spricht noch recht wenig Deutsch), möchte in einem Autoteilehandel Scheibenwischer kaufen. Mutig spricht er einen Verkäufer an.

David: *„Sorry, Scheibenwischer, wo?"*

Verkäufer: *„Hallo! Kein Problem, gehen Sie zunächst geradeaus, dann in den rechten Gang, wieder geradeaus und in den linken Gang und schon stehen Sie vor dem Regal mit den Scheibenwischern!"*

6. Die Verkäuferin Martina Kiemen würde gerne eine Kundin, die wiederholt von ihr beraten und bedient worden ist, mit Namen ansprechen. Auf welche Weise kann sie den Namen dieser Kundin erfragen? Formulieren Sie einen Vorschlag.

7. Sie erkennen, dass sich ein Kunde in Ihrem Geschäft „nur" umschauen möchte. Wie verhalten Sie sich als Verkäufer?

SB ▸ LF 4 | 4.2

Lernsituation 41: Bedarfsermittlung – einen „Eisberg" entdecken

Verkaufsseminar 2.2

EINE VERKAUFSSITUATION

In der Zubehörabteilung des Autohauses Docker GmbH geht ein Mitarbeiter lächelnd auf einen Kunden zu und begrüßt ihn freundlich.

Auszug aus dem Verkaufsgespräch:

Verkäufer: *Guten Tag, wie kann ich Ihnen helfen?*

Kunde: *Guten Tag, ich suche einen MP3-Tuner!*

Verkäufer: *Ja, gern! Haben Sie an etwas Bestimmtes gedacht?*

Kunde: *Eigentlich nicht! Ich wollte mich gerne mal umsehen, was Sie so haben!*

Verkäufer: *Möchten Sie einen MP3-Tuner mit Touchscreen?*

Kunde: *Das weiß ich noch nicht!*

Verkäufer: *Wie wäre es mit einer integrierten Freisprechanlage?*

Kunde: *Ich weiß nicht!*

Verkäufer: *Soll der MP3-Tuner denn bestimmte Funktionen haben?*

Kunde: *Ich müsste mir den MP3-Tuner mal ansehen und ausprobieren!*

Verkäufer: *Möchten Sie gerne einen MP3-Tuner mit integriertem Navigationsgerät?*

Kunde: *Das kommt darauf an ...*

ARBEITSAUFTRAG

1. Notieren Sie stichwortartig die Fehler des Verkäufers.
2. Formulieren Sie einen Verbesserungsvorschlag in wörtlicher Rede.
3. Stellen Sie Ihren Verbesserungsvorschlag im Rollenspiel vor.
4. Ergänzen Sie die folgende Übersicht zu den Methoden der Bedarfsermittlung.

Bedarfsermittlung	Erläuterungen	Vorteile	Beispiel
direkte Bedarfsermittlung			
indirekte Bedarfsermittlung			

Aufgaben

WIEDERHOLUNGSAUFGABEN

1. Ergänzen Sie Ihr Verkäuferhandbuch, indem Sie das Kapitel 4.2 zur Bedarfsermittlung aus Ihrem Fachbuch systematisch und strukturiert zusammenfassen.

2. Was ist ein Kaufmotiv?

3. Welche Kaufmotive werden unterschieden? Nennen Sie zu den Kaufmotivarten je drei Beispiele.

ÜBUNGSAUFGABEN

4. Ein Kunde interessiert sich für einen Fahrradträger. Stellen Sie drei bedarfs- sowie nutzenbezogene Fragen, um den Kundenwunsch zu ermitteln.

5. Leiten Sie aus folgenden Kundenfragen die Kaufmotive ab:
a) „Hat der Wagen eine Durchlademöglichkeit?"
b) „Wie groß sind die Wartungsintervalle?"
c) „Welche Fahrzeuge haben Sie im Angebot?"
d) „Ist das Fahrzeug mit Xenonlicht ausgestattet?"
e) „Gibt es für den Diesel auch einen Rußfilter?"

6. Wann setzen Sie die folgenden Fragearten zielgerichtet ein:
- W-Fragen
- geschlossene Fragen
- Alternativfragen
- rhetorische Fragen
- Suggestivfragen

7. Setzen Sie die fehlenden Wörter in den Lückentext ein.
Rückschlüsse auf den Bedarf – nutzenbezogene und/oder bedarfsbezogene – W-Fragen – Testangebot – Kaufmotiv

Offene Fragen, auch ______________________ genannt, werden dem Kunden so lange gestellt, bis der konkrete Wunsch feststeht. Stellen Sie dem Kunden ______________________ Fragen. Dadurch erhalten Sie mehr Informationen über das ______________________ des Kunden. Um aus Kundenreaktionen ______________________ zu ziehen, legen Sie dem Kunden ein ______________________ vor.

VERTIEFUNGSAUFGABEN

8. Beurteilen Sie im nachfolgenden Verkaufsgespräch die Wunschermittlung des Kunden aus der Sicht des Verkäufers! Halten Sie Ihre Ergebnisse schriftlich fest. Formulieren Sie einen Verbesserungsvorschlag.

Kunde: *„Guten Tag! Ich benötige einen Gepäckträger!"*
Verkäufer: *„Gerne! Kommen Sie mit. Hier hätten wir unsere Modelle. Soll es ein abschließbarer sein?"*
Kunde: *„Ich weiß es nicht ...?!"*
Verkäufer: *„Dieser Gepäckträger hier ist sehr gefragt und wird gerne gekauft."*
Kunde: *„Ja, der sieht gut aus. Aber ist der nicht zu klein?"*
Verkäufer: *„Vielleicht mit etwas längeren Holmen?"*
Kunde: *„Ja, aber ...!"*
Verkäufer: *„Hier ist er mit langen Holmen!"*
Kunde: *„Der ist ja für das Dach und außerdem kann ich mit dem ja keine Fahrräder transportieren!"*
Der Verkäufer sucht länger nach einem anderen Modell.
Verkäufer: *„Ich habe noch einen für die Heckbefestigung gefunden. Schauen Sie mal!"*
Kunde: *„Super, so einen habe ich gesucht!"*
Verkäufer: *„Für welches Fahrzeug soll er denn sein?"*
Kunde: *„Ich fahre einen Audi TT!"*
Verkäufer: *„Oh, dafür passt dieses Modell aber nicht!"*

SB ▸ LF 4 | 4.3

Lernsituation 42: Warenvorlage – das Produkt „begreifen"

Verkaufsseminar 2.3

EINE VERKAUFSSITUATION:

In der Zubehörabteilung eines Autohauses interessiert sich ein Kunde für ein Navigationsgerät. Die Verkäuferin hat den Kunden freundlich begrüßt und gewissenhaft das Kaufmotiv des Kunden erforscht. Er benötigt ein mobiles Navigationsgerät mit großem Bildschirm, welches trotzdem noch handlich ist.

Auszug aus dem Verkaufsgespräch:

Verkäuferin: *Da zeige ich Ihnen mal die grundsätzlichen Modelle, die es gibt: Zum einen habe ich hier ein Navigationsgerät mit quadratischem 3,5-Zoll-Bildschirm, das sehr niedrig im Preis ist. Die Größe des Bildschirms dieses Navigationsgeräts liegt bei 4,3 Zoll, das Bildformat bei 16:9. Dieses Gerät ist ebenfalls sehr handlich. Sie können aber auch dieses Navigationsgerät mit dem extra großen 5-Zoll-Bildschirm kaufen.*

Dabei nimmt die Verkäuferin das jeweilige Navigationsgerät aus dem Regal hinter sich, zeigt es dem Kunden kurz und stellt es dann wieder zurück.

Kunde: *Mhmm, das ist ja eine große Auswahl.*

Verkäuferin: *Diese Navigationsgeräte mit 16:9-Bildschirm haben wir ja nicht nur von Lavigon, sondern auch von Decker und von Barmin.*

Wiederum nimmt sie das jeweilige Navigationsgerät aus dem Regal und stellt es dieses Mal auf einer Filzunterlage auf dem Tresen ab.

Kunde: *Kann ich denn mal so ein Navigationsgerät in die Hand nehmen?*

Verkäuferin: *Ja, das geht schon, aber bitte passen Sie auf, dass kein Kratzer dran kommt.*

Kunde: *Na, ich glaube, das muss ich mir noch einmal überlegen. Auf Wiedersehen!*

ARBEITSAUFTRAG

1. Notieren Sie stichwortartig die Fehler der Verkäuferin.
2. Formulieren Sie einen Verbesserungsvorschlag in wörtlicher Rede.

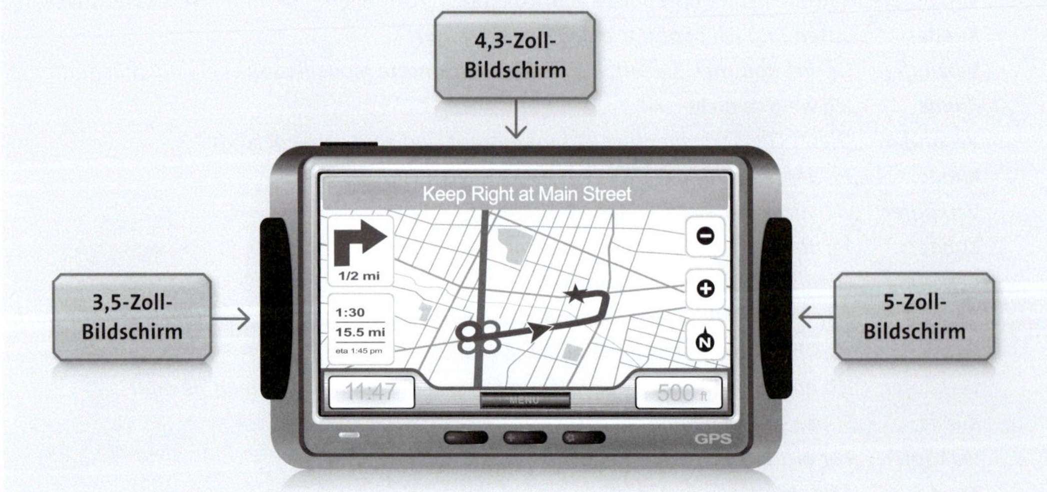

Arbeitsblatt 42.1 Die Grundregeln der Warenvorlage

	Tragen Sie hier die Regel ein:	Geben Sie hier die Begründung dafür an:
Regel 1: Was?		
Regel 2: Wann?		
Regel 3: Wie?	1. – – – – 2. 3.	
Regel 4: Welche Preislage?		
Regel 5: Wie viel?		

Aufgaben

WIEDERHOLUNGSAUFGABEN

1. Ergänzen Sie Ihr Verkäuferhandbuch, indem Sie das Kapitel 4.3 zur Warenvorlage im Fachbuch systematisch und strukturiert zusammenfassen.

ÜBUNGSAUFGABEN

2. Warum kann es ein Verkaufsgespräch erleichtern, wenn der Kunde den Artikel, den er kaufen will, auch ausprobieren kann?

3. Eine Verkäuferregel sagt: „Gut gezeigt ist halb verkauft." Was ist damit gemeint?

4. Bedeutet der Grundsatz „Reden ist Silber – Zeigen ist Gold", dass Sie bei der Warenvorlage nicht reden dürfen?

5. Beurteilen Sie die Kompetenz eines Verkäufers, der zu einem Kunden sagt: „Einen Augenblick! Wie dieses Gerät bedient wird, weiß ich auch nicht so genau. Ich suche mal schnell jemanden, der sich auskennt."

6. Wählen Sie aus Ihrem Ausbildungssortiment drei Artikel aus und überlegen Sie für diese drei Artikel, welche Sinne Sie beim Kunden gezielt bei der Warenvorlage mit dem jeweiligen Produkt ansprechen können.

Artikel	**Die Sinne spreche ich in folgender Art und Weise beim Kunden an:**
1.	
2.	
3.	

7. Warum kann es falsch sein, die Warenvorlage

a) mit einem hochpreisigen Artikel,

b) mit einem niedrigpreisigen Artikel zu beginnen?

Lernsituation 43: Argumentation – mit guten Gründen überzeugen

SB ▸ LF 4 | 4.4

Verkaufsseminar 2.4

EINE VERKAUFSSITUATION

Eine Kundin, die mit ihrem Minivan sehr viel unterwegs ist, ist auf der Suche nach neuen hochwertigen und preisgünstigen Sommerreifen. Insbesondere das ausgezeichnete Fahrverhalten bei Nässe, hoher Fahrkomfort und eine hohe Laufleistung des Reifens sind für die Kundin von besonderer Bedeutung.

Auszug aus dem Verkaufsgespräch:

Der Verkäufer zeigt der Kundin einen ausgestellten Reifen: *„Das Modell Formula one ist ein absolutes Spitzenprodukt. Dieser Reifen ist zwar nicht ganz billig, ist aber dafür auf trockener Straße fast unschlagbar. Aufgrund seiner etwas weicheren Gummimischung haben Sie je nach Fahrstil einen etwas höheren Verschleiß als mit vergleichbaren Reifen. Aufgrund des Niederquerschnitts leidet natürlich auch der Fahrkomfort ein wenig. Wir verkaufen den Reifen trotzdem sehr häufig, ich selbst habe ihn auch auf meinem Fahrzeug und bin sehr zufrieden. Bisher hatten wir kaum Beanstandungen."*

ARBEITSAUFTRAG

1. Notieren Sie stichwortartig die Fehler des Verkäufers.
2. Formulieren Sie einen Verbesserungsvorschlag in wörtlicher Rede.

Arbeitsblatt 43.1 Verkaufsargumentation

Vorgehensweise bei der Verkaufsargumentation			
Ablauf:	1. Schritt Warenmerkmal	2. Schritt Warenvorteil	3. Schritt Kundennutzen
Erläuterung			
Beispiel			

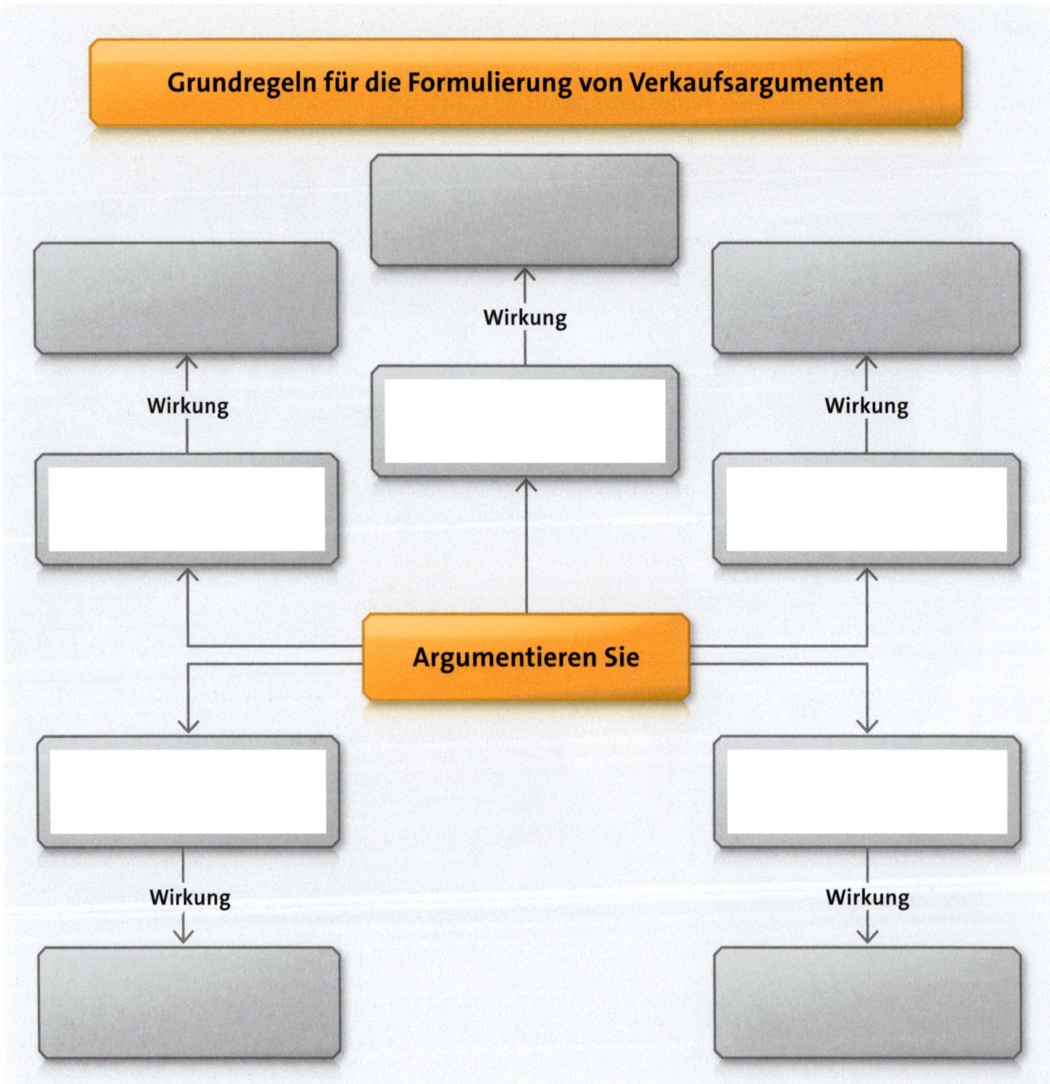

Aufgaben

WIEDERHOLUNGSAUFGABEN

1. Ergänzen Sie Ihr Verkäuferhandbuch, indem Sie das Kapitel 4.4 zur Verkaufsargumentation im Fachbuch systematisch und strukturiert zusammenfassen.

ÜBUNGSAUFGABEN

2. Welche der folgenden Verkäuferaussagen beschreiben
a) ein Produktmerkmal? **b)** einen Produktvorteil?
Kreuzen Sie an.

Verkäuferaussage	Produktmerkmal	Produktvorteil
Dieses Auto besitzt einen Regensensor.		
Der Regensensor sorgt bei Regen immer für die beste und damit sicherste Geschwindigkeit der Scheibenwaschanlage.		
Bei eingehenden Telefongesprächen wird das Autoradio automatisch auf lautlos gestellt.		
Das Autoradio verfügt über eine Handyeinrichtung.		

3. Ein Kunde möchte von Ihnen beraten werden. Er benötigt für sein neues Fahrzeug ein Autoradio mit integrierter Freisprecheinrichtung für sein Handy.
Formulieren Sie ein Verkaufsargument im „Sie-Stil". Wenden Sie dabei die Vorgehensweise im Drei-Schritt-Verfahren „Produktmerkmal – Produktvorteil – Kundennutzen" an.

4. Ein Autohersteller gibt folgende Produktinformationen zu einem neu entwickelten Motor für die Kompaktklasse (Golf, Astra etc.):
- High-Tech-Motorblock mit geringem Gewicht
- ECE-Verbrauch 3,8 l
- Diesel
- geringer CO_2-Ausstoß, daher geringe Steuerbelastung und umweltfreundlich
- hohes Drehmoment
- Beschleunigung von 0 auf 100 km/h in 8,9 Sekunden
- 1,6 l Hubraum, daher geringe Steuerbelastung
- hohe Laufleistung
- Biturbo, daher keine Anfahrschwäche

a) Welche Grundregel der Verkaufsargumentation wird von dem Verkäufer bei den unten stehenden Aussagen nicht beachtet?
b) Formulieren Sie jeweils einen Verbesserungsvorschlag.

Verkäuferaussage	Grundregel	Verbesserungsvorschlag
Der Motor hat einen High-Tech-Motorblock.		
Durch den Dieselmotor ist das Fahrzeug sparsam.		
Der Motor hat ein hohes Drehmoment.		
Der Motor verfügt über einen Biturbo.		
Der geringe CO_2-Ausstoß ist auch gut.		

Lernsituation 44: Kundeneinwände – wichtige Wegweiser erkennen

SB ▸ LF 4 | 4.5

Verkaufsseminar 2.5

EINE VERKAUFSSITUATION

In einem Verkaufsgespräch erfährt der Verkäufer, dass sich sein Kunde für ein nachrüstbares Navigationssystem interessiert. Nach einer ausführlichen Beratung durch den Verkäufer äußert der Kunde den folgenden Einwand.

Auszug aus dem Verkaufsgespräch:

Käufer: *Für den Einbau des Gerätes benötige ich doch sicherlich entsprechende technische Fachkenntnisse und Spezialwerkzeug oder der Einbau kostet mich zusätzlich sehr viel Geld, wenn er in Ihrer Fachwerkstatt vorgenommen wird.*

Verkäufer: *Das können Sie so nicht sagen. Für den Einbau benötigen Sie nur einige technische Grundkenntnisse und Profi-Arbeit hat halt ihren Preis.*

ARBEITSAUFTRAG

1. Notieren Sie stichwortartig die Fehler des Verkäufers.
2. Formulieren Sie einen Verbesserungsvorschlag in wörtlicher Rede.
3. Stellen Sie die sechs Grundregeln zusammen, die jeder Verkäufer bei der Einwandbehandlung berücksichtigen sollte.

Grundregeln der Einwandbehandlung
1.
2.
3.
4.
5.
6.

Arbeitsblatt 44.1 Arten von Kundeneinwanden

Arten von Kundeneinwänden	
Echte Einwände =	Unechte Einwände =
Einwände gegen die Ware Beispiele:	Beispiele:
Einwände gegen den Preis Beispiele:	
Einwände gegen das Geschäft Beispiele:	
Einwände gegen den Verkäufer Beispiele:	

Aufgaben

WIEDERHOLUNGSAUFGABEN

1. Ergänzen Sie Ihr Verkäuferhandbuch, indem Sie das Kapitel 4.5 zu den Kundeneinwänden im Fachbuch systematisch und strukturiert zusammenfassen.

ÜBUNGSAUFGABEN

2. Verbessern Sie die Antworten der Verkäufer, indem Sie die Methoden der Einwandbehandlung verwenden. Benennen Sie die von Ihnen gewählte Methode zur Einwandbehandlung. Sie sollten alle vier Methoden verwenden.

Kundeneinwand	Antwort des Verkäufers	Verbesserung der Antwort und Benennung der Methode
Der Lack sieht nicht besonders gut aus.	Ach was, gestern noch poliert! Wirklich gestern!	
Das Cabrio wird jetzt im Herbst bestimmt reduziert!	Bitte, wenn Sie das Fahrzeug nicht nehmen wollen. Ich verkaufe es in dieser Woche leicht noch dreimal.	
Für so einen Ramsch würde ich nicht so viel Geld ausgeben!	Sie sind der erste Kunde, der dieses sinnvolle Zubehör für die Urlaubsfahrt als Ramsch bezeichnet. Es geht weg wie warme Semmeln!	
Ist das Navigationsgerät wirklich aktuell?	Glauben Sie mir, top aktuell – wirklich „in“ heutzutage!	
Hat dieses Gerät sonst noch Vorteile?	Das Gerät ist super, da gibt es gar keinen Zweifel!	
Die Alufelge ist ganz schön, aber eigentlich wollte ich nicht so viel ausgeben.	Ich kann Ihnen auch eine Billigware geben! Ob Sie aber damit glücklich werden?	
Wenn ich mal in Rente bin, kaufe ich mir so ein langweiliges Auto!	Ich weiß nicht, was Sie für Vorstellungen haben – aber langweilig ist das Auto keinesfalls.	
Ich weiß nicht, ob Sie als Lehrling schon genug von einer Car-HiFi-Anlage verstehen, um mich zu überzeugen!	Na, bitte erlauben Sie mal, mein Chef hat vollstes Vertrauen zu mir. Der weiß, was ich leiste!	

Lernsituation 45: Preisnennung – den Wert ins richtige Licht rücken

☞ SB ▸ LF 4 | 4.6

Verkaufsseminar 2.6

EINE VERKAUFSSITUATION

In einem Fachmarkt für Autozubehör schaut sich ein Kunde Alufelgen an. Er betrachtet sie von allen Seiten, als würde er etwas suchen. Dabei sieht er sich hilfesuchend um, bis ein Verkäufer erscheint.

Auszug aus dem Verkaufsgespräch:

Verkäufer: *Sie kommen zurecht?*

Käufer: *Nein, nicht ganz, ich finde an diesen Alufelgen kein Preisschild.*

Verkäufer: *449,00 €, steht doch am Regal!*

Käufer: *Jetzt sehe ich es auch – ganz schön teuer.*

Verkäufer: *Wie man es nimmt – die anderen sind sogar noch teurer.*

Käufer: *Ach so.*

Verkäufer: *Soll ich mal die billigen Alufelgen zeigen?*

Käufer: *Ich habe wenig Zeit.*

Verkäufer: *Die teuren Alufelgen haben immer eine bessere Qualität und sehen besser aus – ist doch klar, was wollen Sie denn jetzt?*

Käufer: *Oh, schon so spät, ich komme morgen noch mal wieder – auf Wiedersehen.*

ARBEITSAUFTRAG

1. Notieren Sie stichwortartig die Fehler des Verkäufers.
2. Formulieren Sie einen Verbesserungsvorschlag in wörtlicher Rede, indem Sie die vier Methoden der Preisnennung anwenden. Nutzen Sie hierfür das AB 45.1.

Arbeitsblatt 45.1 Den Preis in das Verkaufsgespräch einbinden

Kundenfrage: „Was kosten diese Alufelgen?“

Methode zur Einbindung des Preises in das Verkaufsgespräch	Merkmale/Besonderheiten	Beispiele in wörtlicher Rede
1. Verzögerunsmethode		
2. Sandwichmethode		

Kundeneinwand: „Ich hätte nicht gedacht, dass dieses Gerät so teuer ist!“

Methode zur Einbindung des Preises in das Verkaufsgespräch	Merkmale/Besonderheiten	Beispiele in wörtlicher Rede
3. Vergleichsmethode		
4. Verkleinerungsmethode		

Aufgaben

WIEDERHOLUNGSAUFGABEN

1. Ergänzen Sie Ihr Verkäuferhandbuch, indem Sie das Kapitel 4.6 zum Einbinden des Preises in das Verkaufsgespräch im Fachbuch systematisch und strukturiert zusammenfassen.

2. Nehmen Sie kurz Stellung zu folgender Aussage: „Die Qualität ist noch da, wenn der Preis längst vergessen ist."

3. Warum sollte man nicht grundsätzlich von einem hohen Preis auf eine hohe Warenqualität schließen?

ÜBUNGSAUFGABEN

4. Ergänzen Sie folgende Aussagen mit Begriffen anstelle von „teuer" und „billig":

1. Der Kfz-Teile-Spezialist „Autoteile-Klick" hat ____________________ Preise.
2. Im Fabrik-Direktverkauf gibt es ____________________ Autozubehör.
3. Fußballmanager Kalli Winter verbrachte die Sommerpause auf einer ____________________ Motoryacht an der Küste von Florida.
4. Mein geiziger Bruder sucht sich immer die ____________________ Last-Minute-Reisen aus.
5. Eine Weltumseglung mit der „Flying Goddess" ist für Lehrer ____________________.
6. Die Straßencafés an der Berliner Friedrichstraße verlangen ____________________ Preise.
7. Die Gemahlin von Konsul Klein hat ihren ____________________ Ring verlegt.

5. Formulieren Sie eine Preisnennung für einen Artikel aus dem Zubehörshop mit
a) der Sandwichmethode,
b) der Verzögerungsmethode,
c) der Vergleichsmethode.

6. Bei einem Verkaufsgespräch in der Autoland Murschall GmbH äußert Ihr Kunde: „Eigentlich gefällt mir die Alufelge ja sehr gut, aber sie ist mir zu teuer." Wie setzen Sie das Verkaufsgespräch fort? Begründen Sie Ihre Antwort.
a) Sie brechen das Gespräch sofort ab.
b) Sie erwähnen, dass die Alufelge bei der Konkurrenz wesentlich teurer ist.
c) Sie widersprechen dem Kunden aufs Äußerste.
d) Sie begründen den Preis, indem Sie die Vorzüge der Alufelge nennen.
e) Sie sagen dem Kunden, dass er ja woanders die Alufelge kaufen könnte.

VERTIEFUNGSAUFGABEN

7. Welche Nachteile ergeben sich durch Fragen wie folgende: „Was darf es denn kosten? Haben Sie eine bestimmte Preisvorstellung?"

8. Beurteilen Sie folgende Frage eines Mitarbeiters eines Autohauses: „Hätten Sie gern das Navigationsgerät zu 149,90 €, zu 169,90 € oder zu 189,90 €?"

9. Ein Zubehörverkäufer eines Autohauses nennt den Preis einer Ware schon zu Beginn des Verkaufsgesprächs. Was ist daran nachteilig?

SB ▸ LF 4 | 4.7

Lernsituation 46: Kaufentscheidung – Kaufen oder nicht kaufen? – Das ist hier die Frage!

Verkaufsseminar 2.7

EINE VERKAUFSSITUATION

Ein Kunde betritt die Zubehörabteilung eines Autohauses und lässt sich von einem Verkäufer ein bestimmtes Autoradio an der Audiowand erklären. Der Kunde betrachtet bei den Erklärungen des Verkäufers das Radio mit großen Augen und einem ständigen Lächeln im Gesicht ...

Auszug aus dem Verkaufsgespräch:

Kunde: *Das ist aber klasse! Genau so ein Radio habe ich gesucht.*

Verkäufer: *Ja, dieses Autoradio von Grünpunkt bietet Ihnen den neuesten Stand der Technik. Es hat nicht nur einen MP3-Player, sondern zusätzlich auch noch ein integriertes Navigationssystem. Der Preis beläuft sich auf 999,00 €. Sie können zusätzlich noch einen iPod und diverse Verstärker und Boxen anschließen.*

Kunde: *Ja, das hört sich schon richtig gut an.*

Verkäufer: *Allerdings benötigen Sie für dieses Radio ganz spezielle Kabelverbindungen und Anschlussmöglichkeiten. Haben Sie diese?*

Kunde: *Nein, ich glaube nicht!*

Verkäufer: *Ja, vielleicht kann ich Ihnen dann dieses Radio von Mony zeigen, auch ein sehr schönes Modell. Preislich käme es auf 979,00 €. Oder wie finden Sie dieses Radio von Ulpine? Das ist mal vom Design was ganz anderes, oder?*

Kunde: *Ja, alle Modelle sind recht gut. Sie haben wirklich eine große Auswahl an Autoradios. Aber ich weiß nicht so recht ... Ich glaube, ich muss mir das zu Hause noch einmal überlegen. Ich komme dann ein andermal wieder!*

ARBEITSAUFTRAG

1. Notieren Sie stichwortartig die Fehler des Verkäufers.
2. Formulieren Sie einen Verbesserungsvorschlag in wörtlicher Rede.

Arbeitsblatt 46.1 Kaufsignale des Kunden

Kaufsignale			
Sprachliche Kaufsignale		**Körpersprachliche Kaufsignale**	
Signal	*Bedeutung/ Interpretation*	*Signal*	*Bedeutung/ Interpretation*
Zustimmung des Kunden Beispiel:			
Wiederholung der Kaufargumente Beispiel:			
Fragen zu Einzelheiten Beispiel:			
Frage nach Zahlungs-modalitäten Beispiel:			
Frage nach Referenzen			

Aufgaben

WIEDERHOLUNGSAUFGABEN

1. Ergänzen Sie Ihr Verkäuferhandbuch, indem Sie das Kapitel 4.7 zur Kaufentscheidung" im Fachbuch systematisch und strukturiert zusammenfassen.

ÜBUNGSAUFGABEN

2. Formulieren Sie in wörtlicher Rede Entscheidungshilfen zu den jeweiligen Ausschnitten eines Verkaufsgespräches. Verwenden Sie möglichst unterschiedliche Abschlusstechniken.

Ausschnitt aus einem Verkaufsgespräch	Entscheidungshilfe des Verkäufers
1. Eine Kundin sucht für ihren Mini neue Alufelgen. Zwei Modelle kommen in die engere Wahl. **Kundin:** „Ich finde beide schön, sowohl die Felge im Turbinenlook als auch die Felge mit den Sternspeichen. Welche soll ich bloß nehmen?“	
2. Ein junger Mann sucht ein neues mobiles Navigationsgerät. Er hat schon diverse Modelle ausprobiert, und die passenden fünf Modelle liegen nun alle vor ihm.	
3. Eine Kundin sucht neue Winterreifen. Nach einem intensiven Verkaufsgespräch kommen eigentlich nur noch zwei Modelle infrage: beides sind Markenprodukte und in derselben Preislage. Die Kundin gesteht dem Verkäufer: „Ich muss Sie warnen. Ich bin vom Sternzeichen Waage und kann mich sehr schlecht entscheiden!“	

3. a) Erläutern Sie die Abschlusstechnik „Die Ja-Fragen“.

b) Wenden Sie die Abschlusstechnik „Die Ja-Fragen“ für ein Produkt aus Ihrem Ausbildungssortiment in wörtlicher Rede an und halten Sie Ihr Ergebnis schriftlich fest.

4. Welche Abschlusstechnik wendet der Verkäufer in den einzelnen Fällen an?

Nr.	Fall	Abschlusstechnik
1	**Verkäufer:** „Sie sollten sich relativ schnell entscheiden, da wir nur noch fünf Navigationsgeräte auf Lager haben!"	
2	**Verkäufer:** „Die Reifen sollen doch einen geringen Rollwiderstand besitzen?" **Kunde:** „Ja". **Verkäufer:** „Außerdem sollen sie keine lauten Abrollgeräusche verursachen?" **Kunde:** „Ja". **Verkäufer:** „Des Weiteren ist Ihnen wichtig, dass die Reifen von einem namhaften Hersteller produziert werden, oder? **Kunde:** „Ja". **Verkäufer:** „Dann ist dieses Modell Birelli meiner Meinung nach das richtige für Sie!"	
3	**Verkäufer:** „Kann ich diesen Dachgepäckträger schon einmal beiseitelegen?"	
4	**Verkäufer:** „Laut Stiftung Warentest hat dieser Kindersitz von Bömer in den Bereichen Verarbeitung, Sicherheit und Ergonomie sehr gut abgeschnitten. Diesen Kindersitz können Sie Ihrem Patenkind mit ruhigem Gewissen schenken."	
5	**Verkäufer:** „Möchten Sie die Mulda Winterreifen an Ihrem Fahrzeug oder lieber die von Streetstone?"	

VERTIEFUNGSAUFGABEN

5. a) Beschreiben Sie folgende Verkaufssituation:

Kunde: „Ich weiß nicht! Soll ich die Stahlfelgen für meine Winterreifen nehmen oder lieber die Aluminium-Felgen? Ich befürchte, die Aluminiumfelgen sind doch anfälliger im Winter!"

Verkäufer: „Nehmen Sie die Aluminiumfelgen! Die sehen meiner Meinung nach einfach nach mehr aus und passen auch viel besser auf Ihr schönes Auto. Heutzutage halten die Alufelgen genauso viel aus wie die Stahlfelgen!"

Kunde: „Ja, wenn Sie meinen ... O. K., ich nehme die Alufelgen!"

b) Welche Gefahr sehen Sie im Verhalten des Verkäufers für den Kunden und für das Autohaus?

c) Leiten Sie aus dieser Verkaufssituation eine allgemeingültige Verhaltensregel für den Verkäufer in der Entscheidungsphase ab.

SB ▸ LF 4 | 4.8

Lernsituation 47: Kaufentscheidung bekräftigen – gute Gefühle wecken!

Verkaufsseminar 2.8

EINE VERKAUFSSITUATION

In der Zubehörabteilung eines Autohauses interessiert sich ein Kunde für ein Autoradio mit CD- und MP3-Player. Eine Verkäuferin hat den Kunden sehr fachkundig beraten, sodass der Kunde kurz vor der Kaufentscheidung steht.

Auszug aus dem Verkaufsgespräch:

Verkäuferin: *Die Funktionen der beiden Radios sind eigentlich gleichwertig. Beide verfügen über 24 Speicherplätze und beide haben einen eingebauten Verstärker. Das Mony MX kostet 249,00 € und das Grünpunkt C8V 199,00 €. Der Preisunterschied in Höhe von 50,00 € ist auf das unterschiedliche „Innenleben" der Radios zurückzuführen.*

Kunde: *Eigentlich wollte ich maximal 200,00 € ausgeben. Aber das Mony finde ich schon sehr toll. Wissen Sie was? Ich bin heute mal unvernünftig! Ich nehme das Mony, auch wenn es 50 € über meinem Limit liegt. Es spricht mich einfach mehr an. Schließlich soll das Radiohören ja auch Spaß machen!*

Verkäuferin: *Ja, in Ordnung. Dann darf ich Sie zur Kasse führen. Es geht hier entlang.*

Verkäuferin: *So, da wären wir. Meine Kollegin an der Kasse macht dann weiter.*

Kunde: *Entschuldigen Sie bitte. Ich glaube meine Entscheidung von eben war eine Kurzschlussreaktion. Ich möchte das Mony doch nicht kaufen. Ich muss mir das Ganze noch einmal überlegen. Ich habe so ein ungutes Gefühl dabei.*

ARBEITSAUFTRAG

1. Notieren Sie stichwortartig die Fehler der Verkäuferin.
2. Formulieren Sie einen Verbesserungsvorschlag in wörtlicher Rede.

Arbeitsblatt 47.1 Wie bekräftigen Sie den Kaufentschluss des Kunden?

1. Erläutern Sie kurz die aufgeführten Methoden.

2. Formulieren Sie zu jeder Methode ein eigenes Beispiel in wörtlicher Rede zu einer Ware aus Ihrem Ausbildungssortiment.

Methoden zur Bekräftigung	Beispiele
Bezug nehmen auf das Kaufmotiv =	
Umtauschmöglichkeit =	
Betonung der Qualität =	
Hinweis auf Kundendienst und Service =	
Tipps zum Gebrauch und zur Pflege der Ware =	

Aufgaben

WIEDERHOLUNGSAUFGABEN

1. Ergänzen Sie Ihr Verkäuferhandbuch, indem Sie das Kapitel 4.8 zur Bekräftigung der Kaufentscheidung im Fachbuch systematisch und strukturiert zusammenfassen.

2. Wie kommt es zu dem sogenannten „Kaufkater“ beim Kunden?

VERTIEFUNGSAUFGABEN

3. Nehmen Sie Stellung zu der Aussage eines Verkäufers: „Es ist doch egal, wie sich der Kunde nach dem Kauf fühlt! Hauptsache ist doch, ich habe Umsatz gemacht!“

SB ▸ LF 4 | 4.9

Lernsituation 48: Ergänzungsangebote – Da war doch noch was?

Verkaufsseminar 2.9

EINE VERKAUFSSITUATION

Ein Verkäufer hat einem Kunden gerade einen Satz Alufelgen zum Preis von 1.200,00 € verkauft.

Auszug aus dem Verkaufsgespräch:

Verkäufer: *Da haben Sie eine tolle Wahl getroffen. Ihr Auto wird mit diesen Felgen genau den sportlichen Charakter erhalten, den Sie sich gewünscht haben.*

Kunde: *Ja, die Felgen entsprechen genau dem, was ich mir vorgestellt habe. Wissen Sie, ich bin ja ein kleiner Auto-Verrückter, ich wasche und poliere mein Fahrzeug fast täglich, und Alufelgen sehen ja nur dann wirklich gut aus, wenn sie richtig schön sauber sind, nicht wahr?*

Verkäufer: *Da haben Sie völlig recht.*

Kunde: *Mal sehen, ob ich die Felgen in Zukunft so schön sauber halten kann.*

Verkäufer: *Darf es sonst noch etwas sein?*

Kunde: *Nein, vielen Dank!*

ARBEITSAUFTRAG

1. Notieren Sie stichwortartig die Fehler des Verkäufers.
2. Formulieren Sie einen Verbesserungsvorschlag in wörtlicher Rede.

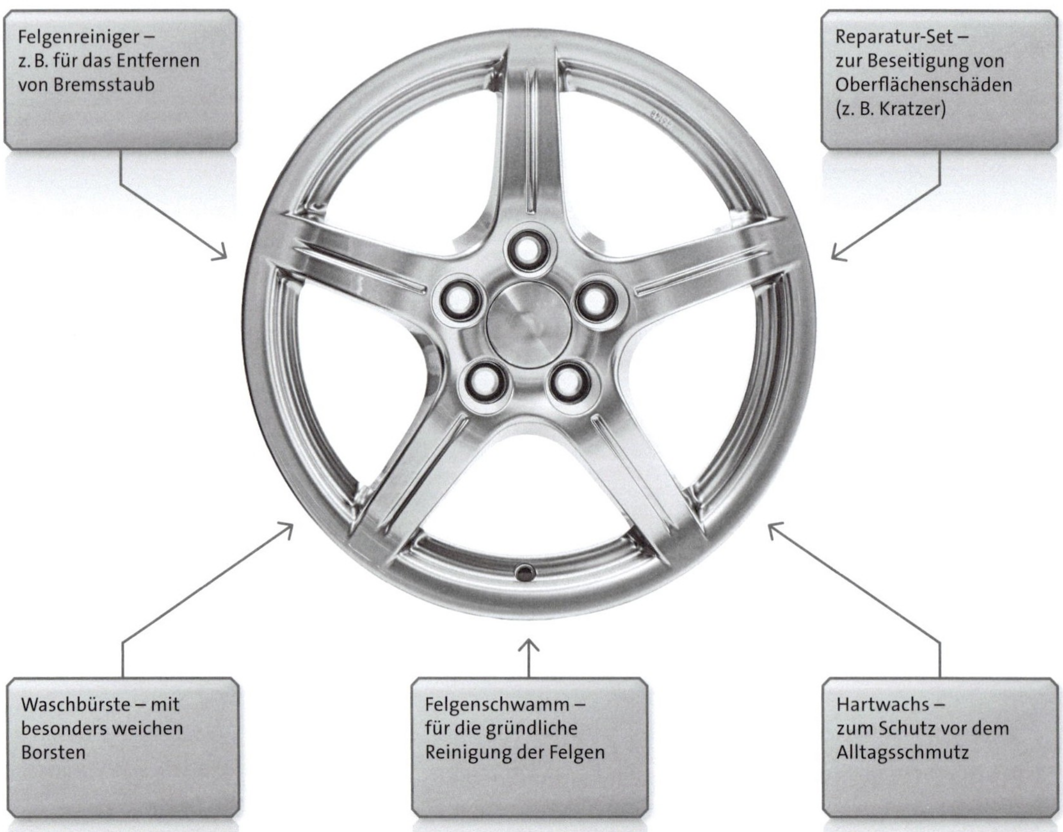

Arbeitsblatt 48.1 Ergänzungsangebote

	notwendige Ergänzungsangebote		sinnvolle Ergänzungsangebote		verdeckte Ergänzungsangebote	
Erklärung						
Beispiele	Hauptartikel	Ergänzung	Hauptartikel	Ergänzung	Hauptartikel	Ergänzung

Aufgaben

WIEDERHOLUNGSAUFGABEN

1. Ergänzen Sie Ihr Verkäuferhandbuch, indem Sie das Kapitel 4.9 zu den Ergänzungsangeboten im Fachbuch systematisch und strukturiert zusammenfassen.

2. Wer profitiert vom Ergänzungsangebot? Begründen Sie Ihre Aussage.

3. Wann unterbreiten Sie dem Kunden ein Ergänzungsangebot?

ÜBUNGSAUFGABEN

4. Wählen Sie insgesamt acht Artikel aus Ihrem Ausbildungssortiment aus. Nennen Sie für vier Artikel einen notwendigen Ergänzungsartikel und für vier Artikel einen sinnvollen Ergänzungsartikel.

Hauptartikel	notwendiger Ergänzungsartikel	Hauptartikel	sinnvoller Ergänzungsartikel
• ______	• ______	• ______	• ______
• ______	• ______	• ______	• ______
• ______	• ______	• ______	• ______
• ______	• ______	• ______	• ______

5. Finden Sie für folgende Hauptartikel einen Ergänzungsartikel, formulieren Sie das Ergänzungsangebot in wörtlicher Rede und entscheiden Sie, welche Art von Ergänzungsangebot vorliegt.

Hauptartikel	Welchen Ergänzungsartikel bieten Sie an?	Wie formulieren Sie Ihr Ergänzungsangebot? (wörtliche Rede)	Welche Art von Ergänzungsangebot liegt vor?		
			notwendig	sinnvoll	verdeckt
mobiles Navi			☐	☐	☐
Dachbox			☐	☐	☐
Winterreifen			☐	☐	☐
Kindersitz			☐	☐	☐
Fahrrad			☐	☐	☐

Lernsituation 49: Serviceleistungen – Was WIR können, können nicht alle!

☞ SB ▸ LF 4 | 4.10

Verkaufsseminar 2.10

EINE VERKAUFSSITUATION

Ein Verkäufer hat einem Kunden gerade einen Satz Winterreifen und passende Stahlfelgen zu einem sehr günstigen Preis verkauft.

Auszug aus dem Verkaufsgespräch:

Verkäufer: *Dann sind Sie ja für den Winter bestens gerüstet.*

Kunde: *Ja, das stimmt. Die Montage der Reifen ist doch sicherlich auch nicht so kompliziert, oder?*

Verkäufer: *Nein, die Montage ist kein Problem. Wenn man ein wenig geschickt ist, hat man alle vier Räder in einer halben Stunde gewechselt.*

Kunde: *Dann muss ich ja wohl nur noch einen Platz für meine Sommerreifen finden. Kann ich die Reifen eigentlich in meinem Garten draußen lagern? Ich habe weder einen Keller noch eine Garage.*

Verkäufer: *Oh, besser nicht. Am besten lagern Sie die Reifen im Dunkeln und liegend. Sonst verringern Sie die Lebensdauer der Reifen ganz entscheidend.*

Kunde: *Oh je, dann muss ich mir ja was einfallen lassen.*

ARBEITSAUFTRAG

1. Notieren Sie stichwortartig die Fehler des Verkäufers.
2. Formulieren Sie einen Verbesserungsvorschlag in wörtlicher Rede.

Arbeitsblatt 49.1 Serviceleistungen kundenspezifisch anbieten

Art der Serviceleistung	Benennen Sie ein Kundenproblem	Serviceangebot in wörtlicher Rede
1. Auf die Ware gerichtet Beispiel: • Transportverpackung • • •		
2. __________ Beispiel: • • • •		
3. __________ Beispiel: • • • •		
4. __________ Beispiel: • • • •		

Aufgaben

WIEDERHOLUNGSAUFGABEN

1. Ergänzen Sie Ihr Verkäuferhandbuch, indem Sie das Kapitel 4.10 zum Anbieten kundenspezifischer Serviceleistungen im Fachbuch systematisch und strukturiert zusammenfassen.

ÜBUNGSAUFGABEN

2. Welche sinnvollen Serviceleistungen kann ein Autohaus beim Verkauf folgender Produkte anbieten?

Produkt	Sinnvolle Serviceleistungen
Winterreifen	
Fahrradträger	
Dachbox	
Freisprecheinrichtung	
Motoröl	
Batterie	

VERTIEFUNGSAUFGABEN

3. Die Geschäftsleitung der Autoland Murschall GmbH überlegt, einen Hol- und Bringservice für ihre Kunden aus dem Werkstattbereich anzubieten. Welche Vor- und Nachteile bringt eine solche Serviceleistung mit sich?

Vorteile eines Hol- und Bringservices	Nachteile eines Hol- und Bringservices

ERKUNDUNGSAUFGABEN

4. Welche informationsbezogenen Serviceleistungen bietet Ihr Ausbildungsbetrieb an?

SB ▸ LF 4 | 4.11

Lernsituation 50: Alternativangebote – Ware weg, Kunde weg?

Verkaufsseminar 2.11

EINE VERKAUFSSITUATION

In einem Verkaufsgespräch interessiert sich ein Kunde für den neuen Sommerreifen von Mulda. Dieser zeichnet sich insbesondere durch seine sehr guten Eigenschaften bei Nässe und sein geringes Abrollgeräusch aus. Der Verkäufer kann seinem Kunden jedoch nur den neuen Sommerreifen von Streetstone anbieten.

Auszug aus dem Verkaufsgespräch:

Verkäufer: *Den neuen Sommerreifen von Mulda führen wir leider nicht in unserem Sortiment. Ich kann Ihnen nur die neuen Sommerreifen von Streetstone anbieten.*

Kunde: *Oh, nein danke. Auf Wiedersehen.*

Verkäufer: *Auf Wiedersehen.*

ARBEITSAUFTRAG

1. Notieren Sie stichwortartig die Fehler des Verkäufers.
2. Formulieren Sie einen Verbesserungsvorschlag in wörtlicher Rede.

Arbeitsblatt 50.1 Alternativangebote

Grundregeln für den Vorschlag eines Alternativangebotes

Drücken Sie **nicht** Ihr Bedauern über das Fehlen des gewünschten Artikels aus.

Aufgaben

WIEDERHOLUNGSAUFGABEN

1. Ergänzen Sie Ihr Verkäuferhandbuch, indem Sie das Kapitel 4.11 zu den Alternativangeboten im Fachbuch systematisch und strukturiert zusammenfassen.

ÜBUNGSAUFGABEN

2. a) Formulieren Sie anhand eines Beispieles aus Ihrem Ausbildungssortiment drei Antworten in wörtlicher Rede an den Kunden, die Sie bei der Präsentation eines Alternativangebotes auf jeden Fall vermeiden sollten.

b) Entwickeln Sie für jede Ihrer drei Antworten einen Verbesserungsvorschlag in wörtlicher Rede.

VERTIEFUNGSAUFGABEN

3. Sammeln Sie aus Ihrem Ausbildungssortiment drei Artikel und überlegen Sie sich jeweils zwei Alternativvorschläge, falls Sie diese nicht vorrätig haben sollten.

4. Warum können die Bedürfnisse der Kunden auch mit Alternativangeboten sehr gut erfüllt werden?

ERKUNDUNGSAUFGABEN

5. Berichten Sie über die Gründe, warum Ihr Ausbildungsbetrieb bestimmte Artikel nicht im Sortiment führt.

Lernsituation 51: Verabschiedung – Nun noch einen guten Schluss!

SB ▸ LF 4 | 4.12

Verkaufsseminar 2.12

EINE VERKAUFSSITUATION

In der Zubehörabteilung eines Autohauses kauft ein 18-Jähriger ein Pflegeset im Wert von 25,00 € für sein erstes Auto. Nach der Beratung kassiert der Verkäufer.

Auszug aus dem Verkaufsgespräch:

Verkäufer:	*So, das macht dann 25,00 €. Wie möchten Sie zahlen?*
Kunde:	*Ich möchte bar zahlen. Bitte sehr, hier sind 50,00 €.*
Verkäufer:	*Hast du es nicht kleiner? So langsam geht mir nämlich mein Wechselgeld aus!*
Kunde:	*Nein, tut mir leid, habe ich nicht!*
Verkäufer:	*Na, da kann man wohl nichts machen. So, hier ist Ihr Wechselgeld. Bitte sehr! Brauchen Sie 'ne Tüte?*
Kunde:	*Ja, danke, das wäre sehr freundlich.*
Verkäufer:	*So, bitte sehr, der Herr, Ihr Pflegeset. Und beehren Sie uns bald wieder!*

ARBEITSAUFTRAG

1. Notieren Sie stichwortartig die Fehler des Verkäufers.
2. Formulieren Sie einen Verbesserungsvorschlag in wörtlicher Rede.

Arbeitsblatt 51.1 Grundregeln für die Verabschiedung

Behandeln Sie alle Kunden gleich, unabhängig von Alter, Erscheinung, Stellung etc.

Die Verabschiedung muss enthalten:

Aufgaben

WIEDERHOLUNGSAUFGABEN

1. Ergänzen Sie Ihr Verkäuferhandbuch, indem Sie das Kapitel 4.12 zur Verabschiedung im Fachbuch systematisch und strukturiert zusammenfassen.

ÜBUNGSAUFGABEN

2. Verabschieden Sie die Kundin/den Kunden der gegebenen Fallsituation entsprechend. Formulieren Sie in wörtlicher Rede.

Fallsituation	Ihre Verabschiedung in wörtlicher Rede
a) Ein Kunde kauft einen neuen Dachkoffer für die anstehende Ferienreise nach Spanien.	
b) Eine Kundin lässt sich in der Neuwagenabteilung ein Fahrzeug konfigurieren und bestellt diesen Pkw am Ende des Verkaufsgesprächs.	
c) Ein Kunde kauft sich einen neuen Dachträger für seine Skiausrüstung. In 14 Tagen will er in den Ski-Urlaub fahren.	
d) Eine Kundin kauft für den anstehenden Winter Frostschutz und Türenteiser.	
e) Ein Stammkunde, Herr Schuster, kauft für seinen Pkw neue Winterreifen.	
f) Ein Kunde kauft zum zwanzigsten Geburtstag seines Sohnes einen Satz Alufelgen als Geschenk ein.	
g) Ein Kunde kauft kurz vor Geschäftsschluss fünf Liter Motoröl.	
h) Eine Kundin kauft am 22. Dezember ein mobiles Navigationsgerät als Geschenk.	
i) Ein Kunde kauft sich einen neuen Fahrradträger.	

SB ▸ LF 4 | 4.13

Lernsituation 52: Richtiges Telefonieren

Verkaufsseminar 2.13

EINE VERKAUFSSITUATION

In der Verkaufsabteilung des Reifengroßhändlers Kiesling GmbH klingelt das Telefon. Die Mitarbeiterin Frau Breuer nimmt das Gespräch an.

Auszug aus dem Verkaufsgespräch:

Verkäuferin: *Breuer!*

Kunde: *Entschuldigen Sie bitte, bin ich hier nicht mit dem Reifengroßhandel Kiesling verbunden?*

Verkäuferin: *Doch, da sind Sie bei mir schon richtig.*

Kunde: *Sie haben mir vor Kurzem doch so ein Angebot mit stark reduzierten Preisen für alle Winterreifen geschickt, nicht wahr?*

Verkäuferin: *Ja, ich glaube schon, allerdings galt das doch nur für Reifen von Convidential, oder?*

Kunde: *Aber in dem Angebot stand doch, dass Sie alle Winterreifen im Preis gesenkt haben!*

Verkäuferin: *Das kann ich Ihnen nicht sagen, ich bin hier nur für den Versand zuständig.*

Kunde: *Oh, das wusste ich nicht, können Sie mich dann bitte mit dem entsprechenden Mitarbeiter verbinden?*

Verkäuferin: *Da müssten Sie sich an die Zentrale wenden, ich habe die entsprechenden Nummern nicht vorliegen.*

ARBEITSAUFTRAG

1. Notieren Sie stichwortartig die Fehler des Verkäufers.
2. Formulieren Sie einen Verbesserungsvorschlag in wörtlicher Rede.

Arbeitsblatt 52.1 Tipps zum „richtigen“ Telefonieren

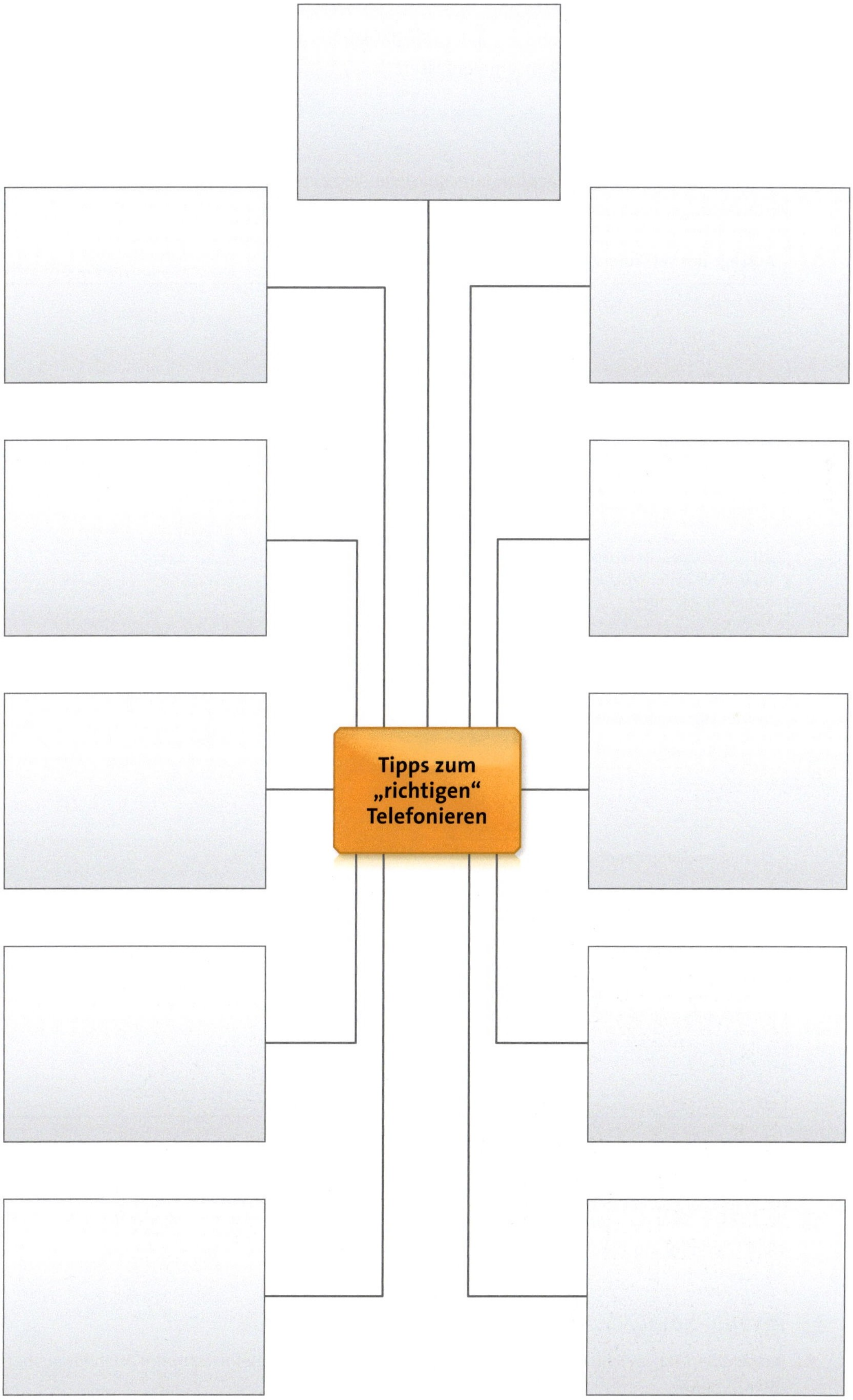

Aufgaben

WIEDERHOLUNGSAUFGABEN

1. Ergänzen Sie Ihr Verkäuferhandbuch, indem Sie das Kapitel 4.13 zum richtigen Telefonieren im Fachbuch systematisch und strukturiert zusammenfassen.

ÜBUNGSAUFGABEN

2. Entwickeln Sie für jede der folgenden Aussagen eines Verkäufers im Rahmen eines Telefongesprächs einen Verbesserungsvorschlag.

Aussage des Verkäufers	Verbesserungsvorschlag
Wer ist da?	
Worum geht es?	
Da sind Sie in der falschen Abteilung gelandet!	
Ich kann Ihnen nicht helfen!	
Da müssen Sie später noch einmal anrufen!	
Welches Angebot? Ich weiß nichts von einem Angebot.	

VERTIEFUNGSAUFGABEN

3. Ihr Chef hat Ihnen aufgetragen, keine Preise am Telefon bekannt zu geben. Worin sehen Sie einen möglichen Grund für diese Anweisung?

ERKUNDUNGSAUFGABEN

4. Beschreiben Sie, welche Regeln bzw. Verhaltensweisen Sie am Telefon in Ihrem Ausbildungsbetrieb befolgen sollten.

Lernsituation 53: Ein Rollenspiel

SB ▸ LF 4 | 4

Verkaufsseminar 3.0

UB
UNTERNEHMENSBERATUNG

Nachdem Sie zum Ende des Verkaufsseminars die neuesten Erkenntnisse zur Verkaufspsychologie erfahren haben, erhalten Sie nun die Gelegenheit, die erworbenen Kenntnisse in einem von Ihnen simulierten Verkaufsgespräch anzuwenden. Durch den Einsatz einer Videokamera ist eine Reflexion des Verkäuferverhaltens möglich, damit Fehler erkannt und korrigiert werden können. Nutzen Sie die Chance!

Informationen zur Durchführung

1. Die nachfolgende Übungssequenz ist in Partnerarbeit durchzuführen.
2. Im Anschluss stellt jedes „Paar" den restlichen Teilnehmern des Verkaufsseminars das Verkaufsgespräch vor.
3. Die Partner wechseln nach einem durchgeführten Verkaufsgespräch die Rollen (jeder übernimmt einmal die Rolle des Verkäufers und einmal die Rolle des Kunden).
4. Weitere Informationen erhalten Sie in den unten aufgeführten Rollenkarten.

Rollenkarte Käufer

a) Sie befinden sich in der Zubehörabteilung eines Autohauses.

b) Bringen Sie folgende Punkte in das Rollenspiel ein:
- Sie schauen sich suchend im Geschäft um und lassen sich vom Verkäufer ansprechen.
- Sie überlassen es dem Verkäufer, Ihr Kaufmotiv und Ihren Kaufwunsch zu ermitteln.
- Sie lassen sich Zeit bei der Warenvorlage durch den Verkäufer und informieren sich intensiv über die vorgelegte Ware.
- Sie können sich zwischen zwei Produkten nicht entscheiden.
- Sie bringen einen Kundeneinwand in das Gespräch ein (z. B. zu hoher Preis).
- Sie fragen nach Serviceleistungen.

Rollenkarte für die anderen Seminarteilnehmer

a) Sie beobachten das Verkaufsgespräch und halten Ihre Beobachtungen schriftlich mithilfe des Beobachtungsbogens fest.

b) Sie halten sich nach den beobachteten Verkaufsgesprächen zu einer Feedback-Runde bereit und beachten dabei die Feedback-Regel.

Rollenkarte Verkäufer

a) Sie befinden sich in der Zubehörabteilung eines Autohauses.

b) Sie bestimmen die Ware, die Sie verkaufen möchten (nutzen Sie Ihre Warenkenntnisse), und teilen dies Ihrem Rollenspielpartner „Kunde" vor Beginn des Verkaufsgespräches mit.

c) Denken Sie an:
- Begrüßungsformen
- Frage- und Informationstechniken zur Bedarfsermittlung, bei der Warenvorlage
- Preisnennung im Gespräch
- Argumentationen zur Überzeugung
- Gesprächsstrategie bei Einwänden (auch Methoden anwenden)
- Bekräftigung der Kaufentscheidung
- Anbieten von Ergänzungsprodukten (falls möglich)
- Einbringen von Serviceleistungen
- Verabschiedung nicht vergessen!

Die Unternehmensberatung wünscht Ihnen für den letzten und äußerst interessanten Seminartag ein gutes Gelingen!

Beobachtungsbogen: Das Verkaufsgespräch

Phase des Verkaufsgespräches	erfüllt	nicht erfüllt	Bemerkungen/ wenn Methode, welche?
1. Begrüßung			
Stammkundenbegrüßung			
offene Fragestellung			
freundliches Auftreten			
Blickkontakt			
offene Körperhaltung			
2. Bedarfsermittlung			
Fragen, die auf die Bedürfnisse des Kunden abzielen			
Fragen, die der Kunde mit ganzen Sätzen beantwortet			
stellt angemessene Anzahl an Fragen			
geht auf Kunden ein, ist ein guter Zuhörer (aktives Zuhören)			
vermeidet Fragen, die den Kunden zu einer Entscheidung zwingen			
3. Warenvorlage			
passender Zeitpunkt im Verkaufsgespräch			
passend zum Kundenmotiv			
angemessenes Preissegment			
korrektes Warenhandling			
4. Argumentation			
verwendungsbezogen			
kundenbezogen, persönlich			
positiv, verständlich, glaubwürdig, anschaulich			
5. Kundeneinwände			
vermeidet direkten Widerspruch			
wendet Methode der Einwandbehandlung an			
6. Preisnennung			
wendet Methode der Preisnennung an			
7. Kaufentscheidung herbeiführen			
erkennt Kaufsignale			
gibt Entscheidungshilfe			
8. Kaufentscheidung bekräftigen			
bekräftigt Kaufentscheidung			
9. Ergänzungsangebot			
unterbreitet Ergänzungsangebot			
angemessener Zeitpunkt			
wählt verkaufsfördernde Formulierung			
10. Serviceleistungen			
bietet Serviceleistungen an			
11. Alternativangebot			
vermeidet abwertende Begriffe wie „leider" oder „nur"			
bietet sinnvolle Alternativen an			
12. Verabschiedung			
bedankt sich			
verabschiedet sich passend			

Lernsituation 54: Buchung des Warenverkaufs und des Rechnungsausgleichs unter Abzug von Skonto

SB ▸ LF 4 | 5.3.2

Hausmitteilung

AUTOLAND GMBH MURSCHALL

Datum: 11.05.20XY

Absender	Empfänger	Weiterverwendung
☒ Geschäftsleitung	☐ Geschäftsleitung	☐ zur Kenntnisnahme
☐ NW-Verkauf	☐ NW-Verkauf	☒ zur Erledigung
☐ GW-Verkauf	☐ GW-Verkauf	☐ zur Stellungnahme
☐ Werkstatt	☐ Werkstatt	☐ zur Rücksprache
☐ Teile-/Zubehörverkauf	☐ Teile-/Zubehörverkauf	☐ zur Weiterleitung
☐ Lager	☐ Lager	☐ zum Verbleib
☐ Verwaltung	☒ Verwaltung	☐ zur Rückgabe
☐ Frau/Herr	☐ Frau/Herr	☐

Unser langjähriger Stammkunde, Herr Schmitz, hat 10 Alufelgen gekauft. Veranlassen Sie bitte alles Weitere. Kümmern Sie sich abschließend auch um die Buchungen.

Gruß, Nolte

ARBEITSAUFTRAG

1. Erstellen Sie auf Grundlage des Lieferscheins die Ausgangsrechnung.
2. Überprüfen Sie vor Versendung der Ausgangsrechnung noch einmal, ob diese alle zwingenden Angaben nach § 14 UStG ausweist. Korrigieren Sie gegebenenfalls die Ausgangsrechnung.
3. Buchen Sie die vorliegenden Belege.

Auszug aus der Preisliste der Autoland Murschall GmbH

	Einkaufswert, netto	Verkaufswert, netto
Alufelge Sport 15 Zoll	65,00 €	89,24 €

Auszug Lieferschein der Autoland Murschall GmbH

Lieferschein

Bitte bei Zahlungen und Schriftverkehr angeben

Kunden-Nr.	Lieferschein-Nummer	Datum
86523	5421	11.05.20XY

Pos.	Teile-Nr.	Bezeichnung	Menge
1	162515	Alufelge Sport 15 Zoll	10

Ware erhalten: *Heribert Schmitz*, 11.05.20XY

Rechnung der Autoland Murschall GmbH

AUTOLAND GMBH
MURSCHALL

Autoland Murschall GmbH
Plittersdorfer Str. 48
53173 Bonn

Tel.: 0228/90035379-0
Fax: 0228/90035379-1
info@autoland-murschall.de

www.autoland-murschall.de

Autoland Murschall GmbH · Plittersdorfer Str. 48 · 53173 Bonn

Herbert Schmitz KG
Im Wolfsgraben 34
53721 Siegburg

Rechnung

Pos.	Teile-Nr.	Bezeichnung	Menge	Einzel-preis	Gesamtpreis

=	Nettorechnungsbetrag	
+	sonstige Leistungen	
+	Entsorgungskosten	
=	Zwischensumme	
+	MwSt 19 %	
+	MwSt auf Altteilwert	
=	**Bruttorechnungsbetrag**	

Bitte bei Zahlungen und Schriftverkehr angeben

Kunden-Nr.
86523

Rechnungs-Nr.
5421

Datum
11.05.20XY

Lieferdatum
11.05.20XY

Zahlbar 30 Tage nach Rechnungsdatum netto Kasse, unter Abzug von 3 % Skonto innerhalb von 8 Tagen.

Es gelten ausschließlich die vom Zentralverband Deutsches Kraftfahrzeuggewerbe (ZDK) empfohlenen Allgemeinen Geschäftsbedingungen.

Rechtsform
Gesellschaft mit beschränkter Haftung (GmbH)
Sitz: Bonn

Handelsregister
Amtsgericht Bonn
HRB 40085/315

Gesellschafter
Otto Murschall
Bruno Osterwelle
Hanna Roskamp
Peter Trittauf

Geschäftsführer
Niklas Nolte

Bankverbindungen
Sparkasse KölnBonn
IBAN: DE33 3705 0198 0120 7777 01
SWIFT-BIC: COLS DE33

Postbank
IBAN: DE18 3601 0043 0150 0755 75
SWIFT-BIC: PBNK DEFF

Finanzamt
Bonn-Außenstadt
Bachstr. 36 | 53115 Bonn

Steuernummer
154/0575/675

Betriebsnummer für die Sozialversicherung
75 105 505

Umsatzsteuer-IDNr.
DE 74500 7485

Grundbuch

1. Buchung der Ausgangsrechnung

Nr.	Soll	€	an	Haben	€
			an		
			an		

2. Buchung des Lagerabgangs

Nr.	Soll	€	an	Haben	€
			an		

3. Buchung der Banküberweisung

Nr.	Soll	€	an	Haben	€
			an		
			an		
			an		

Stadtsparkasse KölnBonn

Kontoauszug **EUR-Konto**

	IBAN	**erstellt am**	**Auszug**	**Blatt**
	DE33 3705 0198 0120 7777 01	16.05.20XY	19	1

Vorgang

Überweisung Schmitz KG Re-Nr. 5421	*Buchung* 15.05.20XY	1.030,10 +

Nebenrechnung:

<table>
<tr><th>Rechnungsbeträge</th><th colspan="2">Beträge in €</th><th colspan="2">Buchung erfolgt auf dem Konto</th></tr>
<tr><td>Nettorechnungsbetrag</td><td colspan="2"></td><td colspan="2"></td></tr>
<tr><td>+ Umsatzsteuer</td><td colspan="2"></td><td colspan="2"></td></tr>
<tr><td>= Bruttorechnungsbetrag</td><td colspan="2"></td><td colspan="2"></td></tr>
<tr><td rowspan="2">– 3 % Skonto</td><td colspan="2">Bruttoskontobetrag (119 %)</td><td colspan="2">Bruttoskontobetrag wird nicht komplett gebucht, sondern aufgeteilt in Nettoskontobetrag und Umsatzsteuerkorrektur</td></tr>
<tr><td>Nettoskonto (100 %)</td><td>USt (19 %)</td><td>Nettoskonto-buchung</td><td>USt-Korrektur</td></tr>
<tr><td>= Überweisungsbetrag</td><td colspan="2"></td><td colspan="2"></td></tr>
</table>

Aufgaben

WIEDERHOLUNGSAUFGABEN

1. Welche Funktion erfüllt ein Lieferschein im Rahmen des Verkaufsprozesses?

2. Wie lange müssen Lieferscheine und Rechnungen archiviert werden?

3. Welche Nachlässe kennen Sie und wann werden sie vom Verkäufer gewährt?

4. Wie lautet der Buchungssatz, wenn Teile und Zubehör auf Ziel verkauft werden?

5. Wie wird ein Sofortnachlass buchhalterisch erfasst?

6. Wenn Waren verkauft werden, folgt immer die sogenannte VAK-Buchung. Warum ist diese Buchung immer ein Teil der Verkaufsbuchung?

7. Wenn Kunden unter Abzug von Skonto zahlen, kommt es bei der Buchung des Zahlungseinganges zu einer Buchung der Umsatzsteuer auf der Soll-Seite. Erklären Sie, wozu diese Buchung dient.

ÜBUNGSAUFGABEN

8. Herr Meyer, ein Stammkunde der Autoland Murschall GmbH, kauft vier Reifen und möchte diese gleich mitnehmen. Sie veranlassen die Ausgabe der Reifen und die Erstellung der Ausgangsrechnung.

Auszug aus der Ausgangsrechnung

Artikel-Nr.	Artikel	Menge	Einzelpreis	Gesamtpreis
2569	Sponti 195/55 R16 91T	4	68,50 €	274,00 €
			Treuerabatt 10 %	27,40 €
			Nettopreis	**246,60 €**
			19 % USt	46,85 €
			Bruttopreis	**293,45 €**

a) Buchen Sie die Ausgangsrechnung.
b) Buchen Sie die Lagerentnahme. Der Zieleinkaufspreis pro Reifen betrug 57,00 €.
c) Herr Meyer bezahlt die Rechnung per Banküberweisung. Buchen Sie den Zahlungseingang.

9. Frau Schröder kauft eine Dachbox. Sie veranlassen die Montage der Dachbox und erstellen selbst die Ausgangsrechnung.

Auszug aus der Ausgangsrechnung

Artikel-Nr.	Artikel	Menge	Einzelpreis	Gesamtpreis
2789	Dachbox slim	1	325,00 €	325,00 €
			Treuerabatt 10 %	32,50 €
	Bei Barzahlung gewähren wir Ihnen 3 % Skonto.		**Nettopreis**	**292,50 €**
			19 % USt	55,58 €
			Bruttopreis	**348,08 €**

a) Buchen Sie die Ausgangsrechnung.
b) Buchen Sie die Lagerentnahme. Der Bezugspreis für die Box betrug 246,00 €.
c) Frau Schröder zahlt die Box bar an der Kasse und erhält 3 % Skonto. Buchen Sie den Zahlungseingang für die Dachbox.

Lernsituation 55: Bargeldlos im Autohaus bezahlen

SB ▸ LF 4 | 6

SITUATION

Hausmitteilung

AUTOLAND GMBH
MURSCHALL

Datum: 18.05.20XY

Absender	Empfänger	Weiterverwendung
☒ Geschäftsleitung	☐ Geschäftsleitung	☐ zur Kenntnisnahme
☐ NW-Verkauf	☒ NW-Verkauf	☒ zur Erledigung
☐ GW-Verkauf	☒ GW-Verkauf	☐ zur Stellungnahme
☐ Werkstatt	☐ Werkstatt	☐ zur Rücksprache
☐ Teile-/Zubehörverkauf	☒ Teile-/Zubehörverkauf	☐ zur Weiterleitung
☐ Lager	☐ Lager	☐ zum Verbleib
☐ Verwaltung	☒ Verwaltung	☐ zur Rückgabe
☐ Frau/Herr	☐ Frau/Herr	☐

Bitte überprüfen Sie unser Service-Angebot an bargeldlosen Zahlungsmöglichkeiten hinsichtlich ihrer Vor- und Nachteile für unser Unternehmen. Bisher können unsere Kunden bei uns ausschließlich mit der Girocard zahlen. Soll das so bleiben?

Übrigens, zu diesem Thema passt noch der folgende Vorgang (siehe Kontoauszug unten): Was ist hier passiert? Ich persönlich hatte bei dem „schwierigen" Kunden Speller kassiert. Er zahlte mit der Girocard. Bei dem Bezahlvorgang hat alles geklappt. Wieso wird jetzt unser Konto belastet?

Gruß, Nolte

Stadtsparkasse KölnBonn

Kontoauszug — **EUR-Konto**

IBAN	**erstellt am**	**Auszug**	**Blatt**
DE33 3705 0198 0120 7777 01	15.05.20XY	15	3

Vorgang		
Lastschriftrückgabe Thorsten Speller, Kd.-Nr. 154785	*Buchung*	896,00 –
Gebühren Lastschriftrückgabe	*Buchung*	15,00 –

ARBEITSAUFTRAG

1. Erstellen Sie eine Übersicht für alle bargeldlosen Zahlungsformen mithilfe des AB 55.1.
2. a) Welche bargeldlose Zahlungsform ist beim Kunden Speller zum Einsatz gekommen?
   b) Ist das Vorgehen der Bank rechtens?
   c) Wie kommt die Autoland Murschall GmbH hier an ihr Geld?
3. Geben Sie eine begründete Empfehlung für die Autoland Murschall GmbH ab. Welche bargeldlosen Zahlungsmöglichkeiten soll sie ihren Kunden anbieten?

Arbeitsblatt 55.1 Vor- und Nachteile der bargeldlosen Zahlungssysteme

	Bargeldlose Zahlungssysteme			
	Merkmale des bargeldlosen Verfahrens		Für das Autohaus ergeben sich folgende	
	Vorteile	Nachteile	Vorteile	Nachteile
1. Girocard				
2. ELV				
3. Geldkarte				
4. Kreditkarte				

Arbeitsblatt 55.2 Bargeldlose Zahlungssysteme im Autohaus

	Zahlungsgarantie	Kosten für das Autohaus	Anweisungen für den Kassierer
1. Girocard			
2. ELV			
3. Geldkarte			
4. Kreditkarte			

Aufgaben

WIEDERHOLUNGSAUFGABEN

1. Vervollständigen Sie das Ablaufschema zur Zahlungsabwicklung mit Kreditkarte, indem Sie jeden Pfeil mit dem entsprechenden Zahlungsschritt beschriften. Nummerieren Sie die Pfeile entsprechend.

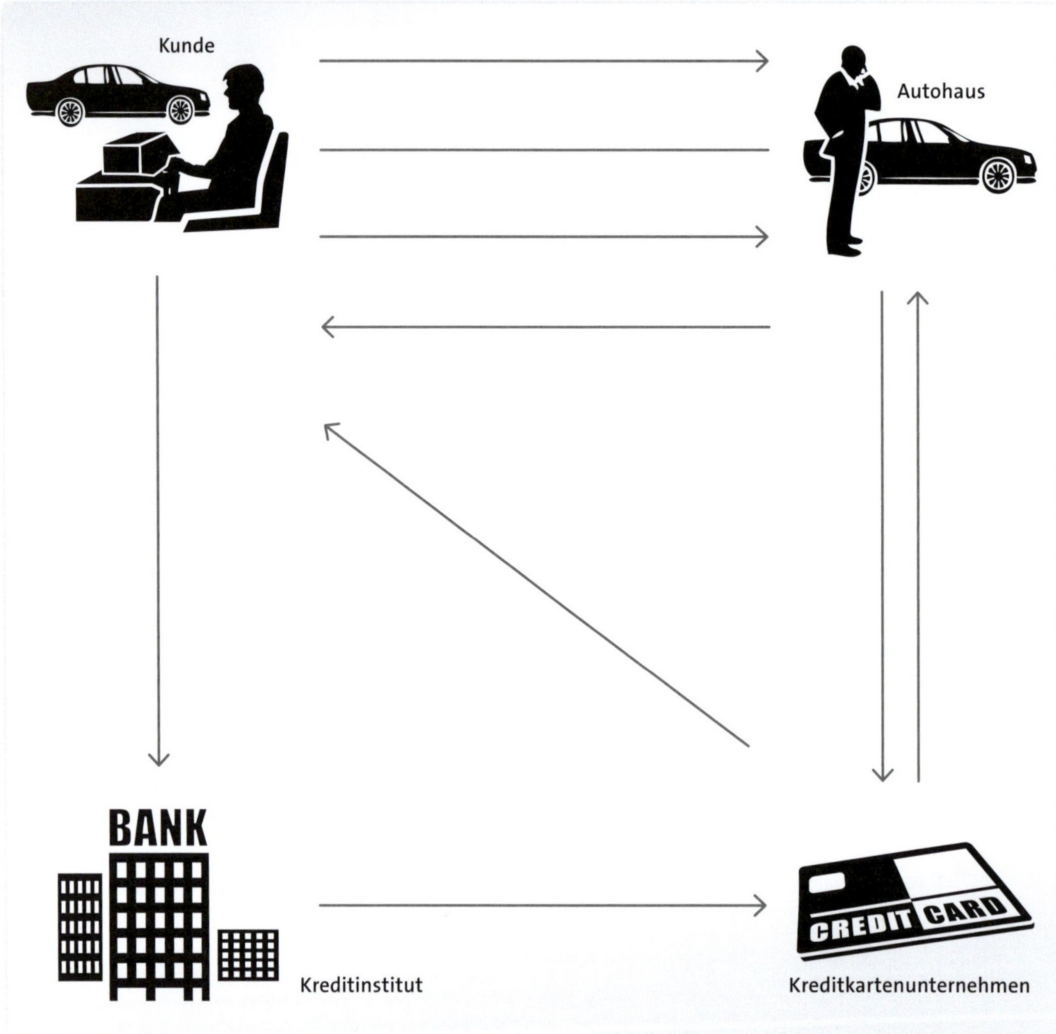

2. Erläutern Sie den Unterschied zwischen einer Debitcard und einer Creditcard.

ÜBUNGSAUFGABEN

3. Gehen Sie stichpunktartig auf die gegenübergestellten Zahlungsarten ein.

	Girocard	ELV (elektronisches Lastschriftverfahren)
Der rechtmäßige Karteninhaber legitimiert sich durch ...		

	Girocard	ELV (elektronisches Lastschriftverfahren)
Vor dem Zahlungsvorgang wird geprüft ...		
Ein Ausfallrisiko trägt ...		
Die Gebühren trägt ...		

VERTIEFUNGSAUFGABEN

4. Wie jeden Morgen beginnt Herr Fuchs, sich sorgfältig auf seine Arbeit im Teile- und Zubehörbereich der Autoland Murschall GmbH vorzubereiten. Ab heute ist es bei der Autoland Murschall GmbH erstmalig möglich, mit einer Geldkarte zu zahlen. Herr Fuchs ist davon nicht angetan und denkt nur: „Na toll, das habe ich noch nie gemacht! Und überhaupt, wer braucht schon eine Geldkarte?“
Kurze Zeit später will die Kundin Meiker ihren Einkauf über 18,44 € bezahlen. Sie spricht Herrn Fuchs auf die Geldkarte an. Herr Fuchs wird nervös. Er bittet Frau Meiker, den Kaufbetrag am Lesegerät zu bestätigen, und hilft ihr beim richtigen Einschieben der Karte. Plötzlich erscheint auf der Anzeige des Kassenterminals die Anzeige: „Kein Guthaben“.
Frau Meiker ist sauer: „Also nein, das kann ja wohl nicht stimmen. Ich bin mir sicher, dass mein Girokonto ein Guthaben aufweist. Da müssen Sie irgendetwas falsch gemacht haben. Kennen Sie sich damit überhaupt aus?“ Herr Fuchs ist ratlos ...

a) Sammeln Sie mit einem Mitschüler Vorschläge, was Herr Fuchs tun kann.
b) Was sollte sich Herr Fuchs zur Bezahlung mit einer Geldkarte merken? Was ist das Besondere an einer Geldkarte?

5. Herr Johnson steht in der Autoland Murschall GmbH im Teile- und Zubehörverkauf an der Kasse und möchte sein Navigationsgerät BomBom LIVE 153 mit seiner American Express Kreditkarte bezahlen.

Herr Fuchs: „Oh, das tut mir leid. Wir akzeptieren nur Master- oder Girocard. Die American Express nehmen wir leider nicht an.“
Herr Johnson: „Ich habe aber nur diese Karte. Und so viel Bargeld habe ich auch nicht dabei.“
Herr Fuchs: „Wenn Sie wollen, kann ich Ihnen das Gerät zurücklegen und Sie holen sich Bargeld am Geldautomaten.“
Herr Johnson: „Na, dann kann ich das Gerät auch gleich woanders kaufen.“

Beurteilen Sie die Situation aus Sicht der Autoland Murschall GmbH und von Herrn Johnson.

SB ▸ LF 4 | 7

Lernsituation 56: Kundenbeschwerden meistern

SITUATION

Ein aufgebrachter Kunde eilt zu einem Verkäufer in der Zubehörabteilung eines Autohauses und holt eifrig ein mobiles Navigationssystem (ohne Verpackung) aus seiner Jackentasche.

Das Reklamationsgespräch:

Kunde: *Sehen Sie hier, dieses Navigationsgerät habe ich erst vorige Woche bei Ihnen gekauft, und schon sind lauter Kratzer auf dem Bildschirm.*

Verkäufer: *Nun beruhigen Sie sich erst mal, geben Sie mir bitte das Navigationsgerät, damit ich es mir anschauen kann.*

Der Verkäufer schaltet das Navigationsgerät ein und prüft es.

Das habe ich mir schon gedacht, so schlimm sind die kleinen Kratzer nicht, man kann immer noch alle Informationen gut ablesen.

Kunde: *Für ein Navigationsgerät von 298,00 € kann man ja wohl eine einwandfreie Ware verlangen.*

Verkäufer: *Die Kratzer sind wahrscheinlich durch einen unsachgemäßen Umgang mit dem Navigationsgerät entstanden. Ich habe eben genau beobachtet, wie Sie das Navigationsgerät aus Ihrer Jackentasche gezogen haben. Das Navigationsgerät war völlig schutzlos verstaut, da kann so was schon mal passieren.*

Kunde: *Na, hören Sie mal, ich verbitte mir diesen belehrenden Ton. Nach Aussagen Ihres Kollegen soll das Navigationsgerät einen extra beschichteten Touchscreen haben und deshalb besonders widerstandsfähig sein. Er hat mir versichert, dass ich das Navigationsgerät zurückbringen könnte, falls irgendetwas dran sein sollte.*

Verkäufer: *Verkäufer (mit säuerlicher Miene): Na ja, wenn mein Kollege Ihnen solche Versprechungen macht, möchte ich Ihnen entgegenkommen. Wir werden das Navigationsgerät zum Hersteller schicken. Dort wird wahrscheinlich eine neue Beschichtung aufgebracht. Sie müssen mit etwa vier Wochen für die Reparatur rechnen.*

Kunde: *Vier Wochen! In der Zwischenzeit soll ich wohl meine Fahrstrecken an den Sternen ablesen?*

Verkäufer: *Sie werden ja wohl noch eine herkömmliche Straßenkarte besitzen.*

Kunde: *Jetzt reicht es mir aber. Geben Sie mir mein Navigationsgerät zurück, ich werde mich an die Geschäftsleitung wenden und schildern, wie zuvorkommend man hier bedient wird.*

Der Kunde wendet sich grußlos ab.

ARBEITSAUFTRAG

1. Notieren Sie stichwortartig die Fehler des Verkäufers.
2. Formulieren Sie einen Verbesserungsvorschlag in wörtlicher Rede.

Arbeitsblatt 56.1 Vorgehen bei Beschwerden

Vorgehensweise	Warum?	Wie? (wörtliche Rede oder Handlung)
1. Beruhigen Sie den Kunden.		
2. Zeigen Sie Verständnis.		
3. Klären Sie den Sachverhalt.		
4. Bieten Sie eine Lösung an und bitten Sie um Entschuldigung.		
5. Erledigen Sie alles sofort.		

Aufgaben

WIEDERHOLUNGSAUFGABEN

1. Die unten stehende schematische Übersicht zeigt das Verfahren zum Prüfen von Reklamationsansprüchen. Vervollständigen Sie diese Übersicht, indem Sie folgende Begriffe sinnvoll einsetzen:

- einigen
- stimmt
- Verschulden
- Kulanzumtausch
- berechtigt
- Gutschrift
- Ersatzware
- einverstanden
- lehnt
- Preisminderung
- Kaufdatum
- Reparatur
- nicht
- Kaufbeleg
- fehlerhafte
- Geldrückgabe
- Lösungswege
- Wiederverkäuflichkeit

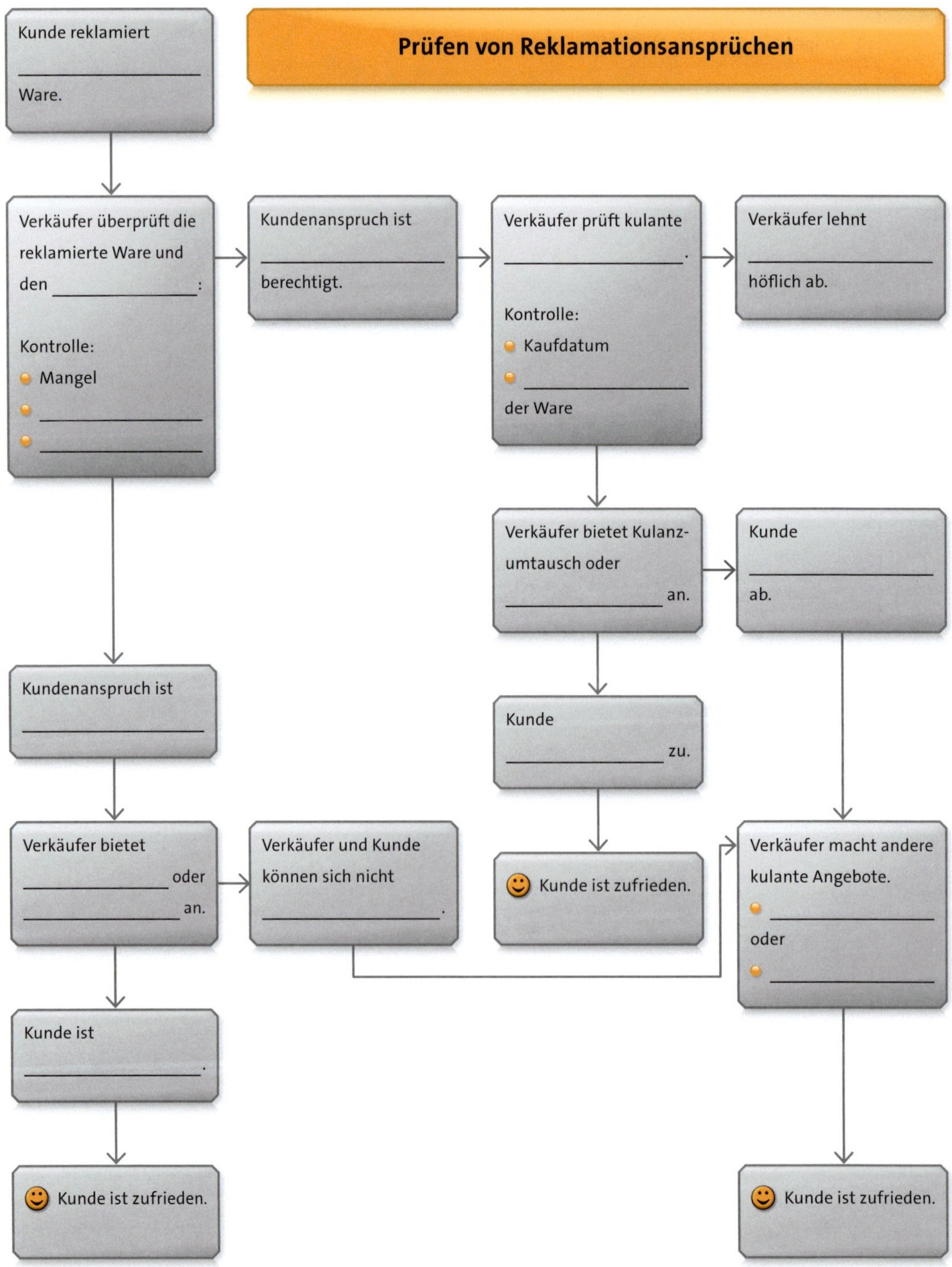

ÜBUNGSAUFGABEN

2. Sind folgende Verkäuferaussagen bei Reklamationen kundenfreundlich? Formulieren Sie ggf. Verbesserungsvorschläge.

a) „Regen Sie sich bitte nicht so auf, wir finden schon eine Lösung."

b) „Am besten regeln wir die Angelegenheit nebenan im Büro, die anderen Kunden geht das schließlich nichts an."

c) „Das ist nicht unsere Schuld. Wenden Sie sich an den Hersteller, die Adresse kann ich Ihnen geben."

d) „Es tut mir leid, dass Sie in unserem Hause falsch beraten wurden. Bitte haben Sie Verständnis, Sie wurden von einer Auszubildenden im ersten Ausbildungsjahr bedient, die noch nicht viel Ahnung hat."

e) „Die anderen Kunden waren aber alle sehr zufrieden mit diesem Artikel."

3. Welche Lösungen bieten Sie in den folgenden Verkaufssituationen an? Begründen Sie Ihre Entscheidungen.

a) Ein Stammkunde hat ein Autoradio als Auslaufmodell mit 30 % Preisnachlass gekauft. Auf dem Kassenbon steht der Vermerk: Reduzierte Ware ist vom Umtausch ausgeschlossen.
Der Kunde möchte das Autoradio umtauschen, weil er doch lieber das aktuelle Modell kaufen will.

b) Ein Kunde hat am 28. April 20XX ein Navigationsgerät gekauft. Er möchte dieses am 16. Mai 20XX umtauschen, weil das Gerät seiner Meinung nach nicht leistungsstark genug ist. Der Kassenbon enthält den Vermerk: Umtausch innerhalb von 14 Tagen gegen Vorlage des Kassenbons.
Der Kunde legt den Kassenbon vor.

c) Eine aufgebrachte Kundin kommt mit einem nach der ersten Wäsche eingelaufenen und farblich verblichenen Formel-1-Pullover in die Zubehörabteilung des Autohauses, in dem sie ihn gekauft hat. Einen Kassenbon kann sie nicht vorlegen.

VERTIEFUNGSAUFGABEN

4. Bei der Abwicklung von Reklamationen befindet sich das Autohaus oft im Konflikt zwischen einer kundenfreundlichen Regelung und wirtschaftlichen Interessen. Beschreiben Sie anhand von zwei Beispielen diesen Zielkonflikt.

5. Unter dem Motto „Sind Sie zufrieden mit unseren Leistungen, sagen Sie es allen Freunden und Bekannten! Sind Sie mit unseren Leistungen unzufrieden, teilen Sie es uns mit!" sollen die Kunden der Autoland Murschall GmbH demnächst Gelegenheit haben, ihre Beanstandungen und Wünsche schriftlich auf dafür vorbereiteten Handzetteln zu äußern. Die Kunden können diese Handzettel in eine an der Information bereitstehende Zettelbox einwerfen. Formulieren Sie für den Handzettel fünf Fragen mit vorbereiteten Auswahlantworten.

6. In der Beschwerdeliste der Autoland Murschall GmbH tauchen folgende Kundenbeschwerden zum wiederholten Mal auf. Machen Sie Vorschläge zur Beseitigung und Vorbeugung solcher Beanstandungen.

Datum	Name des Kunden	Beschwerde aufgenommen von	Grund der Beschwerde
15.03.20XX	Elfriede Köchling	Herrn Pietsch	Mangelnde Hygiene auf der Kundentoilette
18.03.20XX	Peter Rammberg	Herrn Völzgen	Unaufmerksames, in Privatgespräche vertieftes Personal
22.03.20XX	Klaus Ollbreicht	Herrn Özkaya	Lange Wartezeiten an der Teiletheke

SB ▸ LF 4 | 8.1

Lernsituation 57: Zahlungsverzug

Hausmitteilung — AUTOLAND GMBH MURSCHALL

Datum: 29.05.20XY

Absender	Empfänger	Weiterverwendung
☒ Geschäftsleitung	☐ Geschäftsleitung	☒ zur Kenntnisnahme
☐ NW-Verkauf	☐ NW-Verkauf	☒ zur Erledigung
☐ GW-Verkauf	☐ GW-Verkauf	☐ zur Stellungnahme
☐ Werkstatt	☐ Werkstatt	☐ zur Rücksprache
☐ Teile-/Zubehörverkauf	☐ Teile-/Zubehörverkauf	☐ zur Weiterleitung
☐ Lager	☐ Lager	☐ zum Verbleib
☐ Verwaltung	☐ Verwaltung	☐ zur Rückgabe
☐ Frau/Herr	☐ Frau/Herr	☐

Liebe Mitarbeiter,

Frau Petra Hoffmann ist längerfristig erkrankt. Bitte übernehmen Sie ab heute das Aufgabengebiet Terminüberwachung Debitoren, indem Sie die Offene-Posten-Liste ordnungsgemäß führen, notwendige Entscheidungen treffen und alles Weitere veranlassen. Bitte beachten Sie, dass der aktuelle Basiszinssatz nach § 247 BGB −0,88 % beträgt.

Für zukünftige personelle Engpässe sollte unbedingt ein Leitfaden erstellt werden, wie grundsätzlich mit säumigen Kunden verfahren wird.

Gruß, Nolte

Stadtsparkasse KölnBonn — **Kontoauszug** — **EUR-Konto**

IBAN DE33 3705 0198 0120 7777 01 | **erstellt am** 23.05.20XY | **Auszug** 19 | **Blatt** 1

Vorgang		
Lastschrift (Einzug) ENERGIE- UND WASSERVERSORGUNG A 1975653426 / H 2649741556	*Buchung* 22.05.20XY	415,67 −
Überweisung Restaurant Da Dodo, RG.-Nr. 788	*Buchung* 23.05.20XY	1.177,23 +
Autoland Murschall GmbH Plittersdorfer Str. 48 53173 Bonn	*alter Saldo*	**35.078,91 Haben**
	neuer Saldo	**35.840,47 Haben**

KölnBonn — **IBAN** DE33 3705 0198 0120 7777 01 | **erstellt am** 27.05.20XY | **Auszug** 20 | **Blatt** 1

Vorgang		
Überweisung Irene Gutsche, RG.-Nr. 1186	*Buchung* 26.05.20XY	56,10 +
Überweisung BDE AG Rg.Nr. 7895	*Buchung* 26.05.20XY	678,40 −
Autoland Murschall GmbH Plittersdorfer Str. 48 53173 Bonn	*alter Saldo*	**35.840,47 Haben**
	neuer Saldo	**35.218,17 Haben**

Offene-Posten-Liste (Debitoren)

Debitor	Vorjahres-umsatz	Kunden-status	Zahlungsbe-dingungen	Rg.-Nr.	Rg.-Datum	Rg.-Betrag	fällig am	gezahlt am	Zahlungs-verzug ab	1. Maßnahme	2. Maßnahme	3. Maßnahme
Restaurante Da Dodo Bonner Str. 7 53175 Bonn	8.900,00 €	Stamm-kunde, zu-verlässig	14 Tage ab Rg.-Datum, netto Kasse	788	12.04.XX	1.177,23 €				freundliche Zahlungs-erinnerung am 29.04.		
Frisörsalon Karl-Heinz Meier Pecher Landstraße 135 53421 Wachtberg	0,00 €	Neukunde	Sofort, netto Kasse	841	13.04.XX	2.036,15 €				1. Mahnung am 23.04.XX		
Herr Werner Blum Siebenmorgenweg 40 53140 Bonn	1.213,50 €	Kunde, unregel-mäßige Zahlung	Sofort, netto Kasse	934	14.04.XX	817,33 €						
Hotel „Kanzler" Adenauerallee 26 53110 Bonn	576,23 €	Neukunde	Sofort, netto Kasse	1152	02.05.XX	1.978,50 €						
Frau Irene Gutsche Am Rheinufer 15 53229 Bonn	879,26 €	Stamm-kundin	14 Tage ab Rg.-Datum, netto Kasse	1186	05.05.XX	56,10 €						

Arbeitsblatt 57.1 Ursachen und Folgen des Zahlungsverzuges

Zahlungsverzug	Erläuterungen
Ursachen (Verbraucher)	• ______ • ______ • ______ • ______ • ______
Ursachen (Unternehmer)	• ______ • ______ • ______ • ______ • ______
Folgen (für das Unternehmen)	• ______ ______ ______ • ______ ______ ______ • ______ ______ ______ • ______ ______ ______ • ______ ______ ______

Arbeitsblatt 57.2 Voraussetzungen des Zahlungsverzuges

Unter welchen Voraussetzungen kommt der Käufer in Zahlungsverzug

Wenn die Zahlung ____________ ____________.

\+

Wenn der Käufer den vereinbarten Kaufpreis ____________ ____________.

\+

Wenn der Käufer den Zahlungsverzug ____________ ____________.

Wann ist eine Zahlung fällig?

Kalendermäßig bestimmtes Zahlungsziel, z. B.

____
____
____

Zahlung ist mit Ablauf des Zahlungsziels ____________ und mit Ablauf der Zahlungsfrist beginnt der ____________ ____________.

Kalendermäßig nicht bestimmtes Zahlungsziel, z. B.

____
____
____

Die Zahlung wird zwar fällig, aber der Schuldner gerät erst mit Zugang der ____________ in Zahlungsverzug.

Wird keine ____________ geschrieben, gerät der Schuldner automatisch ____________ nach Rechnungszugang in Verzug bzw. nach Erhalt der Ware. Bei Verbrauchsgüterkäufen ist diese Regelung auf der Rechnung zu vermerken.

Sobald die Voraussetzungen erfüllt sind, liegt ein Zahlungsverzug vor. Es können folgende Rechte geltend gemacht werden:

____________ **kann der Verkäufer** (Ohne Nachfristsetzung):

- auf Zahlung bestehen

\+

- Schadenersatz verlangen

Nach Ablauf einer ____________ kann der Verkäufer:

- vom Kaufvertrag zurücktreten

\+

- ggf. Schadenersatz statt Leistung verlangen

Berechnung der Verzugszinsen beim Verzögerungsschaden

- Beim Verbrauchsgüterkauf beträgt der Zinssatz für den Verzögerungsschaden ____________
- Beim Handelskauf beträgt der Zinssatz für den Verzögerungsschaden ____________ + ____________
- aktueller Basiszinssatz (Stand: 01.01.2021–30.06.2021) = –0,88 %, d. h.
  Verzugszinssatz beim Verbrauchsgüterkauf = ____________
  Verzugszinssatz beim Handelskauf = ____________

Arbeitsblatt 57.3 Ablauf eines kaufmännischen Mahnverfahrens

Zeitlicher Ablauf	Maßnahme	Formulierungsbeispiel
	Zahlungserinnerung	
		Sollten Sie nicht bis zum ... gezahlt haben, werden wir rechtliche Schritte einleiten.

Arbeitsblatt 57.4 Gerichtliches Mahnverfahren

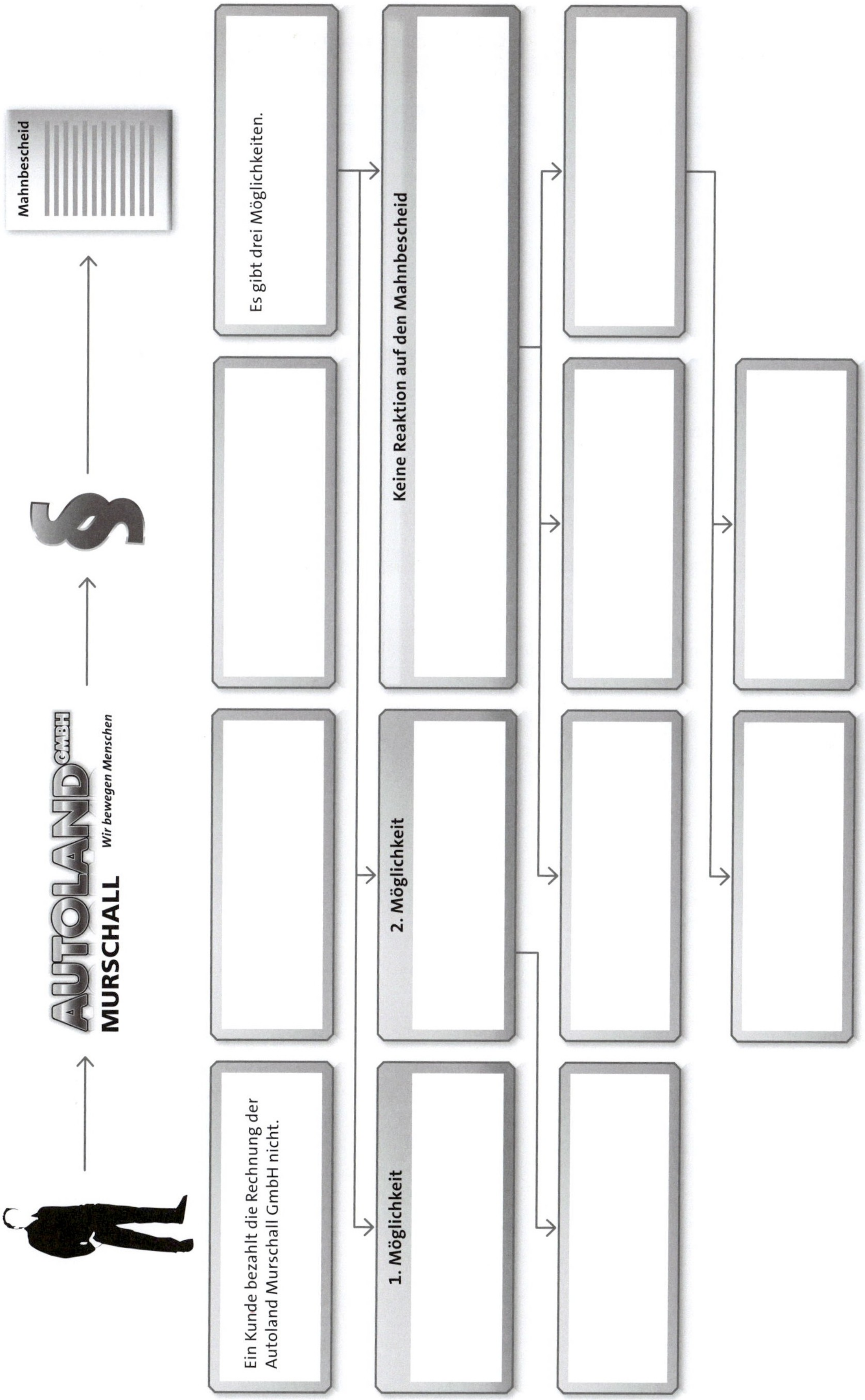

Arbeitsblatt 57.5 Verzugszinsen

Gesetzliche Verzugszinsen

Privatkauf	Verbrauchsgüterkauf	Zweiseitiger Handelskauf
Verbraucher kauft bei Verbraucher.		
Basiszinssatz + ______ %	Basiszinssatz + ______ %	Basiszinssatz + ______ %

Maßnahmen, um an das Geld säumiger Kunden zu kommen	
Maßnahmen	**Vorteile/Funktion**
kaufmännisches Mahnverfahren	
gerichtliches Mahnverfahren	
Klage vor Gericht	
Inkasso-Institut	

Aufgaben

WIEDERHOLUNGSAUFGABEN

1. Einige Kunden der Autoland Murschall GmbH haben in letzter Zeit häufiger das eingeräumte Zahlungsziel erheblich überschritten. Überlegen Sie, welche möglichen Ursachen es für das Überschreiten des Zahlungsziels seitens der Schuldner geben könnte.

2. Warum sollte die Autoland Murschall GmbH als Gläubiger auf pünktlich eintreffende Zahlungen großen Wert legen?

3. Wie lange dauert die regelmäßige Verjährungsfrist?

4. Wann beginnt die regelmäßige Verjährungsfrist zu laufen?

5. Grenzen Sie die Hemmung und den Neubeginn der Verjährungsfrist voneinander ab.

ÜBUNGSAUFGABEN

6. Ein Kunde der Autoland Murschall GmbH zahlt seine Rechnung für die durchgeführte Inspektion im Wert von 187,90 € nicht rechtzeitig. Welche Rechte hat die Autoland Murschall GmbH und welche Voraussetzungen müssen beachtet werden?

7. Die Kundin Anja Linnig erhält am 2. Juni 20XX von der Autoland Murschall GmbH eine Rechnung über Sommerreifen im Wert von 534,90 €. Entscheiden Sie, wann Anja Linnig in folgenden Fällen in Zahlungsverzug gerät. Es gilt das BGB, d. h., es liegt ein Verbrauchsgüterkauf vor.
   a) Die Kundin zahlt nicht und erhält auch keine Mahnung.
   b) Die Kundin zahlt nicht und erhält am 17. Juni 20XX eine Mahnung. Sie hat nach Zugang der Mahnung bis zum 13. Juli 20XX noch nicht gezahlt.
   c) Berechnen Sie die Verzugszinsen.

8. Entscheiden Sie für die folgenden Fälle, wann der Kunde/die Kundin der Autoland Murschall GmbH in Zahlungsverzug gerät.
   In den jeweiligen Rechnungen der Autoland Murschall GmbH steht:
   a) „Überweisung des Kaufpreises in Höhe von 179,00 € bis zum 7. Mai 20XX auf das Konto der Autoland Murschall GmbH."
   b) „Der Kaufpreis über 573,99 € ist zahlbar im Februar 20XX."
   c) „10 Kalendertage nach Rechnungszugang (21. August 20XX) ist der Kaufpreis über 190,00 € zu zahlen."

9. Welche zwei Aussagen zum Mahnverfahren sind zutreffend?
   a) Das gerichtliche Mahnverfahren wird auch als kaufmännisches Mahnverfahren bezeichnet.
   b) Das gerichtliche Mahnverfahren ist ein standardisiertes Verfahren, dessen Ablauf klar geregelt ist.
   c) Das gerichtliche Mahnverfahren ist eine Form des Klageverfahrens.
   d) Der vom Gläubiger einer Forderung ausgefüllte Mahnbescheid wird an den Schuldner durch das zuständige Mahngericht weitergeleitet, ohne dass dieses die Rechtmäßigkeit des Anspruchs prüft.
   e) Ein Mahnverfahren endet immer mit der Zwangsvollstreckung.

10. Entscheiden Sie in den nachfolgenden Situationen, welches Recht im Rahmen des Zahlungsverzuges Sie für die Autoland Murschall GmbH in Anspruch nehmen möchten ohne dabei wichtige Kundenbeziehungen zu gefährden. Begründen Sie Ihre Meinung.

Situationen	Recht aus dem Zahlungsverzug	Begründung
Die Autoland Murschall GmbH verkauft an einen Neukunden, ein Restaurant mit Cateringservice, einen Lieferwagen im Wert von 12.500,00 €. Das Restaurant zahlt nicht vereinbarungsgemäß.		
Trotz Einräumung einer Nachfrist hat eine Kundin der Autoland Murschall GmbH, die schon öfter unzuverlässig zahlte, eine offene Rechnung in Höhe von 270,00 € nicht bezahlt.		
Ein Stammkunde der Autoland Murschall GmbH kauft ein Autoradio im Wert von insgesamt 269,70 € auf Rechnung. Nach 30 Tagen hat der Kunde noch nicht gezahlt.		

11. Der Verbraucher Hans Brandenburg kauft bei der Autoland Murschall GmbH einen Dachträger im Wert von 245,00 €. Hans Brandenburg erhält die Rechnung von der Autoland Murschall GmbH am 14. Juni 20X1 ohne Zahlungsbedingungen, aber mit dem Hinweis, dass der Verzug automatisch nach Ablauf von 30 Tagen ab Rechungsdatum eintritt.

a) Ab welchem Zeitpunkt befindet sich Hans Brandenburg in Zahlungsverzug?

b) Wie viel Prozent Verzugszinsen kann die Autoland Murschall GmbH verlangen, wenn Hans Brandenburg nicht rechtzeitig zahlt?

c) Wann verjährt der Anspruch der Autoland Murschall GmbH gegenüber Herrn Brandenburg?

d) Gegen Ende der Verjährungsfrist von Herrn Brandenburg fällt der Autoland Murschall GmbH endlich auf, dass dieser noch nicht die Rechnung bezahlt hat. Was kann die Autoland Murschall GmbH nun unternehmen, um ihre Ansprüche gegenüber Herrn Brandenburg zu sichern?

12. Formulieren Sie zu dem Fall aus Aufgabe 11 ein erstes Mahnschreiben, das am 20. Juni 20X1 hätte verfasst werden sollen.

13. Erläutern Sie, aus welchen Gründen Unternehmen Inkasso-Institute einschalten.

14. Die Höller KG bezahlt eine offene Ausgangsrechnung der Autoland Murschall GmbH nicht. Um ihrer Forderung Nachdruck zu verleihen, stellt die Autoland Murschall GmbH der Höller KG Verzugskosten in Rechnung. Berechnen Sie die Höhe der Verzugskosten, wenn folgende Daten gelten:
offener Rechnungsbetrag = 10.568,90 €
Verzugseintritt: 02.6.20X1
Berechnung der Verzugszinsen bis zum 26.06.20X1

VERTIEFUNGSAUFGABEN

15. Die Autoland Murschall GmbH hat in ihr Rechnungsformular folgende neue Vertragsklausel aufgenommen: „Zahlung der Ware innerhalb von 30 Tagen nach Lieferung netto Kasse." Herr Nolte begründet dies damit, dass er meint, ein Kunde ist nach Ablauf dieser Frist ohne eine weitere Mahnung in Zahlungsverzug geraten. Hat Herr Nolte recht? Begründen Sie Ihre Antwort.

16. Bearbeiten Sie folgende Situation aus der Autoland Murschall GmbH. Auf den vorherigen Auszügen war kein Zahlungseingang von Pia Wirtz ausgewiesen.

Stadtsparkasse KölnBonn

Kontoauszug — **EUR-Konto**

IBAN	**erstellt am**	**Auszug**	**Blatt**
DE33 3705 0198 0120 7777 01	23.09.20XY	19	3

Vorgang		
Überweisung Maier, Peter	*Buchung* 14.09.20XY	10.173,66 +
Lastschrift (Einzug) Wera GmbH	*Buchung* 16.09.20XY	27.705,80 –
Überweisung Hotel »Zum alten Zausel«	*Buchung* 21.09.20XY	15.560,20 +
Autoland Murschall GmbH Plittersdorfer Str. 48 53173 Bonn	*alter Saldo*	**13.086,23 Haben**
	neuer Saldo	**11.114,29 Haben**

Rechnung Pia Wirtz (Auszug)

Betreff — Rechnungsdatum

Rechnung Nr. 5689 D — 14.08.20XY

Artikel-Nummer	Artikel-bezeichnung	Menge in Stück	Einzelpreis in €	Rabatt in %	Gesamt-preis in €
243401	AT-Motor	1	1.500,00	0	1.500,00

Warenwert in €	Versandkosten in €	MwSt-%	MwSt. in €	Rechnungsbetrag in €
1.500,00	0,00	19 %	285,00	**1.785,00**

Bitte überweisen Sie den Rechnungsbetrag ohne Abzug zehn Tage nach Rechnungsdatum.
Die Ware bleibt bis zur vollständigen Bezahlung Eigentum der Autoland Murschall GmbH.

17. Ein Kaufmann überprüft seine am 29. September 20X1 entstandenen Forderungen hinsichtlich ihrer Verjährung. Kreuzen Sie jeweils an, wann die Forderung verjährt und wie dies zu begründen ist.

Forderung	verjährt am	Begründung
Geldforderung aus Warenlieferung	29. September 20X3 29. September 20X4 31. Dezember 20X4	zweijährige Verjährungsfrist regelmäßige Verjährungsfrist Hemmung
Geldforderung aus Warenlieferung, bei der der Schuldner am 10. Dezember 20X2 schriftlich um Stundung bittet	10. Dezember 20X4 29. Dezember 20X4 10. Dezember 20X5 31. Dezember 20X5	zweijährige Verjährungsfrist regelmäßige Verjährungsfrist Hemmung Neubeginn

☞ SB ▸ LF 4 | 8.3

Lernsituation 58: Annahmeverzug

SITUATION

Sie arbeiten zurzeit in der Allgemeinen Verwaltung und übernehmen für die Dauer des Urlaubs von Frau Rotter deren Tätigkeit. Von der Geschäftsleitung erhalten Sie diese Information.

Hausmitteilung

AUTOLAND GMBH
MURSCHALL

Datum: 11.06.20XY

Absender	**Empfänger**	**Weiterverwendung**
☒ Geschäftsleitung	☐ Geschäftsleitung	☒ zur Kenntnisnahme
☐ NW-Verkauf	☐ NW-Verkauf	☒ zur Erledigung
☐ GW-Verkauf	☐ GW-Verkauf	☐ zur Stellungnahme
☐ Werkstatt	☐ Werkstatt	☐ zur Rücksprache
☐ Teile-/Zubehörverkauf	☐ Teile-/Zubehörverkauf	☐ zur Weiterleitung
☐ Lager	☐ Lager	☐ zum Verbleib
☐ Verwaltung	☒ Verwaltung	☐ zur Rückgabe
☐ Frau/Herr	☐ Frau/Herr	☐

Es geht um den hellgrünen Comfort von Herrn Hellmann, der wunschgemäß in der letzten Maiwoche vom Hersteller geliefert wurde. Seit Tagen telefoniert Herr Maslow ihm schon hinterher, ohne dass er ihn auch nur einmal ans Telefon kriegt.
Laut Maslow und Fleck lässt sich der Wagen mit den roten Ledersitzen so auch kaum weiterverkaufen.
Schreiben Sie den Kunden an und machen Sie ihm Druck.

Gruß
Niklas Nolte

ARBEITSAUFTRAG

Bearbeiten Sie den Vorgang in Vertretung für Frau Rotter.

Arbeitsblatt 58.1 Annahmeverzug

§ 293 BGB	Der Gläubiger kommt in Verzug, wenn

Voraussetzungen für den Annahmeverzug

Haftung nach Eintritt des Annahmeverzuges	Verkäufer haftet für
	Käufer haftet für

Rechte des Verkäufers beim Annahmeverzug

ohne Nachfristsetzung

nach Ablauf einer angemessenen Nachfrist

Durchführung des Selbsthilfeverkaufs

Voraussetzungen:

Voraussetzungen:

Voraussetzungen:

Mindererlöse beim Selbsthilfeverkauf trägt der	Mehrerlöse beim Selbsthilfeverkauf erhält der

Aufgaben

ÜBUNGSAUFGABEN

1. Stellen Sie fest, ob in den nachfolgenden Fällen ein Annahmeverzug vorliegt, und machen Sie jeweils einen Vorschlag, wie der Verkäufer reagieren sollte.

a) Über einen Liefertermin ist im Kaufvertrag mit einem Neukunden nichts vereinbart worden. Der Lieferant liefert am nächsten Werktag eine Palette Kopierpapier innerhalb der normalen Geschäftszeit an die vereinbarte Lieferadresse. Wegen eines Betriebsausfluges der Belegschaft des Autohauses kann dort die Ware nicht angenommen werden.

b) Eine Großhandlung liefert Tiefkühl-Pizza gemäß den Kaufvertragsvereinbarungen zur richtigen Zeit an den richtigen Ort in der richtigen Art und Weise per Kühl-Lkw an einen langjährigen Kunden. Die Annahme der Ware wird mit Bedauern abgelehnt, weil das Kühlhaus zurzeit repariert wird und ein alternativer Lagerort ortsnah nicht verfügbar ist. Die notwendige Kühltemperatur kann wahrscheinlich erst nach drei Werktagen wieder erreicht werden.

c) Ein Großauftrag Büropapiere mit Firmenlogo des Autohauses wird trotz vertragsgemäßer Lieferung nicht angenommen, da der Käufer nach Abschluss des rechtsgültigen Kaufvertrages einen günstigeren Anbieter gefunden hat.

2. Beim Rücktransport einer nicht angenommenen Ware durch einen Auslieferungsfahrer des Verkäufers verursacht der Fahrer aus Unachtsamkeit einen Verkehrsunfall ohne Fremdverschulden. Die nicht versicherte Ware wird vollständig zerstört. Wer trägt den Schaden, wenn sich der Käufer im Annahmeverzug befindet?

3. Eine Lkw-Ladung mit Neuwagen im Nettowert von 240.000,00 € wird nicht angenommen (Annahmeverzug liegt vor). Da auf weitere Geschäftsbeziehungen mit diesem Kunden verzichtet werden soll, wird die Ware in einem öffentlichen Lagerhaus in der Nähe des Lieferortes eingelagert. Nach Ablauf einer Nachfrist und einer Mitteilung an den Käufer über den Ort und die Zeit wird die Ware im Rahmen eines Selbsthilfeverkaufs öffentlich versteigert. Dem Verkäufer sind durch den Annahmeverzug folgende Kosten entstanden (alle Werte zzgl. 19 % Umsatzsteuer):

- Arbeitszeit des Fahrers: 2 Stunden zu je 62,50 €
- gefahrene Kilometer: 52 km zu je 1,20 €
- Kosten der Lagerung: 1.200,00 €
- Schriftverkehr: zwei Schreiben an den Kunden zu je 2,50 €

Berechnen Sie die Höhe der notwendigen Zahlungen zwischen Käufer und Verkäufer.

a) Der Versteigerungserlös liegt um 30 % unter dem vereinbarten Kaufpreis.

b) Der Versteigerungserlös entspricht dem vereinbarten Kaufpreis.

c) Der Versteigerungserlös liegt um 15 % über dem vereinbarten Kaufpreis.

Lernsituation 59: Customer Service

SITUATION

What if an English-speaking customer was at customer service?

Well, what if?

More and more Scandinavians are going to German workshops because these are much less expensive than workshops at home. But even if you don't live near the Scandinavian border, a tourist or businessperson might still come to the customer service in your company and need your help!

So, when do customers come to the customer service? What do you need to know if you want to be able to help an English-speaking person there?

In this section, you will learn more about the following:

- *who does which job (staff and institutions)*
- *taking care of the customer and getting things done*
- *technical defects and flaws*
- *describing what is wrong*
- *talking about prices*
- *finding out if the customer can afford it and offering solutions*

ARBEITSAUFTRAG

1. Can the customer afford it? Offering solutions!
   Complete the text with words from the box below.

   Cars are ______________________.

   If you _____________ lots of money _____________ other things, you might not

   be able to _____________ to repair your car.

   If this is the case, the garage or workshop can _____________ you the money.

   Then you have to _____________ the credit ______________________________,

   including _____________.

   There are some workshops that offer good ____.

repay	expensive	afford	lend	spend
interest	financing conditions	on	in installments	to borrow

2. Now make up a dialogue between a *customer* and someone from the *customer service*. Here are some hints.

customer service	customer
• Sie wissen, die Reparatur wird sehr aufwendig und daher teuer • Bieten Sie dem Kunden ein entsprechendes Angebot an	• Sie können sich den Preis für die Reparatur nicht leisten • Fragen Sie nach Finanzierungs-/Ratenzahlungsangeboten

Arbeitsblatt 59.1 Staff and institutions

Try to find out the German meaning of these words.

English	German
(workshop) foreman/ master mechanic	
MOT (Ministry of Transport)/ Technical Inspection Agency	
to pass the MOT/ MOT inspection	
to fail the MOT/ MOT inspection	
DMV (Department of Motor Vehicles)	
in the garage/workshop	
at reception	
at the counter	
supplier	

Arbeitsblatt 59.2 Getting things done and taking care of the customer

Try to find out the German meaning of these words.

English	German
to give a hint	
to pick sth. up	
to get towed away	
time-consuming	
to take notes/write sth. down	
to write an invoice	
to arrange/have an appointment with sb.	
(motor vehicle) registration certificate	
mileage	
VIN (vehicle's identification number)	
first registration	
insurance/to be insured (with)	
partially comprehensive insurance	
fully comprehensive insurance	
the guarantee has expired/run out	
warranty	
goodwill	

Arbeitsblatt 59.3 Technical defects and flaws

Match these English words with the German ones in the box.

English	German
fan belt	
headlight beam alignment	
hinge	
ignition lead	
lubrication (to lubricate)	
suspension	
wiper blade	
linkage	
power steering	
seal	
shock absorber	
spring	
to lever	
oil pan	
brake wedge	

coolant	
transmission	
brake pad	
bulb	
valve	
fuse	
(hydraulic) lift	
ventilation	
alert/alarm signal	

Keilriemen	Zündkabel	Federung	Stoßdämpfer	Scheinwerfer-einstellung	Getriebe
Ölwanne	Schmierung (schmieren)	Scharnier	Ventil	Verbindung	Servolenkung
Kühlmittel	Dichtung	Feder	Lüftung	Scheibenwi-scherblatt	Bremskeil
Sicherung	Bremsklotz	montieren	Hebebühne	Glühbirne	Warn-/ Alarmleuchte

Arbeitsblatt 59.4 Describing what is wrong

Find German words that have the same meaning.

English	German
is missing	
sounds strange/makes weird noises	
to leak	
to refill/needs to be refilled	
sth. does not work/run	
to exhaust	
to be loose	
to have a loss of (to lose)	
to come off	
sth. has blown	
torn	
warped	
dented	
to squeak	

Arbeitsblatt 59.5 Talking about prices

1. Prices

Asking for the price	Saying the price
How much is ...?	The ... is $ ... .
What`s the price of ...?	The price is $ ... .
How much does ... cost?	... costs $ ... .

Talking about prices and writing them out:

Germany	GB / USA
1.000,90 EUR say: "Euro"	EUR 1,000.90 say: "Euros"

2. Value & worth

value (*Wert*)	to be worth (*wert sein*)
The value of this model is $	This model is worth $ ... .

3. Background information: tax

Usually, **VAT** (value added tax) or **sales tax** is added onto the **basic price** or **net price.**
In Germany, prices are shown including (incl.) tax, i.e. the **gross price** or **total price** or **total amount.**
In the USA, prices are only shown excluding (excl.) tax.

Fill the gaps using the appropriate words and prepositions.

1. ________________ is this one?

2. This one ________________ $ 50.00.

3. The ________________ of this car is $ 22,000.00.

4. Excuse me, what's the ________________ that one over there?

5. How ________________ that one ________________?

6. The value ________________ this part is $ 20.00.

7. These models are ________________ $ 50,000.00 each.

Aufgaben

ÜBUNGSAUFGABEN

1. Translate the following.

a) Wo sind Sie versichert?
b) Verfügen Sie über eine Vollkaskoversicherung?
c) Sie finden den Meister in der Werkstatt.
d) Mein Kollege hat die Rechnung ausgestellt. Sie liegt an der Theke beim Empfang.
e) Wann läuft für Ihren Wagen der TÜV ab?
f) Wie hoch ist der Kilometerstand?
g) Ich brauche noch die Fahrgestellnummer Ihres PKWs.
h) Die Reparatur wird sehr zeitaufwendig. Es ist besser, Sie vereinbaren einen Termin.
i) Der Lieferant gab mir den Hinweis, dass Sie die Teile selber abholen können.

2. What could be wrong with the following parts? Make up some technical defects and flaws.
Example: *The ventilation doesn't work.*

Parts	Technical defects and flaws
Example: The ventilation ...	doesn't work.
The seal ...	
The transmission ...	
The brake wedge ...	
The valve ...	
The ignition lead ...	
The suspension ...	
The oil pan ...	
The fuse ...	
The shock absorber ...	

3. Tell your customer how much these products are.

a) Reifenset inkl. 19 % USt: 630,00 €
b) Basispreis Glühbirne: 0,68 € zzgl. 0,12 € USt
c) Kühlmittel: gratis
d) Scheibenwischerblatt und montieren / Montage: Gesamtpreis von 28,30 €
e) Anhänger: 2.100,00 € ohne USt
f) Scheinwerfereinstellung: kostenfrei / gratis
g) Basispreis Sicherung: 15,20 € zzgl. USt